W0281301

Allgemeinwissen aktuell

Geschichte & Kultur

Bisher wurden über hundert Städte ausgegraben. Sie waren Mittelpunkt fruchtbarer Agrarregionen. Das Verbreitungsgebiet im Einzugsbereich des Indus reicht bis zum Himalaya. Vollkommenes Kanalisationssystem. Die reiche Kunst ist von früh an symbolistisch.

Seit etwa 1500 dringen kriegerische Nomaden ein, die sich selber als Arja (Edle) bezeichnen. Sie überlagern, von Nordwesten kommend, die Induskultur. Es gibt viele Kleinkönige, aber keine Vormacht. Eine Kastenordnung wird, um Vermischung zu vermeiden, zur gesellschaftlichen Grundlage und bleibt es bis heute. Dabei gewinnt die ursprünglich zweite Kaste (nach den Kriegern), die Brahmanen (Priestertum), immer mehr Vorrang. Die religiösen Vorstellungen sind in der reichen Veden-Literatur überliefert. Eine Gegenbewegung gegen religiöse Erstarrung und Veräußerlichung löst

um 560–480 Buddha aus, der, mit Eigennamen Siddharta, eine Religion der Läuterung, der leidvollen Vergänglichkeit, der ethischen Milde und persönlichen Erlösung entwickelt. Sie behauptet sich minderheitlich in Indien neben dem brahmanisch geprägten Hinduismus, expandiert aber im Gegensatz zu diesem seit der Zeitenwende zur Weltreligion.

China

Ob die frühe chinesische Kultur sich ganz eigenständig entwickelt hat oder von Vorderasien her beeinflußt worden ist, wird unterschiedlich beurteilt. Früheste Ausprägung in der nordchinesischen Tiefebene, am mittleren Hoangho (Gelber Fluß). Von dort breitet sie sich schrittweise aus und erfaßt auch nichtchinesische Völker auf (heute) chinesischem Boden, schmilzt sie ein. Teils friedliche Besiedlungen, teils Kämpfe. Historisch fassbar ist erst

um 1800–1500 die Dynastie der Hia-Könige, danach

um 1450–1050 die Schang-Dynastie. Stadtkultur mit Feldbau und Weidewirtschaft, entwickelter Schrift, Naturreligion und Ahnenkult. Wachsendes Beamtentum, das in der chinesischen Geschichte zu einer gesellschaftlichen Sonderklasse mit Auslesecharakter wird. Der Herrscher („Sohn des Himmels") trägt sittliche Verantwortung, ist absetzbar. Durchgebildeter Feudalismus

um 1050–256 unter der Tschou-Dynastie, wodurch eine starke Königsmacht verhindert wird. Wichtigstes Kulturereignis der ganzen chinesischen Geschichte ist die Lehre des Konfuzius,

um 550–479, eine religiös geprägte Sozialethik, die seit der Han-Dynastie (ab 206 v.Chr.) Staatskult und moralische Grundlage der Gesellschaft wird. Von großer Wirkung ferner die Weisheitslehre des Laotse

um 300 (entgegen älteren Ansichten, die sie auf 600 datieren), das Ideal einer naturnahen Weltabkehr.

Griechenland

Das griechische Volk entsteht aus einer Mischung einwandernder Indogermanen mit der ansässigen mediteranen Bevölkerung (Vorindogermanen).

Um 1500–800 griechische Frühzeit.

Seit etwa 1500 siedeln Ionier und Achäer, sprachlich verwandt, in Ost- und Südgriechenland. Mykenische Kultur, vorwiegend achäisch geprägt, entsteht: wehrhaft, mit zyklopischen Burganlagen, Schacht- und Kuppelgräbern von kostbarer Ausstattung. Reiches Kunsthandwerk. Bedeutende Einflüsse der weit älteren kretischen (minoischen) Kultur, die zu den großen der Antike zählt. Sie ist weit unkriegerischer, lebens- und genußfreundlich. Burganlagen fehlen, doch eine Flotte sichert den blühenden Seehandel. Die minoische Kulturepoche endet um 1400 vermutlich durch achäische Zerstörung, auch durch Vulkanausbruch.

Um 1100–900 zweite große dorische Wanderungsbewegung. Mit diesen Indogermanen zusammen dringen die ihnen verwandten „Nordwestgriechen" nach Süden. Die Dorer zerstören die mykenische Kultur und verdrängen zum Teil die Ansässigen. Hauptsiedlungsraum: Peloponnes und Kreta. Zentraler Sitz: Sparta. Im Zusammenhang mit diesen Umschichtungen sind die Anfänge der griechischen Inbesitznahme Westkleinasiens zu sehen. Die Koloninisierung dauert aber weit länger und dehnt sich auf Unteritalien aus (8. Jahrhundert).

Etwa 800–500 archaische Zeit.

Im 8. Jahrhundert wirkt Homer (Ilias, Odyssee) im ionischen Kleinasien. Die Troja-Dichtung bezieht sich auf Ereignisse vermutlich um 1200, als das kleinasiatische Troja zerstört worden ist. In Delphi entsteht der Orakel-Kult. Er gewinnt große Bedeutung für Politik, Verfassung, Krieg, Ethik. In Olympia treffen sich Sportler aller griechischen Landschaften alle vier Jahre zu Wettkämpfen.

Seit 776 Siegerlisten bekannt. Datierung nach Olympiaden. Homers Mythologie, Delphi und Olympia wirken kulturell vereinheitlichend, gemeinschaftsbildend. Zu politischer Zentralisierung gelangt Griechenland aber nicht. Es entwickelt sich zu Stadtstaaten. Die Polis verbindet Stadt und Ackerland, ist wirtschaftlich autark und politisch autonom, ist politische und Kult-Gemeinschaft. Das Königtum meist frühzeitig überwunden (nicht in Sparta). Verfassung oligarchisch (Herrschaft Weniger) oder demokratisch (Herrschaft des Volkes). „Volk" sind nur Vollbürger, weder Fremde (Metöken) noch Unfreie. Die Bürger sind Träger der Souveränität. In der Volksversammlung (Ekklesia) entscheiden sie über lebenswichtige Fragen. Amtsträger (durch Los oder Wahl) wirken meist für ein Jahr. Die Polis-Bürger kämpfen beritten oder zu Fuß in der Phalanx. Immer ist die Stadtkultur von der Tendenz zur Einherrschaft (Tyrannis) bedroht.

Zwei Stadtstaaten prägen Griechenland, vor allen anderen Athen und Sparta.

Seit 683 in Athen anstelle des Königs jährlich wechselnde **Archonten**, erst drei, dann neun. Später treten sie in den Rat der Alten (Areopag) ein, das höchste Regierungs- und Gerichtsorgan. Mit der Zeit reduziert sich der Areopag auf einen politischen Gerichtshof.

621 Drakons strenge („drakonische") **Gesetze**. Hartes Schuldrecht schafft sozialen Unfrieden. Milderung

594 durch **Solon**. Vierklassen-Bürgerrecht.

Seit 560 maßvolle Tyrannis des Peisistratos. Kulturaufschwung, Förderung des Handels, Geldwirtschaft, Bauten.

510 Kleisthenes beendet die Tyrannis, Verfassungsreform. Rat der Fünfhundert, Repräsentativ-Verfassung, die Stadt und Land verschmilzt. Athen wird Demokratie.

Seit 640 macht Sparta sich den südlichen Peloponnes endgültig untertan

Hethiterreich (Hatti) Besonderheiten vor allem in seinem nicht absoluten Königtum, dem ein rechtlich starker Adel gegenübersteht. Gestaltreiche Geschichtsschreibung. Sie nimmt schon Züge der viel jüngeren griechischen vorweg.

Die neben Hatti unabhängig sich entwickelnden Assyrer, ein Eroberervolk mit ausgesprochen grausamen Strafen, hartem kriegerischen Talent und überlegenen Angriffswaffen, dehnen ihren Machtbereich in der hethitischen Spätzeit

1245–1208 unter dem **König Tukulti-Ninurta I.** (Ninos bei den Griechen genannt) auf Babylonien aus. Assur und Ninive am oberen Tigris sind neben Babylon die neuen Zentren. Nach dem Niedergang und zeitweiliger Erholung Babylons steht Assyrien

1116–1077 unter **Tiglat-Pilesar I.** erneut mächtig da. Er kämpft vom Mittelmeer bis nach Armenien, vor allem gegen die semitischen Einwanderungswellen der Aramäer, die Mesopotamien von Süden her überschwemmen. Während die assyrische Herrschaftseinheit außerhalb des assyrischen Zentralgebietes in Kleinstaaten zerfällt, erlebt in Palästina das Judentum eine Blütezeit, zuerst

um 1007–968 unter **König David**, der Jerusalem zur Hauptstadt macht und die Philister endgültig besiegt. Jahwe-Kult, erstmals mit festem Zentrum, vor allem durch den Tempelbau in Jerusalem unter seinem Sohn Salomo.

968–930, Salomo kann den äußeren Umfang Israels – vom Roten Meer bis weit über Damaskus – nicht ganz behaupten: Spaltung in nördliches Israel und südliches Juda mit wechselnden Schicksalen. Politisch ist Israel meist bedeutender. In der Zeit der Reichsteilung wirken die großen Propheten, im Norden Amos, Hosea, im Süden Jesaja, Jeremia, Nahum, Habakuk, Hesekiel. Bei Amos (um 750) älteste religiöse Ethik.

Ab 884–670 erreicht Assyrien einen nochmaligen großen Aufstieg, zunächst unter Assurnasirpal II. (883–859), der ganze Volksgruppen aussiedelt. Sein Sohn Salmanassar III. (858–824) setzt die Eroberungspolitik nach allen Richtungen fort. In dieser Zeit wirkt nach der Überlieferung, die legendär angereichert ist, die Königin Semiramis („hängende Gärten") erobernd und gestaltend. Weitere Steigerung durch Tiglat-Pilesar III. (746–727).

722 vernichtet der Thronusurpator Sargon II., ein General, den Staat Israel, führt große Teile der Bevölkerung fort und siedelt assyrische und syrische Kolonisten an. So entsteht die samaritanische Mischbevölkerung, die auch nicht mehr den reinen Jahwe-Glauben pflegt. Es folgt

705–681 sein Sohn **Sanherib**. Im Kampf mit den Babyloniern zerstört er die Stadt Babylon 689. Glanzzeit Ninives, mit technischen Raffinessen und einer Reliefkunst mit großartigen Tierdarstellungen. Mächtige Bibliothek. Die größte Machtausdehnung, mit dem Einfall in Ägypten 670, leitet den Abstieg ein, vor allem durch den Zwist Assurbanipals (668–627) mit seinem Bruder, dem Vizekönig von Babylon.

626 gelingt es Babylonien, sich aus assyrischer Vormundschaft zu befreien. Verbündeter wird der Mederkönig Kyaxares. Babylonier und Meder besiegen

612 die Assyrer, zerstören Assur und Ninive und teilen das verbliebene Herrschaftsgebiet auf.

605–539 Babylonien zum letzten Mal Großmacht, aus der aramäischen Dynastie der Chaldäer.

605–562 Nebukadnezar II. Die wiederaufgebaute Hauptstadt wird überreich

ausgestattet (Marduk-Hochtempel als der „Turm zu Babel"). Die straffe Verwaltungsstruktur, mit selbständigen Statthaltern, ähnelt der assyrischen. Weltgeschichtlich bekanntestes Ereignis:
587–539, die babylonische Gefangenschaft der Juden, nachdem der Großkönig Jerusalem eineinhalb Jahre belagert, dann Stadt und Tempel zerstört hat. Die Rückwanderung der meisten beginnt nach der Eroberung Babylons durch den Perserkönig Kyros 539, wobei der letzte Herrscher, Kronprinz Belscharussur (Belsazar), infolge Verrats stürzt. In Jerusalem Wiederaufbau des Tempels.
539–330 Perserreich, die erste „Weltmacht" innerhalb antiker Größenordnungen. Ihr lag schon eine alte Kultur in den iranischen Hochebenen zugrunde. Vorgeschichtliche Ackerbauflächen, die ältesten Vorderasiens. Um 1600 Eindringen von Ariern (indo-iranischer Zweig der indogermanischen Sprach- und Völkerfamilie). Name Iran (Eran) für „Land der Arier". Nach Jahrhunderten ohne nachweisliche Staatsbildung wurde erst der Stamm der Meder machtpolitisch bedeutend. Hauptstadt Ekbatana. Der Stamm der Perser war noch in Lehnsabhängigkeit. Daraus befreite ihn erst Kyros II. mit babylonischer Hilfe.
559–529 König Kyros II. Vor der Niederwerfung Babylons wurde schon Lydien 546 mit seinem König Krösus überwunden. Tributpflicht der kleinasiatischen Griechenstädte. Kultur und Religion aller Unterworfenen bleiben unversehrt. In der Erinnerung an assyrische Greuel wird die Toleranz des neuen Mächtigen hochgerühmt. Sein Grabmal bei Pasargadai ist erhalten. Von 529 her datiert das heutige Persien sein (1971) 2500jähriges Bestehen als jetzt älteste Monarchie der Welt. Kyros' Sohn Kambyses erobert 525 Ägypten. Die größte Machtausdehnung ist erreicht.
521–486 Dareios I. Im Osten zieht er bis zum Indus, im Westen über den Bosporus nach Thrakien, wirft einen Griechenaufstand in Kleinasien nieder (Zerstörung Milets 494), unterliegt aber
490 gegen die Griechen bei **Marathon**. Großer Organisator. Einteilung des Imperiums in 20 (zuletzt 28) Satrapien. Kontrolle der Statthalter, genau festgelegte Steuersätze, Post- und Nachrichtennetz. Einheitliche Währung. Große Heerstraßen, stehendes Heer. Duldung der Sonderart der Unterworfenen. Starker Einfluß des ethischen Monotheismus des Zarathustra, der vermutlich um 600 als Prophet in Persien aufgetreten ist. Unter Dareios I. geistig-moralischer Höhepunkt der altorientalischen Geschichte. Zu den bevorzugten Königspfalzen gehört Persepolis mit großartigen Palastbauten. Verwaltungssprache Aramäisch.
485–465 Xerxes I., berühmt durch die im großen Ganzen glücklosen Perserkriege gegen die Griechen (siehe Griechenland). Wende zum Abstieg, der sich über 150 Jahre erstreckt. Wenngleich der Orient längst nicht in vergleichbarem Maße iranisiert wird wie später hellenisiert, so leisten die Perser doch vereinheitlichende zivilisatorische Vorarbeit für das makedonische Weltreich, das
330 die Persermacht beendet.

Indien

Um 2000 wird die **Blütezeit der altindischen Kultur** angesetzt. Über ihre Träger ist noch zu wenig bekannt (Drawida?).

Vorderasien

Die vorderasiatische Frühgeschichte mit den Hochkulturen im Zweistromland als Kerngebiet ist weit unruhiger und wechselvoller als die durchaus nicht schicksalsarme Entwicklung Ägyptens. Das liegt an den offenen Grenzen, die immer wieder Eroberer aus unwirtlichen Hochebenen in die fruchtbaren Schwemmlandschaften locken, ebenso aber an deren Rohstoffarmut, die zur Expansion der dort siedelnden Völker treibt.

Ins Licht der Geschichte treten als erste die Sumerer, unbekannter Herkunft und Rasse. Sie beginnen **um 3000 in Südbabylonien die älteste Stadtkultur** aufzubauen, Zentrum Urim (Ur). Großräumige Tempelbaukunst. Aus religiös-wirtschaftlichen Gründen (Grund und Boden sind Tempeleigentum) muss die Notwendigkeit zu schriftlichen Aufzeichnungen entstanden sein. Die Theokratie in Sumer hat an der Spitze Priesterkönige. Straff organisierter Priester- und Beamtenstaat mit Untertanendienst.

Eindringen semitischer Wanderhirten, die sesshaft werden, sumerisches Kulturgut übernehmen, dabei kämpferischer sind und etwa

um 2350 unter **Sargon I.** die Dynastie und das Großreich von Akkad schaffen. Es verfällt nach knapp zweihundert Jahren unter kriegerischen Fremdeinflüssen. Die sumerische Kultur regeneriert sich

2050–1950 unter der **3. Dynastie von Ur** (der Bibel zufolge die Heimat Abrahams). Der Vielgötter-Staat prunkt in neuen großartigen Tempelbauten und geradezu bürokratisch wucherndem Schriftverkehr. Der Einfall weiterer semitischer Nomadenstämme führt nach hundertjähriger Renaissance zum Zerfall Sumers und zur Zerstörung von Ur. Nach wechselhaften Machtkämpfen erwächst aus der bisher unbedeutenden Provinzstadt Babylon am Euphrat ein neuer staatsbildender Mittelpunkt.

1728–1688 Hammurabi. Er nutzt geschickt Rivalitäten und Koalitionen und eint die verselbständigten Kleinstaaten zu einem Reich vom Persischen Golf bis zum oberen Zweistromland. Sumerisch-akkadische Staatssynthese. Hauptstadt Babylon. Große Gesetzesarbeit (Codex Hammurabi) und Verwaltungstätigkeit. Der Gedanke kultischer Herrschervergöttlichung wird von dem der Untertanenfürsorge verdrängt. Rechtliche Besserstellung der Frau, bedingt auch des Sklaven. Blütezeit der babylonischen Literatur, deren Hauptleistung das in langen Zeiträumen ausgeformte Gilgamesch-Epos ist. Entwicklung der Mathematik.

Das Reich hat nicht Bestand. Zuerst fällt die Südregion ab.

1531 zerstören die Hethiter Babylon, werden ihrerseits von den Kassiten (Kossäern) zurückgedrängt, welche, von wenig bekannter Herkunft, in dem Gebiet Jahrhunderte bestimmend bleiben. Nördlich davon bildet sich unter den Churri (Churritern), die ebenfalls noch Rätsel aufgeben, das Reich Mitanni, welches 120 Jahre lang,

um 1460–1349, die oberen Stromläufe bis zum Mittelmeer umfaßt. Innerer Streit macht Mitani zum Spielball der Hethiter und der aufstrebenden Assyrer.

Um 1370 rückt das schon ältere Hethiterreich in den Vordergrund.

Bis 1220 bleibt es in Vorderasien mitbeherrschend. Unentschiedene Machtkämpfe mit Ägypten. Trotz starker geistiger Einflüsse aus Babylon zeigt das

gewann unvergänglichen Nachruhm durch die Auffindung seines Grabes 1922 im Tal der Könige bei Luxor, des einzigen unversehrten der Pharaonenzeit. Die einzigartigen Kostbarkeiten lassen ahnen, was den „großen" Königen mitgegeben (und geraubt) worden sein muss. Der äußere Machtrückgang wird in der 19. Dynastie (1306–1186) zunächst von Sethos I. aufgehalten.
Sein Sohn und Nachfolger,
1290–1224 Ramses II., kämpft mit den jetzt in Vorderasien mächtigen Hethitern um die Vorherrschaft. Nach unentschiedenem Kräftemessen (1285 Schlacht bei Kadesch) Aufteilung Syriens in Interessensphären. Der Friedensvertrag ist der älteste erhaltene, in zwei Sprachen. Große Bautätigkeit, darunter Abu Simbel in Nubien. Neue Residenz im Delta entsteht, mit Fronarbeit (nach der Bibel) der Israeliten. Ihr Auszug aus Ägypten unter Mose in dieser Zeit wird vermutet. Nach Ramses III. (1184 bis 1153) verfällt Ägypten machtpolitisch. Palästina und Nubien gehen verloren. Die frühere Blütezeit erreicht Ägypten wieder.
Die 350 Jahre von
1070–712 gelten als **Dritte Zwischenzeit**, in der Priester und Söldnerführer um die Macht kämpfen. Nord- und Südägypten gehen eigene Wege.
712–332 Spätzeit. Am Beginn des Zeitraumes erobert Nubien – von den antiken Schriftstellern „Äthiopien" genannt – Ägypten, doch werden die südlichen Nachbarn von den Assyrern vertrieben, die 670 Theben plündern. Bald gelingt es Ägypten, sich noch einmal selbständig zu machen. Die Könige des 26. Dynastie (664–525), unter ihnen Psammetich I. und Necho, schütteln die Fremdherrschaft mit Hilfe griechischer und karisch-lydischer Söldner ab. Starker griechischer Einfluß in Ägypten. Necho zieht nach Norden, besiegt die Israeliten bei Megiddo 609 (Tod des Königs Josia von Juda), wird aber seinerseits am Euphrat von dem Chaldäer Nebukadnezar II. geschlagen. Nach einer letzten Friedenszeit unter Amasis (570 bis 526) verliert das Pharaonenreich am Ende der 26. Dynastie seine Selbstständigkeit, die nur noch einmal für kurze Zeit wiedererlangt wird.
525 Eroberung des Landes durch den Perser Kambyses. Persische Provinz. Die Dynastien zählen weiter. Die neuen Herren lassen den Unterworfenen ihren Kult und beschränkte Selbstverwaltung. In der ersten Hälfte des 4. Jahrhunderts können die Ägypter nach mehreren mißglückten Aufständen noch einmal ohne Vormundschaft leben. Dann folgt eine abermalige neunzigjährige Perserherrschaft, welche
332 durch Alexander den Großen abgelöst wird. Die Hellenisierung des Nillandes durch die Ptolemäer erreicht von
300–230 eine **kulturelle Blütezeit**, mit dem Zentrum Alexandria ihren Höhepunkt. Dennoch setzen sich religiöses und kulturelles Eigenleben fort. Sie finden im Griechentum unterschiedliche Resonanz, beeinflussen aber auch noch die Römer, die als Erben der Griechen die reiche Provinz am Nil, die reichste der hellenistischen Zeit,
51 unter **Vormundschaft des Senats in Rom** stellen und
30 unter **Verwaltung des Prinzipats**, was dem Status einer Provinz entspricht.

von Gruppenaktionen kann der Mensch diesen Nachteil ausgleichen. Mit Vorliebe erbeutet der urweltliche Jäger Großwild, das ihm größere Fleischvorräte sichert. An Tränken werden Fallgruben ausgehoben, viele Jäger treiben das Wild in die Enge und töten es. Diese Arbeit ist den Männern vorbehalten. Die Frauen sammeln Früchte und fangen Kleintiere.

Geht der Wildbestand zurück, zieht die Steinzeit-Horde, meist an Flüssen entlang, in andere Gebiete. Sie braucht große Flächen, um den Nahrungsbedarf zu decken. Die dünne Besiedelung lässt es zunächst nur selten zu Konflikten zwischen nomadisierenden Horden kommen. Es sind meist nur kleine Gruppen von 20-30 Personen, die als Jagd- und Schutzgemeinschaften umherziehen. Ihr Zusammenleben ist vom Nahrungserwerb bestimmt, Sprache und Kultur entwickeln sich daher in dem kleinen Kreis nur äußerst langsam.

Während der zweiten und dritten Eiszeit weicht der Mensch vor dem Eis zurück, und mit ihm verlassen auch seine Beutetiere den alten Lebensraum. Allerdings müht der Mensch sich eine ganze Weile, sich den schlechter werdenden Bedingungen anzupassen. Verbesserungen der Waffen und Werkzeuge gehen sicherlich auf diesen Umstand zurück.

Erst in der vierten Eiszeit behauptet sich der Mensch in den schwer zugänglichen nördlichen Regionen. Diese Würm-Eiszeit ist weniger raumgreifend als ihre Vorgängerin. Die Menschen schützen sich, indem sie Höhlen als Lagerstätten suchen. Sie lernen, das Feuer zu beherrschen, das sie wärmt und vor Raubtieren schützt. Mit dieser zumindest zeitweisen Sesshaftigkeit entstehen neue Formen menschlichen Zusammenlebens.

60 000–35 000 Mittelpaläolithikum

(Mittlere Altsteinzeit)

Ein typischer Vertreter dieser Unterepoche ist der Neandertaler, ein gebückt gehender grobschlächtiger Typus. Unter fliehender Stirn wölben sich starke Überaugenbögen; breite Nase und schwach ausgebildetes Kinn prägen ein kaum menschenähnliches Gesicht.

Er ist ein geschickter Handwerker, fertigt Sägen und Harpunen aus Stein, bearbeitet Holz, Knochen und Felle. Zum Schutz vor Kälte und Feinden zieht er sich unter Felsüberhänge und in Höhlen zurück. Seine Kultur wird dem Moustérien (benannt nach dem Fundort der Höhle Le Moustier in der Dordogne) zugerechnet. Die Epoche des Neandertalers ist jedoch kurz. Von ihm führt keine direkte Entwicklungslinie zu uns.

Gleichzeitig leben Menschen vom Homo-sapiens-Typ, die aufrecht gehen und in Körperbau und Schädelform dem Jetztmenschen ähneln. Beide, Neandertaler und Homo sapiens, haben in einer präneandertaloiden Hominidengruppe eine gemeinsame Wurzel, ihre Entwicklungslinien verlaufen aber getrennt.

Diese Vorläufer des heutigen Menschen sind auch Großwildjäger und als nomadisierende Horden organisiert. Sie kommen in Europa, Afrika und Asien vor, leben aber trotz dieser weit entfernten Lebensräume sehr ähnlich. Nur zögernd bringen sie jeweils eigene kulturelle Leistungen hervor.

Die Bestattungen aus dieser Zeit weisen auf einen sehr konkreten Jenseitsglauben hin. Nach dem Tod erwartet der Urmensch ein Weiterleben; deshalb werden ihm Proviant, Schmuck und Waffen in die Grabstätte gelegt. Reiche Funde zeugen

von Opferhandlungen, in denen Tiere den Göttern oder Geistern dargebracht werden, um das Jagdglück zu beschwören.
Stärkere Hinwendung des Menschen zu sich selbst und zunehmende geistige Auseinandersetzung mit der Umwelt kennzeichnen den letzten Abschnitt der ersten vorgeschichtlichen Epoche:

35 000–8000 Jungpaläolithikum
(Jüngere Altsteinzeit)

Mit dem sog. Cro-Magnon-Menschen (Skelettreste 1868 in Südfrankreich freigelegt) wird die direkte Vorstufe des Jetztmenschen erreicht.
Der Cro-Magnon (wahrscheinlich letzter gemeinsamer Grundtypus vor der Rassenaufteilung in Europide, Mongolide, Negride und Australide) ist hochgewachsen; mit seiner hohen Stirn, der schmalen Nase und dem ausgeprägten Kinn kommt er dem Erscheinungsbild des heutigen Menschen nahe.
Die Menschen der Jüngeren Altsteinzeit verbessern nicht nur Handwerk (sehr differenzierte Steininstrumente, Bearbeitung vieler anderer Materialien, u.a. Holz und Knochen) und Waffen (Stoßspeer, Pfeil und Bogen, Wurflanzen, Schlingen), sondern entwickeln auch künstlerische Fertigkeiten. Wir kennen von Spanien bis Sibirien eindrucksvolle Zeugnisse dieser neuen Bewusstseinshaltung.
Die bekanntesten Zeugnisse dieser Epoche sind die Höhlenmalereien von Altamira (bei Santander) und Lascaux (Dordogne). Farbige Tier- und Menschendarstellungen verzieren die Wände der Höhlen. Sie schildern zumeist Jagderlebnisse und zeichnen sich durch realistische Gestaltung aus. Selbstbildnisse verdeutlichen, indem sie den Maler in Anbetungshaltung zeigen, die religiösen Motive der künstlerischen Betätigung. Im Bild versuchte man, die Beute zu bannen, den Jagderfolg zu beschwören. Ähnliches gilt von Stein- und Tonplastiken sowie Schnitzereien und Gravuren in Elfenbein, Holz oder Knochen. Verbreitet waren vor allem Plastiken, die beleibte Frauen zeigen. Die bekannteste ist die sog. Venus von Willendorf (bei Wien). Solche Figuren werden als Fruchtbarkeitszauber gedeutet.
Mit Beschwörungen und Opfern versucht der Mensch auch bei Bestattungen die Götter gnädig zu stimmen. Das Jenseitsbild ist schon differenzierter als bei früheren Menschen. Die verbreitete Sitte der Kopfbestattungen weist darauf hin, dass man sich das Weiterleben nach dem Tod als eine höhere, geistige Existenz vorzustellen vermag.
Der Nahrungsmittelbedarf wird weiter durch die Jagd und das Sammeln von Früchten gedeckt. Halbsesshaftes Leben in der Kaltzeit führt allmählich zum Ausbau der Behausungen. Große überdachte Wohngruben ersetzen die Höhlen. Mit Knochennadeln werden Fellkleider angefertigt. Der Hund taucht als erstes Haustier auf. Weiterhin vorherrschend ist die aneignende Wirtschaftsweise, die sich erst in der nächsten Epoche ändert.

Mittel- und Jungsteinzeit (Neolithikum)

Seit 10 000 geht das Eis zurück. Die Waldgrenze schiebt sich nach Norden vor und engt den menschlichen Lebensraum ein. Die großen Tiere der Kaltzeit (Mammut, Ren u.a.) sterben aus. Der Mensch

VORGESCHICHTE

Die Frage nach Ursprung und Herkunft der Welt und des Menschen wird wie in anderen Religionen und Mythen auch vom Schöpfungsbericht der Bibel gestellt und beantwortet. Dem christlichen Selbstverständnis entsprechend wurde die Welt und alles, „was da kreucht und fleucht", einschließlich des Menschen, von Gott in einem einmaligen Schöpfungsakt geschaffen.

Trotz der beginnenden Zweifel im 17. und 18. Jahrhundert an diesem einmaligen Schöpfungsakt kam erst mit Darwins 1859 erschienenen Werk von der Entstehung der Arten die epochale Wende, die Wende zur Anschauung der allgemeinen Deszendenz der Organismen. Demnach ist die gegenwärtige Vielfalt des Lebendigen die Folge des Wandels von einer Art zur anderen, bedingt durch die Mechanismen der biologischen Evolution. Dass auch der Mensch ein Produkt dieser Evolution ist, wird von der Wissenschaft nicht mehr bezweifelt. In Frage steht nur das „Wie" und „Wann". Vor 70 Millionen Jahren trat der Stamm der Säugetiere deutlich hervor, und vor 30 Millionen Jahren mag sich die Trennung von Pongiden, d.h. Menschenaffen, und Hominiden, d.h. menschenartigen Säugetieren, vollzogen haben.

Wesentlich für die Entwicklung zum Homo sapiens war der aufrechte Gang, der Arme und Hände von den Aufgaben der Fortbewegung entlastete und damit zur Anfertigung und zum Gebrauch von Werkzeugen frei machte. Der erste, noch affenähnliche Mensch, der sich aufrichtete und somit buchstäblich seinen Horizont erweiterte, hat als Ahne unseres Geschlechts zu gelten.

Südasien, Süd- und Ostafrika sind die wesentlichen Fundstätten, wenn es um die Frage der menschlichen Urheimat geht. Europa weist wenige, aber entscheidende Spuren auf. Hier entdeckte 1856 der Studienrat Fuhlrott in einer Höhle des Neandertals bei Düsseldorf menschliche Schädelreste, die weit in die Vorzeit zurückweisen und auf ein Alter von 60 000 Jahren geschätzt worden.

Die Vorgeschichtsforschung erhielt damit einen mächtigen Impuls. Auf Java, in China, in Afrika und bei Heidelberg wurden noch wesentlich ältere Reste gefunden. Man fasste sie zur sog. Pithecanthropus-Gruppe zusammen, den Urmenschen. Mit ihnen beginnt die Epoche, die wir Vorgeschichte nennen. Die spärlichen Funde der Frühzeit erlauben allerdings nur grobe Datierungen, später ist eine genauere Klassifizierung möglich. Die Epochenbegriffe und -grenzen bleiben jedoch relativ: Als im Alten Orient schon längst schriftliche Zeugnisse vorlagen, also schon von „Geschichte" zu sprechen ist, dauerte in Europa, je nördlicher desto mehr, die schriftlose Vorgeschichte noch lange an.

Altsteinzeit (Paläolithikum)

Diese Epoche ist nach dem Material benannt, aus dem der Mensch seine frühesten nachweisbaren Werkzeuge gestaltete: dem Stein. Beginnend mit dem Einsatz natürlich geformter Steine (Geröllkultur) entwickelt der altsteinzeitliche Jäger Steinwerkzeuge für verschiedene Zwecke. Am verbreitetsten ist der Faustkeil, der anfangs aus roh behauenen Kernsteinen oder einfach gespaltenen Geröllstei-

nen besteht und zunehmend verfeinert wird.
Die ersten groben Faustkeile werden dem sog. Abbévillien (benannt nach der nordfranzösischen Stadt Abbéville) zugerechnet. Eine Weiterentwicklung beidseitig bearbeiteter und geschärfter Keile rechnet man zum Acheuléen (nach dem Fundort St. Acheul). Sie weisen schon eine erhebliche Vielfalt auf und sind Vorläufer der Werkzeuge aus feineren Abschlägen von Kernsteinen, die als Klingen, Speerspitzen und Nadeln dienen (Clactonien, Moustérien u.a.). In der letzten Phase der Altsteinzeit kommen dann bearbeitete Abschläge in Gebrauch (Bohrer, Stichel, Kratzer). Daneben treten zunehmend Knochenwerkzeuge für feinere Arbeiten auf (Aurignacien, Magdalénien u.a.).

Das Paläolithikum wird in drei größere Unterabschnitte eingeteilt:

600 000–60 000 Altpaläolithikum

(Ältere Altsteinzeit)

In diesen Zeitraum fallen drei Eiszeiten, die mit Warmzeiten abwechseln. Gegen Ende der Epoche beginnt die vierte Eiszeit, die bis zum Beginn der Mittleren Steinzeit reicht. Die enormen Klimaschwankungen haben auf Entwicklung und Lebensgewohnheiten der Urmensehen entscheidend eingewirkt. Eis- und Warmzeiten sind nach kleinen süddeutschen Flüssen benannt:

600–540 000 Günz-Eiszeit
540–480 000 Günz-Mindel-Warmzeit
480–430 000 Mindel-Eiszeit
430–240 000 Mindel-Riss-Warmzeit
240–180 000 Riss-Eiszeit
180–120 000 Riss-Würm-Warmzeit
120– 10 000 Würm-Eiszeit

Die darauffolgende Nacheiszeit dauert heute noch an.

In Nordeuropa reicht das Eis (Maximum in der Riss-Eiszeit) bis Südengland, an den Niederrhein, zum Harz, nach Schlesien, in die Ukraine und fast bis ans heutige Stalingrad. Riesige Wassermassen sind durch mächtige Eisschichten (in Norddeutschland bis zu 100, über Skandinavien mehrere tausend Meter stark) gebunden und geben weite Meeresgebiete frei. So wird die Besiedlung Amerikas und Australiens während der Würm-Eiszeit möglich, da es von Asien aus Landbrücken gibt.
Europa ist in den Kaltzeiten ein karges Land. Die Waldgrenze liegt in Südfrankreich; die vom Eise verschonten Gebiete sind unwirtliche Tundren und Kältesteppen. Der Moschusochse, das Rentier und das zottige Mammut sind die Hauptbewohner unseres Kontinents.
In den Warmzeiten dagegen blüht das vom Eis befreite Land auf. Die Waldgrenze rückt wieder bis Skandinavien vor, beim heutigen Paris gedeihen Feige und Lorbeer. Waldelefanten, Wildpferde, Löwen, Tiger und Bären bevölkern das fruchtbare Gebiet.
So finden die urmenschlichen Jäger in der ersten Warmzeit ausreichend Beute und pflanzliche Nahrung. Der Anreiz, neue Techniken zu entwickeln, ist gering. Die Bewaffnung genügt, und der Bau schützender Behausungen ist bei dem milden Klima nicht nötig.
Zwar sind die wilden Tiere dem Menschen an Kraft, Schnelligkeit und natürlichen Waffen weit überlegen, doch mit Aufgabenverteilung und Koordinierung

GESCHICHTE

Geschichte liegt nur dann vor, wenn der Mensch handelt oder in den Bereich von Geschehnissen und Handlungen einbezogen wird. Pflanzen und Tiere haben eine Entwicklung, unterliegen zwingenden Gesetzen und nehmen an vielfältigen Ereignissen teil: Geschichte aber geschieht an ihnen nur im Zusammenhang mit dem Menschen, ohne dass sie sich dessen bewusst werden können.

Geschichte muss überliefert sein. Zwar ist auch Geschichte, was vor der Zeit lag, in der Geschehenes aufgeschrieben werden konnte, doch fehlt uns die Möglichkeit, die Ereignisse genauer zu bestimmen und die Menschen, die hier handeln, mit Namen zu bezeichnen und nach ihrem Wesen zu erfahren und zu beschreiben. Dieses Stadium kann durch Funde wohl erfasst und in seinem Bedeutungsgehalt beschrieben werden, aber nur als Vorgeschichte. Erst von dem Augenblick an, da uns Namen von Menschen und ihre Handlungen überliefert sind, Städte und Reiche bezeichnet werden können, haben wir es mit Geschichte zu tun. Dabei ist nicht wichtig, wie die Überlieferung – sobald wir es mit Geschichte zu tun haben – festgehalten wurde: auf Ton oder Stein, Bronze oder Eisen, Papyrus oder Tierhaut. Wesentlich ist nur, dass Ereignisse aufgezeichnet worden sind.

Eine zweite Voraussetzung, dass Geschichte möglich und überlieferbar wird, ist die Sprache. Der Mensch muss in der Lage sein, verwickeltere Gedankengänge auszudrücken, und braucht die Kenntnisse eines ausreichenden Zählsystems: Erst durch Sprache und Schrift kann Geschichte überliefert und damit von der Geschichtsschreibung späterer Zeiten erfasst werden.

Geschichte handelt also vom Menschen und wird von ihm durch sein Tun und Unterlassen, ja, durch seine ganze Existenz, bewirkt. Daraus ergibt sich, dass wir jedes Ereignis, jeden Gedanken, jeden Faktor, der bei einem Geschehen mitwirkte, kennen müssten, wollten wir Geschichte ohne Möglichkeit des Irrtums und mit der Gewissheit mathematischer Formeln erfassen. Es ist jedoch undenkbar, dass jemals alle Teilgeschehnisse, alle Beweggründe und Ursachen geschichtlichen Geschehens erfasst werden können, und es ist ebenso undenkbar, dass der Mensch ganz und gar in seinen Motiven und seinem Handeln begriffen werden könnte; eine lange Reihe von unbekannten Faktoren wird bleiben.

Die Geschichtsschreibung schöpft aus den verschiedensten Quellen, deren Erforschung zu einer eigenen Hilfswissenschaft geworden ist. Neben den Schriftdokumenten (Urkunden) zählen dazu auch Inschriften auf Denkmälern, Tempelwänden und Schriftsäulen, zeitgenössische Erzählungen, ja, alle schriftlichen Äußerungen, die zur Erhellung des Geschehenen beitragen. Aufschluss geben aber auch Bauwerke, Geräte, Kunstgegenstände, alles, was der Mensch geschaffen hat. So wundert es nicht, dass bei der Fülle des Stoffes vielseitige Möglichkeiten gegeben sind, Geschichte zu schreiben: Man kann sie erzählen, wie es der Grieche Herodot (um 485–425 v.Chr.) als erster Geschichtsschreiber tat, und wie es z.B. auch Schiller tat. Man kann Geschichte möglichst knapp und genau zu berichten suchen, an der Sache bleibend und die eigene Person zurückstellend. So schrieb der erste große Historiker – wenn wir moderne Maßstäbe anlegen wollen –, Thukydides (um 460–400 v.Chr.), so auch der Römer Tacitus (um 55–120).

Die Geschichte ist der Philosophie und Religion benachbart, sie kann also auch unter ideengeschichtlichen und religiösen Aspekten betrachtet, ja, für den gläubigen Menschen zur Heilsgeschichte werden.

Im 19. Jahrhundert, als man unsicher wurde, ob die inneren Beweggründe überhaupt erkannt werden könnten, wurde es üblich, die Geschichte immer stärker auf Fakten zu gründen und sich mit der Darstellung des Ablaufs zu begnügen. Diese pragmatische Geschichtsauffassung ist nützlich, weil sie fordert, bei der Sache zu bleiben; sie kann aber die Geschichte verfehlen, wenn nur noch von Greifbarem, kausal zu Ergründendem die Rede ist.

Die ersten Geschichtsschreiber bleiben anonym, weil sie im Auftrag ihrer Herrscher die Taten aufzuzeichnen hatten. Ihnen war aufgetragen, die großen Ereignisse und Siege der Nachwelt zu überliefern und den Gottkönigen zu huldigen – kritisch zu sichten oder gar zu urteilen, war nicht verlangt.

Die mittelalterlichen Geschichtsschreiber und Historiographen waren vor allem Chronisten und Erzähler. Erst mit der Renaissance trat der kritische Betrachter wieder in den Vordergrund, der eine unvoreingenommene Analyse seiner Zeit und der Vergangenheit zu geben sucht. Der Florentiner Niccolo Machiavelli (1469–1527), der Verfasser des Buches „Il Principe“ („Der Fürst“), ist unter ihnen der bedeutendste.

Den größten Aufschwung nahm die Geschichtsschreibung im 19. Jahrhundert, als in Deutschland Leopold von Ranke (1795–1886) und Theodor Mommsen (1817–1903) Universalgeschichte schrieben, Mommsen vor allem für das Altertum („Römische Geschichte“), Ranke für das Mittelalter („Geschichte der Reformation“ und „Die römischen Päpste“).

Das Wissen, mit der Vergangenheit verbunden zu sein – das Geschichtsbewusstsein –, ist nicht in allen Zeiten gleich groß. Geschichtsfremde und mit der Vergangenheit verbundene Zeiten wechseln miteinander ab. So legte man erst unter der Einwirkung der Romantik und dann vor allem in der Philosophie Hegels wieder größeren Wert auf die Geschichte. Die Erforschung und Darstellung der Geschichte verbanden sich mit dem Nachdenken über das Wesen der Historie: Die Geschichte wird zur Grundlage der Geschichtsphilosophie. Man kann Geschichte auch in erster Linie von Ideen bestimmt sehen; diese idealistische Geschichtsphilosophie wird in Deutschland von den Denkern und Dichtern der Klassik, Schiller, Kant und Hegel, vertreten, während Karl Marx, Hegels Philosophie umkehrend, von materiellen, ökonomischen Bedingungen ausging und zum wichtigsten Philosophen der materialistischen Geschichtsauffassung wurde.

Oft ist nach dem Nutzen der Geschichte gefragt worden und, ob man aus ihr etwas lernen könne. Selbst Skeptiker aber dürften sich wohl nicht der Ansicht des Historikers Golo Mann versagen, dass Geschichte dazu diene, „dass wir in ihr den Menschen kennenlernen und dadurch auch uns selbst“.

Inhaltsverzeichnis Geschichte

Inhaltsverzeichnis Kultur

Die **La-Tène-Kultur** (benannt nach dem Ort La Tène in der Westschweiz), im 5. Jahrhundert v.Chr. aus der westlichen Hallstatt-Kultur hervorgehend, wird von den Kelten getragen. Ihre Abwanderung nach Frankreich, England und Spanien löst die erste große Völkerbewegung Europas aus. Später nimmt sie auch die Gestalt von Eroberungszügen an. Keltische Heerhaufen dringen 387 bis nach Rom vor, hundert Jahre später nach Griechenland. Gegliederte Stammesorganisationen mit deutlicher sozialer Schichtung sind für die Eisenzeit gegenüber früher vorherrschend. Keltische Stämme kennen schon Geldwirtschaft. Seit dem 2. Jahrhundert bewohnen die Kelten befestigte Siedlungen (Oppida), die nicht mehr nur als Fluchtburgen dienen, sondern schon vorstädtischen Charakter haben. Der Kimbern- und Teutonenzug nach Italien (113–101 v.Chr.) schafft die erste Berührung der germanischen Welt mit Rom.

ALTERTUM

Günstige Lebensbedingungen in den großen Stromtälern Nordafrikas, Vorder-, Süd- und Ostasiens ermöglichten, dass hier die archaischen Daseinsformen am ehesten von durchorganisierten Zivilisationen mit städtischen Mittelpunkten abgelöst wurden. Ägypten und Mesopotamien, also das Nil- und das Zweistromland, gelten als älteste Hochkulturen, gefolgt von einer Stadtkultur im Indus-Gebiet. Eine ähnliche Entwicklung folgte am Gelben Fluß in China. Demgegenüber sind die für Europas Werdegang besonders maßgeblich gewordenen Kultur- und Machtzentren Griechenland und Italien relative Späterscheinungen, geschichtlich hervortretend erst, als der alte Orient im Abendlicht stand. Dabei zeigen sich kennzeichnende Unterschiede in der Selbstverwirklichung. Ägypten, Babylonien, Assyrien bildeten ein Gott-Königtum heraus, das sich und seine Kultur in gewaltigen Steindenkmälern und, vor allem am Nil, in herrlichen Kunstzeugnissen darstellen ließ. Das Herrschaftssystem war mit Ausnahmen despotisch (anders als in Indien und China). Griechenland entwickelte im Gegensatz dazu zeitüberdauernde abendländische Denksysteme, Dichtungen, Mythologien, die Historiographie, den Sport – neben bleibenden Kunstvorbildern –, war aber aufgrund individuell-freiheitlicher Zersplitterung lange zu politischer Konzentration unfähig. Erst der Hellenismus wuchs zum mittelmeerisch-orientalischen Machtfaktor und repräsentierte eine antike, vorrömische Weltkultur. Rom schließlich, in vielem immer ein Erbe und eine Kopie des Griechentums, war durch frühentwickelte staatsbildende und militärische Befähigung berufen, das letzte Großreich des Altertums zu schaffen, ja, das umfassendste. Die Pax romana begünstigte die Ausbreitung des Christentums, hervorgegangen aus der Ein-Gott-Vorstellung der Juden, dem transzendentalen Monotheismus vom Sinai. – Der nachhaltigste Bewusstseinswandel im alten Orient, der ihn von der übrigen Welt am stärksten abhob, war der Wille zur schriftlichen Verständigung. Nach 3000 entstand in Sumer die Keilschrift, etwas später bei den Ägyptern die Hieroglyphen-Schrift. Um 1500 entwickelten die

Phönizier ein Buchstabenalphabet. Es war der Stammvater vieler Buchstabenschriften der Welt.

Ägypten

2600–2160 Altes Reich, nach vorheriger Einigung der ober- und unterägyptischen Teilbereiche von Süden her unter der ersten und zweiten Dynastie. Das Alte Reich (3.–6. Dynastie) ist ein zentralisierter Beamtenstaat mit großem Einfluß der Priester. Dementsprechend manifestiert sich ein gigantischer Totenkult: Unter dem Pharao Djoser (gestorben etwa 2590) entsteht die erste Pyramide (Stufenpyramide von Sakkara), Baumeister: Imhotep, zugleich oberster Minister (Wesir). Frondienste der Bevölkerung.

Um 2575–2565 Pyramiden von Giseh (4. Dynastie) für die Könige Cheops, Chephren und Mykerinos. Kleinere Pyramiden der Nachfolger. In der 5. Dynastie wird der Sonnenglaube Staatsreligion. Mit der Schwächung der Königsmacht dezentralisiert sich das Reich in zunehmendem Feudalismus.

2160–2040 Erste Zwischenzeit unter der nominell 7.–10. Dynastie. Innere Wirren. Der Staat zerfällt in Gaufürstentümer. Aufstände im Gefolge der Unterdrückung des Volkes. Die Notzeit findet Niederschlag in Dichtungen. Am Ende erneute Reichseinigung von Oberägypten aus.

2040–1785 Mittleres Reich. Blütezeit unter der 12. Dynastie (1991–1785). Die wichtigsten Könige sind Amenemhêt und Sesostris III. Die Gaufürsten werden zurückgedrängt, der Staat wird erneut zentralisiert. Dem Reichsgott Ammon (Amun) werden große Tempelanlagen geweiht, dem Nil wird Ackerland abgerungen. Die Bauern bleiben leibeigen. Außenpolitisch wird der Einfluß auf Syrien und Nubien ausgedehnt.

1785–1552 Zweite Zwischenzeit mit inneren Wirren, die das Land außenpolitisch schwächen. Daher um 1650 Eindringen orientalischer Reiterscharen, der Hyksos („Fremdherrscher"), die Pferd und Streitwagen bekannt machen. Um 1560 erhebt sich von Theben aus Widerstand gegen die im Norden herrschenden Eindringlinge. Vertreibung aus dem Nilland, dadurch politisches Erstarken.

1552–1070 Neues Reich mit der Hauptstadt Theben. Unter der 18. Dynastie wird Ägypten Großmacht und bleibt es bis zur 20., die das Neue Reich abschließt. Amenophis I., Thutmosis I. und die Königin Hatschepsut legen die Grundlagen dafür, dass Thutmosis III. (1490–1436) Palästina und Syrien erobert und Nubien bis zum 4. Katarakt unterwirft. (Babylon hat zu dieser Zeit die klassische Periode seiner 1. Dynastie hinter sich.) Ägyptens Hauptrivale in Vorderasien ist jetzt das kurzlebige Großreich Mitanni. Unter Amenophis III. (1402–1377) erlebt das Neue Reich bei äußerlichem Frieden seine Kulturblüte. Große Felsentempel und -gräber (wie jener der Hatschepsut bei Theben), vielgestaltige Bildkunst, Kolossalstatuen.

1364–1347 regiert der Sohn des Amenophis und der Königin Teje, **Amenophis IV.**, bekannter unter dem Namen Echnaton. Gewaltsame Glaubensreform mit Bilderstürmerei, vergeistigter Sonnenkult. Gemahlin Nofretete. Verlegung der Residenz nach Amarna. Echnatons Schwiegersohn Tutenchamun (1347–1339) gibt Amarna wieder zugunsten Thebens auf. Restaurationsphase. Die unbedeutende Regierung des jugendlichen Herrschers muss seine Jagdgewohnheiten ändern, Klein- und Wassertiere bilden zunehmend seine Beute. Bevorzugte Siedlungsstätten sind daher Küstenstriche und Flussniederungen.

Die Wasserjagd hat Auswirkungen auf Technik und Lebensformen. Boote (Einbäume) werden gebaut. Die größeren Jagdgruppen lösen sich auf; die Familie wird Ernährungsverband. Das Sammeln von Früchten gewinnt gegenüber der Jagd an Gewicht.

Von festen Plätzen aus unternehmen die Familien Jagd- und Sammelzüge, legen Wintervorräte an. Die Entwicklung zur **produzierenden Wirtschaftsweise** und damit zur Sesshaftigkeit deutet sich an.

Anbau von Nutzpflanzen, Vorratswirtschaft und Tierhaltung machen den Menschen unabhängiger vom Nahrungsangebot der Natur. Schwein, Huhn, Schaf, Ziege und Rind werden domestiziert. Später kommt das Pferd hinzu. Wachsender Nahrungsbedarf führt einerseits zur Ausbildung eines Hirtennomadentums, andererseits zur Verfeinerung der Ackerbaumethoden. Aus dem Grabscheit zur Lockerung des Erdreichs werden Spaten und Hacke, aus dem Spaten entsteht der Pflug. Rinder als Zugtiere erleichtern Arbeit und Ausweitung der Anbaufläche. Zunehmende Sesshaftigkeit führt zu weiterer Arbeitsteilung.

Zuerst in Vorderasien, später im südlichen und zuletzt im nördlichen Europa bilden sich auch aus einem wachsenden Schutzbedürfnis heraus dörfliche Ansiedlungen. Etwa im **5. Jahrtausend** breitet sich in Europa die **bandkeramische Kultur** aus. Tonwaren werden mit Band- und Linienmustern verziert.

Häuser aus Holz und Lehm entstehen. Die Waffen- und Werkzeugtechnik wird verfeinert (Steinbeile, Feuersteinmesser, geschliffen, nicht mehr behauen, Knochenäxte, Schmalklingen). Bei der Felsmalerei tritt, vor allem in Spanien (Levante-Malereien), erstmals das Motiv des Kampfes, der kriegerischen Gesinnung, hervor.

Kupfer- und Bronzezeit

Die Zeitetappen lassen sich nicht klar trennen. Während in Europa die Jungsteinzeit ausläuft (Spätneolithikum), wird im Orient schon Bronze verarbeitet. Die eigenständige Epochenbezeichnung „Kupferzeit“ für den Zeitraum **2700 bis 700** wird kaum mehr verwendet; ihre Funde werden teils der Jungsteinzeit zugewiesen, teils der frühen Bronzezeit. Kupferne Lanzen- und Pfeilspitzen finden sich in Vorderasien schon aus dem vierten Jahrtausend. In Mitteleuropa ist Kupferabbau etwa seit 1500 nachweisbar (Mitterberg bei Salzburg). Die Kulturphasen sind also gegeneinander stark verzerrt, wie ja im Orient bereits zu dieser Zeit „geschichtliche“ Hochzivilisationen gedeihen, indes Europa in seinen mittleren und nördlichen Teilen vorgeschichtlich bleibt. Auffallendste Überbleibsel des Kulturabschnitts sind die Megalithbauten. Ungefähr seit 4000 dokumentiert sich dieser Stil, von Spanien kommend, in gewaltigen Grabanlagen, Hünengräbern (wie in der Lüneburger Heide), in kultischen Kolossaldenkmälern, Menhiren (wie in der Bretagne) oder astronomischen Zweckbauten (Stonehenge in Südengland). Da spätestens die Bronzezeit eine große kulturelle Variationsbreite besitzt, werden ihre hervorstechenden Merkmale nach Erschei-

nungsorten oder Erscheinungsarten eingeteilt.
Von Spanien aus breitet sich die Glockenbecher-Kultur nach Norden und Nordosten aus. Sie hat ihren Namen von Gefäßbechern in Form einer umgestürzten Glocke und gehört zum sog. Westkreis im frühbronzezeitlichen Europa. Ein auffälliges Kennzeichen dieser Kultur sind auch die süddeutschen und schweizerischen Pfahlbauten, die zu Dörfern gruppiert sind und schon einen hohen landwirtschaftlichen Standard erreichen. Mohn, Linsen, Möhren, Flachs und Hanf gedeihen in den Gärten. Obstbaumveredelung setzt ein. Primitive Webstühle kommen in Gebrauch; kunstvoll gemusterte und gefärbte Gewebe werden hergestellt.
Demgegenüber bringt der sog. Nordische Kreis seit 1550 die **Trichterbecher-Kultur** hervor. In Polen, Deutschland, Dänemark und Südschweden breiten sich die Vorfahren der Germanen aus. Sie erzeugen kunstvolle Waffen und Geräte: Helme, Schwerter, Schilde, Lanzen; Schalen, Fibeln (Sicherheitsnadeln), Ringe, Spiralornamente, Luren (Blasinstrumente). Ihre Behausungen sind rechteckig, oft mit einer Vorhalle versehen.
Ihre Toten bestatten die Trichterbecher-Leute in großen Steinkammern aus Findlingen, den sog. Dolmen, anfangs einzeln, später kollektiv. Die Dolmen weiten sich zu Ganggräbern für ganze Geschlechter aus. Sonnenräder, Hakenkreuze, Handabbildungen verzieren die Grabplatten; Tieropfer werden zur Versöhnung der Gottheiten dargebracht.
In den nordischen Kreis dringen die **Schnurkeramiker** oder **Streitaxtleute** ein und geben ihm neue Impulse. Die von Osten kommenden Viehzüchter sind kriegerisch und dominieren bald in ganz Nordeuropa. Sie haben ihre Namen von den Schnurabdrücken auf den Tongefäßen und von dem Brauch, ihren toten Männern eine Streitaxt ins Grab zu legen. Als Reiter und Streitwagenkämpfer sehr beweglich, können die Schnurkeramiker umfassendere Gebiete beherrschen.
Sesshaftigkeit, Arbeitsteilung und Besitz lassen soziale Schichten entstehen. Von der Masse der Bauern heben sich Handwerker, Händler und Heerführer ab.
Ähnliches gilt von der **Hügelgräber-Kultur** (Bestattung unter Hügeln) im Oberrhein- und Alpengebiet, der die **Urnenfelder-Kultur** (Leichenverbrennung statt Körperbestattung) folgt. Die letztere breitet sich rasch über ganz West- und Mitteleuropa aus. Die Urnenfelderleute sind in der Nachfolge der Schnurkeramiker ausgesprochen kriegerisch. Ihr Vordringen löst vor allem nach Süden erhebliche Bevölkerungsbewegungen aus, die sich verheerend auf die bereits im Mittelmeerraum ansässigen Hochkulturen auswirken:
Die mykenische und minoische Kultur erlöschen, das Reich der Hethiter bricht zusammen, „Seevölker" und Philister bedrohen Ägypten und Palästina.

Eisenzeit

In der europäischen Eisenzeit **ab 750** unterscheiden wir mit der Hallstatt- und La-Tène-Kultur zwei Hauptabschnitte: Die **Hallstatt-Kultur** (um 1000 v.Chr. beginnend, aus der Urnenfelder-Kultur hervorgehend) ist nach dem Ort Hallstatt im Salzkammergut benannt. Salz- und Eisenbergbau werden betrieben, neue Waffentechniken entwickelt (z.B. Hallstattschwert).

Hrsg. Dr. Christian Zentner

Allgemeinwissen aktuell

Geschichte & Kultur

Von der Steinzeit
zum Atomzeitalter –
Geschichte, Religion,
Philosophie und Kunst

MOEWIG

© Pabel-Moewig Verlag KG, Rastatt
www.MOEWIG.de

Alle Rechte vorbehalten.

Umschlagfoto: akg-images, Berlin

Redaktion: Dr. Nora Wiedenmann, Dr. Reinhard Barth
Grafik und Zeichnung: Paul Zentner
Herstellung und Layout: Petra Obermeier

Printed in Germany
ISBN 3-8118-1755-8

(2. messenischer Krieg gegen die vorgriechische Bevölkerung). Bewohner werden die leibeigenen Heloten, haben die Herrenschicht der Spartiaten zu versorgen. Die Spartiaten sind eine Kriegerkaste, die ihren Nachwuchs vom 7. Lebensjahr an in strengster Zucht heranbilden. Heereszugehörigkeit von 20 bis 60 Jahren. Doppelkönigtum, erblich, durch jährlich fünf gewählte Beamte (Ephoren) langsam zurückgedrängt. Ältestenrat aus den Königen und 28 Geronten. Handel und Gewerbe liegen bei den umwohnenden, minderberechtigten Stammesgenossen, den Periöken. Militärisch wird Sparta die Vormacht Griechenlands.

510–404 Blütezeit Griechenlands. Nach der Zerstörung Milets durch Dareios I. (494) baut Athen eine Flotte. Bewährungsprobe, nachdem die Perser im Gefolge der Niederlage von Marathon (490) unter Xerxes I.

480 erneut gegen Griechenland ziehen. Zunächst persischer Sieg bei den Thermopylen infolge Umgehung der Blockade der Verbündeten. Tod des Königs Leonidas von Sparta. Die Athener räumen ihre Stadt, die zerstört wird, siegen anschließend in der Seeschlacht von Salamis (480) entscheidend (Themistokles). Zweiter Sieg

479 bei Platää zu Lande (Pausanias). Anschließend Befreiung der kleinasiatischen Städte Von jetzt an ist Athen Hegemonialmacht zur See.

477 Gründung des attischen Seebundes. Das wird die äußere Sicherung für Athens großartigen kulturellen Aufschwung, seine klassische Periode. Zunächst noch Fortgang des Krieges.

465 Doppelsieg am Eurymedon in Südanatolien unter dem Athener Kimon. Das Ende der Perserkriege bringt erst eine weitere schwere persische Niederlage 449 bei Salamis (auf Zypern), daraufhin

448 Kallias-Friede (nach dem athenischen Unterhändler K.): Autonomie der Griechenstädte in Kleinasien; der Verzicht Griechenlands, eine Erhebung gegen Persien zu unterstützen. Parallel dazu leiten Spannungen zwischen Athen und Sparta

457 in einen **Krieg in Mittelgriechenland** über.

451 Waffenstillstand mit Sparta auf fünf Jahre.

445 Dreißigjähriger Friede, der aber nur bis 431 anhält. Das Ende der Perserkriege, der innergriechische Friede, die wirtschaftliche Mittelpunktstellung Athens bewirken hier eine kulturelle Hochblüte unter **Perikles**, der seit 461 politisch dominiert und

443–429 als „Stratege" immer wiedergewählt wird. Vertrauensmann der unteren Volksschichten. Radikale Demokratie, „in Wahrheit die Herrschaft des ersten Mannes" (Thukydides). Athens größter Staatsmann stirbt etwa 70jährig an der Pest. Ausbau der Akropolis, Ausreifung der Tragödie (Sophokles, Euripides), der Geschichtsschreibung (Herodot als Gast, später Thukydides), Vertiefung der attischen Philosophie (Anaxagoras, Protagoras, dann Sokrates), Meisterwerke der Plastik (Phidias), hohe Zeit der Komödie (Anfänge mit Aristophanes).

Für den Philosophen Karl Jaspers erstreckt sich „rund um 500" die „Achsenzeit" der Weltgeschichte. Begründung: Mit Einzugsbereich von 800 bis 200 drängen sich in diesem Zeitraum die außerordentlichen Kulturleistungen zusammen, die großenteils bis heute bestimmend geblieben sind: Homer, Zarathustra, Buddha, Konfuzius, jüdische Propheten, griechische Klassik, Laotse – alle unabhängig voneinander. „Es entstand der Mensch, mit dem wir bis heute leben". Nur das Christentum steht zeitlich jenseits dieser „Achsenzeit".

431–404 Peloponnesischer Krieg mit wechselvollem Verlauf. Am Ende unterliegt Athen den Spartanern und seinen Verbündeten, nicht zuletzt wegen des katastrophalen Ausgangs der sizilischen Expedition, angeregt von Alkibiades,

415–413, wonach athenische Bundesgenossen abgefallen waren und Persien auf der Seite Spartas helfend eingegriffen hatte.

404 Belagerung Athens, durch Hunger bezwungen. Schleifung der Mauern, Auslieferung der Flotte, Auflösung des Seebundes, wirtschaftlicher Rückgang, geistig aber weiterhin große Bedeutung: Wirken des Sokrates (399 hingerichtet wegen „Gottlosigkeit") und seines Schülers Plato (427–347).

404–338 politischer Niedergang Griechenlands. Sparta 30 Jahre Vormacht, hilft 401 dem Perser Kyros mit griechischen Söldnern gegen seinen Bruder Artaxerxes II. Kyros fällt bei Babylon. Mühevolle Heimkehr der Söldner: „Zug der Zehntausend" unter Xenophon.

399–394 Krieg der Spartaner gegen Persien, um die Ostgriechen-Städte zu schützen, die zuvor zugunsten persischer Hilfe preisgegeben worden waren. Der Krieg leitet unentschieden direkt über in den

395–387 Korinthischen Krieg gegen Spartas Vorherrschaft. Vereinigt sind Korinth, Athen, Theben, Argos, Persien – das später die Front wechselt. Zuletzt persischer Diktatfriede, der Spartas Hegemonie bestehen lässt. Diese endet erst nach der Neugründung des Attischen Seebundes (378) und

371 dem Sieg der Thebaner bei Leuktra (Epaminondas). Kurzzeitig thebanische Hegemonie. Die unaufhörlichen Kriege haben die Stadtstaaten politisch geschwächt. Während Griechenland eine zweite Klassik erlebt – attische Prosa in der Rhetorik (Isokrates, Demosthenes), Geschichtsschreibung (Xenophon), Philosophie (Plato, Aristoteles), Plastik (Praxiteles) –, kann keine einzelne Polis mehr ein nachhaltiges Übergewicht entwickeln. Statt dessen erstarkt eine Macht, die bald zum Schiedsrichter und dann beherrschend wird: Makedonien.

359–336 Philipp II., erst Regent Makedoniens, dann König (356). Stammesmäßig zählt Makedonien zu den Nordwestgriechen, hatte der politischen und kulturellen Entwicklung Griechenlands aber ferngestanden. Griechische Lebensart hat Philipp als Geisel in Theben kennengelernt. Sein Sohn Alexander wird griechisch erzogen: unter anderen Lehrern Aristoteles. Kampfreden des Demosthenes gegen Philipp („Philippiken").

338 Schlacht bei Chaironeia. Philipps Sieg beendet Griechenlands äußere Selbständigkeit.

337 Korinthischer Bund. Friedensordnung bei Wahrung innerer Autonomie.

336 Ermordung Philipps, als eben ein Heer zur Befreiung der kleinasiatischen Griechenstädte entsandt worden ist.

336–323 Alexander der Große, geboren 356. Genialer Feldherr, politisch weitsichtig und von ungeheurer Dynamik, geistig hochinteressiert, dabei von ungezügeltem Temperament, hemmungslos bis zum Mord. Öffnet dem Griechentum gewaltsam den Orient, verbindet beide im Sinne eines universalen Staatsgedankens, zivilisatorischer Synthese, wirtschaftlicher

Einheit, begründet die hellenistische Weltkultur.

335 Zug über die Donau gegen die Illyrer. Erhebung in Griechenland (Theben). Rückmarsch, Eroberung und Zerstörung Thebens.

334–330 Perserfeldzug. Errichtung des „Alexanderreiches".

333 Sieg bei Issus über Dareios III., Öffnung Vorderasiens. Persisches Friedensangebot abgelehnt. Zug nach Ägypten, Krönung zum Pharao. Gründung Alexandrias (331).

331 Sieg bei Gaugamela am Tigris, Dareios entkommt abermals. Alexander „König von Asien", Einzug in Babylon. Nach Ermordung des Dareios durch einen Satrapen (330) Ende des Feldzuges.

330–325 Unterwerfung Ostirans und Zug nach Indien, Alexander erreicht auf dem Indus den Ozean. Rückmarsch.

324 Massenhochzeit zwischen Makedonen und Perserinnen in Susa: symbolhafte Vereinigung der Völker; sie zeigt sich auch in der folgenden Heeresreform.

323 Residenz Babylon. Griechische Städte verleihen Alexander göttliche Ehren. Flottenzug nach Arabien geplant. Bauarbeiten in Babylon. Alexander stirbt 32jährig am Fieber. Schlagartiges Ende aller Expansionspläne. Herrschaftsaufteilung unter den Feldherren (Diadochen).

323–280 Diadochenkämpfe, aus denen endgültig drei Monarchien verbleiben: das Ptolemäer-Reich (Ägypten) bis 30 v.Chr., das Seleukiden-Reich (Vorder- und Kleinasien) bis 64 n.Chr., das Antigoniden-Reich (Makedonien) bis 168 v.Chr.

Rom

Genau wie in Griechenland, nur Jahrhunderte später, stoßen indogermanische Einwanderungswellen auf mediterrane Vorbewohner. Man unterscheidet

etwa ab 1200 „Verbrennende Italiker", entsprechend ihrer Bestattungsart; zu ihnen gehören die Latiner (um das spätere Rom),

etwa ab 1000 „Bestattende Italiker", zu denen unter anderen Umbrer, Sabiner, Samniten gehören (Mittel- bis Süditalien). Die dritte bedeutende Einwanderungsgruppe sind

um 800 und früher die Etrusker, ein Mischvolk aus vorherrschend nichtindogermanischen Elementen, das im Gegensatz zu den Italikern nicht von Norden einwandert, sondern von See her an der südlichen Westküste. Die Landnahme vervollständigt sich

im 8. Jahrhundert durch die **griechischen Kolonisationen** in Unteritalien und Sizilien. Das Griechentum ist den Italikern vor allem durch die Etrusker vermittelt worden. Einen etruskischen Staat hat es nicht gegeben, wohl aber ist das nahe Rom etruskisch. Hier kristallisiert sich die Staatsbildung Italiens. Das Gründungsdatum um 753 ist viel später legendär zurückverlegt worden, mag aber mit der etruskischen Ausbreitung in Einklang stehen. Älteste Siedlung auf dem Palatin.

Etwa 600–510 etruskische Königsherrschaft (Tarquinier) über latinische und sabinische Bewohner in Rom.

Um 510 Vertreibung der Tarquinier und Begründung der römischen Republik. Aber auch die Folgezeit ist datenmäßig ungesichert. Die Stadtrepublik ist adelig, patrizisch. Es kommt zu Ständekämpfen mit den bäuerlichen Plebejern, da diese bei den Kämpfen mit den umwohnenden Nachbarn zwar dauernd militärisch beansprucht werden, aber politisch rechtlos sind.

Bis 287 innere Auseinandersetzung um Gleichberechtigung.

Um 450 Zwölftafelgesetz der „Zehn Männer", ältestes überliefertes römisches Gesetzeswerk. 367/66 Zulassung von Plebejern der obersten Schichten zum Konsulat. 287 erlangen Plebiszite Gesetzeskraft. Roms fertige republikanische Verfassungsstruktur in den Grundzügen: Der demokratische Staatsgedanke dringt nie so weit durch wie in Griechenland. Machtbalance zwischen Senat, Volksversammlung, Magistrat. Der Senat (aus ehemaligen Magistraten, 300 Mitglieder, ab 1. Jh. 600) dominiert, obwohl die Volksversammlung über Krieg und Frieden entscheidet und die obersten Beamten wählen. Wichtigste Magistrate (Geheimbeamte), auf ein Jahr gewählt: zwei Konsuln, darunter: Prätoren (Richter), Ädilen (Marktaufsicht, Veranstalter öffentlicher Spiele), Zensoren (sittliche Aufsicht, Führung von Steuerlisten). Die zehn Volkstribune haben, außer bei Kriegsführung, ein Vetorecht gegen Magistrats- und Senatsbeschlüsse. Der höchste Priester, Pontifex maximus, wird auf Lebenszeit gewählt, entsprechend der überragenden Bedeutung der Vielgötter-Religion im römischen Leben. Aus dem Patriziat wird mit der Zeit ein Amtsadel (Nobilität).

Um 400–268 Kampf um die Herrschaft in Italien.

396 Zerstörung der etruskischen Stadt Veji.

387 Eroberung Roms durch keltische Senonen unter Brennus. Niederlage der Römer an der Allia bei Rom.

340–338 Latinerkrieg. Latium wird abhängig.

343–290 drei Samnitenkriege, in denen auch Etrusker, Sabiner, Umbrer, Lukaner, Gallier gegen Rom stehen. Schwere römische Niederlage bei den kaudinischen Pässen 321, angeblich verbunden mit der Demütigung unter dem „kaudinischen Joch". Als Militärstraße wird 312 die Via Appia begonnen. Erste Wasserleitung. Die Expansion nach Süden bringt Rom in Konflikt mit den griechischen Kolonien, vor allem mit Tarent. Daher

282–272 Krieg gegen Tarent und den mit ihm verbündeten König Pyrrhus von Epirus. Erstmals Elefanten gegen Rom im Kampf. Angeblich verlustreicher „Pyrrhussieg" bei Ausculum 279.

275 Rom gewinnt die Schlacht von Benevent. Da Pyrrhus in seiner Heimat von Makedonen bedrängt wird und aufgibt, gewinnt Rom nun auch Gebiete in Unteritalien: Ergebnis der Kämpfe ist eine Art italienischer Wehrgenossenschaft;

268 „die Römer und ihre Bundesgenossen"; ein verschachteltes System von Bündnissen, Abhängigkeiten und staatlichem Eigenbesitz, das ganz Mittel- und Süditalien umfaßt. Roms Staatsgebiet, der Bereich der Cives Romani, mißt jetzt 26 800 km^2, das ist die Größe Siziliens. Die Verbündeten stellen im Kriegsfall Truppen. Es entsteht kein italienischer Einheitsstaat, doch die Stämme verlieren ihre Sonderart. Bündnistreue kann mit römischen Bürgerrecht belohnt werden.

264–133 Der Weg zum Weltreich. Das Ausgreifen nach Süden bringt Rom, ebenso wie zuvor mit den Griechen, in feindliche Berührung mit der westlichen Seemacht Karthago. Daraus entstehen die drei Punischen Kriege, die mit der Ver-

nichtung der karthagischen Macht enden.
264–241 Erster Punischer Krieg. Rom, von Natur nicht seeorientiert, baut seine erste Flotte. Kriegsausgang zugunsten Roms. Karthago muss Sizilien abtreten, das mit Ausnahme von Syrakus erste römische Provinz und Kornkammer wird. 238, nach Friedensschluß, wechseln auch Sardinien und Korsika den Besitzer. 2. Provinz. Im folgenden Jahrzehnt wird den Kelten die Po-Ebene abgerungen. Die kommende Hegemonialmacht des Mittelmeers kann 30.000 Reiter und 40.000 Fußkämpfer in sechs Legionen ins Feld stellen, als es zur schwersten Belastungsprobe in der vorchristlichen römischen Geschichte kommt: durch den karthagischen Feldherrn **Hannibal**, der
218–201 im 2. Punischen Krieg die beherrschende Figur ist. Er zieht von Spanien her über die Alpen, schlägt die Römer
217 am Trasimenischen See und
216 vernichtend bei Cannae. Klassische Umfassungsschlacht. Die meisten Verbündeten fallen ab. In der Katastrophe zeigt Rom heroischen Überlebenswillen. Hannibal nutzt die Siege nicht aus, erhält zudem von Karthago mangelhafte Unterstützung. Zur überragenden Gestalt auf römischer Seite wird P. Cornelius Scipio. Er siegt wiederholt, zuletzt
202 bei Zama in Nordafrika. Der Frieden 201 macht Rom zur Beherrscherin des westlichen Mittelmeeres. Souveränitätsverlust, hohe Reparationen und Gebietsabtretungen (Spanien) des Besiegten.
Die Folgezeit verstrickt Rom zunehmend in die östlichen Machtverhältnisse. Kriege gegen Makedonien (200–197 und 171 bis 168) wegen seines Ausgreifens in Griechenland und Kleinasien führen zur Angliederung Makedoniens als römischer Provinz 148, nachdem
168 die Schlacht bei Pydna das Ende des makedonischen Königtums bewirkt hatte.
149–146 kämpft Karthago nochmals verzweifelt im **3. Punischen Krieg**, der gemäß der immer wiederholten Forderung Catos des Älteren mit der Vernichtung der Stadt und der karthagischen Zivilisation endet. Die Bevölkerung wird versklavt. Römische Provinz Africa. Den Abschluß der 130jährigen Periode, in der Rom zur mittelmeerischen Hauptmacht wird, bildet die Angliederung Westkleinasiens (Provinz Asia) durch Erbschaft im Jahre
133 und gleichzeitig die **Ausdehnung der Macht auf ganz Spanien**. Während Rom im Westen aktiv um Vorherrschaft gekämpft hat, profitiert es im Osten mehr vom Eigenzerfall der hellenistischen Mächte und tritt erst zögernd, dann zielbewusst die Nachfolge an. Die Provinzen, von Statthaltern verwaltet, behalten ihre Eigenart, werden militärisch gesichert und steuerlich mehr oder weniger ausgebeutet. Kulturell ist Rom im Osten mehr der Empfangende, im Westen mehr der Gebende.
Der Weg zur Weltmacht wird mit einer sozialen Krise erkauft, die Roms inneren Frieden zerrüttet, der erst nach hundert Jahren wiederhergestellt wird.
133–130 Soziale Unruhen und Bürgerkriege. Die Machtausdehnung hat materiellen Reichtum und billige Arbeitskräfte geschaffen. Großgrundbesitz und Proletarisierung nebeneinander. Gleichzeitig erstes Aufbegehren mißhandelter Sklaven (135–131). Polarisierung der politischen Gruppe in Optimates und Populares. Als Vertreter der letzeren kämpfen die Brüder Tiberius und Caius Gracchus für Agrarre-

formen, kommen aber beide dabei um (133 und 123). In der äußeren Bedrohung durch die **Kimbern und Teutonen**, die **113–105** die Römer fünfmal besiegen, wird einer der Popularen, C. Marius, zum Retter. Siebenmal Konsul, besiegt er diese ersten Germanen, die das Imperium berühren,
102 und 101 in Südgallien und Oberitalien entscheidend. Reform des Heeres durch ihn. Aus der altrömischen Miliz wird eine Berufsarmee von Besitzlosen, die als Veteranen Land erhalten. Starke Abhängigkeit der Armee vom Feldherrn, damit zugleich ein politisches Instrument.
91–89 erzwingen die italischen Bündner das **römische Bürgerrecht** (Bundesgenossenkrieg). Ihm folgt die schwere Herausforderung durch König Mithradates von Pontus (Nordkleinasien), der die letzte Erhebung des griechischen Ostens gegen Rom bewirkt.
88–64 drei Mithradatische Kriege (88–84, 93–81, 74–64). Im ersten zugleich Bürgerkrieg in Rom infolge Streits um die Heerführung gegen Mithradates. Marius und die Popularen gegen Sulla und die Optimaten. Beiderseitiges Schreckensregiment. 86 Tod des Marius, 78 des Sulla nach freiwilligem Machtverzicht 79. Die führende Gestalt nach Sulla zunächst Pompeius, der als Anhänger Sullas begann, jedoch als Konsul (mit Crassus) die sullanische Verfassung restauriert. Beide kämpfen den Aufstand der unterdrückten, oft grausam behandelten Sklaven unter Spartacus nieder (73–71).
106–48 Pompeius befreit das Mittelmeer von den Piraten (67); großer militärischer Organisator. Er besiegt endgültig Mithradates (64). Damit
64 Neuordnung Vorderasiens und Ende des Seleukidenreiches. Drei neue Provinzen, darunter Syrien. Wachsende Spannungen mit dem Senat veranlassen Pompeius 60 zu einem Bündnis mit dem aufsteigenden C. Julius Caesar (100–44) und dem größten Finanzier Crassus (1. Triumvirat). Erneuerung 56. Fast völlige Ausschaltung des Senats.
59 wird Caesar Consul, geht nach Gallien, das er
58–51 unterwirft. Sicherung der Rheingrenze gegen die Germanen, Übergang nach England, Niederwerfung des gallischen Aufstandes unter Vercingetorix (52). Gallien wird römische Provinz, die keltische Bevölkerung in Jahrhunderten romanisiert. Caesars Berichte an den Senat „De bello gallico", klassisches Latein. Caesar, überragender Feldherr, gewinnt ein kampferprobtes, ergebenes Heer. Nachdem es zum Zerwürfnis mit Pompeius gekommen ist (Crassus fiel gegen das aufstrebende Partherreich), marschiert Caesar auf Rom.
49 Überschreitung des Rubikon.
48 bei Pharsalus in Thessalien Entscheidungskampf. Sieg Caesars, der Pompeius nach Ägypten folgt. Pompeius stirbt durch Mord, Caesar setzt Kleopatra als Königin ein, obsiegt schließlich auch über die Söhne des Pompeius und gewinnt die Alleinherrschaft in Rom. Diktator auf zehn Jahre, dann auf Lebenszeit. Seine Staatsauffassung resultiert aus der Einsicht, dass die republikanische Struktur den Bedingungen des Weltreichs nicht mehr angemessen sei. Alexander als Vorbild. Umfassende Siedlungstätigkeit, Rechts- und Verfassungsreformen, Einführung des Julianischen Kalenders. Gegen den monarchischen Stil des großen Staatsmannes und die göttlichen Ehren wenden sich altrepublikanische Ideale. Verschwörung im Senat vor seinem Aufbruch zum Partherkrieg,

44 an den Iden des März (15) Ermordung Caesars unter Führung von Brutus und Cassius. In Caesars Testament ist sein Großneffe Octavian zum Erben eingesetzt, der sich mit Marc Antonius und Lepidus

43 zum **2. Triumvirat** verbündet. Kampf gegen die Caesarmörder und Caesar-Gegner, unter ihnen Roms größter Redner Cicero.

42 bei Philippi (Ägäis) Entscheidung. Teilung des Reiches in Einflußsphären: Antonius herrscht im Osten, Octavian im Westen, Lepidus in Africa (bis 36). Das 2. Triumvirat zerbricht wie das erste an inneren Spannungen. Antonius verfällt Kleopatra, sieht sich als Erben der Ptolemäer. Dagegen Auflehnung im Westen.

31 Entscheidung bei Actium (Griechenland) zugunsten Octavians. Tod des Antonius und der Kleopatra in Ägypten, das römische Provinz wird (30).

30 Ende der Bürgerkriege, da keine Gegenpartei mehr aufsteht. Allgemeine Friedenssehnsucht. Sie begünstigt die Alleinherrschaft Octavians. Der monarchische (hellenistische) Staatsgedanke Caesars ist nicht aufzuhalten.

30 v.Chr. bis 476 n.Chr. römische Kaiserzeit. Formal stellt Octavian die Republik wieder her, nennt sich nur Princeps (Erster unter den Senatoren). De facto ist er Kaiser mit dem Beinamen Augustus (27).

Bis 14 n.Chr. Herrschaft des Augustus, Begründer der Pax Romana, die zwei Jahrhunderte anhält. Sorge für Ernährung und Belustigung der plebs („Brot und Spiele"). Verwaltungsreform in den Provinzen. Vorschieben der Grenzen im Alpen- und Donauraum, Modus vivendi mit den Parthern (Euphratgrenze).

Hingegen Katastrophe in Germanien.

9 n.Chr. geht Varus mit drei Legionen unter. Schlachtort Osnabrück. Sieger ist Arminius der Cherusker mit Verbündeten.

Seit 16 Verzicht der Römer auf weitere Eroberungen. So bleibt das Innere Germaniens von der römischen Kultur bis zum Untergang des weströmischen Reiches unberührt. Das „ausgusteische Zeitalter" ist zugleich die römische Klassik. Bedeutendste Dichter: Horaz, Vergil, Ovid, Pronerz, Tibull; Geschichtsschreiber Livius; etwas älter Sallust.

14–37 Tiberius, Stiefsohn des Augustus.

Um 33 wird in Jersualem Jesus von Nazareth gekreuzigt. Geburtsjahr umstritten (zwischen 8 v. Chr. und 7 n.Chr.). Jesus verkündet das nahe Weltende (Reich Gottes), fordert Umkehr und Buße. Ethische Vertiefung des jüdischen Glaubens. Große Anhängerschaft, Jünger. Aber Widerstand der Orthodoxen, die bei den römischen Landesherren die Gefangennahme, Verurteilung wegen Gotteslästerung und Hinrichtung durchsetzen. Die zunächst kleine christliche Sekte findet in Paulus aus Tarsos (um 10 bis 64 oder 67) die stärkste intellektuelle und missionarische Größe. Durch ihn vor allem wird das Christentum theologisch der veränderten Bewusstseinslage angepaßt und über den Mittelmeerraum verbreitet.

Das Römische Reich wird zunächst de facto Erbmonarchie, wobei im Julisch-claudischen Haus

54–68 der tyrannische Nero durch den Brand Roms und die Christenverfolgung (Märtyrertod des Petrus und Paulus) hervortritt. Unter den Flaviern

70 zerstört Vespasians Sohn Titus Jerusalem und den Tempel nach jüdischem Aufstand.

79 Ausbruch des Vesuvs. Zerstörung Pompejis und Herculaneums.

81–96 Domitian, Bruder des Titus. Britannischer Herrschaftsraum bis nach Schottland ausgedehnt. Baubeginn am Limes in Germanien vom Mittelrhein bis zur Donau. Provinzen Germanien superior und inferior. Tyrannis des Kaisers führt zu seiner Ermordung und zum Adoptivkaisertum. Der Würdigste soll herrschen. Nach der Übergangszeit unter Nerva (96 bis 98) gewinnt das Reich

98–117 unter Trajan seine größte Ausdehnung. In der Zeit wirkt der berühmteste Geschichtsschreiber Tacitus (um 55 bis etwa 120), der die „Germania" schreibt; ebenso der Biograph Plutarch. Kulturblüte („Silberne Latinität"). Trajan der erste Kaiser aus einer Provinz (Spanien). Rechtsstaatliche und Sozialgesinnung.

117–138 Hadrian. Seine Friedenspolitik wird beeinträchtigt durch den

132–135 jüdischen Aufstand unter Bar-Kochba, infolge Hadrians Beschneidungsverbot. Letzte Auflehnung des Freiheitswillens. Jerusalem wird für Juden verboten. Eigentlicher Beginn der zweitausendjährigen Diaspora-Geschichte. Neue Kulturzentren des Judentums (Babylon) und langsame Verbreitung auch über Europa, teils durch Gefangenschaft, Verschleppung, teils durch Auswanderung.

161–180 Marc Aurel, der „Philosoph auf dem Thron", Stoiker. Durch die Gotenwanderung von der Ostsee zum Schwarzen Meer werden

167–180 die Markomannenkriege im Donauraum ausgelöst. Wetterleuchten der kommenden Völkerbewegungen. Die römische Expansion mit ihrer glänzenden Zivilisation und Urbanisierung, besonders im 2. Jahrhundert, geht in Abwehr über. Das gilt auch im Osten infolge der Neubegründung des Perserreiches unter den Sasaniden (226–651). In der Nachfolge des Marc Aurel gerät das Reich auch innerlich in eine Krise.

193–284 regieren Kaiser, die besonders vom Heer getragen werden und sich darauf stützen, unter ihnen **Septimus Severus** (193 bis 211) und sein Sohn **Caracalla** (211–217), der 212 allen freien Reichsangehörigen das römische Bürgerrecht verleiht. **Decius** (249 bis 251) und **Valerian** (253–260) veranlassen

250 und 257 die ersten allgemeinen Christenverfolgungen. Gleichzeitig Zurücknahme des Limes bis zum Oberrhein wegen des Drucks der Alamannen. Überall im Reich Bedrohung der Grenzen.

284–305 Diokletian sichert das Reich erneut durch Verstärkung der Grenztruppen (angesiedelte Germanen werden besonders geschätzt!); absolute Monarchie nach orientalischem Vorbild und Aufgliederung in vier Teilgebiete (Tetrarchie).

303 Beginn erneuter schwerer Christenverfolgungen. Im Westen 306 eingestellt, im Osten 307 verschärft. Sie enden erst, als

313 das Christentum von Konstantin öffentlich anerkannt wird. Konstantin der Große überwindet das System der Tetrarchie in langen Kämpfen seit 306 und regiert

325–337 als Alleinherrscher. Taufe erst auf dem Sterbebett, aber schon 325 die Einberufung des Konzils von Nicäa (Gottgleichheit Christi). Verlegung der Hauptstadt nach Konstantinopel (330). Bedeutende Entscheidung zugunsten der späteren Unabhängigkeit der Päpste in Rom. Mit Konstantin beginnt die Geschichte des christlichen Europas. Zugleich steigen Germanen in Staatsstel-

lungen auf. Die Westgoten werden zum Schutz der Reichsgrenze an der Donau gewonnen und nehmen das (arianische) Christentum an. Bibelübersetzung durch Bischof Ulfilas.
Der Rückfall ins Heidentum unter Julian Apostata (361–363) bleibt Episode.
375 Einbruch der Hunnen, mongolischer Reiternomaden. Sie unterwarfen in Südrussland das Ostgotenreich Ermanarichs. Auslösung der „Völkerwanderung“. Zunächst drängen die Westgoten über die Donau nach Süden.
378 Kampf gegen die Römer bei Adrianopel. Kaiser Valens fällt.
379–395 Theodosius I., erhebt 391 das Christentum zur Staatsreligion. Mit dem Ende aller „heidnischen Kulte“ werden auch die olympischen Spiele nach mindestens 1170jährigem Bestehen eingestellt.
395 Reichsteilung unter die Söhne Arkadius (Osten) und Honorius (Westen). Im Westen muss der Heermeister Stilicho (Wandale, Feldherr des Honorius) die römischen Truppen aus Britannien und vom Rhein abziehen, um sich der von Osten her eindringenden Westgoten zu erwehren. Dennoch
410 Eroberung Roms durch die Westgoten unter König Alarich. Alarich stirbt am Busento. Die Westgoten ziehen nach Gallien, gründen ein Reich um das spätere Toulouse. Die Wandalen, Burgunder, Franken und Alamannen überschreiten den Rhein. Burgunderreich um Worms, Wandalenreich in Nordafrika. Während der Belagerung der Stadt Hippo
430 stirbt der Kirchenvater Augustinus (geboren 354).
436 erleiden die Burgunder eine schwere Niederlage durch Westroms letzten bedeutenden Feldherrn, Aëtius, der mit den Hunnen verbündet ist (historische Grundlage des Nibelungenliedes). Die Reste der Burgunder werden an der Rhône angesiedelt. **Die Hunnen** dringen nun weiter vor, werden
451 von Aëtius mit Hilfe der Westgoten auf den Katalaunischen Feldern bei Troyes besiegt. Zwei Jahre später stirbt ihr König Attila, womit sein Reich zerfällt. Dadurch gewinnt das Weströmische Reich eine letzte Atempause, wenngleich
455 eine abermalige Plünderung Roms erfolgt, diesmal durch die Wandalen unter Geiserich. Für die schattenhaften Kaiser des letzten römischen Jahrhunderts im Westen ist symbolhaft, dass ihre Reihe mit Romulus „Augustulus“, dem „kleinen Augustus“, schließt. Er wird von dem germanischen Heerführer Odoaker, einem Skiren, abgesetzt, nachdem landfordernde germanische Söldner
476 Odoaker zum 2. König ausgerufen hatten. Ostrom, das als byzantinisches, griechisches Kaiserreich bis 1453 fortlebt, sieht keine Zäsur. Es betrachtet die westlichen Herrscher als Beauftragte und erhebt Anspruch auf Reichseinheit und Fortbestand der Gesamtherrschaft. Im Westen werden fremdländische Herrscher nach langem Machtverfall ebenfalls nicht mit einer Zeitenwende gleichgesetzt, oder aber die Hinwendung zum Christentum hat den monarchischen Sendungsglauben ohnehin außer Kraft gesetzt. So ist also das Jahr 476 kein echter Epocheneinschnitt, ebensowenig wie das Jahr 375 der „Beginn des Mittelalters“. Die Grenzen der beiden Zeitalter sind fließend.

MITTELALTER

Drei Elemente haben das europäische Mittelalter geprägt: die germanische Herrschaftsform und Rechtsauffassung, die christliche Kirche sowie die antik-römische Kultur und Sprache. Die Germanen kamen erobernd, nicht zerstörend. In Italien sahen sie sich als Erben des Imperiums, wurden allmählich eingeschmolzen oder besiegt. Im Norden schufen sie einen fränkischen Staat (mit linksrheinischem Schwergewicht) aus der spezifisch germanischen Machtbalance von König und Adel auf der wirtschaftlichen Basis der Grundherrschaft (später des Lehnswesens). König Chlodwigs Übertritt zum römisch-katholischen Glauben hat Altes und Neues folgenreich verklammert. Denn durch die konfessionelle Einheit fand die römische Kirche in den Franken bald die gegebenen Beschützer. So entstand das fränkische – später deutsche – Kaisertum als dritte Kraft neben Byzanz und dem Islam. Mit gleicher Folgerichtigkeit erwuchsen daraus aber auch die hochmittelalterlichen Machtkämpfe zwischen einer emanzipierten Papstkirche und dem Reich. Der Kampf schwächte beide. Als die abendländische Einheit zerbrochen war, erhoben sich aus ihrem Niedergang gestärkt die Nationalstaaten mit Ausnahme Deutschlands. Hier wurden die Territorialfürsten die Nutznießer des Machtverfalls. Auch die Städte blühten auf, die christliche Frömmigkeit suchte neue Heilswege in mystischer Vertiefung. Wer die Stärke des christlichen Glaubens in allen Perioden des Mittelalters unterschätzt, verfehlt den Zugang zu dessen tiefsten Bindungen und Antrieben. Aus dem Glauben entwickelte sich die außerordentliche Klosterkultur und die sakrale Baukunst; aus ihm nahmen die Slawenkämpfe – mit anschließender Ostkolonisation – ihre Rechtfertigung und die Kreuzzüge ihre Dynamik. Die letzteren verloren sich erst nach knapp zwei Jahrhunderten unter immer sinnloseren Opfern, aber vielfältig war dennoch der kulturelle Gewinn.

Frühmittelalter

482–511 Chlodwig, fränkischer König aus dem Geschlecht der Merowinger, der die Frankenstämme durch brutale Beseitigung der Gaukönige einigte.

486 Überwindung der Reste der Römerherrschaft in Nordgallien unter Syagrius. Beginn der jahrhundertelangen Romanisierung der Franken, aber auch sprachliche Einflussnahme auf das entstehende Französisch (La France als Landesname).

Um 496 Unterwerfung der Alemannen.

Um 498 Taufe Chlodwigs durch Bischof Remigius von Reims. Die Kirche wird so zur politischen Stütze des Herrschaftssystems. Leichteres Zusammenwachsen der Völker.

507 Unterwerfung der Westgoten im südlichen Gallien mit burgundischer Hilfe. Sie haben sich inzwischen auch nach Spanien ausgedehnt, wo sie 250 Jahre lang herrschen. Unter Chlodwig wird in Franken die Lex Salica aufgezeichnet, das bekannteste der germanischen Volksrechte. Die Söhne Chlodwigs teilen das Reich.

531–534 werden Burgunder und Thüringer unterworfen. Die Bajuwaren werden in lose Abhängigkeit gebracht. Zugleich dringen Slawen im Zuge ihrer Westwanderung bis zur Elbe und Saale vor. Erneute Reichseinigung unter Chlothar I. (558–561), dann abermalige Teilung. In fortwährenden Machtkämpfen bilden sich drei Reichsteile heraus: das romanische Neustrien, das germanische Austrien und Burgund. Dazu kommt das Herzogtum Aquitanien im Südwesten, an dem zunächst alle drei Anteil haben, bis es zunehmend eigenständig wird. Das Merowingerreich entartet sittlich vollkommen (Frankengeschichte des Gregor von Tours). Im 7. Jahrhundert sinken die Herrscher zu Schattenkönigen neben den mächtigen obersten Hofbeamten, den Hausmeistern, herab.

Grundlagen der Verfassung des Merowingerreiches:
Das Land ist in Grafschaften geteilt. Wichtigster Beamter darin der Graf, der die königlichen Rechte ausübt, auch Gerichtsherr ist. Die Grundherrschaften stehen allerdings unter Immunität. Die Grundherrschaft wurde bei den Gallo-Romanen vorgefunden; sie wird durch Landschenkungen an Kirche und Adel stark ausgebaut. Sie bildet die ökonomische Grundlage. Dadurch aber auch eine über das Verhältnis von Eroberern und Unterworfenen hinaus sich entwickelnde ständische Gliederung: Freie, Halbfreie, Unfreie. Da die Lebensgrundlagen agrarisch und naturalwirtschaftlich sind, geht die romanische Stadtkultur zurück, die urbane Bildung verkümmert. Dem Heerbann des Königs haben alle zu folgen, doch ist meist nur eine gerade gefährdete Provinz davon betroffen. Die Kirche ist vom König abhängig: Er ernennt Bischöfe und beruft Synoden ein. Kirchen auf adeligem Besitz unterstehen dem Grundherrn (Eigenkirche).

493–526 Theoderich, König der Ostgoten, in der Sage Dietrich von Bern. Er begründet sein Reich in Italien nach der Ermordung des Odoaker (493). Letzte Blüte antiker Kultur (Cassiodor, Philosoph Boëtius). Hingegen strenge Scheidung der arianischen Goten von den Katholiken (Eheverbot). Grabmal Theoderichs in Ravenna. Entstehung des Benediktinerordens durch Benedikt von Nursia.
529 Gründung der Benediktinerabtei Monte Cassino. Beginn der europäischen Klostergeschichte, die von größtem kulturellen Einfluß ist.
527–565 Kaiser Justinian in Konstantinopel (Ostrom). Eroberungskriege durch seine Feldherren Belisar und Narses zur Wiederherstellung der Reichs- und Glaubenseinheit. In diesem Zusammenhang zerstört Belisar
534 das Wandalenreich in Nordafrika, Narses
552 das Ostgotenreich, dessen letzter König Teja einen Verzweiflungskampf am Vesuv führt. Beide eroberten Gebiete werden wieder römische Provinzen, doch geht Italien bereits
568 wieder an die Langobarden verloren, die unter ihrem König Alboin ein germanisches Reich um die Hauptstadt Pavia gründen. Es hat bis 774 Bestand. Justinians kulturelle Hauptleistungen sind die Aufzeichnung des geltenden römischen Rechts (534) und der Bau der Hagia Sophia (537 vollendet). Das oströmische (byzantinische) Kaisertum verbindet den absolutistischen römischen Staatsgedanken mit griechischer Kultur und Sprache, christlichem Glauben und orientalisch-prunkvollem Hofzeremoniell. „Jahrhundertelanges Ausleben der antiken Kultur“ (Kienast). Konstantinopel liegt im

Schnittpunkt des Handels zwischen Orient und Okzident. Seit dem 7. Jahrhundert wird das Byzantinische Reich zum europäischen Schutzwall gegen das Vordringen von Arabern und (später) Türken. Der Islam unter der grünen Fahne des Propheten bringt eine ungeheure politische Brisanz ins mittelmeerische Kräftespiel. Stifter der neuen Religion ist

um 610 Mohammed (um 570 bis 632). Er predigt Allah als den alleinigen Gott, sieht sich als seinen Propheten. Eigenständige religiöse Lehre mit jüdischen und christlichen Elementen. Die muslimischen Glaubensfundamente wurden zusammen mit kultischen Anweisungen (Gebet, Fasten, Wallfahrt) und sozialen, wirtschaftlichen Regelungen wohl schon zu Lebzeiten des Propheten aufgezeichnet und nach seinem Tode im Koran zusammengefasst. Die Nachfolger des zugleich fähigen Staatsmannes und militärischen Führers Mohammed, der die Stämme auf der arabischen Halbinsel einte, verbreiten die Lehre in atemberaubender Geschwindigkeit – wohl weil dieser absolute Monotheismus, der keine christliche Dreieinigkeit kennt und keinen zarathustrischen Dualismus, eine starke religiöse Durchschlagskraft und große Verständlichkeit besitzt. Binnen kürzester Zeit wird der Islam zur Weltreligion.

635 wird Syrien erobert, 638 Jerusalem, 642 Ägypten, bis 651 das Perserreich. Die Araber stehen

674–678 vor Konstantinopel und nochmals 717–718, werden beide Male zurückgeschlagen.

711 erliegt das spanische Westgotenreich dem arabischen Ansturm.

Inzwischen hatte im Frankenreich der Hausmeier Pippin der Mittlere aus dem Geschlecht der Karolinger de facto die Herrschaft über das Gesamtreich erlangt und es von seinen riesigen Besitztümern in Austrien (Maas bis Mosel/Metz) aus regiert.

714 stirbt Pippin. Die Macht erringt und behauptet

714–741 Karl Martell, Pippins unehelicher Sohn.

732 schlägt er die von Spanien heraufdringenden Araber bei Tours und Poitiers.

In dieser Zeit missioniert seit 722 der angelsächsische Mönch Bonifatius die Hessen (England war 450 von Angeln und Sachsen erobert und besiedelt worden). 744 Gründung der Benediktinerabtei Fulda. Bonifaz stellt die Verbindung zwischen Papsttum und fränkischer Landeskirche her.

754 Märtyrertod des Bonifatius bei den Friesen.

Martells Sohn Pippin der Jüngere, zunächst Hausmeier in Westfranken, lässt sich auf päpstliches Anraten

751 von den Franken zum König wählen, ersetzt das fehlende Geblütsrecht durch kirchliche Salbung (durch Bonifatius). Der letzte Merowingerkönig Childerich III. wird abgesetzt.

751–768 König Pippin. 754 Besuch Papst Stephans II.; sein Hilfeersuchen gegen den Langobardenkönig Aistulf. Schutzversprechen Pippins (in zwei Feldzügen 754 und 756 eingelöst), nochmalige Salbung. Pippinsche Schenkung: territoriale Zusagen in Italien an den Papst (Urkunde verloren), Grundlage des Kirchenstaates. So entsteht ein Bündnis, das auf der Grundlage von Chlodwigs einstiger Taufe das ganze Mittelalter entscheidend bestimmt und tief in die Neuzeit fortwirkt.

768–814 Karl der Große, Sohn Pippins, geboren 742. Sein Bruder Karlmann zuerst Mitregent, gestorben 771.
772 Beginn der Sachsenkriege, die bis 804 dauern. Erzwungene Massentaufen. Sachsenaufstand 782 unter Widukind, Strafgericht bei Verdun mit der Hinrichtung von 4500 sächsischen Geiseln. Karls längste und schwerste militärische Auseinandersetzung endet mit der Unterwerfung, Christianisierung und Eingliederung des Sachsenstammes in das Frankenreich.
774 Eroberung des Langobardenreiches, Vereinigung mit dem fränkischen Reich.
788 Absetzung des Herzogs Tassilo von Bayern. Das unabhängig gewordene Bayern wird wieder angeschlossen. Im Kampf gegen die Awaren (asiatisches Nomadenvolk) im Donauraum wird die bayrische Ostmark errichtet, Kern des späteren Österreichs.
800, am Weihnachtstag Kaiserkrönung durch Papst Leo III. in der Peterskirche, aber keine Salbung. Förmliche Anerkennung der schon erworbenen kaisergleichen Stellung. Die Krönung ist eine Überraschungshandlung des Papstes, entspricht aber in der Sache Karls gewünschter Gleichrangigkeit mit Byzanz (die erst 812 anerkannt). Karl sieht sich als Erneuerer des römischen Imperiums und Haupt der Christenheit.
Zu den Verfassungsbesonderheiten im Reich Karls gehören die Marken zur Grenzsicherung (unter Markgrafen): so, neben der Ostmark, die Spanische, Bretonische, Sorbische Mark. Die Grafschaftsverfassung wird ausgebaut, kein Stammesherzogtum mehr. Königsboten als Aufsichtsbeamte über Grafen und Bischöfe. Doch die Königsmacht setzt sich vor allem im germanischen Ostteil nie völlig gegen den Adel durch. Weiterentwicklung des Lehnswesens: zunehmend Landvergabe (oder auch Nutzungsrechte wie Zoll, Münze, Markt) gegen Dienstleistung, vor allem Kriegsdienst. Dieses Verhältnis von Lehnsherr und Vasall löst mehr und mehr die herkömmliche Heerfolge ab. Das Lehnswesen (beneficium, feudum, Lehen) wird zur Wirtschaftsgrundlage vor allem des Hochmittelalters. Karl lässt auch die Volksrechte aufzeichnen und regiert als Gesetzgeber durch Kapitularien. Kulturelles Bemühen Karls durch Berufung von Gelehrten an den Hof in Aachen (Alkuin, Paulus Diaconus, Einhard), Gründung von Schulen, Erneuerung der klassischen Bildung, Baukunst. Doch die karolingische Renaissance bleibt, aufs Ganze gesehen, folgenlos. Das Analphabetentum besteht außerhalb der Klöster Jahrhunderte fort.
Die überragende Herrscherpersönlichkeit Karls des Großen wird von keinem karolingischen Nachfolger annähernd erreicht, daher schon
814–840 unter seinem Sohn **Ludwig dem Frommen** Rückgang der Zentralmacht, Plünderung der Normannen im Loiregebiet und in Friesland, Empörung der Söhne gegen den Vater.
843 Reichsteilung durch den Vertrag von Verdun: Westreich an Karl den Kahlen (gest. 877), Ostreich an Ludwig den Deutschen (gest. 876), Italien und Lotharingien bis zur Nordsee an Lothar I. (gest. 855). Die Dreiteilung wird korrigiert
870 im Vertrag von Mersen: Grenzverlauf jetzt mitten durch Lotharingien. Italien bleibt selbständig.
880 abermalige Korrektur im Vertrag von Ribémont. Auch das westliche Lotharingien kommt an Ostfranken. Damit wird zwischen Ost und West eine Grenze gezo-

gen, die, obwohl nicht gleichbedeutend mit der weiter östlich verlaufenden Sprachgrenze, mit Unterbrechungen das Mittelalter hindurch bestehen bleibt.

881–887 nochmals Reichseinheit unter Karl dem Dicken, Sohn Ludwigs des Deutschen, Urenkel Karls des Großen, schließlich zur Abdankung gezwungen. Ohnmacht des Königtums gegen äußere Feinde. Die Normannen verwüsten den Westen, die Ungarn den Osten. Hier Restauration des Stammesherzogtums, um der Feinde Herr zu werden.

911 Aussterben der ostfränkischen Karolinger (Ludwig das Kind).

Im Westen Fortdauern des Geschlechts bis 987.

Hochmittelalter

In der Nachfolgefrage gibt es im Osten keine Rückbesinnung auf den Gedanken des Gesamtreichs. Die nationale Sonderart ist schon zu stark entwickelt. Die ostfränkischen, germanischen Stämme beginnen, sich als eine Einheit, als eigenständiges Volk, zu sehen. Indem sie erstmals einen der Ihren auf den Königsschild heben, eröffnen sie den Weg zum deutschen Königtum und zum deutschen Volk. Die Deutschen sind Germanen, aber die Germanen waren noch keine Deutschen. Die Zäsur liegt ungefähr beim Jahr 900:

911–918 Konrad I., Herzog von Franken. Erfolgloses Bemühen, die Königsmacht gegenüber den Stammesherzögen zu stärken. Konrads staatsmännische Tat liegt darin, dass er seinen größten Widersacher, den Sachsenherzog Heinrich, zum Nachfolger designiert:

919–1024 sächsisches Herrscherhaus.

919–936 Heinrich I. Durch ihn wird das Sachsenhaus schon gut hundert Jahre nach der blutigen Unterwerfung durch Karl zur staatstragenden Dynastie. 919 wird erstmals der Ausdruck regnum Teutonicorum, Reich der Deutschen, gebraucht. Burgenbau gegen die Ungarn-Bedrohung.

933 Sieg an der Unstrut, zunächst keine neuen Einfälle. Heinrich, der Krönung und Salbung durch die Kirche abgelehnt hat, wendet sich ihr allmählich stärker zu: seinem natürlichen Verbündeten gegen die Regionalgewalten. Ein geplanter Romzug kommt nicht mehr zustande. Hieran aber knüpft die Politik seines Sohnes.

936–973 Otto I., der Große. Krönung in Aachen durch den Erzbischof von Mainz. Das Bemühen um Stärkung der Königsgewalt führt zu langwierigen Kämpfen mit den Stammesherzögen, auch zur Empörung belehnter Verwandter. Franken wird mit der Krone vereinigt.

955 besiegt Otto die Ungarn entscheidend auf dem Lechfeld. Seitdem gehen sie zu sesshafter Lebensweise über. Auch in den Kämpfen gegen die Slawen ist Otto erfolgreich: ihre Unterwerfung bis zur Oder. Errichtung zweier Marken unter Hermann Billung und Gero. Die Italienzüge 951 und 961/62, das zweite Mal aufgrund eines Hilferufes des Papstes Johann XII., führen

962 zur Erneuerung der karolingischen Kaiserwürde. Otto sieht sich vor allem in dieser Tradition, sucht aber außerdem die kirchliche Macht als Verbündeten gegen die Stämme. Auch bedeutet die Kaiserwürde einen Autoritätszuwachs. Die Weichenstellung von 962 ist schicksalhaft. Sie weist der deutschen Politik auf Jahrhunderte die Richtung, kettet sie nicht nur ans Papsttum, auch wenn es auf Konfrontationskurs gehen wird, sondern zerrt sie auch in die unablässigen italischen Wirren. Ottos Entscheidung ist aber unter den Zeitumständen folgerichtig und unausweichlich. Er stattet die Geistlichkeit großzügig aus, behält sich die Investitur (Einstellung von Bischöfen und Äbten) vor. Das Bündnis bewährt sich bis tief in die salische Zeit. Viele Dombauten, Blüte der Klosterkultur (St. Gallen, Reichenau, Corvey, Fulda). Unter Otto dem Großen ist Deutschland europäische Vormacht geworden. Sohn und Enkel – Otto II. (973 bis 983) und Otto III. (983–1002) – halten die Höhe nicht.

983 verliert Otto II. durch einen Slawenaufstand die ostelbischen Gebiete. Sein Sohn errichtet im Jahre

1000 das Erzbistum Gnesen, bindet Polen friedlich ans Reich.

1002–1024 Heinrich II. Er festigt die Königsmacht im Reich erneut, trotz langer, erfolgloser Kämpfe mit Polen.

1024–1125 salisches Herrscherhaus.

1033 Erwerbung Burgunds durch Konrad II. (1024–1039) auf dem Wege der Erbschaft.

1039–1056 Heinrich III., Sohn Konrads. Er beherrscht die Kirche vollkommen, greift in Wirren an der Kurie ein und setzt drei Päpste ab (Synoden in Sutri und Rom 1046). Heinrich ist eine religiöse Natur, die sich aufgeschlossen zeigt für die cluniazensische Kirchenreform. Sie geht aus vom Kloster Cluny an der Saône, gegründet 910, hervor. Die mönchische Haltung ist asketisch, weltabgewandt; sie bekämpft die Simonie (Vergabe kirchlicher Ämter gegen Geld); mit dieser Haltung stimmt der Kaiser überein, er verkennt jedoch, dass der Gedankenansatz sich unweigerlich auf die gesamte Verquickung von weltlicher und geistlicher Herrschaft ausdehnen muss: Ablehnung jeder Laieninvestitur, überhaupt des ganzen feudalistischen Eigenkirchensystems von Schenkungen und Ämtervergabe gegen Dienst für Adel und Krone. Nach Heinrichs III. vorzeitigem Tod kommen die revolutionären Ideen voll zum Tragen in einer Zeit der Reichsschwäche, denn der Thronfolger ist fünf Jahre alt:

1056–1106 Heinrich IV. In der Zeit der Vormundschaft (bis 1065) vollziehen sich tiefgreifende Änderungen:

1059 Papstwahldekret (durch Papst Nikolaus II.), verbietet die Laieninvestitur; Papstwahl durch Kardinäle. Nikolaus belehnt ferner die Normannen in Süditalien mit den von ihnen eroberten Gebieten, womit er die Reichsrechte tiefgreifend verletzt, und schafft sich damit zugleich eine neue weltliche Stütze. Abgesehen davon findet Heinrich bei Regierungsantritt auch innerstaatliche Widerstände, vor allem in Sachsen. Die schwerste Belastungsprobe erwächst ihm aus seinem päpstlichen Gegner,

1073–1085 Gregor VII., einer überragenden Gestalt auf dem Stuhl Petri. Die deutschen Bischöfe sind noch Verbündete des Kaisers.

1076 erklären sie Gregor wegen ungültiger Wahl für abgesetzt. Der Papst antwortet durch Bann und die Absetzung Heinrichs.

1077 Schachzug Heinrichs, der bis heute umstritten bleibt: Um der deutschen Fürstenopposition Herr zu werden, tritt Heinrich in Canossa (Toskana) im Büßergewand vor Gregor und erreicht die Lösung vom Bann, erlangt dadurch Handlungsfreiheit; aber das unerhörte Ereignis der kaiserlichen Unterwerfung unter die Kirche bedeutet einen tiefgreifenden Prestigeverlust im Streit um den Vorrang der weltlichen oder geistlichen Gewalt (Zweischwerterlehre). Während der kontinentalen Veränderungen wird

1066 England von den französischen Normannen unterworfen (Schlacht bei Hastings). Sie siedelten seit Anfang des 10. Jahrhunderts an der Seinemündung (Belehnung 911). Straff organisierter Lehnstaat (Normandie). Von hier aus im 11. Jahrhundert Eroberungszüge nach Unteritalien und Staatsbildung. Gleichzeitig beherrschten dänische Wikinger zeitweilig England (Knut der Große, 1016–1035). Wikinger drangen um 1000 bis nach Nordamerika vor. Durch Wilhelm den Eroberer (1066–1087 König von England) werden die Normannen zur Oberschicht, feudalisieren den Staat. Aus angelsächsischen und normannisch-romanischen Elementen auf keltischer Grundlage formt sich die englische Nation. In Deutschland behauptet sich Heinrich IV., der erst 1084 durch einen Gegenpapst gekrönt wird, gegen den äußerlich am Ende erfolglosen Papst Gregor wie auch in wechselvollen Kämpfen gegen die Fürsten: zuletzt gegen seinen Sohn, den späteren Heinrich V. Das zweite Jahrhundert-Ereignis nach dem Bruch zwischen Papst und Kaisertum ist

1096–1099 der erste Kreuzzug. Unterschiedliche Einflüsse (Begeisterung des christlichen Rittertums für die religiösen Reformen; Hilferufe aus Byzanz wegen des Vordringens der islamischen Seldschuken, eines Turkvolks) verschaffen dem Aufruf zur Befreiung der orientalischen Christen fanatischen Widerhall; Judenpogrome am Rhein.

1099 Erstürmung Jerusalems. Gründung eines Königreichs, zuerst unter Gottfried von Bouillon, und weiterer Kreuzfahrerstaaten, die sich zum Teil bis 1375 halten. Die sieben Kreuzzüge (bis 1270) sind politisch größtenteils erfolglos, militärisch opferreich, auch misslingt die Wiedervereinigung der Ost- und Westkirche (Schisma seit 1054). Aber die kulturellen Folgen sind bedeutend: Gründung der geistlichen Ritterorden (Johanniter, Templer, Deutscher Orden); griechisches Geistesgut dringt ins Abendland ein, die arabische Wissenschaft in ihrer Blütezeit übt Einfluss aus (auch von Spanien her); auch werden alte Handelswege erneuert, neue erschlossen. Orientalische Gewürze verfeinern die karge mittelalterliche Küche.

1122 Das Wormser Konkordat beendet den Investiturstreit, das wichtigste Datum in der Regierungszeit des letzten Saliers Heinrichs V. (1106–1125). Kompromiss: Der Herrscher verzichtet auf geistliche Investitur (Ring und Stab), verleiht die weltlichen Rechte (Regalien): in Deutschland vor der Weihe, in Italien und Burgund danach. Das Eigenkirchensystem ist erschüttert, die hohen Geistlichen werden von quasi Reichsbeamten zu Reichsvasallen und gleichen sich im Status den weltlichen Großen an, werden daher später genauso zu Reichsfürsten wie jene. Der kaiserliche Einfluß sinkt besonders in Italien zugunsten der Städte, die den Bischöfen die verliehenen Regalien abgerungen haben.

1125–1137 Lothar von Sachsen (Supplinburg). Unter ihm beginnt die Hauptphase der deutschen Ostkolonisation, zum Teil veranlasst durch Überbevölkerung im Altreich. Drei Fürstenhäuser kolonisieren führend: die Schauenburger in Ostholstein, die Askanier in Brandenburg, die Wettiner in Obersachsen. Dadurch dass alle deutschen Stämme Kolonisten stellen, erwächst ein Siedelwerk der Volksganzheit. Es reicht über Jahrhunderte. Die slawischen Wohngebiete werden teils friedlich durchdrungen, teils erobernd missioniert. In diesem Sinne ruft zum Beispiel Herzog Konrad von Masowien 1226 den Deutschen Orden ins Pruzzenland (Ostpreußen). Der Siedler ist persönlich frei; das gibt der Ostbewegung einen starken sozialrechtlichen Impuls. Neben die bäuerliche Kolonisation tritt in großem Stil die Stadtentwicklung, nachdem das Stadtleben im Altreich seinen Aufschwung im 10. Jahrhundert genommen hatte (teils Marktsiedlungen durch den sesshaft gewordenen Kaufmann, teils Neubelebung der alten Römerstädte und Bischofssitze am Rhein).

1138–1254 staufisches Herrscherhaus. Die Wahl des Staufers Konrads III. (1137–1152) gegen den Welfen Heinrich den Stolzen, Herzog von Bayern und Sachsen, führt zu langwährenden Kämpfen zwischen beiden Häusern. In dieser Zeit wirkt als führende religiöse Persönlichkeit der Mönch Bernhard von Clairvaux (1090–1153), dessen Zisterzienserorden die Nachfolge Clunys angetreten hat. Durch ihre bevorzugte landwirtschaftliche Tätigkeit tragen die Zisterzienser die Ostkolonisation massgeblich mit.

1152–1190 Friedrich Barbarossa. Das Idealbild des Ritters. Während der Zeit seiner langen, kraftvollen Regierung streitet Barbarossa von 1158 bis 1183 mit den lombardischen Städten um die Regalien, die sie am Ende behaupten, jedenfalls innerstädtisch. 1162 Zerstörung Mailands. Der zweite große Konflikt liegt in der Person des Welfenherzogs Heinrichs des Löwen: Der Herzog von Bayern und Sachsen, Friedrichs Vetter, verweigert dem Kaiser die Heerfolge. Wegen rücksichtslosen Machtstrebens angeklagt, verweigert er obendrein das Erscheinen vor Gericht. Daher

1180 Ächtung und Lehensentzug. Der Tod des 65jährigen Kaisers beim 3. Kreuzzug (durch Ertrinken) führt zu der äußerlich noch glanzvoller erscheinenden Regierungszeit seines Sohnes **Heinrichs VI., 1190–1197**, welche durch die Heirat mit der normannischen Erbin Konstanze die Ausdehnung des Reiches auf Unteritalien und Sizilien bedeutet. Der unerwartet frühe Tod des Kaisers leitet einen Umschwung ein, der das Ende der dreihundertjährigen Vormacht Deutschlands in Europa im Gefolge hat. Das hat mehrere Gründe:

1) Die Doppelwahl von

1198 führt zu der lähmenden Konkurrenzherrschaft zwischen dem Staufer Philipp von Schwaben, dem Bruder Heinrichs (bis 1208), und dem Welfen Otto IV., dem Sohn des Löwen (bis 1218) und zerreißt die Lager in einem Bürgerkrieg;

2) Unter Papst Innozenz III.,

1198–1216, steigt die Kirche zu ihrer ganzen Höhe auf. Innozenz verficht den unbedingten Vorrang der Kirche über die weltliche Macht;

3) die deutschen Parteien geraten in die englisch-französischen Auseinandersetzungen um das „Angevinische Reich“, das in den riesigen englischen Lehen in Frankreich besteht und von dem erstarkenden französischen Königtum der Kapetinger (987–1328) bekämpft wird. König Philipp II. (1180–1223) schlägt ein englisch-welfisches Heer unter Otto IV.

1214 bei Bouvines (nahe Lille). Schwerer deutscher Prestigeverlust in Frankreich.

1215 Magna Charta (libertatum) in England, König Johann „ohne Land“

(1199–1216) bestätigt die alten Rechte, denen auch die Krone untergeordnet ist. Die Magna Charta gilt als Grundstein der (ungeschriebenen) englischen Verfassung. Heinrich VI., Sohn **Friedrichs II.**, **1212–1250**, ist mehr Italiener als Deutscher und kommt kaum in den Norden. Der Schwerpunkt verlagert sich, und die königliche Macht im Reich geht folgenreich zurück. Machtzentrum Friedrichs II., dieses hochbegabten und umfassend gebildeten Staatsmannes, ist Sizilien, der erste „moderne", in die Neuzeit weisende Staat des Mittelalters. Säkularisierte, von der Religion unabhängige Staatsgewalt, bezahltes Beamtentum mit unbedingter Loyalität. Der Feudalismus bleibt bestehen, aber die Treuepflicht wird stark betont. Den Rückzug des Staufers aus den deutschen Verhältnissen markieren zwei Dokumente:

1220 Confoederatio cum principibus ecclesiasticis (Vereinbarung mit den geistlichen Fürsten) und **1232 Statutum in favorem principum** (Statut zu Gunsten der (weltlichen) Fürsten). Weitgehende Überlassung von Kronrechten (uneingeschränkte territoriale Gerichtsbarkeit, Burgenbau, Zoll- und Münzrecht, Kopplung von Reichsacht und Kirchenbann), dazu städtefeindliche Paragraphen. Wende vom kaiserlichen Herrschaftsanspruch zur Landeshoheit. Unter Friedrich II. „entschied es sich, dass die Zusammenfassung des deutschen Volkes zu einem national geschlossenen Einheitsstaat sich um sieben Jahrhunderte verzögerte; dass die politische Formung Deutschlands in die Hand der Territorialfürsten gelegt" (H. Mitteis) wurde. Aber dieser Weg war seit Otto dem Großen angelegt und im Investiturstreit gefestigt worden.

1227–1254 erbitterter Kampf der Staufer mit dem Papsttum, vermehrt durch lombardische Parteienkämpfe zwischen Staufern (Ghibellinen) und Welfen (Guelfen). Nach unentschiedenen Waffengängen, zuletzt gegen den machtvollen Papst Innozenz IV. (1243–1254), stirbt Friedrich II. 1250. 1254 folgt ihm sein Sohn Konrad IV. im Tod nach, womit die Stauferherrschaft praktisch endet. Konrads Sohn Konradin, 16 Jahre alt, wird 1268 von Karl von Anjou, dem Bruder Ludwigs IX. von Frankreich, besiegt und in Neapel hingerichtet. Ende der Stauferepoche auch in Italien. Symbolhafte Wachablösung; ein Franzose triumphiert über den letzten Staufer.

Vielfältig und großartig ist die Kultur der Stauferzeit, im Reich wie im übrigen Europa. Die romanische Baukunst (Spätwerke Maria Laach, Mainzer und Wormser Dom) geht über in die gotische (Frühwerke Chartres, Paris, Laon). Blüte der höfischen Ritterkultur; Minnesang und Epos: Walther von der Vogelweide, Wolfram von Eschenbach (Parzival), Hartmann von Aue, Gottfried von Straßburg (Tristan), französische Troubadoure. Universitäten (Paris, Bologna), scholastische Philosophie; Rechtsbücher (Sachsenspiegel des Eike von Repgow); Geschichtsschreibung (am bedeutendsten in der Weltchronik des Bischofs Otto von Freising vor 1150); Ordensgründungen: Franziskaner durch Franz von Assisi, den Prediger der Armut und der Liebe zur Kreatur (1182–1226); Dominikaner durch Dominikus. Es treten aber auch religiöse Sonderbewegungen auf (Katharer, Albigenser, Waldenser in Südfrankreich und Norditalien), die zur kirchlichen Abwehrhaltung der Inquisition führen. Diese „Glaubenspolizei" hat in ihrer hochmittelalterlichen Herausbildung mehrere Stichdaten (1184, 1215); sie wird zu einer über Jahrhunderte wirkenden Macht der Kirche über die Seelen. Die weltliche Obrigkeit wirkt als ihr verlängerter Arm.

Spätmittelalter

Das Hochmittelalter hatte sein politisches Kraftzentrum im Deutschen Reich. Erlaubt ist daher, die Geschehensabläufe wesentlich von hier aus zu sehen, in chronologischem Fortgang. Vom Spätmittelalter an ist die Fülle der Erscheinungen nur noch von stetig wechselnden Schauplätzen zu erfassen. Dabei ist unvermeidlich, dass in den Daten vor- und zurückgegriffen wird.

1254–1273 Ohnmacht des Reiches im Interregnum. „Die Kaiserlose, die schreckliche Zeit". Parteienkämpfe unter mehreren Fürsten, schon vor dem Ausgang der Staufer: Graf Wilhelm von Holland (1247–1256), Richard von Cornwall (1257–1272), Alfons von Kastilien (1257–1274). Bei der Königsdoppelwahl von 1257 tritt erstmals das Kollegium von sieben Kurfürsten in Erscheinung. Auflösungserscheinungen im Reich. Bei der Neufestigung der Monarchie ist das Krongut weitgehend verloren; der Rückhalt des Königs liegt im starken Eigenbesitz (Hausmacht). Durch die zunehmenden Erbteilungen in den Fürstenhäusern wird die deutsche Landkarte immer zerstückelter.

1273–1291 Rudolf I. von Habsburg, der erste Habsburger in einer Reihe von Herrschern aus wechselnden Adelshäusern (bis 1437). Die habsburgischen Besitzungen liegen damals noch am Oberrhein. Rudolf kämpft um Wiedergewinnung verlorenen Reichsguts gegen Ottokar von Böhmen.

1278 Sieg über Ottokar an der March. Rudolf belehnt die eigenen Verwandten mit den gewonnenen Territorien Österreich, Steiermark, Kärnten, Krain. Dadurch bekommt Habsburg seinen zukunftsreichen territorialen Rückhalt und steigt zum größten Landesfürstentum auf.

1291 Ewiger Bund der drei Schweizer Waldorte Uri, Schwyz, Unterwalden. **Entstehung der Eidgenossenschaft**. (Tell, Geßler, Rütlischwur historisch nicht verbürgt).

1308–1313 Heinrich VII. von Luxemburg. Sein Italienzug wird von den Ghibellinen jubelnd begrüßt, von Dante, dem größten italienischen Dichter (1265–1321), gefeiert. Romantische Sehnsucht nach der Kaiserherrlichkeit. Erster deutscher Kaiser seit Friedrich II. Blüte deutscher Mystik (Meister Eckhart).

In Frankreich

1285–1314 Philipp der Schöne. Beginn französischer Ausdehnungspolitik an der Ostgrenze, gestützt auf den neuen Juristenstand der Legisten. Im Verlauf der andauernden Auseinandersetzung mit England zugleich soziale Unruhen in Flandern, dem Zentrum städtischer Tuchindustrie. Ein Heer der Zünfte schlägt

1302 bei Kortrijk die französischen Ritter. Flandern bleibt selbstständig und wird so zum englischen Brückenkopf in dem bald ausbrechenden Hundertjährigen Krieg.

1309–1377 „Babylonische Gefangenschaft der Kirche". Das Papsttum gerät nach seinem übersteigerten Machtanspruch – zuletzt unter Bonifaz VIII. (1294–1303) – in völlige Abhängigkeit von Frankreich. Fast siebzigjährige Schattenherrschaft in Avignon: Alle Päpste sind Franzosen.

1328–1498 Haus Valois, Nebenlinie der Kapetinger.
Unter dem ersten Repräsentanten der neuen Linie, Philipp VI. (1328–1350), beginnt
1339 der Hundertjährige Krieg mit England, der mit Unterbrechungen bis 1453 dauert. Er nimmt seinen Ausgang in dem von Frankreichs Expansionsdrang bedrohten britischen Lehen Guyenne sowie in (französischen) Thronansprüchen Edwards III. von England (1327–1377). Ausbluten beider Länder, in England obendrein furchtbare Verluste durch die Pest,
1349–1350, die auch Deutschland verheerend überzieht. Schwere Judenpogrome im Gefolge der Seuche.
Die Geldnot der englischen Krone während des Krieges stärkt die Mittelschichten (Commons), die die Steuern bewilligen und sich zu einem eigenen Parlament verselbständigen: House of Commons im Gegensatz zum House of Lords, dem obersten Gerichtshof.

In Deutschland
um 1350 Beginn der Blütezeit der Hanse. Loser Zusammenschluß nordeuropäischer, vorwiegend deutscher Städte zur Sicherung von Handel und Schiffahrt. Die Vormacht Lübecks. Die Ostkolonisation steigert den Warenaustausch (Rohprodukte aus dem Osten, Fertigwaren aus dem Westen). Die Hanse ist zeitweilig auch militärisch bedeutend: 1370 Stralsunder Friede nach dem Sieg über Waldemar IV. von Dänemark. Kampf gegen Seeräuber: 1401 Hinrichtung Klaus Störtebeckers in Hamburg. Die Kaufleute sind die städtische Oberschicht und beherrschen den Rat, nachdem der Stadtherr (Graf oder Bischof) in den meisten größeren Städten im 12. Jahrhundert verdrängt worden ist. Rechtlich deutliche Scheidung zwischen Stadt und Land („Stadtluft macht frei“). Die Kolonisationsstädte im Osten bilden von vornherein einen unabhängigen Rat. Übertragung von Stadtrechten aus dem Altreich (Magdeburg, Nürnberg) oder von Neugründungen (Lübeck, Kulm) auf zahlreiche Tochterstädte im Osten. Besonders wohlhabend und mächtig werden die oberitalienischen und die flandrischen Städte. Im 14. Jahrhundert kämpfen die Zünfte um Beteiligung am Stadtregiment.
1347–1378 Karl IV. von Luxemburg. Er gründet
1348 in Prag die erste deutsche Universität. Es folgen Wien (1365), Heidelberg (1386).
1356 Goldene Bulle, in der die Königswahl (in Frankfurt) durch drei geistliche und vier weltliche Kurfürsten endgültig geregelt wird. Krönungsort ist seit 936 (bis 1531) Aachen, dann gleichfalls Frankfurt.

Außerhalb Europas
dominieren um diese Zeit die Mongolen. Nach der Reichsgründung durch Dschingis Khan (1155 oder 1167 bis 1227), in deren Verlauf Mongolen nach Westen bis nach Liegnitz (1241) vorstoßen, beherrschen sie
1280–1368 ein Weltreich mit dem Zentrum China. Lebendige Kunde darüber dringt ins Abendland durch die Berichte des venezianischen Weltreisenden Marco Polo (1254–1324). Erst danach entsteht durch die chinesische Ming-Dynastie die Große Mauer in ihrer heutigen Gestalt. Eine westasiatische Machtballung der Mongolenzeit ist das Reich der Goldenen Horde. In den Teilfürstentümern, die von

den Mongolen in Russland beherrscht werden, entwickeln sich einige Gegenströmungen. Zum Kristallisationspunkt dieser Gegenkräfte wird das Großfürstentum Moskau.
1328–1341 Iwan I. Beginn der „Sammlung der russischen Erde“ mit langsamer räumlicher Ausdehnung. Aber die Goldene Horde, die von Turkvölkern zunehmend durchsetzt und dabei zum Mischvolk der Tataren wird, zerfällt erst 1502.

Im Westen
Höhepunkt des englisch-französischen Jahrhundertkrieges
1429 das Erscheinen des lothringischen Bauernmädchens Jeanne d'Arc (1412–1431), das das von den Engländern belagerte Orléans befreit. Krönung Karls VII. (1422–1461) in Reims. Johanna von Orléans wird von Burgundern gefangen genommen, den Engländern ausgeliefert und als Ketzerin – da sie „göttliche Befehle“ auszuführen behauptet – in Rouen verbrannt (1920 heiliggesprochen). Erst 22 Jahre später sind die Engländer aus Frankreich verdrängt. Calais bleibt ihnen als einziger Besitz.
Im Schatten des Konflikts zwischen den westlichen Mächten gelingt dem Herzogtum Burgund (Zentrum Dijon) im 15. Jahrhundert eine Machtentfaltung von den Alpen bis zur Nordsee. Die glänzendste Hofhaltung des Spätmittelalters, Ausklang der ritterlichen Kultur, „Herbst des Mittelalters“ (Huizinga). Überspannung der Kräfte durch Karl den Kühnen (1467–1477), der
1477 bei Nancy fällt. Die Nachfolge treten Frankreich und (durch Heirat) Habsburg an. Daraus erwächst der jahrhundertelange Kampf zwischen beiden. Spätfolge des burgundischen Staates: die Entwicklung der Länder Niederlande und Belgien.

In England
zerfleischen sich die Häuser York und Lancaster
1455–1485 in **den Rosenkriegen**, so genannt, weil York eine weiße Rose als Sinnbild führt, Lancaster eine rote. Der Kampf kulminiert unter Richard III. Am Ende ist die Zahl der Lords durch Ausrottung halbiert. England festigt und erholt sich unter den Tudors
1485–1603, beginnend mit Heinrich VII. (1485–1509).

In Frankreich
erstarkt die Monarchie ebenfalls wieder,
1461–1483 unter Ludwig XI. Er legt den Grundstein zum unumschränkten Königtum, aus dem der Aufstieg Frankreichs zur ersten Kontinentalmacht im 17. Jahrhundert erwächst. Aufschwung des Handels, vor allem durch die Seidenindustrie in Lyon, Verdoppelung des Heeres, Beherrschung der Kirche.

In Deutschland
tagt in der Regierungszeit Sigismunds (1410–1437), des jüngeren Sohnes Karls IV.,
1414–1418 das Konzil von Konstanz. Beendigung des Schismas der Papstkirche (seit 1378). 1415 Verbrennung von Jan Hus wegen kirchlicher Irrlehren. Religiös abhängig von John Wiclif (gest. 1384), weist Hus in manchem auf die Reformation. Wichtiger ist er als Begründer einer tschechischen Schriftsprache und einer Nationalliteratur. Sein Tod bewirkt durch seine national-religiösen Anhänger
1419–1436 die Hussitenkriege, die die umliegenden Länder verheeren.

1410 Niederlage des Deutschen Ordens gegen ein polnisch-litauisches Heer bei Tannenberg. Niedergang nach hoher Kultur- und Wirtschaftsblüte im 14. Jahrhundert (Stadt- und Burgenbau, Großhandel, Verwaltungskunst, Mission). Im zweiten Thorner Frieden 1466 große Gebietsabtretungen und Oberhoheit des polnischen Königs; 1525 Umwandlung in ein erbliches Herzogtum, das 1618 unter polnischer Oberhoheit an Brandenburg kommt. Dessen neue Entwicklung unter den Hohenzollern beginnt parallel zu dem Abstieg des Ordens, in dem Kaiser Sigismund
1415 den Burggrafen von Nürnberg, Friedrich VI. von Hohenzollern, mit dem Kurfürstentum Brandenburg belehnt.
1418–1439 Albrecht II. von Habsburg. Seither haben die Habsburger die deutsche Kaiserwürde inne, ununterbrochen bis 1806.

NEUZEIT

Mit der Landung des Kolumbus in Mittelamerika (1492) beginnt die globale Ausweitung des europäischen Horizontes, die moderne „Weltpolitik"; mit Luthers Reformation (1517) zerbricht nach tausend Jahren die zentraleuropäische Glaubenseinheit. Die beiden berühmten Zahlen repräsentieren Ereignisse mit äußersten Folgen und zeigen relativ am genauesten die Wende der Zeit.
Die folgende Neuzeit vollzieht sich in zeittypischen Wachablösungen von jeweils vorherrschenden Mächten. Im 16. Jahrhundert erreicht das deutsche Kaiserhaus Habsburg durch vorteilhafte Heiraten und glückliche Erbfälle innerhalb weniger Jahrzehnte eine bis dahin beispiellose Besitz- und Machtausweitung. Mit dem territorialen Gewicht auf dem burgundisch-spanischen Raum entsteht durch die Einverleibung der amerikanischen Eroberungen ein Reich, „in dem die Sonne nicht untergeht".
Imponierend und beherrschend – nicht nur politisch – steht im 17. Jahrhundert Frankreich da: Die Königsmacht zentralisiert und steigert sich zum Absolutismus, und der Hof von Versailles wird für Europa zum Maßstab gesitteter Lebensart. Kultur und Sprache Frankreichs werden insbesondere für Deutschland im Barockzeitalter – aber auch weit darüber hinaus – vorbildhaft.
Im 18. Jahrhundert beginnt England die Kolonialmächte Spanien und Portugal und erst recht Frankreich von den vorderen Plätzen zu verdrängen. In Europa selber dringen neue Mächte nach vorn. Russland wird gewaltsam „europäisiert" und sucht Anschluss an die westliche Zivilisation; Preußen entwickelt sich aus einem Bindegewebe verstreuter Besitztümer zu einem ernstzunehmenden Militärstaat, der in Deutschland mit Österreich konkurriert. Fern am Horizont entstehen aus den amerikanischen Kolonien Englands durch Revolution die Vereinigten Staaten.
Während um die Wende zum 19. Jahrhundert nochmals eindeutig Frankreich zum europäischen Richtmaß wird – erst durch eine schockierende Revolution, dann durch eine Kette imponierend-bedrückender Eroberungen –, gerät im Verlauf des 19. Jahrhunderts die deutsche Szene entscheidend in Bewegung. Sowohl durch Bismarcks Reichseinigung und außenpo-

litische Staatskunst als auch durch die Industrierevolution wird Deutschland zur dominierenden Kontinentalmacht – während „draußen" Großbritannien durch sein erdumspannendes Kolonialreich die erste wirkliche „Weltmacht" der Geschichte ist.
Bevor Kolumbus ins Blickfeld rückt, gilt Aufmerksamkeit jenem Zeitalter, das weder dem Mittelalter noch der Neuzeit allein angehört, sondern übergreifend beiden: dem Humanismus und der Renaissance. Neuzeitlich in der Lebensauffassung, ist die doppelgesichtige Kulturepoche doch in ihren zeitlichen Anfängen weit zurück im Spätmittelalter verankert. Ihre Wiege ist die italienische Stadtkultur, ihr Ausdehnungsfeld das ganze Abendland.

Die Zeitenwende

Humanismus und Renaissance

Den geistigen Anstoß für die Entstehung des **„Humanismus"** liefert ein Verlusterlebnis: das Zerbrechen der universalen Mächte Kaiser und Papst. In ihrer beider Einheit hatte der Gedanke des Imperium Romanum fortgelebt, eine Fiktion zwar, aber doch eine wirkmächtige Idee, besonders für Italien, den territorialen Erben Roms.
So wird verständlich, dass **Dante Alighieri** (1265–1321), Italiens größter Dichter, auf Heinrich VII. (vergeblich) hofft, er möge die alte Kaiserherrlichkeit erneuern; dass **Petrarca** (1304–1374) die gleiche Rolle, ebenfalls vergeblich, Karl IV. zuweist. In dieser Enttäuschung wandelt sich der Rom-Gedanke vom politischen Vorstellungsgehalt ins Geistige, wird zum **Bildungserlebnis**: ein vom deutschen Kaisertum „verwaistes" Italien besinnt sich auf seine Eigenart und sucht ideellen Rückhalt im antiken Rom. Das ist der gedankliche Ausgangspunkt für den Humanismus, an dessen Anfang Petrarca steht. Einleuchtend handelt es sich hierbei um eine Kulturbewegung der städtischen Oberschicht; das Volk bleibt unberührt.
Zum zentralen Bildungselement werden die sprachliche und rhetorische Schulung, erneuert am Vorbild von Cicero. Man sammelt die antiken Schriften, soweit sie erhalten sind, entdeckt die Philosophie neu, vor allem die Stoa, und erhebt das klassische Menschenbild zum Maßstab humanistischen Menschseins.
Schrittweise erfasst die Bewegung alle Lebensbereiche im Sinne einer **Renaissance** (ital. rinascita), d.h. Wiedergeburt. Die Begriffe entstammen aber erst dem 19. bzw. 16. Jahrhundert. Zeitgenössische Ausdrücke sind stattdessen „regeneratio", „restauratio", „restitutio". Die Renaissance bildet einen Typus des prächtigen, genussfreudigen, kunstfördernden, kunstverständigen, aber auch gewalttätigen Republikaners heraus, einen Typus, der sich mit den Namen großer Familien leitmotivisch verbindet: Die **Medici** in Florenz, die **Sforza** in Mailand, die **Este** in Ferrara, die nicht bodenständigen **Borgia** (Borja) aus Valencia in Spanien. Mehrere Päpste entstammen den Medici und Borgia und leben im gleichen Stil.
Das staatspolitische Denken gestaltet programmatisch Niccolò **Machiavelli** (1469–1527) in seiner höchst einflussreichen Schrift „Der Fürst" (Il Principe); daraus abgeleitet die – vereinfachte Vorstellung vom **„Machiavellismus"** als dem

Ausdruck rücksichtsloser Macht- und Interessenpolitik.
Der Wohlstand der italienischen Renaissance-Fürstenhäuser in den Stadtrepubliken (Venedig, Mailand, Genua, Modena, Ferrara, Bologna, Florenz, Siena) gründet sich nicht zuletzt auf moderne Geschäftsmethoden. Das **Bankwesen** gewinnt in Italien die für die Neuzeit maßgebliche Form. Daher die bis heute im Bankfach vorherrschende italienische Terminologie (z.B. brutto, netto, Diskont, Giro, Konto, Saldo, Skonto).
Was die Renaissance am eindrucksvollsten fortwirken lässt, ist ihre bildende Kunst. In der **Baukunst**, **Plastik** und **Malerei** wird die Spätgotik überwunden: Statt des vertikalen Strebesystems und der Spitzbogentechnik entsteht eine breitflächig ausgelegte Bauweise mit klarer horizontaler Linienführung, statt mystischer Entkörperlichung die lebendige plastische Darstellung des menschlichen Körpers mit der Porträtkunst und der Entdeckung der Perspektive. Das Diesseits verdrängt Mystik und Weltflucht ohne Verlust christlicher und alttestamentlicher Motive.
Die bildende Kunst – vom Süden her auf den Norden übergreifend – weist eine Fülle großer Namen auf: Bramante, Leonardo, Raffael, Michelangelo, Tizian, Tintoretto, Grünewald (der beide Epochen verkörpert), Dürer, Holbein d.J. Cranach d.Ä., Breughel d.Ä.
Der Humanismus, der ebenfalls nur langsam den Nordalpenraum erreicht, findet seinen größten Repräsentanten in Erasmus von Rotterdam (1466–1536), der Antike und Christentum in einem Humanitätsideal zu vereinen sucht. Bedeutend sind ferner die Deutschen Hutten, Melanchthon, Reuchlin. Charakteristisch für das veränderte Weltgefühl der Renaissance ist die Neuorientierung in der Naturwissenschaft, voran der Himmelskunde, deren Ergebnisse einstweilen noch nicht beweisbar sind.
Nikolaus **Kopernikus** (1473–1543) lehrt, dass die Erde sich um die Sonne dreht, statt umgekehrt, und löst damit das Ptolemäische Weltsystem der Antike auf. Sein Anhänger Galileo **Galilei** (1564–1642) scheitert darin, die Lehren des Kopernikus durchzusetzen; Johannes **Kepler** (1571–1630) vervollständigt das kopernikanische System, das erst langsam den Widerstand der Kirche überwindet.

Entdeckungen und Glaubenskämpfe (1492–1648)

1492 Christoph Kolumbus aus Genua (1451–1506) landet im Dienst der spanischen Krone auf der Bahama-Insel Guanahani. Weitere Reisen bis zum Orinoco. Er glaubt bis zuletzt, Indien auf dem Westweg erreicht zu haben („Indianer"). Namengebend wird für Amerika die Reise des Florentiners Amerigo Vespucci (1502).
Wesentlicher Antrieb der Entdeckungsreisen von Portugiesen, Spaniern und Italienern ist die Erschwerung des Orienthandels (Gewürze) seit dem Fall Konstantinopels 1453. Man versucht, auf anderem Weg in den Orient (Indien) zu kommen.
1497 segelt der Portugiese **Vasco da Gama** ums Kap der guten Hoffnung und erreicht 1498 Vorderindien.
1500 nimmt der Portugiese Cabral Brasilien für Portugal in Besitz. Vorausgegangen war eine folgenreiche Weltteilung durch Papst Alexander VI. (Borgia) 1493: die Linienziehung etwa auf dem 40. Grad westlicher Länge. Ein Gleiches geschieht

später etwa beim 130. Grad östl. Länge: Alle kolonialen Erwerbungen zwischen beiden Linien sollen Portugal gehören, das übrige Spanien. So kommt es, daß Portugal in Brasilien, Afrika und Indien kolonisiert, Spanien im übrigen Amerika und im Pazifik.

1519–1522 gelingt dem Portugiesen **Magalhães** (Magellan) und seiner Mannschaft (er selber fällt 1521 auf den Philippinen) die erste Erdumsegelung.

1519–1521 erobert der Spanier **Cortez** das mexikanische Aztekenreich, das in den letzten hundert Jahren dort vorherrschend war. Hohe Kultur (Tempelpyramiden, Astronomie, Kunsthandwerk), aber grausige Menschenopfer. Letzer König Montezuma II.

1531–1534 dringt der Spanier **Pizarro** nach Peru vor, zerstört die gleichfalls in Blüte stehende, dabei „menschlichere" Inka-Kultur: Sozialstaat mit straffer Zentralisation um die Hauptstadt Cuzco; Grund und Boden sind Gemeindebesitz; die Dorfgemeinschaft sorgt für Alte und Kranke; Bergwerke in Staatsbesitz; ausgebautes Straßennetz. Die Conquistadoren errichten ein hartes Kolonialregiment im Zeichen christlicher Mission: Versklavung der Ureinwohner, Ausbeutung ihres Reichtums. (Gewaltige Mengen von Edelmetallen strömen nach Spanien und zerrütten die Wirtschaft.) Erst als ein Gesetz 1542 die Zwangsarbeit der Indianer verbietet, werden ihre Lebensbedingungen etwas besser. Dafür entwickelt sich als Ersatz in immer größerem Maßstab die Zufuhr von Negersklaven aus Afrika. Sie endet erst im 19. Jahrhundert.

In Deutschland

1517 Beginn der Reformation. Luthers Anschlagen der Thesen an der Schloßkirche in Wittenberg (historisch nicht sicher). Martin Luther aus Eisleben (1483–1546) wendet sich aus dem Gedankensatz der paulinischen Gnadenlehre (gerecht werden allein durch den Glauben, Erlösung nicht durch Werkgerechtigkeit) gegen den Ablasshandel (Tetzel), den Freikauf von Sünden. Versendung eines Katalogs kirchlich-religiöser Klagen und Forderungen an den Erzbischof Albrecht von Magdeburg und andere Würdenträger. Erst die unbefriedigenden Reaktionen führen den Augustinermönch (seit 1505) und Professor der Theologie in Wittenberg (1508) schrittweise auf den Weg der Loslösung von der alten Kirche. Ungeheure Resonanz in Deutschland, wo Luthers Lehren angesichts von Sittenlosigkeit, Verschwendungssucht und Veräußerlichung der Kurie im Handumdrehen populär werden. Die Erfindung des Buchdrucks durch Gutenberg (um 1450) verschafft dem reformatorischen Gedanken weiteste Verbreitung.

1518 Luther verweigert vor dem Kardinallegaten Cajetan in Augsburg den Widerruf, ebenso

1521 auf dem Reichstag zu Worms vor Kaiser und Reich. Das Wormser Edikt verhängt die Reichsacht über ihn, nachdem der Reformator schon seit dem Vorjahr gebannt war (Bannbulle in Wittenberg öffentlich verbrannt). Kurfürst Friedrich der Weise von Sachsen bringt Luther auf der Wartburg in Sicherheit, wo er

1521–1522 das Neue Testament ins Deutsche überträgt. Geniale Sprachschöpfung, Grundlage der neuhochdeutschen Schriftsprache.

1519–1566 Karl V., der nach Sprache und Heimatgefühl Burgunder und Niederländer ist (geboren 1500 in Gent). Die Kaiseridee ist mittelalterlich: der Herrscher als Herr der Christenheit. Das beinhaltet auch die Bekämpfung von Ketzern, die Verteidigung der Kirche. Luther bleibt zeitlebens ein Ketzer für den Kaiser. Glaubenskampf auch gegen die Türken. Machtpolitisch-dynastisch ist der große Gegner Frankreich, worüber Deutschland vernachlässigt wird. Aber das mächtigste Handelshaus der Zeit, die Fugger in Augsburg, ist Karls Hauptgeldgeber, hatte bereits seine Wahl finanziert.

1521–1526 erster Krieg gegen Franz I. von Frankreich. Entscheidender Sieg bei Pavia. Frankreichs Stellung in Italien geschwächt.

1525 deutscher Bauernkrieg mit Zentrum in Franken und Schwaben. Die Bauern kämpfen vorwiegend um rechtliche Besserstellung, doch sind wirtschaftliche Antriebe bei unzufriedenen, landlosen Bauern ebenso vorhanden. Das neue Evangelium wirkt als Zündstoff. Doch Luther versteht die „Freiheit eines Christenmenschen“ unpolitisch, rein religiös. Der tiefgläubige, fanatische Gewissensmensch Luther agitiert in brutalster Weise gegen die Bauern, deren Aufruhr in seinen Augen unzulässig gegen die Obrigkeit (Römer 13) verstößt. Die ungeschulten Bauernheere (Führer Florian Geyer, Götz von Berlichingen, Thomas Müntzer) werden aufgerieben, die Bauern hart bestraft. Schwerer Rückschlag für die evangelische Lehre, was Luther in Kauf nimmt. Für Jahrhunderte verschwindet der Bauer aus dem politischen Kräftespiel.

1526 erster Reichstag zu Speyer. Handhabung der lutherischen Lehre bis zu einem Konzil ins Ermessen der Landesherrn gestellt.

1526–1529 zweiter Krieg Karls V. gegen Franz I., dessen Verzicht auf Italien. Niederlage der Türken vor Wien (1529).

1529 zweiter Reichstag zu Speyer, der den Reichstagsabschied von 1526 widerruft. Dagegen Protest der evangelischen Reichsstände, von da her der Name „Protestanten“.

1530 Reichstag zu Augsburg. In Abwesenheit Luthers verteidigt Philipp Melanchthon (1497–1560) die von ihm selber verfaßte Augsburgische Konfession mit den Kerngehalten des Luthertums.

1531 Schmalkaldischer Bund, Verteidigungsbündnis der protestantischen Stände. Der Kaiser gewährt ihnen angesichts der Türkengefahr freie Religionsausübung. Dadurch festigen sich die evangelischen Landeskirchen, deren Grundlagen Luther in umfangreicher Schrift-, Lehr- und Predigttätigkeit ausbaut.

1541 folgt der Franzose **Johann Calvin** (1509–1564) einem Ruf nach Genf und verwirklicht hier seine protestantische Lehre, deren Zentralbegriff die Prädestination ist: Erlösung oder Verdammnis sind vorausbestimmt, aber durch Erfolg in der Arbeit lässt sich auf die Wahrscheinlichkeit der Erlösung schließen. Diese Lehre ist (Max Weber zufolge) der Hauptantrieb für den Aufschwung des Kapitalismus geworden. Calvin setzt sich vor allem in den westlichen Ländern durch.

1534 vollzieht Heinrich VIII. (1509–1547) in England den Bruch mit der katholischen Kirche. Der Grund liegt in dem Willen, sich von Katharina von Aragón zugunsten der Anna Boleyn scheiden zu lassen, was der Papst verweigert. Um die Mitte des Jahrhunderts bildet sich hier die dritte protestantische Hauptform heraus, die Anglikanische Kirche: im Ritus mehr katholisch, im Wesensgehalt calvinistisch.

1546–1547 kämpft Karl V. nach zwei weiteren erfolgreichen Kriegen gegen Franz I. **gegen die Protestanten im Schmalkaldischen Krieg**. Es ist das Todesjahr Luthers. Der Sieg des Kaisers bei Mühlberg kann sich nicht auswirken, wegen neuer außenpolitischer Verwicklungen. So kommt es

1555 zum Augsburger Religionsfrieden, der den Protestanten endgültige Gleichberechtigung verschafft. Konfession des Landesherrn wird maßgeblich für die Untertanen („Cuius regio, eius religio"). In konfessionell gemischten Reichsstädten herrscht Parität.

1556 Karl V., die überragende politische Persönlichkeit der ersten Jahrhunderthälfte, **dankt resignierend ab**. Reichsteilung: Spanien mit den Kolonien, Burgund, Niederlande, Mailand, Neapel kommen an seinen Sohn Philipp II. (1556–1598), die Kaiserwürde wird übertragen auf Karls Bruder Ferdinand I. (1556–1564), der seit 1521 schon in den deutschen Erblanden Habsburgs regiert. Karl V. stirbt 1558.

1545–1563 Konzil von Trient. Neuformulierung der katholischen Lehre, sowohl zur Abwehr des Protestantismus als auch zur Selbstreinigung. Beginn der „Gegenreformation", deren aktivste geistliche Kampftruppe die Jesuiten werden (Ordensgründung 1534 durch Ignatius von Loyola).

In Spanien

findet die Gegenreformation den stärksten Machtrückhalt. Jahrhundertlange gewaltsame Rückgewinnung des Landes von den Arabern (Mauren), die Reconquista, hat einen Glaubensfanatismus entwickelt, der hier der Inquisition die radikalste Ausprägung in ganz Europa gibt. 1492, nach dem Fall der letzten maurischen Bastion Granada, werden alle Juden aus Spanien (und kurz darauf aus Portugal) vertrieben, womit eine Kultursynthese hohen Grades endet.

1568–1581 erste Phase des Kampfes um die spanischen Niederlande, die das heutige Belgien noch mit umfassen. Philipp II. will die 17 Provinzen seinem Reich fester eingliedern. Zu Autonomiebestrebungen kommt der religiöse Gegensatz der hier stark vertretenen Calvinisten. Herzog Alba greift mit spanischer Militärmacht ein. Hinrichtung der Grafen Egmont und Hoorn sowie tausender Landsleute.

1579 Utrechter Union der sieben Nordprovinzen, die sich unter Wilhelm von Nassau-Oranien 1581 von Spanien lossagen. Die Unabhängigkeit wird erst 1648 anerkannt.

In Frankreich

zeitgleich der Krieg gegen die Calvinisten (Hugenotten).

Der französische Protestantismus liegt im Konflikt mit dem Einheitsstreben und Souveränitätsgedanken des Königtums, den Jean Bodin 1577 abschließend formuliert.

1572 Bartholomäusnacht, die Ermordung von mehr als 20 000 Hugenotten mit ihrem Anführer Admiral Coligny auf Veranlassung der Königin Katharina von Medici. Erst mit Heinrich IV. (1589 bis 1610), dem ersten Bourbonen (Haus Bourbon bis 1792 und 1814/15 bis 1830), wird

1598 das Edikt von Nantes erlassen. Bedingte Glaubensfreiheit.

In England

steht die zweite Jahrhunderthälfte eindeutig im Zeichen der Königin Elizabeth I.

(1558–1603). Sie ist die Tochter Heinrichs VIII. und der Anna Boleyn. Nach vorübergehendem Bündnis mit Spanien (infolge der Ehe von Heinrichs älterer Tochter Maria der Katholischen mit Philipp II.) kommt es auf dem Höhepunkt der spanischen Vorherrschaft zur Machtprobe. Langjähriger Kaperkrieg und

1588 Vernichtung der spanischen Armada im Ärmelkanal durch die englische Flotte und Sturm. Niedergang der spanischen Seemacht, Aufstieg der britischen.

1584 gründet Walter Raleigh die erste britische Kolonie in Nordamerika (Virginia, zu Ehren der „jungfräulichen Königin"). Weltumsegelung durch Francis Drake.

1587 Hinrichtung Maria Stuarts nach 19jähriger Haft. Die Königin von Schottland hatte Ansprüche auf die Thronfolge erhoben, zugleich war sie eine große weibliche Rivalin für Elizabeth I.

1600 Gründung der Ostindischen Kompagnie, ein weiterer Schritt zur Begründung der Kolonialmacht England.

Innenpolitisch gelangen Kleinadel und Bürgertum durch den Merkantilismus zu Wohlstand, werden parlamentarisch führend (Gentry) zu Lasten des Hochadels. In Irland, das katholisch bleibt, versucht Elizabeth wie schon ihr Vater das Gewicht der Krone zu stärken. Ansiedlung von Protestanten im Norden, vor allem unter Elizabeths Nachfolger Jakob I. (Sohn Maria Stuarts): Ursachen des heutigen Konfessionskampfes in Nordirland.

Das „Elisabethanische Zeitalter" gipfelt kulturell in den Bühnenwerken William Shakespeares, des überragenden Dramatikers der Weltliteratur (1564–1616).

Der Dreißigjährige Krieg

In Deutschland verstärkt sich die konfessionelle Spannung nach relativ ruhigen Jahrzehnten, in denen Deutschland aus der Weltpolitik völlig zurücktritt, im letzten Jahrhundertviertel und zunehmend nach 1600. Die Reichsorgane werden handlungsunfähig. Die Stände organisieren sich in Schutzbünden:

1608 Protestantische Union, 1609 Katholische Liga. 1609 gewährt Rudolf II. (1576–1612) den böhmischen Ständen volle Religionsfreiheit und Privilegien. („Majestätsbrief"). Wegen Verletzung der Zusagen kommt es

1618 zum Prager Fenstersturz (Hinauswurf zweier kaiserlicher Statthalter). Daraufhin

1618–1648 Dreißigjähriger Krieg. Das Mächteringen, das Deutschland zum internationalen Kriegsschauplatz macht und, am Ende verwüstet, verarmt, um ein Drittel der Bevölkerung verringert und sittlich verwildert zurücklässt, hat vier Hauptphasen:

1618–1623 In der ersten Phase (Schlacht am Weißen Berg bei Prag, 1620) setzt sich die Liga durch. Böhmen wird katholisch restauriert. Herausragender katholischer Feldherr: Tilly. Die Union löst sich auf.

An Tillys Seite tritt 1625 die bedeutendste militärische Figur des Krieges: Wallenstein (1583–1634), glänzender Organisator mit eigenem Söldnerheer, ehrgeiziger Politiker mit umstrittenen Fernzielen. Er erkämpft den „Kaiserlichen" das klare Übergewicht in Deutschland, bis der protestantische Schwedenkönig Gustav Adolf die Wende einleitet.

1632 Schlacht bei Lützen, in der die Schweden siegen und der König fällt.

1634 Wallenstein, vom Kaiser zum zweiten Mal abgesetzt, wird in Eger ermordet.

1635 greift das katholische Frankreich auf Seiten der evangelischen Schweden **in den Krieg ein**, um Habsburgs Macht zu schwächen. Politik der Staatsraison unter Kardinal Richelieu (1585 bis 1642, seit 1624 leitender Minister). Die letzte Kriegsphase allgemeiner Erschöpfung steht mit unter dem Einfluß von Brandenburgs Aufstieg unter dem Großen Kurfürsten (1640–1688). Die Einsicht, daß keine Kriegspartei siegen kann, führt

1648 zum Frieden von Münster und Osnabrück. Religiöse und politische Ergebnisse: Bestätigung des Augsburger Religionsfriedens, ausgedehnt nun auf die Calvinisten, zu denen inzwischen das brandenburgische Haus Hohenzollern zählt. Unter den vielfältigen territorialen Änderungen ist zu nennen: der Gewinn Vorpommerns durch Schweden, Hinterpommerns durch Brandenburg; Metz, Toul, Verdun fallen endgültig an Frankreich, die nördlichen Niederlande (Generalstaaten) und die Schweiz werden als selbständige Staaten anerkannt. Verfassungsmäßig besiegelt der Friedensvertrag die Souveränität der deutschen Einzelstaaten; volle Landeshoheit nach außen und innen mit Ausnahme von Bündnissen gegen den Kaiser (Libertät); völlige Zersplitterung und Ohnmacht des Reiches, in dem der Kaiser nur noch der Erste unter Gleichen ist.

Der Absolutismus

Frankreich unter Richelieu und Mazarin

Durch Kardinal Richelieus taktisch kluges Lancieren der Widerstände gegen das nach Machterweiterung strebende kaiserliche Habsburg geht Frankreich aus dem Dreißigjährigen Krieg gestärkt hervor, während Deutschland völlig erschöpft und ausgeblutet darniederliegt. Es gibt kein Land in Europa, das so dicht besiedelt ist wie Frankreich, wo 20 Millionen Menschen leben (in Deutschland knapp 10 Millionen).

1624-1642 Richelieu leitet als erster Minister unter Ludwig XIII. (1610–1643) die Regierungsgeschäfte. Angesichts tiefer religiöser Zerrissenheit und politischer Aufsplitterung des Landes im ausgehenden 16. Jahrhundert und noch bestehender separatistischer Bestrebungen des Adels sieht Richelieu für Frankreich die Notwendigkeit, einen starken Einheitsstaat mit absoluter Königsherrschaft zu schaffen. So haben alle Maßnahmen seiner Politik nur ein Ziel: die Einigung des Landes, Zerschlagung des inneren Widerstandes gegen die absolute Monarchie und Stärkung der Krone.

1628 Eroberung von La Rochelle, der letzten großen Bastion der Hugenotten. Dabei spielen religiöse Motive keine Rolle, vielmehr will Richelieu den Reformierten die im Edikt von Nantes gewährten politischen Sonderrechte entreißen. Gegen Richelieus Reformpolitik erhebt sich eine Rebellion des Hochadels, um jahrhundertealte Machtansprüche zu wahren. Begonders betroffen fühlen sich die Gouverneure in ihren Vormachtstellungen, und so ist es auch der Gouverneur der Provinz Languedoc, der Herzog von Montmorency, der den Widerstand tatkräftig schürt. Der Aufstand wird aber mit grausamer Härte niedergeschlagen:

1632 Enthauptung des Herzogs von Montmorency. Hohe Adelsfamilien dürfen in den Provinzen zwar noch Ehrenämter bekleiden, die wichtigen Verwaltungsaufgaben überträgt der König jedoch Intendanten, Beamten aus dem Bürgertum.

1635 Gründung der Academie Française zur Pflege französischer Sprache und Literatur. Richelieu hofft bei seinem Bemühen, das Land zu einigen, dass von ihr eine Integrationswirkung ausgeht.

1641 Einspruchsrecht der Parlamente bei königlichen Edikten **aufgehoben**. Insgesamt gelingt es Kardinal Richelieu mit seiner von der Einsicht in die Staatsnotwendigkeit getragenen Politik, das Ansehen Frankreichs in Europa erheblich zu steigern.

1643–1661 Kardinal Mazarin (Gulio Mazarini, Sizilianer, als päpstlicher Nuntius in Paris, 1641 Kardinal) leitet als erster Minister für den noch minderjährigen Ludwig XIV. (geb. 1638) die Staatsgeschäfte. Richelieu hat seine Fähigkeiten, so z.B. das geschickte und zähe Taktieren in diplomatischen Verhandlungen, früh erkannt. Mazarin verfolgt die gleichen Ziele wie Richelieu, muss aber auch gegen die gleichen Widerstände kämpfen:

1648–1653 Aufstand der Fronde, eine Erhebung des Hochadels, die das Pariser Parlament (Staatsgerichtshof) unterstützt. Der Aufstand ist nicht gegen die Monarchie gerichtet, vielmehr sollen die Machtbefugnisse des ungeliebten Ausländers Mazarin eingeengt werden. Auch wittern die Provinzen die Chance, ihre verlorengegangene Eigenständigkeit wiederzuerlangen. Es kommt zum **Bürgerkrieg**, und Frankreich, gerade als Sieger aus dem Westfälischen Frieden hervorgegangen, wird wieder schwer erschüttert. Die Königsfamilie verlässt die Hauptstadt, Mazarin führt von Brühl (nahe Köln) aus die Regierungsgeschäfte.

1652 Rückeroberung von Paris durch ein angeworbenes Königsheer. Die Erhebung ist niedergeschlagen, der aufständische Adel wird politisch entmachtet.

1658 Erster Rheinbund, ein dreijähriger Zusammenschluss Frankreichs mit mehreren weltlichen und geistlichen deutschen Fürsten gegen die wieder einsetzende habsburgische Machtpolitik. Mazarin gelingt es, die politische Lage wieder zu stabilisieren und die Macht der Krone weiter auszubauen. Er schließt am 7. 11.

1659 den **Pyrenäenfrieden mit Spanien**, der Frankreich nach jahrzehntelangen Kämpfen Landgewinne bringt und es endgültig aus der habsburgischen Umklammerung befreit.

Der Staat Ludwigs XIV.

Staatstheoretisch ist der Absolutismus wesentlich von dem französischen Juristen Jean Bodin (1530–1596) geprägt worden. Obgleich Bodins Analyse der Grundbedingungen politischer Ordnung („Sechs Bücher über den Staat“) nicht eigentlich auf den Absolutismus abzielt, liefert sie mit der Herausarbeitung des Souveränitätsbegriffs doch ein wesentliches Element absolutistischer Herrschaftsauffassung, denn souveräne Herrschaft bedarf der uneingeschränkten, also absoluten Macht. Allerdings ist sie an das „göttliche“ und „natürliche“ Recht gebunden.

Frankreich verdankt der Idee und der schrittweisen Realisierung absoluter Königsherrschaft den Aufstieg aus tiefer innerer Zerrüttung zur stärksten Macht Europas. Heinrich IV. hat erreicht, dass nach schweren Religionskämpfen im Land wieder Ruhe herrscht. Richelieu und

Mazarin überwinden durch Beschneidung der Rechte des Adels zu Gunsten der Krone alte Feudalstrukturen. Vollendet wird der Absolutismus in Frankreich unter der Regentschaft

1661–1715 Ludwigs XIV. Nach Mazarins Tod nimmt der junge König selbst die Staatsgeschäfte in die Hand. Zwar darf ihm der legendäre Ausspruch „L'etat c'est moi" (Der Staat bin ich) nicht zugeschrieben werden, jedoch charakterisiert er seine Regierungspraxis treffend. Der König als personifizierter Staat beansprucht den Alleinbesitz absoluter Macht und die alleinige Führung der Regierungsgeschäfte. Minister sollen nur noch beratende Funktion auf ausdrücklichen königlichen Wunsch ausüben. Aber schon die – trotz gelegentlicher Übergriffe in das Steuerrecht – hoffnungslose Staatsverschuldung macht deutlich, wie wenig der König auf die qualifizierte Arbeit höchst leistungsfähiger Minister wie Colbert (für Wirtschaft), Louvois (für Kriegswesen) und Vauban (für Festungsbau) verzichten kann: Gesteigert wird die königliche Machtfülle noch dadurch, dass Ludwig XIV. die Rechte eines obersten Bischofs wahrnimmt und damit auch höchste kirchliche Instanz im Lande ist. Für seine Untertanen wird die Zugehörigkeit zur katholischen Kirche bindend. Besonders betroffen von der konfessionellen Einigung sind wieder einmal die Hugenotten. Sie sollen, eingeschüchtert durch militärische Einquartierungen, zur Konversion gezwungen werden. Da der gewünschte Erfolg ausbleibt, kommt es am 18. 10.

1685 zur **Aufhebung des Edikts von Nantes**. Trotz Androhung härtester Strafen verlassen nahezu 500 000 Hugenotten das Land und finden vor allem in Holland und der Mark Brandenburg Aufnahme. Frankreich erleidet dadurch einen schweren Substanzverlust.

Als Ausdruck uneingeschränkter Macht lässt Ludwig XIV., der „Sonnenkönig" – die alles Leben bedingende Sonne wird zum Herrschersymbol –, fernab vom Unruheherd Paris das

1682 fertiggestellte **Schloss Versailles** bauen. Ungeachtet der angespannten Finanzlage verschlingt dieser gigantische, in vielen Belangen höchst unpraktische (die wenigen Toiletten sind dem steten Ansturm nicht gewachsen) Barockbau, der einen Hofstaat von 4000 Personen aufnehmen muss, nach heutiger Währung 25–30 Milliarden Euro.

Der Adel fühlt sich vom verschwenderischen Hofleben magisch angezogen. Dabei gilt es, durch aufwändige Repräsentation, die nicht selten zum finanziellen Ruin führt, Konkurrenten auszuschalten und die Regeln der „Höflicheit" sowie der Intrige perfekt zu beherrschen. Mit seiner Gier nach Titeln und Gnadenbeweisen begibt sich der einstige Gegner absoluter Herrschaft, der Adel, selbst in die Abhängigkeit vom König.

Der prunkvolle Baustil, die Parkanlagen, Lebensweise, Etikette und das Zeremoniell werden zum Maßstab und Vorbild einer ganzen Epoche und finden bis hin unter zu Duodezfürsten eifrige Nachahmer. Das Französische wird vor allem in Deutschland zur Sprache des Adels und der Gebildeten bis ins späte 19. Jahrhundert. Große Wirkung geht auch von der französischen Klassik dieser Zeit, vornehmlich der Bühnenliteratur, aus. Heute sind es nicht so sehr die Tragödien Corneilles und Racines, sondern die menschliche Schwächen bloßlegenden Komödi-

en Molières („Tartuffe", „Der eingebildete Kranke"), die immer wieder Aufnahme in die Theaterspielpläne finden.
Die tragenden Pfeiler der Macht des absolut herrschenden Königs bilden das Beamtentum, das stehende Heer und die Wirtschaft.
Die Verwaltung des Landes liegt in den Händen von rund 40 000 Beamten, die ihr Amt vom Staat käuflich erworben haben. Zu ihrer Kontrolle baut Ludwig XIV. in den Provinzen die Intendantur weiter aus (30 Amtsbezirke). Die dafür nach ihren Fähigkeiten ausgewählten bürgerlichen Sonderbeauftragten (Intendanten) sind allein dem König verantwortlich und können von ihm jederzeit abberufen oder versetzt werden, um einer möglichen Machtanhäufung vorzubeugen. Diese Intendanten überwachen den Steuereinzug und die öffentliche Ordnung, sie greifen in königlichem Auftrag in Gerichtsprozesse ein und sind für die Aushebung der Rekruten verantwortlich. In den Städten nehmen königliche Magistrate diese Aufgaben wahr.
Wichtiges und jederzeit verlässliches Machtinstrument wird für Ludwig XIV. **das stehende Heer**. Kriegsminister **Louvois** (1641–1691) baut es, nach Infanterie, Kavallerie und Artillerie in Brigaden, Kompanien und Regimenter streng gegliedert, zu einer Truppenstärke von 270 000 Mann aus und verbessert seine Ausrüstung wesentlich (u.a. Einführung einer leichten Steinschlossflinte mit stehendem Bajonett). Offiziersstellen sind zwar käuflich, ihre Besetzung hängt aber vom Ernennungsrecht des Königs ab. Die französische Armee, geführt von den bedeutenden Feldherren Turenne, Condé und Luxembourg, wird zum Vorbild aller europäischen Heere.

Vauban (1633–1707) entwickelt einen neuen, sternförmigen Festungsbau, der als uneinnehmbar gilt. 300 dieser Bastionen sichern die französischen Grenzen.
Der Staat verschlingt so ungeheure Geldsummen, dass sie aus den Steuereinkünften bei weitem nicht gedeckt werden können. Um die ständig anwachsenden Defizite ausgleichen zu können, leitet Jean Baptiste **Colbert** (1619–1683) eine auf dem zentralistischen **System des Merkantilismus** (staatliche Planwirtschaft) beruhende Wirtschaftspolitik mit geregelter Buchführung und statistischer Staatshaushaltsplanung ein.
Der Reichtum des Staates hängt nach damaliger Auffassung allein vom Geldbesitz ab, weshalb es Colberts Bestreben ist, eine **aktive Handelsbilanz** zu erreichen. Importe werden zum Schutz eigener Produkte mit hohen Steuern belegt; die Einfuhrpreise wichtiger Rohstoffe lassen sich durch Koloniegründungen auffangen. Durch steuerliche Begünstigungen angereizt, beginnt das französische Bürgertum in den Aufbau von **Manufakturen**, mittelgroße Fabrikationsbetriebe mit arbeitsteiliger Spezialisierung, zu investieren. Damit diese fast ausschließlich für den Export bestimmten Gewerbeprodukte (vor allem Textil-, Metall-, Glas- und Luxuswaren) auf dem Weltmarkt konkurrenzfähig sind, werden die Arbeitslöhne und auch die Grundnahrungsmittelpreise niedrig gehalten. Um die hohen Transportkosten (Zwischenhandel) durch ausländische Schiffe auszugleichen, baut Colbert die eigene Handelsflotte aus. Wenn Colberts merkantile Finanz- und Wirtschaftspolitik letztlich doch scheitert, so ist das in dem ruinösen Geldverbrauch des Königs für Verwaltung und Heer, für Hofhaltung und Bautätigkeit begründet.

Frankreichs expansive Außenpolitik

Obgleich Ludwig XIV. bei seinem Regierungsantritt ein deutliches Machtgefälle von West nach Ost vorfindet, will er die im Vergleich zu den europäischen Nachbarstaaten bereits gestärkte Position Frankreichs weiter ausbauen. So sind es die erklärten Ziele seiner Außenpolitik, Frankreichs Grenzen im Norden und Osten bis an den Rhein vorzuschieben und vor allem die **Hegemonie im Mächtesystem Europas** zu erreichen. Zur Realisierung seiner Pläne bricht der König regelrechte Eroberungskriege vom Zaun, die er zum Teil durch höchst fragwürdige Rechtsansprüche zu legitimieren versucht.

1667–1668 Krieg um die Spanischen Niederlande (Devolutionskrieg). Unter Anwendung des umstrittenen Devolutionsrechts, das weibliche Nachkommen aus erster Ehe vor männlichen aus zweiter Ehe als erbberechtigt gelten lässt, beruft sich Ludwig XIV. auf Erbansprüche aus seiner Heirat mit der spanischen Prinzessin Maria Theresia. Angesichts des drohenden französischen Machtgewinns an der Nordsee stellen England und Holland ihren See- und Handelskrieg (2. Seekrieg) ein, und es gelingt ihnen sogar, Schweden für ein Bündnis gegen Frankreich (Tripelallianz) zu gewinnen. Ludwig XIV., der eine Kraftprobe nicht riskieren will, sieht sich aufgrund dieses massiven Widerstands zur Beendigung des Krieges gezwungen.

1668 Friedensschluss zu Aachen. Nur Spanien verliert, da es ohne Unterstützung bleibt, zwölf niederländische Grenzfestungen (darunter Lille, Courtrai, Tournai) an Frankreich. Der französische König ist aber nicht bereit, seine Eroberungspolitik aufzugeben. Mit diplomatischem Geschick und lukrativen Subsidienzahlungen gelingt es ihm, das Bündnis seiner Gegner zu sprengen und Holland zu isolieren. England und Schweden treten an die Seite Frankreichs; mit dem Kaiser schließt er 1671 ein Neutralitätsabkommen.

1672–1678 Krieg gegen Holland. Der englische Angriff auf die holländische Flotte (3. Seekrieg 1672–1674) und die Landoffensive erschüttern die unzureichend bewaffnete Republik schwer. Nun aber wachsen, zumal der französische König ein holländisches Friedensangebot ablehnt und die Gleichberechtigung des katholischen Glaubens fordert, Widerstandswille und Kampfbereitschaft in der Bevölkerung. Sie stürzt Johan de Witt (1653–1672) und erhebt den erst 21-jährigen **Wilhelm III. von Oranien**, den späteren englischen König, zum Generalkapitän der Truppen und zum Statthalter auf Lebenszeit. Und ihm gelingt es, die Wende herbeizuführen. Denn zum einen kommt der Vormarsch gegnerischer Truppen durch das Öffnen von Schleusen und Dämmen, wodurch weite Landstriche unpassierbar werden, zum Stillstand, und zum anderen gewinnt Holland Verbündete.

1672 Koalition gegen Frankreich. Kaiser und Reich, Spanien und Kurfürst Friedrich Wilhelm von Brandenburg, der seine Stellung in Cleve-Mark gefährdet sieht, verbündet sich mit Holland. Obwohl diese Unterstützung unzureichend bleibt, zumal Brandenburg durch schwedische Angriffe auf Vorpommern gebunden wird, bringt sie für Holland spürbare Entlastung, denn der Kriegsschauplatz verlagert sich mehr und mehr nach Osten. Frankreich bleibt in den folgenden Kämpfen siegreich und leitet 1678 die **Friedensschlüsse vom Nymwegen** ein: im August

1678 Friede mit Holland, das nur kleinere Kolonialbesitzungen an Frankreich abtreten muss; im September

1678 Friede mit Spanien, das nicht nur wiederum Grenzfestungen in den spanischen Niederlanden verliert, sondern auch die Freigrafschaft Burgund.

1679 Friede mit Kaiser und Reich. Freiburg im österreichischen Breisgau und Lothringen gehen in den Besitz Frankreichs über.

Kurfürst Friedrich Wilhelm von Brandenburg, der nach den Friedensschlüssen seiner Koalitionspartner isoliert ist, muss auf französischen Druck

1679 im **Frieden zu St. Germain** die in der Schlacht von Fehrbellin (28. 6. 1678; in dieser Schlacht erwirbt sich der Kurfürst den Beinamen „der Große") gewonnenen pommerschen Gebiete an Schweden zurückgeben.

Ludwig XIV. hat Frankreichs Grenzen nach Norden und (durch die Gewinne am Oberrhein) vor allem nach Osten weit vorgeschoben. Er ist der mächtigste Herrscher in Europa. Dennoch setzt er auch im Frieden seine Eroberungspolitik fort. Um eine weiter nach Osten reichende Expansion (Annexion von Reichsgebieten) legitimieren zu können, beruft sich Ludwig XIV. auf das allerdings umstrittene **Reunionsrecht** (Réunion: Wiedervereinigung) und lässt von eigens dafür gegründeten Reunionskammern (Gerichten) bis in die Merowingerzeit zurückreichende Rechtsansprüche auf Territorien festlegen, die früher einmal lehnsrechtlich zu inzwischen von Frankreich eroberten Gebieten gehört haben. So gehen, da der Kurfürst von Brandenburg durch einen Subsidienvertrag an Frankreich gebunden ist und Kaiser und Reich wegen Unruhen in Ungarn sowie eines drohenden Türkenangriffs (Ludwig XIV. hat die Türken dazu bewogen), keine militärische Hilfe leisten können, das Elsass und weite Teile der Pfalz dem Reich kampflos verloren. Fragwürdiger Höhepunkt dieser Reunionspolitik ist am 30. 9.

1681 die **Besetzung und Annexion der freien Reichsstadt Straßburg**.

Im Reich und in den benachbarten westeuropäischen Staaten ruft die als Reunion kaschierte Eroberungspolitik des französischen Königs tiefe Empörung hervor, und man erkennt – sollen weitere expansive Übergriffe nicht mehr tatenlos hingenommen werden – die dringende Notwendigkeit wirksamer Abwehrmaßnahmen.

1682 Laxenburger Allianz. Abschluss eines Verteidigungsbündnisses zwischen Kaiser, dem oberrheinischen und dem fränkischen Kreis. Ein Jahr später treten Hannover, Kursachsen und Bayern der Allianz bei. Sie wird ergänzt durch

1683 die **Koalition gegen Frankreich**, vereinbart zwischen Holland und Schweden (das über die Reunion seines Besitzes Zweibrücken verbittert ist), dem Kaiser und Spanien. Bald zeigt sich aber, dass von diesen Verteidigungsbündnissen keine Wirkung ausgeht. Ohnmächtig sehen die Vertragspartner zu, wie französische Truppen 1684 das spanische Luxemburg besetzen. Unter diesen Umständen Frankreich zur Herausgabe der reunierten Gebiete zu zwingen, bleibt utopisch. Vielmehr müssen Kaiser und Reich, da die Befreiung der von den Türken eingeschlossenen Stadt Wien alle Kräfte bindet, noch zufrieden sein, durch einen Waffenstillstand mit Frankreich weitere Gebietsverluste verhindern zu können.

1684 Regensburger Stillstand. Ludwig XIV. lässt sich den Besitz aller durch seine Reunionspolitik gewonnenen deutschen Gebiete bestätigen. Damit jedoch nicht genug: Unter dem Vorwand, für seine Schwägerin Elisabeth Charlotte (genannt Liselotte) von der Pfalz rechtlich allerdings unbegründete Erbansprüche auf die pfälzischen Gebiete Germersheim, Lautern, Simmern und Sponheim wahrzunehmen, lässt er die geistlichen Kurfürstentümer am Rhein und die ganze Kurpfalz durch französische Truppen besetzen. Damit überspannt er den Bogen aber so sehr, dass ein Krieg unvermeidbar wird.

1688–1697 Pfälzischer Krieg. Nach der Befreiung Wiens von den Türken haben Kaiser und Reich (darunter Bayern, Brandenburg, Hannover, Sachsen) die Kraft, den Kampf gegen Frankreich zunächst allein zu führen. Dass Ludwig XIV. mit dem Versuch, auch die Kurpfalz sich einzuverleiben, letztlich scheitert, ist auf das Engagement Wilhelms III. von Oranien (seit 1689 König von England) zurückzuführen. Als entschiedener Gegner der Expansionspolitik und als ebenso entschiedener Befürworter eines Gleichgewichts im europäischen Mächteringen organisiert er ein kampfstarkes Bündnis:

1689 Große Allianz. An der Seite von Kaiser und Reich treten Holland, England und Schweden, 1690 auch Spanien und Savoyen, in den Krieg ein.

Seit dem Beginn seiner Eroberungskriege ist der französische König zum ersten Mal auf sich allein gestellt. Frühere Bündnispartner wie z.B. England, Schweden, Brandenburg sind nun erbitterte Gegner. Und ohne Unterstützung ist Frankreich der militärischen Stärke der Großen Allianz nicht gewachsen. Kriegsminister Louvois muss die bis nach Schwaben vorgedrungenen Truppen aus dem Südwesten Deutschlands zurückziehen. Um den Gegnern das rasche Nachrücken zu erschweren, werden die verlassenen Gebiete rücksichtslos verwüstet: Heidelberg, Mannheim, Speyer, Worms, Oppenheim, Bingen liegen in Schutt und Asche. Eine empfindliche Niederlage jedoch muss Frankreich

1692 in der **Seeschlacht bei La Hogue** hinnehmen. Die vereinigte holländische und englische Flotte zerstört dabei den Plan Frankreichs, eine führende Stellung im weltweiten Seehandel zu erreichen. Trotz bedeutender Erfolge fehlt es den Bündnispartnern der Großen Allianz an der Entschlossenheit, Frankreich niederzuringen. Was aber noch schwerer wiegt: Wieder einmal zeigt das Bündnis im weiteren Kriegsverlauf Abnutzungserscheinungen: Es bekommt erste Risse. Diesen Umstand versteht Ludwig XIV. zu nutzen; mit diplomatischem Geschick spielt er die Koaltitionspartener gegeneinander aus, so dass die Große Allianz dieser Belastungsprobe nicht standhält und auseinanderbricht. Dadurch gelingt es Ludwig XIV., schwerwiegende Kriegsfolgen für Frankreich zu verhindern. Die gewohnten Kriegsgewinne bleiben aber zum ersten Male aus. Am 30. 10.

1697 Friedensschluss zu Ryswick. Bis auf das Elsass muss Frankreich alle reunierten Gebiete zurückgeben. Mit dem Erwerb längst verlorengeglaubter Besitzungen und der Behauptung der Kurpfalz können sich Kaiser und Reich erfolgreich durchsetzen.

Doch auch der Friede von Ryswick lässt Europa nicht zur Ruhe kommen; er leitet nur eine auf vier Jahre befristete Verschnaufpause ein. Denn als der spanische

König Karl II. am 1. 11. 1700 im Alter von 39 Jahren kinderlos stirbt und mit ihm die spanische Linie der Habsburger erlischt, wird sein Erbe zum verbissen umkämpften Streitobjekt.

Der Spanische Erbfolgekrieg.

In Anbetracht seines schlechten Gesundheitszustandes hat Karl II. die spanischen Territorien, aus Sorge, sie könnten nach seinem Tod auseinandergerissen werden, dem französischen König in Obhut gegeben und einen Enkel Ludwigs XIV., **Philipp V. von Anjou** (1700–1746), testamentarisch zum Nachfolger bestimmt, mit dem Vorbehalt, dass dieser niemals König von Frankreich werden dürfe. Ludwig XIV. aber erkennt in dieser Erbregelung die unverhoffte Möglichkeit, Frankreich angesichts des erheblichen spanischen Kolonialbesitzes zu einem „Weltreich“ zu machen, und hebt deshalb die testamentarische Klausel für Philipp V. unter Missachtung des Erbrechts auf. Dagegen fordert der deutsche Kaiser **Leopold I.** (1656–1705) aus der österreichischen Linie der Habsburger, da er engere verwandtschaftliche Verbindungen zu den spanischen Habsburgern geltend machen kann als die französischen Bourbonen, den Thron Karls II. für seinen jüngeren Sohn, Erzherzog Karl. England und Holland fürchten, durch eine Verbindung Frankreichs mit Spanien bisherige Handelsvorteile einzubüßen, weshalb auch von Kaufmannskreisen beachtliche Geldsummen für eine Auseinandersetzung mit Frankreich bereitgestellt werden.

1701–1713/14 Spanischer Erbfolgekrieg. Um zunächst einen Teil des spanischen Erbes für sein Haus zu sichern, lässt Leopold I. österreichische Truppen unter Prinz Eugen, der dem Kaiser schon im Kampf gegen die Türken wertvolle Dienste geleistet hat, in das seit 1535 zu Spanien gehörende Herzogtum Mailand einrücken:

1701 Siege bei Carpi und Chiari über die aus der Lombardei herbeieilenden Franzosen. Der damit gegen die ehrgeizigen Pläne Ludwigs XIV. begonnene Kampf lastet im weiteren Verlauf nicht allein auf den Schultern Leopolds I. Denn das Engagement Wilhelms III. von Oranien für die machtpolitische Ausgewogenheit in Europa bewirkt wieder einmal eine Koalition gegen Frankreich: Am 7. 11.

1701 Haager Allianz. Mitglieder sind neben dem Kaiser Holland und England, das eine vom französischen König unterstützte Rückkehr der Stuarts auf den englischen Thron und die damit verbundene Rekatholisierung des Landes befürchtet. Auch die Reichsstände treten, mit Ausnahme der beiden Wittelsbacher Kurfürsten von Bayern und Köln, die sich von ihrer Parteinahme für Ludwig XIV. Vorteile versprechen, der Haager Allianz bei. Die Allianz hat auch Bestand, als ihr Initiator, Wilhelm III. von Oranien, am 19. 3. 1702 stirbt. Drei Jahre später stirbt ein anderer langjähriger Gegner Ludwigs XIV.: Leopold I. Seine politische Zielsetzung wird aber von seinem älteren Sohn, **Joseph I.** (1705–1711), als neuem deutschem Kaiser weitergeführt.

Der jüngere Sohn Leopolds I., Erzherzog Karl, ist bemüht, sich in Spanien durchzusetzen. Dass es ihm gelingt, als Karl III. 1703 neben Philipp V. spanischer König zu werden, verdankt er allerdings der Unterstützung Englands und Hollands, die ihn als Angreifer vom Süden her im

Kampf gegen Frankreich benutzen möchten. Doch abgesehen von einigen Siegen kann Karl III. diese Aufgabe nicht erfüllen, und auch in Spanien reicht sein Einfluss über Katalonien nicht hinaus. Ludwig XIV. kann nach den Niederlagen in Oberitalien 1703 mit den vereinigten französischen und bayrischen Truppen gegen den Kaiser militärische Erfolge verbuchen, zumal österreichische Kräfte durch erneute Unruhen in Ungarn gebunden sind. Schwerwiegende Folgen für die Haager Allianz entstehen daraus nicht. Ihre Position wird durch den Beitritt des Herzogtums Savoyen und den Anschluss Portugals hingegen noch gestärkt. Nun zeigt sich, dass Frankreich der gegnerischen Übermacht auf den zahlreichen Kriegsschauplätzen in Spanien, Italien, Süddeutschland, in den Spanischen Niederlanden und zur See nicht gewachsen ist.

Die militärische Überlegenheit der Allianz beruht nicht zuletzt auf den besonderen Fähigkeiten **Prinz Eugens** von Savoyen (1663–1736) und des englischen Herzogs John Churchill **Marlborough** (1650–1722). Diese beiden größten Feldherren ihrer Zeit erringen glänzende Siege:

1704 bei Höchstädt. Ludwig XIV. erleidet seine wohl schwerste Niederlage; nahezu die Hälfte des französisch-bayrischen Heeres kommt in dieser erbitterten Schlacht um oder gerät in Gefangenschaft;

1706 bei Ramillies und Turin, und

1708 bei Oudenaarde.

Nach der Einnahme von Lille durch die Alliierten ist Frankreich so unmittelbar gefährdet, dass Ludwig XIV. der Notwendigkeit eines verlustreichen Friedensangebots nicht mehr ausweichen kann. Aber die Bedingungen, die ihm gestellt werden, sind so hoch, dass er die Feindseligkeiten wiederaufnimmt.

1709 Schlacht bei Malplaquet. Prinz Eugen und Marlborough bleiben trotz sehr schwerer Verluste siegreich. Seine Rettung verdankt Frankreich politischen Zufallsereignissen:

1710/1711 Sturz der Kriegspartei (Whigs) in England. Die Friedenspartei der Tories unter Bolingbroke übernimmt die Macht und führt mit Ludwig XIV. geheime Verhandlungen. Marlborough wird entlassen.

1711 Tod Kaiser Josephs I. Da Karl III. der letzte männliche Habsburger ist, kehrt er aus Spanien zurück und wird als **Karl VI.** (1711–1740) zum Nachfolger seines Bruders auf den deutschen Kaiserthron gewählt. Die Möglichkeit eines habsburgischen Großreiches Spanien – Österreich wird sichtbar.

1713 Friede von Utrecht. Die Seemächte England und Holland treffen mit Frankreich folgende Abmachungen: Philipp V. bekommt Spanien einschließlich der Kolonien zugesprochen, soll aber die Lombardei, Neapel und Sardinien an die Habsburger abtreten. Frankreich bleibt im Besitz der rheinischen Eroberungen. Ludwig XIV. jedoch muss seinen Plan, die französische und spanische Krone in einer Hand zu vereinigen, endgültig aufgeben. Holland bekommt die Regelung seiner Barrierewünsche (Spanische Niederlande) gegen Frankreich zugesagt.

Die bedeutendsten Kriegsgewinne kann England verbuchen: Von Spanien erhält es Gibraltar und Menorca sowie das Handelsmonopol für schwarze Sklaven, von Frankreich große Gebiete in Nordamerika (Neuschottland, Neufundland, die Hudsonbai-Länder).

Karl VI. setzt, alleingelassen, den Krieg gegen Frankreich fort. Doch zeigt der Verlust von Landau und Freiburg, dass ein Sieg ohne verbündete Hilfe nicht mehr möglich ist.

1714 Friede von Rastatt zwischen dem Kaiser und Frankreich. Bis auf den zusätzlichen Erwerb der Spanischen Niederlande für Karl VI. wird die Utrechter Friedensregelung übernommen.

Mit diesem – wesentlich durch die englische Gleichgewichtspolitik bestimmten – Ausgang des Spanischen Erbfolgekrieges ist auch der letzte Versuch Ludwigs XIV., Frankreich eine beherrschende Stellung in Europa zu sichern, gescheitert. Zwar ist es ihm trotz der Vielzahl der Gegner gelungen, den territorialen Bestand Frankreichs zu erhalten, doch haben seine aufwändige Hofhaltung und Bautätigkeit sowie ständige Kriege (zeitweise sind mehr als 90 % der Einnahmen allein in den Militäretat geflossen) das Land in den Staatsbankrott getrieben.

Parlament und König in England

Neben der **Krone** gibt es in England mit dem **Parlament**, das allerdings keine Volksvertretung im heutigen demokratischen Sinn ist, da die Mitglieder beider Häuser ausschließlich priviligierten Schichten entstammen, eine zweite staatstragende Autorität. Deshalb ist es dem König nicht möglich, eigenmächtig zu regieren, und er muss, soll der innere Friede gewahrt werden, die ständischen Rechte des „House of Lords" (Vertreter des Hochadels und der hohen Geistlichkeit) und des „House of Commons" (Vertreter des niederen Adels und des reichen Bürgertums) respektieren.

Auch Elisabeth I. führt wie viele ihrer Vorgänger die Zusammenarbeit mit dem Parlament fort. Obgleich gerade sie politisch stark genug gewesen ist, die Parlamentsrechte zu beschneiden, lässt sie diese unangetastet, so dass während ihrer fünfundvierzigjährigen Regierungszeit bedeutende Konflikte mit dem Parlament ausbleiben.

Unter den Stuarts aber geht dieses Einverständnis gänzlich verloren. Es kommt zum erbitterten **Machtkampf zwischen den Stuartkönigen und dem Parlament**.

1603–1625 Jakob I. Von Elisabeth I., mit der die seit 1485 in England herrschende Tudor-Dynastie erlischt, zum Nachfolger bestimmt, vereinigt der protestantisch erzogene Sohn Maria Stuarts als erster König die Kronen Englands und Schottlands (seit 1567 als Jakob VI. König von Schottland). Er strebt mit seiner Herrschaftsauffassung, die auf der Lehre vom „göttlichen Recht der Könige" basiert, eine **absolute Herrschaft nach französischem Vorbild unter Ausschaltung des Parlaments** an und begründet diesen uneingeschränkten Souveränitätsanspruch in der 1598 anonym erschienenen Abhandlung „True Law of Free Monarchies" („Das wahre Gesetz freier Monarchien"): Die Könige seien Urheber von Gesetzen, und nicht die Gesetze Urheber von Königen. Dagegen versuchen die im Parlament sehr zahlreich vertretenen Juristen, angeführt von dem engagierten obersten englischen Richter Sir Edward **Coke** (1552–1634), den König in die Schranken zu weisen, indem sie seinen absoluten Machtanspruch unter Berufung auf das „Common Law" (gemeine Recht) für gesetzwidrig erklären. Denn nach ihrer Rechtsauffassung hat sich auch der König dem herrschenden Recht unterzuordnen.

Zum Ausbruch der aufgestauten Feindseligkeiten kommt es, als Jakob I. außerordentliche Steuern und Zölle erhebt, um die Staatskasse wieder zu füllen (das nach Europa einströmende amerikanische Silber führt auch in England zu Preisinflation. Da aber die königlichen Pachtzinsen vertraglich festgelegt sind, vermindern sich die Einnahmen Jakobs I. ständig). Aber gerade mit dem „Steuerbewilligungsrecht" will sich das Parlament auf gar keinen Fall ein Machtmittel aus der Hand nehmen lassen, das es neben anderen Freiheitsrechten in jahrhundertelangem Ringen den Königen abgetrotzt hat. Der Konflikt wird durch konfessionelle Spannungen weiter vertieft.

In England existiert nicht allein die durch Loslösung von Rom entstandene **Anglikanische Staatskirche**; neben ihr kämpfen sowohl **Katholiken**, die gerade vom Sohn der katholischen Maria Stuart eine Verbesserung ihrer Lage erhoffen, als auch calvinistische **Puritaner** (lat. purus: rein), die eine besonders strenge Form des Protestantismus vertreten und deshalb die Anglikanische Kirche wegen ihrer noch wirksamen katholischen Relikte (die Kritik richtet sich vor allem gegen das Bischofsamt) reformieren möchten, um freie Religionsausübung. Da aber Jakob I., gestützt auf die hierarchisch gegliederte Anglikanische Kirche, gerade von den Bischöfen die wohl größte Unterstützung bei seiner selbstherrlichen Machtausübung erfährt, weist er als Oberhaupt der Kirche (Supremat der Krone)

1604 auf der **Konferenz von Hampton Court** die geforderte Abschaffung des Bischoftums zurück („No bishop, no king") und verdammt Katholiken wie Puritaner. Beide müssen danach mit Verfolgung und Ausschluss von öffentlichen Ämtern rechnen. Die katholische Seite ist darüber derart verbittert, dass sie sogar vor einem Terroranschlag nicht zurückschreckt:

1605 Pulververschwörung. Jakob I. soll am 5. 11. anlässlich der Parlamentseröffnung in die Luft gesprengt werden. Der von dreizehn katholischen Geistlichen in den Kellerräumen des Parlamentsgebäudes deponierte Sprengstoff wird jedoch rechtzeitig entdeckt, und die Priester müssen ihre Verzweiflungstat mit dem Leben bezahlen.

Dagegen können die Puritaner, die ihrer Kirche sowohl auf Gemeinde- wie auf Synodalebene eine an demokratischen Prinzipien orientierte Selbstverwaltung gegeben haben, weiterhin Einfluss auf das religiöse Leben nehmen. Sie finden besonders im Parlamentsunterhaus mehr und mehr Anhänger.

Um ein vom Diktat der Anglikanischen Kirche befreites, gottgefälliges Leben führen zu können, wandern einige Puritaner, vor allem die Mitglieder der mittelenglischen Gemeinde Scrooby, zunächst in das liberalere Holland aus. Sie möchten sich jedoch in Nordamerika eine neue „englische" Heimat schaffen, und so erfolgt im September

1620 die **Ausfahrt der Glaubensflüchtlinge (Pilgrim Fathers) auf der „Mayflower"**. Wegen schwerer Stürme landet das Schiff nicht wie geplant in Virginia, sondern am Cape Cod in Massachusetts (21. 11. 1620). Nach der Ausarbeitung neuer, den dortigen Gegebenheiten entsprechender Gesetze (Mayflower-Vertrag) wird die Stadt Plymouth gegründet, die nicht nur Anziehungspunkt für weitere puritanische Glaubensflüchtlinge wird (bis 1640 folgen mehr als 25 000), sondern ebenso Ausgangspunkt für die spätere Erschließung Neu-Englands. Wie sein Vater Jakob I. verfolgt auch

1625–1649 Karl I. eine streng absolutistische Politik, weshalb auch er von vornherein gegen den energischen Widerstand des Parlaments ankämpfen muss. Eine gefährliche Konfliktsituation entsteht schon, als der König zur Linderung seiner Geldnöte ein sogenanntes „Pfund- und Tonnengeld" auf alle Import- und Exportwaren im Londoner Hafen ohne Einwilligung des Parlaments eintreiben lässt. Viele Kaufleute aber leisten Widerstand und nehmen lieber eine Gefängnisstrafe in Kauf, als mit ihrer Zahlungsbereitschaft zum „Verräter an der Freiheit Englands" zu werden. So bleibt es dem König nicht erspart, das Parlament wieder einzuberufen und es um Steuererhöhungen zu bitten. Dabei kommt es zu turbulenten Auseinandersetzungen. Um den endgültigen Bruch mit dem Parlament zu vermeiden, unterschreibt er am 7. 6.

1628 die **Petition of Right** (Bittschrift), die vom Unterhausmitglied Sir Edward Coke formuliert und am 28. 5. von beiden Häusern verabschiedet worden ist. Darin wird der König gebeten, folgende Rechte anzuerkennen: Keine Steuern, Zölle oder sonstige Abgaben ohne Zustimmung des Parlaments; keine Verhaftungen und Hinrichtungen ohne richterliches Urteil; keine Zwangseinquartierung königlicher Soldaten in Privathäusern.

Die Petition of Right erlangt aber keine Gesetzeskraft. Der König fühlt sich durch seine Unterschrift rechtlich nicht gebunden, und so regiert er, gestützt auf seine Berater Thomas Wentworth, Earl of Strafford, und William Laud, Erzbischof von Canterbury, elf Jahre ohne Parlament. Nun richtet Karl I. seine Kraft darauf, auch in Schottland, dem Herkunftsland der Stuarts, die absolutistische Herrschaftsform durchzusetzen und die calvinistischen Presbyterianer (Presbyter: Kirchenältester) zur Anerkennung der Anglikanischen Kirche zu zwingen. Die Folge sind heftige Unruhen im ganzen Land.

1638 Aufstand der Schotten. Adelige, Bürger und besonders die Geistlichkeit wehren sich gegen das Diktat der Krone und demonstrieren mit aller Entschlossenheit, dass sie ihre Glaubensfreiheit und damit die presbyterianische Kirchenverfassung notfalls mit dem Schwert verteidigen werden. Die Entscheidungsschlacht in den sogenannten „Bischofskriegen" geht zu Gunsten der Aufständischen aus. Karl I. muss sich wieder in die Abhängigkeit vom Parlament begeben, um einen neuen Feldzug finanziert zu bekommen.

1640 Einberufung des „Kurzen Parlaments" („Short Parliament"), das nur im April und Mai tagt. Die Parlamentsmitglieder sehen in der Schwäche des Königs eine günstige Gelegenheit, die eigene Macht weiter auszubauen. So fordern sie von Karl I., nachdem sie ihm zahlreiche Rechtsverletzungen vorgeworfen haben, für die Zukunft ein Mitspracherecht bei allen Regierungsvorhaben. Der König reagiert darauf mit der Auflösung des Parlaments.

Doch als die Schotten in Nordengland einfallen, um einem erneuten Angriff Karls I. zuvorzukommen, muss er seine Entscheidung revidieren und im November

1640 das „Lange Parlament" („Long Parliament"), das, abgesehen von einigen Unterbrechungen, bis 1660 tagt, einberufen. Nun zeigt sich deutlich, dass Karl I. die Regierungsgewalt längst an das Parlament verloren hat. Tatenlos muss er mit ansehen, wie seine engsten Mitarbeiter, der Earl of Strafford und Erzbischof William Land, vom House of Commons verurteilt und später hingerichtet werden. Auch fehlt es ihm an Kraft, dem Parlamentsbeschluss, die königlichen Berater selbst zu ernennen („Grand Remonstrance"), entgegenzutreten. Vom Parlament wird ihm außerdem der militärische Oberbefehl verweigert, als durch den **1640** losbrechenden **Aufstand der Iren** die nordirische Provinz Ulster von England abzufallen droht.

Der König unternimmt den verzweifelten Versuch, die Macht zurückzugewinnen. Er stellt fünf Oppositionsführer unter Hochverratsanklage und erscheint an der Spitze von vierhundert Bewaffneten im Unterhaus, um sie eigenhändig zu verhaften. Doch diese wegen Verletzung der Abgeordnetenimmunität illegale Aktion, die in England so große Empörung hervorgerufen hat, dass englische Könige bis auf den heutigen Tag das Unterhaus nicht betreten dürfen, schlägt fehl, denn im Parlament hat man rechtzeitig davon erfahren und hält die Gefährdeten versteckt. Die Aktion zeigt aber, dass sich Karl I. dem Machtanspruch des Parlaments nur noch durch Waffengewalt beugen wird. So kommt es im Januar

1642 zum **Ausbruch des Bürgerkriegs**. In dem erbittert geführten Kampf zwischen Königstreuen (Kavalieren) und puritanisch gesinnten Parlamentsanhängern, die wegen ihrer kurzgeschorenen Haartracht Rundköpfe („Roundheads") genannt werden, geht es nicht etwa wie später auf dem Kontinent um das Durchfechten ständischer Privilegien, sondern um die Verwirklichung der „Prinzipien der Freiheit, des Rechts und der Staatsordnung".

Während sich der Landadel, die reichen Handelsstädte im Osten Englands und die schottischen Presbyterianer der Parlamentspartei anschließen, findet Karl I. bei den anglikanischen Bischöfen, die zur Loyalität dem König gegenüber mahnen, der Landbevölkerung im Westen des Landes, beim Hochadel (und damit im House of Lords), aber auch bei einem Teil der Unterhausmitglieder Unterstützung.

Zunächst fällt es Karl I. nicht schwer, sich gegen das bunt zusammengewürfelte Parlamentsheer zu behaupten; er kann sogar die Schotten auf seine Seite ziehen. Doch diese Überlegenheit geht verloren, als der Landedelmann Oliver **Cromwell** (1599–1658), seit 1628 Mitglied des Unterhauses, ein leidenschaftlicher Verfechter der Parlamentsrechte, ein straff organisiertes Reiterheer, die Ironsides (Eisenseiten), aufbaut, in dem die so genannten „Independenten", eine radikale puritanische Gruppe, den Kern bilden. Gegen dieses vom religiösen Fanatismus beflügelte Heer können sich die königlichen Kavaliere nicht mehr behaupten. Wiederholt unterliegen sie dem übermächtigen Gegner, entscheidend

1645 in der **Schlacht bei Naseby**. Karl I. gelingt die Flucht nach Schottland, wo er in Ehren aufgenommen wird. Doch aus Furcht vor Sanktionen liefern die Schotten ihn 1647 an das Parlament aus.

In England hat sich die Lage wieder beruhigt, und in Anbetracht der tiefen Wunden aus dem Bürgerkrieg plädieren weite Bevölkerungskreise, aber auch gemäßigte Puritaner im Parlament, dafür, den König wieder einzusetzen. Doch auf Seiten der radikalen Independenten erhebt sich entschiedener Widerspruch dagegen. Da der Prozess gegen Karl I. ins Stocken gerät, lässt Cromwell mit Waffengewalt das Unterhaus von allen gemäßigten Kräften kurzerhand säubern. Nun zeigen die sechzig Abgeordneten des „Rumpfparlaments“ wenig Skrupel, den König wegen Hochverrats und anderer Staatsverbrechen zum Tode zu verurteilen: am 30. 1. **1649 öffentliche Hinrichtung Karls I.** Wie bei Teilen der englischen Bevölkerung löst diese unerhörte Tat auch auf dem Festland tiefe Bestürzung aus, denn nach der dortigen Rechtsauffassung ist es einfach nicht vorstellbar, dass sich ein König einem Gerichtsbeschluss zu beugen habe.

Von der puritanischen Revolution zum englischen Verfassungsstaat

In der vom Rumpfparlament proklamierten Staatsform der Republik (Commonwealth and Free State of England) soll das Prinzip der Volkssouveränität, für das man so erbittert gestritten hat, verwirklicht werden. Doch als Oliver Cromwell im Bemühen um Ruhe und Ordnung dem religiösen Fanatismus mit der Forderung nach Toleranz zu begegnen versucht, wird im Widerstand des Parlaments, das nicht einmal kleine puritanische Gruppen und Sekten dulden will, deutlich, dass das Rumpfparlament der Independenten nicht die Nation, sondern nur eine Minderheit vertritt. Mit dem „Staatsrat“ (Cromwell erster Vorsitzender) und dem „Parlament“ sehen die Verfassungspläne eine Gewaltenteilung vor. Doch Cromwell, der sich durch das Bemühen des Parlaments, seine Rechte eigenständig wahrzunehmen, immer stärker provoziert fühlt, schafft die Legislative letztlich ab, indem er das Parlament mehrmals gewaltsam auflöst. Er setzt zusammen mit den Offizieren des Heeres eine nach seinen Vorstellungen gestaltete Verfassung („Instrument of Government“) durch, die ihm das Amt des Lord-Protektors auf Lebenszeit zusichert. Seit
1653 ist **Cromwell Alleinherrscher**. Er, der sich im leidenschaftlichen Kampf gegen das absolute Königtum politisch profiliert hat, errichtet „als Werkzeug Gottes“ eine noch absolutere Militärdiktatur. Doch damit hat er den Bogen überspannt. Die Zahl seiner Gegner wächst weiter an, auch dann noch, als Cromwell den seit 1641 schwelenden Aufstand der katholischen Iren mit brutaler Härte niederschlägt und die Adelsschicht des Landes liquidiert.

Als nicht so glücklos wie seine Innenpolitik erweist sich das Vorhaben Cromwells, den Ausbau der englischen Flotte voranzutreiben, um das Land zu einer führenden See- und Wirtschaftsmacht erheben zu können. Bedingt durch seine Insellage ist England bisher von dem teuren Zwischenhandel durch die bedeutendste Seehandelsnation Holland abhängig. Dagegen richtet Cromwell
1651 die **Navigationsakte**, die vom Handel mit dem Inselreich und seinen Kolonien fast alle nicht-englischen Schiffe ausschließt. Mit diesem gegen Holland gerichteten Affront bricht Cromwell einen Krieg (1. Seekrieg) vom Zaun, in dem Holland unterliegt und die **englische Vorherrschaft zur See** anerkennen muss. Damit ist der Grundstein für die Weltmacht England gelegt.

Nach dem Tod Cromwells 1658 lässt sich die Militärdiktatur nicht länger halten. Das Parlament bietet Karl II., dem ältesten Sohn des hingerichteten Königs Karls I., den Thron an. Es kommt zur
Restauration des Stuart-Königtums unter 1660–1685 Karl II. Wie seine Vorfahren Jakob I. und Karl I. strebt auch

Karl II. eine absolutistische Herrschaft an, vermeidet jedoch den Konflikt mit dem Parlament und bestätigt diesem alle in den letzten Jahren erworbenen Rechte.

Als die Anglikanische Bischofskirche ihre alte staatskirchliche Vorrangstellung zurückerhält, gibt es kaum Widerstand, denn die Zeiten des Bürgerkriegs und der Republik haben eine starke Abneigung gegen alles Puritanische entstehen lassen. Geblieben ist dagegen der fanatische Katholikenhass. Karl II. selbst gerät – allerdings nicht unbegründet – bei Parlamentsmitgliedern in den Verdacht, mit der katholischen Seite zu sympathisieren. Obgleich deshalb schwere Vorwürfe gegen ihn erhoben werden, ist er weiter darum bemüht, es nicht zum Bruch mit dem Parlament kommen zu lassen, und zeigt sich zu einem tiefgreifenden Zugeständnis bereit:

1673 Annahme der Test-Akte. Dieses Gesetz schließt Katholiken von allen öffentlichen Ämtern aus, denn zu deren Bekleidung ist der Schwur auf das anglikanische Bekenntnis Voraussetzung. (Die Test-Akte wird erst 1829 im Zusammenhang mit der Katholikenemanzipation wieder aufgehoben.)

Um in Zukunft alle freien Engländer vor willkürlichen Verhaftungen schützen zu können, beschließt das Parlament am 27.5. **1679** die **Habeaskorpus-Akte** (genannt nach den Anfangsworten alter Haftbefehle: „Du habest einen Körper"). Dieses Gesetz legt fest, dass niemand ohne richterlichen Befehl verhaftet oder in Haft gehalten werden darf (Freiheit der Person). Auch gegen die Habeaskorpus-Akte äußert Karl II. keinerlei Vorbehalte und unterschreibt sie anstandslos.

Einen härteren Kurs schlägt Karl erst ein, als antimonarchisch gesinnte Kräfte im Parlament die Thronkandidatur seines zum Katholizismus übergetretenen Bruders Jakob II. verhindern möchten. Eine Reihe von Parlamentsmitgliedern stellt sich jedoch hinter den König, was die Spaltung des Unterhauses in zwei Gruppen zur Folge hat: die königstreuen **Tories** (heute: „Konservative") und die Anhänger der Parlamentsherrschaft und des Freihandels, die **Whigs** (heute: „Liberale").

Im Kampf um die Thronfolge beweisen die Tories mehr Durchsetzungsvermögen; sie sorgen dafür, dass der jüngere Sohn Karls I. König von England wird:

1685–1689 Jakob II. Vom Leben am Hofe Ludwigs XIV. geprägt, ist Jakob II. ein typischer Vertreter absolutistischer Herrschaftsauffassung. Weit weniger gemäßigt und anpassungsfähig als sein Bruder Karl II., versucht er mit längst überholten, unliebsam gewordenen Mitteln, dem Königtum noch einmal eine überragende Machtstellung zu verleihen: Er löst das Parlament vorzeitig auf, missachtet die Test-Akte, um sich mit Beratern seines Glaubens zu umgeben, und versucht das Land zu rekatholisieren.

Diese absolutistische, alte Rechte verletzende Politik erregt in England immer größeres Missfallen, zumal durch die von Jakob II. gesuchte enge Verbindung mit Frankreich ein Einmischungsversuch Ludwigs XIV. nicht auszuschließen ist. Dennoch geben die Tories als überzeugte Monarchisten ihre loyale Haltung gegenüber dem König vorerst nicht auf. Als aber mit der gänzlich unerwarteten Geburt des Thronerben Jakob Eduard im Jahre 1687 die „katholische" Stuart-Dynastie fortzudauern droht, sind auch sie zum Sturz Jakobs II. bereit.

Zu seinem Nachfolger wird der stренggläubige Protestant und leidenschaftliche

Frankreichgegner Wilhelm III. von Oranien, Statthalter der Vereinigten Niederlande und Schwiegersohn Jakobs II., ausersehen.

1688 Glorious Revolution. Wilhelm landet am 5. 11. mit sechzig Kriegsschiffen, siebenhundert Transportern und fünfzehntausend Mann an der Südküste Englands und erreicht am 19. 12. London. Zum Kampf kommt es aber nicht, denn Jakob II. unternimmt keinen Versuch, seine Absetzung durch Waffengewalt zu verhindern. Deshalb lässt man ihn wenige Tage später nach Frankreich entfliehen. Das Parlament erklärt daraufhin den Thron für vakant und bietet ihn Wilhelm III. und seiner Gemahlin Maria II., die nicht wie ihr Vater Jakob II. zum Katholizismus konvertiert ist, an. So vollzieht sich der Machtwechsel ohne jedes Blutvergießen (daher die Bezeichnung „Glorreiche Revolution").

1689–1702 Wilhelm III. Bevor die Krönung vollzogen wird, muss das neue Königspaar im Februar

1689 der **Declaration of Rights**, die im Oktober als **Bill of Rights** zu einem für die englische Verfassungsgeschichte bedeutenden Gesetz erhoben wird, zustimmen. Danach besitzt das Parlament das Steuerbewilligungsrecht; in seinen Räumen ist die Redefreiheit garantiert; es gibt kein stehendes Heer. Die „Declaration of Rights" bedeutet eine beträchtliche Einschränkung der alten absolutistischen Königsmacht. Denn gemäß dem zwischen neuem König und Parlament geschlossenen Vertrag verfügt nun das Parlament über die legislative (gesetzgebende) Gewalt, während die exekutive (vollziehende) Gewalt dem Königtum erhalten bleibt, so dass Wilhelm III. ohne parlamentarische Zustimmung seine Minister und Ratgeber ernennen und wieder entlassen, aussenpolitische Entscheidungen allein treffen und im Kriegsfall den Oberbefehl über die Truppen führen kann. Da er aber seine Krone aus den Händen des Parlaments empfangen hat, ist Wilhelm III. nicht mehr in dem Sinne souverän, wie es die absolutistischen Herrscher gewesen sind, die ihr Königtum als „Erbrecht von Gottes Gnaden" legitimiert haben.

Auf dieser „verfassungsmäßigen Grundlage" entwickelt sich die erste **konstitutionelle Monarchie** in Europa. Das Parlament versucht die neue politische Ordnung mit der Vorlage weiterer Gesetze zu festigen:

1689 Toleranz-Akte. Um den religiösen Frieden wiederherzustellen, wird den Dissenters (Protestanten, die nicht der Anglikanischen Staatskirche angehören) die Ausübung ihrer eigenen Gottesdienste gestattet.

1694 Triennial Act. Alle drei Jahre muss das Parlament zusammentreten, die jeweiligen Sitzungsperioden dürfen nicht über den Zeitraum von drei Jahren hinausgehen.

1701 Act of Settlement. Dieses Gesetz entscheidet, dass die Königswürde nach dem Tod Wilhelms III. und der protestantischen Anna Stuart an das Haus Hannover übergeht, welches dann von 1714-1901 die englischen Könige stellt. Jedoch ist es unabdingbar für jeden Herrscher, Glied der Anglikanischen Kirche zu sein, wodurch von vornherein eine Thronkandidatur des katholischen Jakob Eduard ausgeschlossen wird. Außerdem soll das Gesetz die Unabsetzbarkeit von Richtern garantieren.

Die „Glorious revolution" ist keine Revolution im heutigen Verständnis. Denn nach wie vor wird die Macht des Parlaments nur von wenigen Adels- und Kaufmannsfamilien („ruling class") repräsentiert: Die Oberhaussitze bleiben dem Hochadel vorbehalten und werden weiter vererbt; das aktive und passive Wahlrecht zum Unterhaus setzt erheblichen Grundbesitz oder großen Geldreichtum voraus.

Erst die verschiedenen Wahlrechts- und Parlamentsreformen des 19. und 20. Jahrhunderts bringen den allmählichen Übergang zu demokratischen Verhältnissen und dem englischen Volk das allgemeine freie und gleiche Wahlrecht.

England verdankt seine herausragende Stellung im europäischen Staatensystem der außenpolitischen Konzeption Wilhelms III., die europäischen Kräfte in einem machtpolitischen Gleichgewicht („balance of power") zu halten.

Um eine wirksame Beeinflussung der kontinentalen Machtverhältnisse durch England zu Ungunsten Frankreichs zu verhindern, will Ludwig XIV. die englischen Kräfte auf der Insel binden. Aber sein Vorhaben bleibt ohne den gewünschten Erfolg: Denn die von ihm betriebene Landung des früheren englischen Königs Jakob II. in Irland führt nicht zur erhofften Schwächung der militärischen Kräfte Englands (Wilhelm III. siegt 1690 am Boyne-Fluss in der irischen Provinz Leinster und Jakob flieht erneut nach Frankreich), und den Versuch, Jakob II. als König von England wiedereinzusetzen, muss Ludwig XIV.

1692 in der **Seeschlacht vor La Hogue** mit einer vernichtenden Niederlage der französischen Flotte durch die vereinigten Engländer und Holländer, deren alte „Rivalität zur See" Wilhelm III. überwunden hat, bezahlen.

Wilhelm III. stirbt 1702 an den Folgen eines Jagdunfalls. Dennoch führt seine Gleichgewichtspolitik – von Anna Stuart im Spanischen Erbfolgekrieg konsequent fortgesetzt – zum Erfolg: Sie verhindert die Bildung jeder Vormachtstellung einer europäischen Großmacht.

Russland von Iwan dem Schrecklichen bis zu Peter dem Großen

Zu Beginn des 16. Jahrhunderts hat sich Russland von der Oberhoheit der Goldenen Horde endgültig befreit. Um seinen Kern, das Großfürstentum Moskau, liegen die von **Iwan III.** (1462–1505) erworbenen Gebiete von Twer, Pleskau, Smolensk, Nowgorod und Rjasan.

Der Hof im **Kreml** (erbaut mit Hilfe italienischer Architekten) ist ein Intrigennest, in dem Parteiungen des Adels und Gewaltakte an der Tagesordnung sind. In diesem Klima wächst

1533–1584 Iwan IV., genannt der Schreckliche auf. Seine düstere Kinderzeit (zu Beginn seiner Regentschaft ist er 3 Jahre alt), in der er Spielball rivalisierender Hof-Cliquen ist, bleibt dauernde Hypothek seines Lebens. Willkür und Misstrauen bestimmen seinen Herrschaftsstil, nachdem er 1547 zum Zaren gekrönt worden ist. Er nimmt eine Reform der Zentralregierung in Angriff, unterstützt von persönlichen Ratgebern wie dem Fürsten Kurbskij, dem Dienstadel und seiner Leibwache, den **Strelitzen** (Schützen). **1565** beginnt die Opritschnina, die **Teilung des Reiches in Gebiete des Zaren (Opritschnina)** und der Bojaren (Semschtschina). Den Widerstand der selbstbewussten Bojaren-Kaste bricht der Zar zwar durch Enteignungen, Deporta-

tionen und Hinrichtungen, aber die Neuverteilung des Bodens hinterlässt auch bei anderen Schichten des Volkes tiefe Spuren. Ganze Städte werden entvölkert (1570 Nowgorod), Bauern fliehen in Massen, die Landwirtschaft verfällt; Auseinandersetzungen mit den Krim-Tataren (1571 Einnahme und Brand von Moskau) schwächen das Reich weiter. In den Machtkämpfen nach dem Tod des Autokraten setzt sich
1598–1605 der Bojar **Boris Godunow** durch; er wird nach Ermordung des Zarensohns Dimitrij (Demetrius) und dem Tod des letzten Abkömmlings der Rurikiden 1598 zum Zaren gewählt. Hungersnöte und Unruhen lassen das Reich in Anarchie versinken. Politische Abenteurer geben sich als Zarensöhne aus, der erste „falsche Demetrius" erscheint 1605, der zweite 1606. Beide werden ermordet.
Zur selben Zeit vollzieht sich im Osten eine der größten Eroberungstaten der Menschheit, die **Erschließung Sibiriens**. Noch von Iwan dem Schrecklichen mit einer „Besitzurkunde" über Sibirien (1558) versehen, beginnt die Kaufmannsfamilie der **Stroganow** mit der Kolonialisierung. Ihre Träger sind **Kosaken**, entflohene Leibeigene, die in den kaum bewohnten Gebieten militärische Gemeinwesen gründen. Ihnen folgen Kaufleute und bäuerliche Siedler. 1581–84 wird Westsibirien in Besitz genommen, 1610 die Mündung des Jenissei erreicht; Städte wie Tomsk (1604), Jenisseisk (1619) und Krasnojarsk (1628) entstehen. 1640 ist Mittelsibirien durchdrungen, Vorstöße gehen bis zur Bering-Straße (1648), zum Amur-Becken (1653) und zur Halbinsel Kamtschatka (1679).
Ene Reichsversammlung wählt 1613 den Bojaren Michail zum Zaren. Er begründet
1613–1762 die **Dynastie Romanow** und beendet die russischen Thronwirren. Zum bekanntesten und bedeutendsten Vertreter dieses Herrscherhauses wird
1689–1725 Peter der Große (geb. 1672). Nach dem Sturz seiner Halbschwester Sophia 1689 als 17-Jähriger zur Macht gelangt, geht der junge Zar mit despotischer Energie daran, den Anschluss seines Landes an Europa zu vollziehen. Er verbringt mehrere Jahre im Ausland, lässt sich in Königsberg zum Geschützmeister, in Amsterdam zum Schiffsingenieur, in London zum Navigator ausbilden. Ausländer, die er in sein Reich holt, der Schotte Gordon oder der Schweizer Lefort, sind es auch, die sein Reformwerk leiten. Staatsmonopole für Tuchmanufakturen, Forst- und Bergbau werden geschaffen, Kanäle und Häfen angelegt. In Europa werden Handwerker, Kaufleute, Offiziere und Künstler angeworben. Der Herrscher macht sich die Kirche untertan, ersetzt das Patriarchat durch den Heiligen Synod, in dem er selber den Vorsitz führt (Cäsaropapismus). Sein Reformwille ist radikal. Nach dem Motto „Die Russen muss man zwingen!" bekämpft der Zar die altrussischen Traditionen bis hin zur Bart- und Kleidertracht und bricht rücksichtslos jeden Widerstand: Die Strelitzen, die Leibwächter der Zaren, immer ein Faktor bei den am Hofe üblichen Palastrevolutionen, werden 1698 ausgerottet; den eigenen Sohn lässt Peter im Gefängnis sterben. Die mit Gewalt durchgesetzte Europäisierung bleibt indes nur äußerlich; das Volk wird von dieser „Revolution von oben" kaum erfasst; immerhin bedeutet in der Geschichte Russlands das Wirken des pflichteifrigen, begabten, aber auch ungezügelten und grausamen Monarchen einen tiefen Ein-

schnitt, zumal er auch außenpolitisch durchschlagende Erfolge erzielt. Im
1700–1721 Nordischen Krieg, dem mehr als 20 Jahre dauernden Ringen um die Vormacht an der Ostsee, muss Peter zunächst, 1700, eine Niederlage bei Narwa gegen die Truppen des Schwedenkönigs Karl XII. (1697–1718) hinnehmen. Da die Schweden sich danach gegen Polen wenden, kann der Zar verlorenes Terrain zurückgewinnen. In den Sümpfen der Newa-Mündung wird
1703 Petersburg gegründet und zur Hauptstadt des Reiches ausgebaut. Von Polen aus marschiert der Schwedenkönig 1708/09 abermals gegen Russland, vereinigt sich mit dem Kosakenführer Mazeppa, wird aber
1709 in der **Schlacht bei Poltawa** vernichtend geschlagen. Der Untergang des Schwedenheeres ist die erste Russlandkatastrophe der Neuzeit, von den Umständen her (früher Wintereinbruch, Ermattungsstrategie der Russen) durchaus ähnlich dem Schicksal, das Napoleons und Hitlers Armeen ereilen wird.
Karl XII. gelingt die Flucht in die Türkei und 1718 die Rückkehr in sein Herrschaftsgebiet. Er fällt im selben Jahr vor der Festung Frederikshald (an der Grenze zu Norwegen). Zu dieser Zeit ist der russische Zar bereits im Besitz Finnlands und der meisten schwedischen Ostseegebiete (Baltikum) und bereitet eine Invasion Schwedens vor, die er dann 1719/20 in die Tat umsetzt. Erst britische und französische Intervention beendet den russischen Siegeslauf und verhindert eine völlige Auflösung des schwedischen Besitzes.
Nach den Friedensschlüssen von Stockholm, Frederiksborg und Nystad 1719–21 steht jedoch Russland als die neue (Ostsee-)Großmacht da. Zar Peter der Große nennt sich nun „Zar aller Reußen".
Unter der Regierung seiner Nachfolgerinnen, zuerst seiner Witwe
1725–1727 Katharina I., danach seiner Nichte
1730–1740 Anna üben Nichtrussen großen politischen Einfluss aus, etwa die Deutschen Ostermann und Münnich oder der Balte Biron. Das ändert sich jedoch unter der Herrschaft von Peters jüngster Tochter
1741–1762 Elisabeth, die im Siebenjährigen Krieg Partei gegen Preußen nimmt.

Der Aufstieg Österreichs zur Großmacht

Das Haus Habsburg, seit 1438 im Besitz der Kaiserkrone, erwirbt sich große Verdienste für das Reich mit der Abwehr der Türken. 1663 beginnen diese mit dem zweiten Angriff auf Mitteleuropa. Ungarn geht zum Teil verloren. Der
1683–99 Große Türkenkrieg bringt zunächst Österreich an den Rand des Untergangs.
1683 belagern die Türken Wien. Unter dem Kommando des Grafen Rüdiger von Starhemberg und angefeuert von den Predigten des **Abraham a Santa Clara**, verteidigen sich die Bewohner tapfer, bis ein Entsatzheer aus polnischen, kaiserlichen und Reichstruppen die Türken vertreibt. Die folgenden Feldzüge zur Befreiung Ungarns werden von einer europäischen Armee geführt. Das Reich, Polen, die Republik Venedig, Brandenburg und Russland haben sich 1684 zu einer „Heiligen Allianz" zusammengeschlossen. Freiwillige aus allen Ländern, auch aus Frankreich (das ansonsten die Ablenkung Öster-

reichs zu weiteren Angriffen auf die Westgrenze nutzt) verstärken das Aufgebot. Im **1687 Reichstag zu Pressburg** übertragen die ungarischen Stände dem Hause Habsburg die Krone (nachdem sie sich bisher die Wahl des Königs vorbehalten haben): Die **österreichisch-ungarische Doppelmonarchie** ist geboren.

1688 wird Belgrad erobert; ab 1697 befehligt das kaiserliche Heer **Prinz Eugen von Savoyen** (1663–1736), der 1683 in österreichischen Dienst getreten ist, nachdem er von Ludwig XIV. wegen seiner kleinen Gestalt abgewiesen worden. Der

1699 Friede zu Karlowitz besiegelt Österreichs Aufstieg zur Großmacht. In den 1716 erneut ausbrechenden Kämpfen kommt es 1717 zur endgültigen Eroberung Belgrads.

1718 im **Frieden von Passarowitz** erreicht das Habsburgerreich seine größte Ausdehnung (das Banat, Nordserbien und die Kleine Walachei).

Höfischer Absolutismus

Vor allem in Deutschland wird die Hofhaltung des Sonnenkönigs, oft mit einiger Verspätung, kopiert. Das steife Zeremoniell wird ebenso übernommen wie die prunkvollen Theateraufführungen, Feuerwerke und Redouten, die Dichtungen in gehobener, an antiken Vorbildern geschulter Sprache. Nach dem Muster von Versailles erheben sich in vielen Residenzstädten prunkvolle Schlösser, bis heute die eigentlichen Gipfel des Profanbaus: die Wiener Hofburg (Fischer v. Erlach), Schloss Belvedere (von Hildebrandt), die Residenz in Würzburg (Neumann), das Berliner Schloss (Schlüter). Die überladene Schwere des Barock löst sich im Rokoko-Stil in anmutige Zierlichkei auf; bekannteste Beispiele sind hier der Dresdner Zwinger und das Schloss Sanssouci in Potsdam. Der absolutistische Gestaltungs- und Ordnungswille unterwirft sich die Umwelt: streng gegliederte Parkanlagen entstehen, desgleichen Residenzstädte nach geplantem Grundriss (Mannheim, Karlsruhe). Barockkunst bestimmt auch den Kirchenbau: Wallfahrtskirche Vierzehnheiligen (Neumann), Stift Melk an der Donau (Prandauer), Dresdner Frauenkirche (Bähr). Die deutsche Barockmusik gewinnt in Johann Sebastian Bach (1685–1750) und Georg Friedrich Händel (1685–1759
ihre unvergänglichen Meister.

Jeder Hof will die besten Architekten, Maler, Opernkomponisten und Festregisseure haben; ein ruinöser Wettbewerb ist im Gange, der die Finanzen so manches deutschen Kleinstaates erschüttert. Die Kehrseite glanzvollen Hoflebens ist dann die unbarmherzige Ausplünderung der Untertanen, schließlich gar ihr Verkauf als Soldaten an fremde Mächte. Bekanntestes Beispiel sind die „hessischen Landeskinder“, die ihr Souverän an den englischen König verkauft und die im amerikanischen Unabhängigkeitskrieg 1775–1783 zugrundegehen. Jüdische Finanzleute werden unentbehrlich zur Beschaffung von Kapital und Heeresausrüstung; der Stand des Hofjuden oder Hoffaktors, Vorstufe des emanzipierten Judentums, nimmt hier seinen Anfang. Aber im Schicksal des Juden Süß Oppenheimer, der als schuldig am Bankrott des Württemberger Hofes angesehen und 1783 hingerichtet wird, zeichnet sich auch schon ab, welchen Gefahren das aufstrebende Judentum entgegengeht.

Preußen im 18. Jahrhundert

Einen eigenen Weg geht Preußen
1713–1740 unter König **Friedrich Wilhelm I.** Der Enkel des Großen Kurfürsten, auch genannt der „Soldatenkönig“, stellt sein Königtum ganz in den Dienst des Staates. Persönlich anspruchslos, ohne kulturelle und geistige Bedürfnisse, fleißig und sittenstreng, verbannt er allen Luxus von seinem Hof. Der Absolutismus, in anderen Staaten noch in Konkurrenz zu fortbestehenden älteren Gesellschafts- und Verfassungsformen, durchdringt erst in Preußen völlig den Staat. Sein Medium ist **das straff organisierte Beamtentum**, das ganz von der Krone abhängig ist. Der König vermag seine Beamtenschaft mit den Idealen zu erfüllen, die ihn selber tragen: Pflichteifer und Unbestechlichkeit. Die Treue zur Dynastie, die das preußische Beamtentum auszeichnet, wird auch dem Umstand zu verdanken sein, dass unter Friedrich Wilhelm dem bürgerlichen Stand der Zugang zu Beamtenstellen geöffnet wird.
1722 wird das **Generaldirektorium als oberste Zentralbehörde** eingerichtet. Reformen straffen die Verwaltung der königlichen Domänen.
Mit besonderer Aufmerksamkeit, ja geradezu Vernarrtheit (man denke an die „Langen Kerls“, die Gardetruppe aus den längsten Soldaten, die aufzutreiben sind) widmet sich der König seinem Heer. Es wird vergrößert auf 80 000 Mann (bei einer Einwohnerzahl von ca. 2,5 Millionen Menschen in Preußen). Im Heer ist erbarmungsloser Drill an der Tagesordnung, auch bei der Rekrutierung werden Gewalt und Betrug nicht gescheut. Nur noch zur Hälfte besteht dieses Heer aus Söldnern, der Rest sind Söhne erbuntertäniger Bauern und Handwerksgesellen, die zwangsweise eingezogen werden – die allgemeine Wehrpflicht kündigt sich an. Wenn auch begründet durch die außenpolitische Lage und die prekäre Situation des preußischen Staates mit seinen langen, angreifbaren Grenzen, wird doch die Bevorzugung des Militärs weitreichende Folgen haben. **Preußen entwickelt sich zum Militärstaat.** Friedrich Wilhelm I. begründet jene Übertragung militärischer Formen und Haltungen ins bürgerliche Leben, die später als „preußischer Militarismus“ das Bild Preußen-Deutschlands bis zum Ersten Weltkrieg prägt.

Der Dualismus Preußen – Österreich

Immerhin – der „Soldatenkönig“ macht noch keinen Gebrauch von seinem hervorragend funktionierenden Instrument; seine Regierungszeit vergeht, ohne dass Preußen sich in die Kriege Europas eingemischt oder sonst aggressive Politik betrieben hätte. Dazu kommt es erst unter seinem Sohn,
1740–1786 Friedrich II., dem Großen (geb. 1712). Als Kronprinz noch überwiegend musisch interessiert und von den Ideen des Rechts und der Humanität erfüllt (seine Schrift „Antimachiavell“ erscheint 1739), schwenkt er nach seiner Thronbesteigung sehr schnell in die Bahnen absolutistischer Eroberungspolitik ein. Mitten im Frieden lässt er im Dezember 1740 Schlesien besetzen, auf Grund alter, aber fragwürdiger Erbansprüche – der erste Fall einer gewaltsamen Eroberung durch einen Reichsfürsten auf dem Boden des Reiches. Friedrich vertraut auf seine militärische

Überlegenheit und die Unterstützung Frankreichs. Doch

1740–1780 trifft er in **Königin Maria Theresia von Österreich** (geb. 1717) auf eine Gegnerin, die seine Aggressionspolitik nicht hinnimmt. Im selben Jahr wie der Preußenkönig auf den Thron gelangt, auf Grund der **Pragmatischen Sanktion 1713**, die für das Habsburger Haus die weibliche Thronfolge sichert, seit 1736 verheiratet mit Franz von Lothringen, hat die Tochter Kaiser Karls VI. (1711–1740) einen Nationalitätenstaat ohne Kraft und Ansehen übernommen. Dennoch stellt sie sich zum Kampf gegen Friedrich.

1740–42 und 1744/45 enden die **Schlesischen Kriege** nach Siegen des Preußenkönigs u.a. bei Mollwitz 1741 und Hohenfriedberg 1745 mit der **Abtretung Schlesiens an Preußen**. Diesen Kriegen läuft parallel

1740–1748 der **Österreichische Erbfolgekrieg** um die Rechtmäßigkeit der Thronfolge Maria Theresias. Karl Albert von Bayern trägt zeitweilig, von 1742–1745 als Karl VII., die Kaiserkrone, muss sie dann aber abgeben an Maria Theresias Gemahl, der

1745–1765 als **Franz I.** die deutsche Kaiserwürde gewinnt und die **Herrschaft des Hauses Habsburg-Lothringen** begründet, die bis 1918 dauert. In den Jahren nach Beendigung des österreichischen Erbfolgekrieges kommt es zu einer Neugruppierung des europäischen Staatensystems. Maria Theresia erreicht einen Ausgleich mit Frankreich, woran auf österreichischer Seite der Staatskanzler Graf Kaunitz-Rietberg, auf französischer die königliche Mätresse Marquise de Pompadour mitwirken; Russland unter der Zarin Elisabeth (1741–1762) schließt sich an, ebenso Sachsen, Schweden und das Reich. Auf der anderen Seite bleiben nur Preußen und England, die **1756** die **Konvention von Westminster** eingehen. Friedrich beschließt einem gemeinsamen Vorgehen seiner Gegner zuvorzukommen und lässt im August 1756 seine Truppen in Sachsen einmarschieren. Der Präventivschlag von 1756 wird in der deutschen Politik zum verhängnisvollen Vorbild: Politiker und Militärs des wilhelminischen Deutschland wie auch Adolf Hitler werden sich später bei ihren Aktionen auf Friedrich den Großen berufen.

1756–1763: Der **Siebenjährige Krieg** wird zum Existenzkampf Preußens. Nach Siegen der preußischen Truppen

1757 u.a. **bei Roßbach und Leuthen** folgt die katastrophale Niederlage

1759 in der **Schlacht bei Kunersdorf**. Nur die Uneinigkeit der Sieger verhindert den Untergang Preußens. Immerhin wird Berlin geplündert; der König kämpft mit den letzten Kräften. 1761 zieht sich auch der Bundesgenosse England, der bis dahin reichliche Mittel zur Kriegführung gewährt hat, zurück. Mit ungeheurer Energie und Zähigkeit vermag Friedrich sein ruiniertes, ausgeblutetes Land noch ein weiteres Jahr im Krieg zu halten, bis im Januar

1762 der **Tod der Zarin Elisabeth** die Wende, das „Mirakel des Hauses Brandenburg" bringt. Der Thronfolger, Zar Peter III., ein Bewunderer des Preußenkönigs, schließt Frieden mit Preußen. Zwar wird er bald darauf ermordet, doch auch unter der Regierung seiner Witwe, der **Zarin Katharina** („die Große", 1762–1796), bleibt Russland dem Krieg fern. Die Koalition zerfällt, die Staaten sind kriegsmüde, haben ihre Finanzen ruiniert.

1763 stellt der **Friede zu Hubertusburg** den territorialen Vorkriegszustand wieder her. Preußen, dem nun endgültig Schlesien gehört, ist als fünfte Großmacht neben Russland, Frankreich, England und Österreich ins europäische Staatensystem aufgenommen; in Deutschland stehen sich jetzt zwei gleichwertige Mächte gegenüber, der **Dualismus Preußen – Österreich** bestimmt für ein volles Jahrhundert die deutsche Politik.

Innenpolitisch führt Friedrich das Werk seines Vaters fort. Der Herrscher regiert als „erster Diener seines Staates", stellt feste Haushaltspläne auf, treibt die Urbarmachung bisher ungenutzter Feuchtgebiete an Oder, Warthe und Netze voran, fördert die Landwirtschaft (Propagierung des Kartoffel-Anbaus). Die Stände werden verpflichtet, dem Staat zu dienen: Der König führt in persönlichem Regiment, der Adel stellt Offiziere und höhere Beamte, das Bürgertum trägt die Steuerlasten, wird aber in seiner Wirtschaftsfähigkeit gefördert, die Bauern verbleiben in Erbuntertänigkeit, einer Sonderform der Leibeigenschaft.

Eine **Rechtsreform** schafft Rechtsgleichheit und Unabhängigkeit der Rechtsprechung (berühmt der Fall des Müllers von Sanssouci, dessen Mühle den Schlossbauplänen im Wege ist und dem das Kammergericht gegen seinen König Recht gibt). Die Folter wird abgeschafft, königliche Eingriffe in Rechtsverfahren sind nicht mehr möglich. **Die Wandlung Preußens vom Polizei- zum Rechtstaat** ist es vornehmlich, die der friderizianischen Regierungsform den Namen **aufgeklärter Absolutismus** einträgt.

Friedrichs Gegenspielerin Maria Theresia folgt dem Beispiel des Preußenkönigs. Wenigstens die österreichisch-böhmische Reichshälfte wird in einen modernen Beamtenstaat verwandelt, das Bildungsmonopol der Jesuiten gebrochen, die Steuerpflicht mit Hilfe von Volkszählungen und Bodenschätzungen (Theresianischer Kataster) geregelt. Die infolge der Türkenkriege entvölkerten Gebiete Ungarns werden von Deutschen besiedelt. Die „Schwabenzüge" 1763–70 und 1782–88 bringen neben die seit dem 13. Jahrhundert in Siebenbürgen bestehenden Siedlungen ein neues deutsches Element in den Donauraum.

1765–1790: Maria Theresias Sohn, **Kaiser Joseph II.** (bis 1780 in Österreich Mitregent seiner Mutter), versucht mit radikalen und hastigen Reformen den **Einheitsstaat** zu schaffen. Eine Zentralverwaltung mit deutscher Amtssprache wird im ganzen Reich eingerichtet, die Leibeigenschaft und der Zunftzwang aufgehoben, die Zivilehe eingeführt. Erziehungs- und Wohlfahrtswesen übernimmt der Staat. Der sog. **Josephimismus**, ein christlich-liberales Staatskirchentum, setzt sich nicht durch; zum Teil müssen die Reformen von Joseph selbst rückgängig gemacht werden, zum Teil von seinem Nachfolger Leopold II. (1790–92). Dennoch wirkt auch diese habsburgische Form des aufgeklärten Absolutismus weiter.

Russland unter Katharina der Großen

Innere Reformen, die

1762–1796 die Zarin **Katharina II., die Große**, ähnlich wie Friedrich II. von Preußen und Joseph II. von Österreich, einleitet, dringen wenig durch. Immerhin kommt es (nachdem schon 1755 die Universität Moskau gegründet worden ist) zur Einrichtung von Volksschulen und Gymnasien. Deutsche Bauern werden an der Wolga und auf der Krim angesiedelt. Die Außenpolitik der Zarin ist expansiv. 1768–74 führt das Zarenreich Krieg gegen die Türkei und besetzt die Donaufürstentümer. Österreich greift ein, es kommt zum ersten **Balkan-Konflikt**, das Muster für eine ganze Reihe späterer Konflikte in diesem Teil Europas. Preußen bietet Vermittlung an und lenkt den Konflikt auf Polen ab. Die Zarin verzichtet auf ihre Gebietserwerbungen im Südosten und lässt sich auf Kosten Polens mit Weißrussland (Witebsk) entschädigen. Preußen gewinnt Westpreußen, Österreich Galizien. Diese

1772 Erste Teilung Polens, der sich der polnische Reichstag beugt, teils bestochen, teils vom militärischen Übergewicht der Teilungsmächte eingeschüchtert, erzeugt im polnischen Volk einen Nationalhass gegen die Preußen und Russen, der, genährt noch durch die folgenden Teilungen Polens, bis in die Gegenwart nachwirken wird. Im

1774 Frieden von Kütschük Kainardschi, der den russisch-türkischen Krieg beendet, gewinnt Russland Zugang zum Schwarzen Meer. Katharinas Günstling Potemkin (1736–91) baut eine Schwarzmeerflotte auf; Städte werden gegründet: 1778 Cherson, 1784 Sewastopol auf der Krim. Die Türkei, nunmehr der „kranke Mann am Bosporus" genannt, muss nach einem weiteren Krieg 1792 das Küstengebiet zwischen Dnjestr und Bug abgeben.

In Polen wird 1791 die sog. Mai-Konstitution beschlossen, die u.a. dem Bürgertum Reichstagsvertretung und Zugang zu Staatsämtern einräumt. Die gegen diese neue Verfassung opponierenden Gruppen werden von Russland unterstützt, das schließlich „zur Wiederherstellung der Ordnung" einmarschiert. Preußen schließt sich an. Die

1793 Zweite Teilung Polens lässt diesem gerade noch die Gebiete von Warschau, Krakau, Lublin, Lodz, Grodno, Wilna und Bialystok. Eine polnische Volkserhebung 1794 unter dem Freiheitshelden Tadeusz Kosciuszko (1746–1817) wird von preußischen und russischen Truppen unterdrückt; ebenso einträchtig vollziehen die beiden Staaten die

1795 Dritte Teilung Polens, die einer Auflösung des Staates gleichkommt. Preußen und Russland grenzen nun direkt aneinander.

Erforschung der Erde, Erwerbungen und Kriege in den Kolonien im 17. /18. Jahrhundert

Nach den großen Entdeckungen um 1500 wird im 17. und 18. Jahrhundert die **Erde**, vor allem durch Holländer und Engländer, die sich zu Kolonialgesellschaften zusammenschließen, **gründlich erforscht**.

Auf der Suche nach einer Durchfahrt vom Atlantik zum Pazifik finden die Engländer Davis und Hudson die Davis-Passage zwischen Grönland und den Baffin-Inseln (1585) und die Hudson-Bay 1610; hier wird 1674 Fort Rupert als erste englische Handelsniederlassung gegründet. Der Russe Deschnew erforscht 1648 die Arktis. Kreuzfahrten im Stillen Ozean (de Quiros und de Torres) erbringen Kenntnis über wichtige Inseln und Schifffahrtswege. Der Holländer Abel Tasman unternimmt 1642–59 ausgedehnte Seereisen und entdeckt die Mauritius-Inseln, Vandiemensland (Tasmanien), Neuseeland und Neu-Guinea. Der größte Entdecker (seine Reisen sind auch wissenschaftlich organisiert) ist der Engländer James **Cook** (1728–1779). Er befährt 1768–79 die Küsten Australiens, Neu-Kaledoniens, entdeckt u.a. die Tonga- und Sandwich-Inseln und wird 1779 auf Hawaii von Eingeborenen erschlagen.

Neben die alten Kolonialmächte Spanien und Portugal sind neue getreten, die Niederlande, Frankreich und England, die ihre Erwerbungen, zum Teil auf Kosten Spaniens und Portugals errungen, einander schon streitig zu machen beginnen bzw. ihre europäischen Gegensätze in den Kolonien austragen. So verdrängen in **Indien** die Niederländer zunächst die Portugiesen aus Ceylon (1609), geraten aber danach mit England in Konflikt.

1600–1858 legt die **Ostindische Kompanie** die Zentren des künftigen indisch-britischen Weltreichs in Madras (1639), Bombay (1661) und Kalkutta (1696). Frankreichs 1664 gegründete Ostindische Kompanie gewinnt Stützpunkte auf Madagaskar und der Insel Bourbon (Réunion). Unter Gouverneur **Dupleix** (1697–1763) tritt sie den Briten in Indien entgegen. Ab 1746 wird hier ein Kolonialkrieg geführt, den ein englischer Sieg in der **Schlacht von Plassey 1757** entscheidet.

In Westindien rivalisiert die niederländische Westindische Kompanie (gegründet 1609) mit der englischen (gegründet 1605) und der französischen „Kompanie der amerikanischen Inseln“ (gegründet 1639).

In **Nordamerika** nehmen die Franzosen ab 1603 Neufundland, Neu-Schottland und Neu-Frankreich (am St. Lorenz-Strom) in Besitz und gründen 1608 Quebec und 1643 Montreal. Die Kolonie **Kanada** wird ab 1674 planmäßig besiedelt und nach merkantilistischen Grundsätzen verwaltet. Ab 1682 erfolgt die Erforschung und Angliederung des Mississippi-Gebietes Louisiana. 1718 wird New Orleans gegründet. Die Engländer siedeln zunächst an der Ostküste. Hier bilden sich im 17. Jahrhundert die **Neu-England-Staaten**, in denen zumeist religiös Verfolgte aus Europa Aufnahme finden (Puritaner, Quaker u.a.). Die niederländischen Stützpunkte (z.B. Neu-Amsterdam, das spätere New York) geraten 1667 in englische Hand. Im Frieden von Utrecht 1713 bekommt England Neufundland und Neu-Schottland zugesprochen. Der Kolonialdualismus zwischen England und Frankreich verschärft sich und wird parallel zum Siebenjährigen Krieg in Europa als

1754–1763 Kolonialkrieg in Nordamerika ausgetragen. Nach Anfangserfolgen der Franzosen wendet sich ab 1757 das Blatt gegen sie. In diesem Jahr hat in Großbritannien **William Pitt der Ältere** (1708–1778) die politische Führung übernommen. Flotte und Kolonialarmee werden verstärkt.

1763 im **Frieden von Paris** muss Frankreich Kanada und Louisiana abtreten. Von Spanien erhält England Florida. Damit wird Nordamerika angelsächsisch.

Die bürgerlichen Revolutionen

Die Entstehung der Vereinigten Staaten von Amerika

Das englische Mutterland kann sich nicht lange des Besitzes seiner nordamerikanischen Kolonien erfreuen. Die Siedler einpören sich gegen das Ansinnen, Englands europäische Kriegslasten mitzutragen. Steuer- und Zollforderungen des englischen Königs **Georg III.** (1760–1820) werden mit der Forderung nach Mitbestimmung im britischen Parlament beantwortet („No taxation without representation"). Maßnahmen der Krone, wie Unterbindung des kolonialen Eigenhandels und Siedlungsverbot westlich der Appalachen, verletzen gleichfalls das politische Selbstbewusstsein der Siedler. Zwar werden die Steuern weitgehend wieder abgesetzt, aber allein die Tatsache, dass der Zoll auf den Tee (das Monopol der britischen Ostindien-Kompanie) erhalten bleibt, genügt den Radikalen in der sich formenden Unabhängigkeitsbewegung, die Kolonialmacht herauszufordern:

1773, der **Bostoner Tee-Sturm**, die Versenkung von 342 Kisten Tee („Boston Tea Party") im Hafen von Boston, ist das Fanal für den Aufstand. Die Regierung verhängt den Ausnahmezustand. Im folgenden Jahr treten Delegierte der 13 Neu-England-Staaten (Massachusetts, New Jersey, New York, Rhode Island, Connecticut, New Hampshire, Pennsylvania, Delaware, Virginia, Maryland, North Carolina, South Carolina und Georgia) zum Ersten Kontinental-Kongress in Philadelphia zusammen. Im April 1775 kommt es bei Lexington zum ersten Zusammenstoß zwischen britischen Truppen und amerikanischer Miliz.

1775–1783, der **Unabhängigkeitskrieg Nordamerikas** beginnt. Den amerikanischen Truppen unter dem Gutsbesitzer **George Washington** (1732–1799) stehen die 1. britische Kolonialarmee (darunter 17 000 von ihren Landesherrn verkaufte Söldner aus Hessen und Braunschweig) gegenüber sowie englandtreue Amerikaner („Loyalists") und mit England verbündete Indianerstämme. Am 4. 7.

1776 erfolgt die **Unabhängigkeitserklärung** der 13 Vereinigten Staaten, mit der richtungweisenden Formulierung der Menschenrechte („life, liberty and the pursuit of happiness"). Verfasser dieser Geburtsurkunde der neuen Nation und zukünftigen Weltmacht ist **Thomas Jefferson** (1643–1826).

Trotz anfänglicher Siege der Amerikaner 1776 am Delaware und 1777 bei Saratoga ist das militärische Übergewicht eindeutig bei den Engländern. Doch Europa greift zu Gunsten der abtrünnigen Kolonie ein: In Paris wirbt **Benjamin Franklin** (1706–1790) für die Vereinigten Staaten. Freiwillige strömen Washington zu (u.a. der Marquis de La Fayette, der polnische Freiheitsheld Kosciuszko und der preußische General von Steuben). Frankreich und Spanien nehmen Partei gegen England; der Kampf um Amerikas Unabhängigkeit wird 1779–82 auch vor Gibraltar, den Balearen und in Westindien ausgetragen. Gegen den britischen Kaperkrieg, der die materielle Unterstützung von Amerika fernhalten will, beschließen Russland, Frankreich, Spanien, Holland, Schweden, Dänemark, Österreich und Preußen 1780 die bewaffnete Seeneutralität (Grundsatz: „Neutrale Flagge schützt feindliches Gut außer Bann-[Kriegs-]Ware"). Nach der Eroberung von Yorktown 1781 durch die Amerikaner geben die Engländer auf.

1783 wird der **Friede von Versailles** geschlossen. Seine Folgen sind weitreichend. Großbritannien muss auf sein Atlantik-Empire verzichten; ihm bleibt nur Kanada. Spanien bekommt Menorca und Florida zurück.

Frankreichs Finanzen hat der Krieg zerrüttet; seine Freiwilligen werden

daheim als Freiheitskämpfer gefeiert – beides Zeichen der Bedrohung für das Ancien regime.
Der junge amerikanische Staat, bisher eigentlich nur ein lockerer Staatenbund, geht geschwächt aus dem Krieg hervor (70 000 Gefallene). Die Einzelstaaten geben sich zunächst nach dem Vorbild Virginias Verfassungen, in denen Volkssouveränität, Gewaltenteilung und Trennung von Staat und Kirche garantiert sind. Ungeklärt bleibt jedoch lange die übergreifende Staatsform. Erst 1787 wird auf dem Verfassungskonvent von Philadelphia zwischen zentralistischen und föderalistischen Vorstellungen ein Kompromiss gefunden: die **präsidiale Bundesrepublik**. Der Konvent verabschiedet am 17. 9. **1787** die **Verfassung der Vereinigten Staaten von Amerika**, das Grundgesetz der ersten modernen Demokratie. Seine wesentlichen Merkmale sind die Gewaltenteilung und ein System gegenseitiger Kontrolle (Checks and Balances) zwischen Bund und Staaten und zwischen wiederum den Staatsgewalten der Union. Der **Präsident**, Staatsoberhaupt und Regierungschef zugleich, wird von den Parteien nominiert und auf vier Jahre von den Wahlmännern der Staaten indirekt gewählt. Der **Kongress** besteht aus zwei Kammern, dem Repräsentantenhaus (direkt gewählt) und dem Senat (je 3 Vertreter der Staaten).
Der Oberste Gerichtshof übt die Rechtsaufsicht über Verfassung und Gesetzgebung aus. Erster Präsident der Vereinigten Staaten wird
1789–97 George Washington; nach ihm benannt die 1793 gegründete Hauptstadt mit Sitz des Präsidenten (Weißes Haus) und des Kongresses (Kapitol).

Weltbild und Staatslehre im Zeichen der Aufklärung

Nach den großen naturwissenschaftlichen Entdeckungen von Kopernikus, Kepler und Galilei löst sich im 17. und 18. Jahrhundert das europäische Geistesleben endgültig von den Fesseln der Kirche. Das mittelalterlich-aristotelische Weltbild ist zerfallen, der Erkenntnismöglichkeit des menschlichen Geistes scheinen keine Grenzen gesetzt. Das **Zeitalter der Aufklärung**, nach der Definition des deutschen Philosophen Immanuel **Kant** (1724–1804) der „Ausgang des Menschen aus seiner selbstverschuldeten Unmündigkeit“, beginnt.

Träger dieser Geistesrichtung **ist das** überall erstarkte **Bürgertum**; seine Ideale wie Vernunft, Mut zur Kritik, geistige Freiheit, religiöse Toleranz, Erziehung zur Humanität und Kosmopolitismus geben ihr die Prägung. Dabei ist die Bewegung, wiewohl von den Kirchen argwöhnisch betrachtet, nicht geradewegs gegen die Religion gerichtet. Das gilt hauptsächlich für die ältere Generation der Aufklärung, für die Namen wie René **Descartes** (1596–1650), Baruch **Spinoza** (1632–1677), Isaac **Newton** (1643–1727), Gottfried Wilhelm **Leibniz** (1646–1716) und Christian **Wolff** (1679–1754) stehen. Dennoch höhlt der kritische **Rationalismus** immer weitere Bastionen aus; die Spöttereien eines **Voltaire** (1694–1778), der Skeptizismus eines David **Hume** (1711–76) und der **Materialismus** von La Mettrie und Holbach nähern sich bereits dem **Atheismus**. Politische Sprengkraft entwickelt die Aufklärung auf dem Gebiet der **Staatslehre**. Schon der Holländer Hugo **Grotius** (1583–1645) hatte den

Staat aus der geselligen Natur des Menschen erklärt. Gott habe dem Menschen ein Naturrecht auf Leben, Freiheit, Eigentum usw. mitgegeben, das der Staat – als freiwilliger Zusammenschluss aller – zu schützen habe, nach innen mit dem Mittel der Gerichtsbarkeit, nach außen mit dem Mittel des (gerechten) Krieges. In dieser Lehre hat bereits der Eroberungskrieg so wenig Platz wie das überlieferte Gottesgnadentum des Herrschers. Zwar findet der Absolutismus noch einen Theoretiker in dem Engländer Thomas **Hobbes** (1588–1679), aber seine Lehre ist zweischneidig: Für ihn ist die Macht des Souveräns unteilbar; es gibt kein Widerstandsrecht und keine Teilung der Gewalten, dies jedoch nur, weil der Mensch von Natur selbstsüchtig sei und im Naturzustand ein Krieg aller gegen alle geherrscht habe, der sich nur dadurch beenden ließ, dass alle ihre ursprüngliche Macht auf den Herrscher übertrugen. Auch hier hat das Gottesgnadentum ausgespielt.
Der Engländer John **Locke** (1632–1704) und der Franzose Charles **de Montesquieu** (1689–1755) formulieren schließlich die Lehre von der Volkssouveränität, der Gewaltenteilung und dem Widerstandsrecht, die bestimmend für die Demokratien in Amerika und Europa sein wird.
Ihre radikale Variante, vertreten vom Genfer Schriftsteller und Pädagogen Jean-Jacques **Rousseau** (1712–78), wirkt sowohl auf die französische Revolution des 18. Jahrhunderts als auch auf revolutionäre Bewegungen späterer Zeit. Sie geht gleichfalls aus von einem Gesellschaftsvertrag, dem „Contrat social" (Rousseaus Hauptwerk 1762), behauptet aber die durchgehende Souveränität des Volkes. Alle Gewalt, auch die exekutive und richterliche, ruht beim Volk, das sie, zur Ausübung selbst nicht imstande, einer Regierung überträgt, die jederzeit abwählbar ist. Rousseau führt nur eine höchst wichtige Unterscheidung ein: Der Wille des Volkes, nach dem sich die Regierenden zu richten haben, ist nicht quantitativ zu verstehen als Wille aller (volonté de tous), sondern qualitativ als Gesamtwille (volonté générale), der auf das Gemeinwohl zielt. Auch eine Minderheit kann sein Träger sein.
Auf wirtschaftlichem und gesellschaftlichem Gebiet wirkt sich die Aufklärung in der Theorie des **Liberalismus** aus. Nach der Devise „Laissez faire, laissez passer" (Lasst machen, lasst gehen) wird eine „natürliche Ordnung" gefordert, in der die Wirtschaftssubjekte als freie Eigentümer Gewerbe, Handel und Wettbewerb ohne staatliche Gängelung ausüben und aus dem Gewinnstreben des Einzelnen der wirtschaftliche Aufschwung und Wohlstand aller erwachsen. Der Engländer Adam **Smith** (1723–1790) begründet mit seinem Hauptwerk „Untersuchung über Natur und Gründe des Reichtums der Nationen" (1776) die moderne Nationalökonomie.

Die Französische Revolution

Der Sonnenkönig hat nach allen seinen Kriegen einen total verschuldeten Staat hinterlassen. Unter seinem Sohn und Nachfolger,
1715–1774, Ludwig XV. bessern sich die Verhältnisse keineswegs. Die Hofhaltung des Regenten Philipp von Orleans, der für den minderjährigen Ludwig bis 1725 die Vormundschaft übernimmt, verschlingt große Summen. 1720 kommt es zur Infla-

tion und zum Staatsbankrott. Unter dem Regiment des Kardinals Fleury tritt vorübergehend (1726–43) Besserung ein, danach gerät die Politik des Hofes unter zunehmenden Einfluss der Mätressen Marquise de Pompadour und Gräfin Dubarry. Adel und Klerus verhindern Finanzreformen; dabei wird das absolutistische System ab 1750 scharf und offen kritisiert. Wortführer sind zunächst noch Adlige wie die Grafen **Mirabeau** (1749–1791) und **La Fayette** (1757– 1834) und Geistliche wie der Abbé Joseph **Sieyès** (1748–1836) und der Bischof von Autun, Charles Maurice **de Talleyrand** (1754–1838).

Künstlerisch ist diese Epoche, das **„Ancien régime"**, verknüpft mit der Stilform des Rokoko: Graziöse Singspiele, Schäferpoesie, Reifröcke, Chinoiserien und Porzellan-Nippes sind die Liebhabereien einer untergehenden höfischen Welt.

Stark sind die gesellschaftlichen Spannungen. Der **Adel** hat zwar seine politischen Vorrechte weitgehend verloren, aber er genießt wie der **Klerus** Steuerfreiheit und hält die **Bauern** in bedrückender wirtschaftlicher Abhängigkeit; diese müssen wie im Mittelalter Geld- und Naturalzinsen abgeben und Fron- und Gespanndienste leisten, außerdem noch an den Staat Steuern entrichten.

Trotzdem geht die Revolution nicht von ihnen aus, sondern vom **Bürgertum**. Der Dritte Stand ist im System des Merkantilismus stark gefördert, jedoch politisch unmündig gehalten worden. Englische (1688) und amerikanische (1776) Vorbilder tun ihre Wirkung; die politischen Ideen der Aufklärung sind im französischen Bürgertum weit verbreitet, auch bei Teilen des Adels.

Auch der Vierte Stand, die Arbeiterschaft, ist schon in Umrissen, vor allem in der Hauptstadt, erkennbar. Er wird als Sturmtruppe der Revolution seine Rolle spielen. Die Opposition gegen das absolutistische Regime setzt an bei der Staatsverschuldung. Zwar ist

1774–1792 Ludwig XVI. zu Reformen entschlossen, aber sie sind unzureichend und kommen zu spät. Die Parlamente (oberste Gerichts- und Verwaltungshöfe), in denen die Gegner des Absolutismus sitzen, weigern sich, willkürlichen Steuererhöhungen zuzustimmen, und fordern das alte nationale Recht der Steuerbewilligung durch die ständischen Vertreter zurück. Der König gibt endlich nach, am 8. 8.

1788 werden die Generalstände (États généraux) **einberufen**, ein Gremium, das seit 1614 nicht mehr getagt hatte. Nach heftigem Wahlkampf treten die Generalstände am 5. 5. 1789 in Versailles zusammen. Adel und Klerus haben je 300 Vertreter entsandt, das Bürgertum 600. Letztere fordern sofort, dass nicht getrennt beraten und abgestimmt werde, sondern in gemeinsamer Versammlung. Da keine Einigung darüber erzielt wird, erklären sich die Abgeordneten des Dritten Standes am 17. 6. 1789 zur **Nationalversammlung**. Den Antrag dazu hat der Abbé Sieyès gestellt, der auch schon im Januar 1789 in seiner Schrift „Was ist der Dritte Stand?" die Ansprüche des Bürgertums formuliert hat.

Drei Tage später findet die selbst ernannte Nationalversammlung ihren Sitzungssaal geschlossen vor und zieht daraufhin ins Ballhaus des Schlosses um. Dort schwören sich die Abgeordneten, nicht eher auseinanderzugehen, als bis Frankreich eine neue Verfassung habe.

Der **Ballhausschwur** bedeutet den Beginn des grundlegenden Umsturzes. Der König wagt nicht, Militär einzusetzen, und lässt die Nationalversammlung gewähren. Dennoch genügt die Nachricht von Truppenkonzentrationen vor Paris, um den Volksaufstand losbrechen zu lassen. Am

14. 7. 1789 wird **die Bastille gestürmt**. Im alten Staatsgefängnis sitzen kaum noch Gefangene, aber nach wie vor ist es das Symbol absolutistischer Herrschaft. Die Revolution greift auf das Land über, ein Bauernkrieg bricht aus; der Adel beginnt das Land zu verlassen. Das Heer löst sich auf. Am 4. 8. 1789 beschließt die Nationalversammlung die Aufhebung aller Adelsprivilegien; am 26. 8. erfolgt die **Erklärung der Menschenrechte** nach nordamerikanischem Vorbild. **Freiheit, Gleichheit und Brüderlichkeit** werden als die Ideale der Revolution gefeiert. In Paris grassiert inzwischen Hungersnot; ständig geht die Furcht vor einer Gegenrevolution um. Am 5. 10. 1789 ziehen Volksmassen nach Versailles und bringen König und Nationalversammlung nach Paris ins Stadtschloss der Tuilerien. Fortan stehen die Repräsentanten der Nation unter Beobachtung und Einfluss der Massenbewegung.

Auf Vorschlag Talleyrands werden zur Behebung der Finanznot die **Kirchen-, Kron und Emigranten-Güter eingezogen**. Um nicht durch sofortigen Verkauf einen Preissturz herbeizuführen, werden auf die eingezogenen Güter Anweisungen ausgestellt, sogenannte **Assignaten**, die ab 1790 als eine Art Papiergeld kursieren und später, massenweise ausgegeben, eine Inflation hervorrufen. Ein zweiter Schlag gegen die Kirche erfolgt im Juni 1790: die Zivilkonstitution des Klerus: Die Kirche wird verstaatlicht, Klöster und Orden werden aufgehoben. Ein Fluchtversuch des Königs scheitert im Juni 1791, Ludwig XVI. ist nunmehr völlig entmachtet und quasi Gefangener der Revolution.

Am 3. 9.

1791 wird die neue Verfassung verkündet. Frankreich ist eine konstitutionelle Monarchie. Die Gewaltenteilung ist eingeführt, die Justiz ist unabhängig; die Exekutive wird, soweit es sich um Außenpolitik handelt, vom König wahrgenommen, in der Innenpolitik bestimmen die vom Volk gewählten Beamten der 83 Departements (gebildet an Stelle der historischen Provinzen) und die Selbstverwaltungen der Gemeinden. Für die Legislative, das Parlament, gilt ein Zensuswahlrecht: Nur die besitzenden Schichten dürfen wählen – insofern ist das revolutionäre Ideal noch nicht erreicht.

Die verfassunggebende Nationalversammlung löst sich im September 1791 auf. Im neuen Parlament, der **Legislative** von **1791/92**, dürfen die bisherigen Abgeordneten nicht sitzen; der nun einsetzende Wahlkampf bringt neue und radikalere Männer nach vorn. Es bilden sich **politische Parteien**: Bei den Feuillants (der Minorität), sitzen die Anhänger der konstitutionellen Monarchie (ca. 20), die zahlreichen Republikaner teilen sich in Girondisten, die Vertreter der Provinz (ca. 250), und Jakobiner, die Radikalen aus der Hauptstadt (ca. 30). Obwohl zahlenmäßig gering, gewinnen Letztere dank ihres Anhangs in Paris und der Agitation ihrer politischen Führer Camille **Desmoulins** (1760–1794), Jean-Paul **Marat** (1743–1793), Georges **Danton** (1759– 1794), Jacques **Hébert** (1757–1794) und Maximilien **de Robespierre** (1758–1794) stetig größeren Einfluss im Parlament.

Inzwischen haben sich die Emigranten an den Grenzen Frankreichs gesammelt. Die europäischen Mächte, in Angst um den Bestand der dynastischen Ordnung, schließen sich gegen die Revolution zusammen. Frankreich erklärt im April 1792 den Krieg an Österreich, der

1792–1797 Erste Koalitionskrieg beginnt. Ein herausforderndes Manifest des Herzogs von Braunschweig, der die verbündeten Heere der Österreicher und Preußen anführt, ruft in Frankreich ungeheure Empörung hervor. Der König, den die Verbündeten zu befreien gekommen sind, wird nach einem Sturm auf die Tuilerien in den Temple, das Stadtgefängnis, gebracht. Der Krieg lässt sich zunächst schlecht an für die Franzosen; die Verbündeten überschreiten im August die Grenze und nehmen Verdun, gehen dann aber nur zögernd weiter und werden am 20. 9. 1792 in der **Kanonade von Valmy** gestoppt. Nun dringen die Franzosen vor und erobern noch im Verlauf des Jahres Mainz und die österreichischen Niederlande. Die Revolution überschreitet Frankreichs Grenzen. Dafür werden auch die Gegner zahlreicher: England schließt sich der Koalition an, ebenso das Reich, Holland, Spanien, Sardinien und Neapel. Bald gehen die französischen Eroberungen wieder verloren.

Die tödliche Bedrohung bewirkt im Lande hauptsächlich zweierlei: Zum einen schließt sie die Nation vollends zusammen – gegen die **Abschaffung des Königtums** und die **Erklärung der Republik** gibt es keinen Widerstand mehr; die allgemeine Volksbewaffnung (Levée en masse), organisiert von dem Ingenieuroffizier Lazare **Carnot** (1753–1823), führt der Republik ein Heer zu, das an Zahl wie an Begeisterung den gegnerischen Söldnerheeren weit überlegen ist. Die **Marseillaise**, das vom Hauptmann Rouget de Lisle 1792 geschaffene Kampflied der Revolution, das die Truppen aus Marseille bei ihrem Marsch durch Frankreich überall verbreiten, ist der Ausdruck für den Verteidigungswillen und das Sendungsbewusstsein des französischen Volksheeres. Zum anderen beschleunigt die äußere Situation den Gang der Revolution im Herzen des Landes, in Paris. Im September 1792 werden in den Gefängnissen einsitzende Gegner der Revolution umgebracht (September-Morde). Abermals wird gewählt, **1792/93**, der **Konvent**, sein Zusammentritt (22. 9.) zum Beginn einer neuen Zeitrechnung erklärt. Monarchisten sind in ihm nicht mehr vertreten; die gemäßigten Girondisten (noch immer in der Mehrheit) werden bald von den Jakobinern und ihrem städtischen Anhang eingeschüchtert, schließlich aus dem Konvent ausgestoßen. Mit einer Stimme Mehrheit spricht der Konvent am 17. 1.

1793 das Todesurteil über Ludwig XVI., das mit der Guillotine, einem nach dem Schweizer Arzt Guillotin benannten Fallbeil, vollstreckt wird. Ab Juli 1793 sind die Jakobiner allein im Konvent. Sie errichten eine Diktatur mit dem im April gegründeten Wohlfahrtsausschuss (9 Personen) als provisorischer Regierung. Es beginnt „La Terreur", die Schreckensherrschaft in Paris, der immer mehr Gegner der Jakobiner und schließlich auch Jakobiner selbst zum Opfer fallen (1250 Guillotinierungen in Paris bis Juli 1794; auch die Königin Marie Antoinette ist darunter). Bäuerlicher Widerstand in der Vendée und in der Bretagne sowie städtischer im Rhônetal und an der Loire (Lyon, Nantes u.a.) wird mit Massenhinrichtungen ausgerottet. Schließlich wütet der Terror auch im engsten Zirkel der Revolutionäre. Danton und seine Anhänger, die zur Mäßigung rieten, wandern genauso auf die Guillotine wie die ultrarevolutionären Hebertisten, die alle Kirchen geschlossen und Notre-Dame zum „Tempel der Vernunft“ geweiht hatten. Maximilien de Robespierre, „der Unbestechliche“, der die Selbstzerfleischung der Jakobiner maßgeblich geleitet hat, herrscht für einige Monate unangefochten über Paris, bis er am 27. 7. 1794 gestürzt wird. Anlass ist Robespierres Antrag auf die Reform des Revolutionstribunals: Zeugenverhör und Verteidigung der angeklagten Revolutionsgegner sollen wegfallen und bereits das Gewissen der Geschworenen zum Schuldspruch genügen – dieser letzten Konsequenz eines Tugendterrors verweigern selbst Robespierres Anhänger den Gehorsam: Der Diktator geht denselben Weg zur Guillotine, auf den er zuvor so viele (zuletzt 30 bis 40 am Tag) geschickt hat. Mit der **Hinrichtung Robespierres** am 28. 7. **1794** hat das Pendel der Revolution seinen weitesten Ausschlag erreicht. Nun fällt es zurück.

Die Macht in Paris geht **1795–1799** an ein Fünf-Männer-Kollegium über, das **Direktorium**. In ihm wie auch in den neugeschaffenen Institutionen der Legislative (Rat der Alten: 200 Mitglieder; und Rat der 500) dominiert das Besitzbürgertum; das Wahlrecht ist wieder mit der Steuerzahlung des Wählers verknüpft. Das Direktorium setzt sich erfolgreich gegen Umsturzversuche der Royalisten und der Linken (unter dem Frühkommunisten „Gracchus“ Babœuf) durch. Auch nach außen vermag sich Frankreich zu behaupten: Die Heere der Republik erringen Siege in Belgien und Holland (Gründung des Satellitenstaates „Batavische Republik“). Als erster scheidet der preußische Staat aus dem Koalitionskrieg aus und schließt mit Frankreich **1795** den **Sonderfrieden von Basel**. Der junge Staat wendet seine Kräfte darauf gegen Österreich. Kriegsschauplatz wird Oberitalien. Hier erringt der General **Napoléon Bonaparte** (1769–1821) glänzende Siege bei Lodi, Arcole und Rivoli (1796/97).

Bonaparte, aus Ajaccio/Korsika stammend, hat sich früh der Revolution angeschlossen und ist 1793 nach der Befreiung Toulons von einem englischen Belagerungsheer der jüngste General der Revolution geworden. Mit in den Strudel der Verhaftungen nach Robespierres Tod geraten, ist es ihm jedoch gelungen, freizukommen und wieder in die Armee einzutreten.

Die militärischen Erfolge in Oberitalien begründen bei Freund und Feind den napoleonischen Mythos. In der Hand eines genialen Führers erweist sich das moderne Volksheer mit seiner Tirailleur-Taktik (dem Vorgehen in lockerer Schützenlinie), seiner Beweglichkeit (auf Verpflegungsnachschub wird weitgehend verzichtet, die Truppe versorgt sich aus dem Umland) und seiner elastischen inneren Struktur (befördert wird nach Leistung) als schlagkräftiges Instrument.

Napoleon diktiert den Österreichern im Oktober **1797** den **Frieden von Campo Formio**. Das linke Rhein-Ufer gelangt in französischen Besitz, **in Oberitalien** werden **weitere Satellitenstaaten**, genannt „Tochterrepubliken“, **eingerichtet**: die Cisalpinische (Mailand) und die Ligurische, in denen die Ideen der französischen Revolution neuen Boden finden. Gleiches gilt für die Schweiz, in der nach einem Bürgerkrieg **1798** die **Helvetische Repu-**

blik ausgerufen wird, für den Kirchenstaat, der sich zur Römischen, und das Gebiet um Neapel, das sich zur Parthenopäischen Republik wandelt.
Napoleons nächstes Kommando ist der Oberbefehl gegen England, das indirekt im Mittelmeer getroffen werden soll. Die Franzosen landen mit 232 Transportschiffen, 2000 Kanonen, 32 000 Soldaten sowie einem Stab von Ingenieuren und Gelehrten im ägyptischen Alexandria. Der **Feldzug in Ägypten 1789/99** verläuft indes ungünstig für Napoleon. Zwar gelingt ihm ein Sieg in der Schlacht bei den Pyramiden, doch **1798** verurteilt ein **Seesieg der Briten bei Abukir** unter dem Kommando von Admiral **Nelson** (1758–1805) das Unternehmen zum Scheitern. Auch ein Vorstoß nach Syrien (Schlacht vor Akkon 1799) vermag nichts daran zu ändern. Napoleon kehrt 1799 nach Frankreich zurück; wie schon zuvor aus Oberitalien bringen seine Soldaten auch aus Ägypten zahlreiche Kunstschätze mit, die in Paris ausgestellt werden – eine Praxis des Kunstraubs, die Napoleon noch wiederholen und die auch von anderen nachgeahmt werden wird.
In Paris ist inzwischen die Herrschaft des Direktoriums in eine Krise geraten; Inflation herrscht. Wiederum bildet sich um das unruhige Frankreich ein Ring von Gegnern. Der britische Premier William **Pitt der Jüngere** (er führt die Geschäfte 1783–1806) inspiriert England, Österreich, die Türkei und nunmehr auch Russland, die östliche Flügelmacht des europäischen Staatensystems, sich zusammenzuschließen. Napoleon nutzt die Schwäche des Direktoriums am 9. 11. **1799** zum **Staatsstreich**. Er stürzt das Direktorium, lässt den „Rat der Fünfhundert" mit Waffengewalt auflösen und bildet eine **Regierung mit konsularischer Verfassung** (Napoleon Erster Konsul).

Die Herrschaft Napoleons

Die demokratisch verbrämte Militärdiktatur wird durch Plebiszit bestätigt. Zahlreiche Emigranten kehren zurück. Napoleon gelingt ein Ausgleich zwischen Republikanern und Royalisten – wenn auch von Gewaltmassnahmen begleitet (Erschießung des Herzogs von Enghien, Verbannung des Generals Moreau).
In der Verwaltung bildet sich ein Berufsbeamtentum heraus, Präfekten setzen den Willen der Regierung bis in die letzten Winkel des Landes durch (Vollendung des Zentralismus). Im Erziehungswesen erfolgt eine staatliche Kontrolle und Reglementierung des Bildungsgangs. Ein Konkordat mit dem Papst (1801) bindet Klerus und katholische Bevölkerung an den Staat.
1804 Code civil (Code Napoléon). Dieses von Napoleon inspirierte Gesetzgebungswerk wirkt in Europa vorbildlich und ist bis heute die Grundlage des französischen Zivilrechts. Seine Grundgedanken sind die Gleichheit aller vor dem Gesetz, die Freiheit des Einzelnen und die Garantie des Eigentums.
1799–1802 Zweiter Koalitionskrieg. Im Kampf gegen die europäischen Mächte (u.a. Österreich, England, Neapel und Portugal) siegt Napoleon 1800 bei Marengo. Im Frieden von Lunéville (1801) einigt er sich mit Österreich, im Frieden von Amiens (1802) mit den Engländern. Zum Konsul auf Lebenszeit gewählt, lässt sich Napoleon bereits **1804** zum **Kaiser** krönen. Mitglieder seiner Familie erhalten Prinzentitel. In einer Volksabstimmung

wird mit 3 1/2 Millionen Stimmen die Umwandlung Frankreichs in ein erbliches Kaisertum gebilligt.

1803 Reichsdeputationshauptschluss. Im Frieden von Lunéville ist das linksrheinische Gebiet an Frankreich gefallen. Zur Entschädigung der betroffenen Fürsten sollen Länder im Reichsgebiet bereitgestellt werden. Ein Ausschuss des deutschen Reichstags vollzieht unter starker Einwirkung Frankreichs die Auflösung des Deutschen Reiches. Kirchengüter werden säkularisiert, ehemals geistliche Herrschaften fallen hauptsächlich an Baden, Preußen, Württemberg und Bayern; Reichsgrafen und Reichsritterschaften sowie Reichsstädte verlieren ihre Reichsunmittelbarkeit, deutsche Fürsten erhalten Titelerhöhungen (z.B. die Königswürde für die Herrscherhäuser Bayerns und Württembergs).

Die deutsche Kleinstaaterei hat damit ein Ende, allerdings um den Preis, dass das Kaisertum seine letzten Stützen verliert: die Reichsritter und den geistlichen Adel. Die süd- und westdeutschen Länder verlassen den Reichsverband und schließen als Verbündete Frankreichs **1806** den **Rheinbund**. Am 6. 8.

1806 legt Franz II. daraufhin die deutsche Kaiserkrone nieder und nimmt als Franz I. denTitel eines Kaisers von Österreich an. Die mehr als tausendjährige Geschichte des Heiligen Römischen Reiches Deutscher Nation ist damit zu Ende. In dem Willen, ein einheitliches Europa unter französischer Vormacht zu schaffen, stößt Napoleon auf entschlossenes britisches Gleichgewichtsstreben. Dieser unversöhnliche Konflikt kennzeichnet die „napoleonische Ära" (1804–1814/15). Der Korse ist eine welthistorische Erscheinung von politischer Dynamik, militärischem Genie, durchdringendem Verstand und staatsgestaltendem Talent, dabei maßlos in den Zielen und hart in der Unterdrückung. Daran scheitert er nach zunächst unwiderstehlicher Machtausdehnung. Zerstörung und Aufbau, Ende und Anfang vermischen sich unter seinem Einfluss am deutlichsten in Deutschland, wo im endgültig zertrümmerten „Heiligen Römischen Reich" die revolutionären Gedanken von Freiheit und Gleichheit Fuß fassen und in die Zukunft wirken.

1805 Dritter Koalitions-Krieg. Die französische Flotte erleidet am 21. 10.

1805 in der **Seeschlacht vor Trafalgar** eine vernichtende Niederlage. Der Sieg Admiral Nelsons (den dieser allerdings nicht mehr erlebt; er fällt in der Schlacht) sichert Großbritannien für mehr als ein Jahrhundert die Seeherrschaft.

Zu Lande hingegen gelingt Napoleon am 2. 12.

1805 bei Austerlitz ein glänzender **Sieg** über die verbündeten Österreicher und Russen („Dreikaiser-Schlacht": Napoleon, Franz I., Alexander I.).

1806–1807 Vierter Koalitions-Krieg. Preußen, das bisher neutral geblieben ist, beginnt diesen Krieg. Doch seine Armee ist zu veraltet, um sich behaupten zu können. Sie bricht am 14. 10.

1806 in der **Doppelschlacht bei Jena und Auerstedt** zusammen. Bis auf Kolberg und Graudenz fallen alle preußischen Festungen. Napoleon, nunmehr Herr des Kontinents, erlässt das „Dekret der Kontinentalsperre". Danach ist jeglicher Handel mit den britischen Inseln untersagt. Für das export-orientierte England ein empfindlicher Schlag, wenn er auch nicht so vollständig durchgesetzt wird wie beabsichtigt.

1807 Friede von Tilsit. Preußen behält seine Selbständigkeit, seine Armee wird auf 42 000 Mann beschränkt, die Festungen bleiben besetzt.

1808 Erfurter Fürstentag. Napoleon ist auf der Höhe seiner Macht. Vier Könige und 34 regierende Fürsten huldigen dem Emporkömmling aus Korsika. Großzügig hat der Korse seinen Familien-Clan mit Titeln und Herrschaften bedacht: Sein Stiefsohn Eugen Beauharnais ist Vizekönig von Italien, seine Brüder Joseph und Louis sind Könige von Neapel und Holland, der Schwager Joachim Murat ist Großherzog von Berg, der jüngste Bruder Jérôme König von Westfalen.

Zur selben Zeit ist Frankreich bereits in einen blutigen Kleinkrieg auf der iberischen Halbinsel verstrickt, der dank britischer Truppenlandungen bis 1814 dauern wird. Die Volkserhebung in Spanien wirkt anfeuernd auf andere Länder. Bei Aspern erlebt Napoleon 1809 seine erste Niederlage (gegen österreichische Truppen), revanchiert sich jedoch durch den Sieg bei Wagram. Die bäuerliche Befreiungsbewegung Andreas Hofers wird unterdrückt, wie auch Einzelaktionen in Norddeutschland (Freikorps Schill).

In **Preußen** bewirkt der rasche militärische Zusammenbruch eine Neubesinnung. Die seit längerer Zeit geforderten Reformen werden auf **Initiative des Freiherrn von Stein** (1757–1831) nunmehr als „Revolution von oben" in Gang gesetzt, um möglichst viele wirtschaftliche Energien freizusetzen. Kernstück dieser Reformen ist am 9. 10.

1807 das **Edikt zur Bauernbefreiung**. Die Erbuntertänigkeit hört auf, „mit dem Martinitag 1810 gibt es nur noch freie Leute" (Stein). Weitere Stationen sind:

1808 Städteordnung. Den Kommunen wird eine eigene Finanzverwaltung gestattet, nach der Magistratsverfassung ist eine weitgehende Selbstregierung möglich.

1810/11 Aufhebung der Zünfte mit (eingeschränkter) Gewerbefreiheit.

1812 Emanzipation der Juden. Unter Staatskanzler Hardenberg wird eine zentrale Verwaltungseinteilung des preußischen Staates in Provinzen, Regierungsbezirke und Kreise vorgenommen, Scharnhorst und Gneisenau schaffen das moderne Volksheer (Bildung von Reserven mit militärischer Kurzausbildung, Beförderung nach Verdienst, Aufbau einer neuen Führung). Unter Wilhelm von Humboldt als Unterrichtsminister erfolgt

1810 die **Gründung der Berliner Universität** als Stätte „akademischer Freiheit" und der „Einheit des Forschens, Lehrens und Lernens". Die staatliche Gymnasialordnung von 1812 ist dem Prinzip der allgemeinen Bildung mit besonderer Pflege der klassischen Philologie verpflichtet.

Da **Russland** 1810 bereits wieder den Handel mit England aufgenommen hat und Napoleons Ansprüche in Polen noch nicht befriedigt sind, wachsen die **Spannungen zwischen Frankreich und Russland**. Napoleon zwingt Preußen und Österreich in ein Militärbündnis. Mit über 600 000 Soldaten beginnt er im Juni **1812** den **Feldzug gegen das Zarenreich**. Die Entscheidung soll im polnischen Raum fallen. Die russische Strategie zielt jedoch auf hinhaltenden Kampf, der Gegner wird in die Weiten Russlands gelockt. Siege der „Grande Armée" bei Smolensk und Borodino bringen Napoleon nichts ein; er folgt dem Gegner bis Moskau, das vor seinen Augen in Flammen aufgeht. Damit ist auch die Hoffnung auf ein Winterquartier dahin. Der Rückmarsch durchs verschneite Land, unter ständigen Angriffen der Kosaken, zehrt die Kräfte der Franzosen und ihrer Verbündeten auf. Symbol des Untergangs der napoleonischen Armee ist die Überquerung der Beresina, wobei Tausende Soldaten erfrieren oder ertrinken. Kaum 5000 Mann gelingt die Rückkehr. Der Oberbefehlshaber hat seine Truppen schon vorher verlassen und ist nach Paris geeilt, um seine wankende Herrschaft zu festigen. Der preußische General Yorck schließt mit dem Zaren im Dezember

1812 die **Konvention von Tauroggen**. Damit sind die preußischen Truppen neutralisiert, die Grenzen für einen russischen Einmarsch offen. Dieser Akt des Ungehorsams ist das Signal

1813 für die **Volkserhebung gegen Napoleon**. Dem Preußenkönig Friedrich Wilhelm III. (1797–1840), der anfangs noch zögert, bleibt bald nichts übrig, als sich der Bewegung anzuschließen und endlich auch an ihre Spitze sich zu setzen (Aufruf „An mein Volk", Stiftung des Eisernen Kreuzes), denn in die Kriegsbegeisterung mischen sich bereits gefährliche Untertöne, die überhaupt für diese Epoche bestimmend sein werden, wie etwa im Aufruf des alten Haudegen Blücher, „wenn die Fürsten nicht wollen und sich dem entgegensetzen, sie samt dem Bonaparte wegzujagen": Der Volkskrieg konnte zum allgemeinen Freiheitskampf umschlagen.

Im Herbst 1813 gelingt es den verbündeten Preußen, Russen, Engländern, Österreichern und Schweden, Napoleons Truppen, im Grunde nur eine frisch ausgehobene Rekrutenarmee, um Leipzig zusammenzudrängen: 16.–19. 10.

1813 Völkerschlacht bei Leipzig. Zwar werden die Franzosen geschlagen, sie können sich jedoch einer völligen Einkesselung entziehen.

Napoleons Reich bricht zusammen: Österreicher marschieren in Norditalien ein, Engländer landen auf der Iberischen Halbinsel und dringen über die Pyrenäen vor. Da der Diktator Friedensverhandlungen ablehnt, marschieren die Alliierten auf Paris vor (Einzug im Frühjahr 1814). Der Bourbone Ludwig XVIII. kehrt auf den französischen Königsthron zurück, **Napoleon wird auf die Mittelmeerinsel Elba verbannt**.

Wiener Kongress

Die Staatsmänner Europas treffen sich 1814/15 in Wien, um dem durch die Napoleonischen Kriege erschütterten Staatengefüge eine neue Ordnung zu geben. Dabei stehen allerdings nicht so sehr die Interessen der Völker zur Debatte, sondern die der Herrscherhäuser. Unter ihnen gibt es wiederum bevorzugte: Die kleineren Fürsten müssen erkennen, dass die wichtigsten Entscheidungen von den Großmächten getroffen werden, also von England, Russland, Österreich und Preußen, und diesen auch hauptsächlich zugute kommen.

Der Kongress steht unter dem Leitgedanken der **Restauration**, der Legitimität und der Solidarität. Restauration meint die Wiedereinsetzung der von Napoleon vertriebenen Dynastien in ihre Rechte, **Legitimität**, ein Begriff, den der französische Gesandte Talleyrand prägt, die Gültigkeit des monarchischen Erbrechts sowie auch zwischenstaatlicher Verträge. Für legitim wird auch erachtet, dass die Großen des

Deutschen Reiches sich durch Säkularisierung des geistlichen Besitzes und Mediatisierung des reichsunmittelbaren Adels und der Städte bereichert haben. Vollständig ist die Restauration indes nur in Spanien, im Kirchenstaat (in den der Papst wieder einzieht), in den Schweizer Kantonen (wo das Patrizierregiment wiedereingeführt wird) und bezüglich des Jesuitenordens, der seit 1773 aufgehoben war.

Ansonsten wird mit Einschränkungen restauriert. So bedeutet die Rückkehr der Bourbonen auf den französischen Königsthron keineswegs eine Rückkehr zum Absolutismus. Ludwig XVIII. muss sich an die napoleonischen Einrichtungen halten. So weist gleichfalls die **Verfassung des Deutschen Bundes** (der Deutsche Bund wird in Wien beschlossen) neben allen reaktionären auch durchaus moderne Züge auf. Die Zweischichtigkeit der Bundesvertretung – Plenarversammlung aller Einzelstaaten und der engere Gesandtenkongress – kann als richtungweisende Lösung des Problems Staatenbund – Bundesstaat gelten.

Die **Solidarität** schließlich ist schon die Losung des Kampfes gegen Napoleon gewesen, nun wird sie zum einigenden Band der fünf Großmächte – Frankreich eingeschlossen –, deren Gleichgewicht Frieden und Ordnung in Europa garantieren soll. In diesem System ist für ein einiges Deutschland kein Platz, genauso wenig für ein einiges Polen oder Italien. Erwünscht ist dagegen die Stiftung solcher Gebilde wie des „Königreiches der Vereinigten Niederlande".

Noch während das System der großen Fünf gezimmert wird, zeigen sich Risse; im Januar 1815 schließen England, Frankreich und Österreich einen geheimen Bündnisvertrag, der eindeutig gegen Russland und Preußen gerichtet ist. Hier spielt schon ein außereuropäischer Konflikt herein, der Gegensatz zwischen der Seemacht England und der Kontinentalmacht Russland, der sich in Asien bereits entwickelt hat – erstes Anzeichen dafür, dass in nächster Zeit die europäischen Gegensätze von Weltgegensätzen überschattet werden.

Die Arbeit des Kongresses in Wien wird im Frühjahr 1815 durch Napoleon gestört, der seinen Verbannungsort Elba verlässt und einen Marsch auf Paris antritt, der ihm in kurzer Zeit gewaltigen Zulauf verschafft. Noch einmal wagt er das Schlachtenglück: Am 16. 6.

1815 kann er bei **Ligny** die Preußen unter Blücher besiegen, scheitert jedoch am 18. 6.

1815 in der **Schlacht bei Waterloo** an den Engländern unter Wellington. Ein preußischer Flankenangriff versetzt seiner Armee den endgültigen Todesstoß. Die **„Herrschaft der hundert Tage"** ist zu Ende, als Napoleon, für einen „Feind und Zerstörer der Ruhe der Welt" erklärt, auf die Insel St. Helena verbannt wird, wo er 1821 stirbt. Am 9. 6.

1815 wird die **Schlussakte des Wiener Kongresses** verabschiedet. Die neue Ordnung Europas hält im Großen und Ganzen bis zum Ersten Weltkrieg. Als Beispiel für die Kunst des Interessenausgleichs mag die Versammlung in Wien allzeit dienen. Die diplomatische Leistung des französischen Staatsmannes Talleyrand oder die des österreichischen Staatskanzlers **Metternich** (1773–1859) ist unbestritten. Den erwachenden Nationalismus hat der Kongress indes so wenig berücksichtigt wie die Forderungen des Bürgertums, das als Träger der Industrialisierung und Eigentümer der modernsten Produktionsmittel seinen Anteil an politischer Macht verlangt. Die Nationalitätenkämpfe in Süd- und Südosteuropa (Serbien, Griechenland, Italien) und die bürgerlichen Revolutionen von 1830 und 1848 sind die Antwort darauf.

„Heilige Allianz"

Auf Zar Alexanders Vorschlag hin kommt eine Fortsetzung der Kriegsallianz als Friedensallianz zustande. Die „Heilige Allianz“ (gestiftet am 26. 9. 1815), der die europäischen Monarchen beitreten, soll die Herrscher verpflichten, einander bei „jeder Gelegenheit und an jedem Ort Hilfe und Beistand zu leisten“; sogar ein Interventionsrecht wird daraus abgeleitet. Als eindeutig gegen jegliche revolutionäre Bestrebung gerichteter „Bund von Thron und Altar“ vermag diese erste übernationale Friedensorganisation der Neuzeit kaum Wirksamkeit zu entfalten.

Die Herrschaft Napoleons über Spanien hat die Verbindung des Mutterlandes zu den Kolonien unterbrochen; revolutionäre Ideen haben sich verbreitet. Als der spanische König Ferdinand VII. nach seiner Rückkehr auf den Thron auch im überseeischen Kolonialreich wieder die alten Zustände einführen will, sieht er sich einer selbstbewussten Herrenschicht von Kreolen (Weißen, die im Lande geboren sind) gegenüber, die nach nordamerikanischem oder französischem Vorbild republikanische Verfassungen fordert. Unter den Führern **San Martin** (1778–1850) und Simón **Bolivar** (1783–1830) entbrennt ein **Krieg gegen spanische Truppen**, in den England zu Gunsten der Aufständischen mit Waffenlieferungen und Wirtschaftshilfe eingreift.

1817–1824 erkämpfen sich die mittel- und südamerikanischen Kolonien die Unabhängigkeit von Spanien (die portugiesische Kolonie Brasilien gewinnt ihre Unabhängigkeit ohne Kampf).

Von außerordentlichem Nutzen ist dabei die Unterstützung durch die Vereinigten Staaten. Ihr Präsident Monroe formuliert **1823** die **„Monroe-Doktrin“**, nach der außeramerikanischen Mächten jede Intervention versagt sein soll („Amerika den Amerikanern“). Damit zerschlägt sich die Hoffnung des spanischen Königs auf Hilfe von Seiten der in der „Heiligen Allianz“ vereinigten Mächte.

Der Befreiungsbewegung gelingt aber nicht, eine Union nach nordamerikanischem Muster zu gründen. Der Kongress von Panama 1826 bleibt ohne Ergebnis. Die auf den Trümmern des spanisch-portugiesischen Kolonialreichs errichteten Staaten bewahren ihre Selbstständigkeit.

Nach Aufständen der Serben gegen die türkische Herrschaft (1804–12 und 1815–17) erheben sich auch die Griechen: **1821–1829 Freiheitskampf der Griechen gegen die Türken**. Er findet in Europa ein begeistertes Echo (Bund der Philhellenen in Deutschland; Lord Byron). Die Türken schlagen grausam zurück (Massaker von Chios). Nach dem Fall der Stadt Missolunghi 1826 greifen jedoch Briten, Franzosen und Russen zu Gunsten der Griechen ein (Seeschlacht von Navarino 1827). Der Friede von Adrianopel 1829 bringt die Unabhängigkeit. 1832 wird Otto I. von Wittelsbach zum griechischen König gewählt. Die „Bayernherrschaft“ endet mit seiner Absetzung im Jahre 1862.

Juli-Revolution in Frankreich 1830

Die klerikale Reaktion unter Karl X., der den französischen Königsthron 1824 betritt, fordert die liberale Opposition heraus. Die Eroberung Algiers 1830 vermag die bourbonische Herrschaft nicht zu festigen. Als auf Grund der „Juli-Ordonnanzen" die Kammer, in der die Liberalen die Mehrheit haben, aufgelöst wird, das Wahlrecht geändert und die Pressezensur verschärft werden, erheben sich Arbeiter, Studenten und Bürger. **In Paris kommt es zu Straßenschlachten und Barrikadenkämpfen**. Die Revolte wächst sich zur Revolution aus. Karl X. dankt ab und flieht nach England. Die Republikaner, die den Aufstand begonnen haben, werden indes vom Großbürgertum überspielt, das eine gemäßigte Monarchie favorisiert. Der Herzog von Orléans, **Louis Philippe, besteigt 1830 als „Bürgerkönig" den Thron**. Eine Zeit der hemmungslosen Entfaltung bürgerlichen Finanzkapitals bricht an (Parole: „Enrichissez-vous!" – Bereichert euch!).

Die Juli-Revolution wirkt im Ausland nach. Aufstände in Brüssel spalten den im Wiener Kongress geschaffenen Staat der Vereinigten Niederlande. Der südliche Teil erklärt sich unter dem Namen Belgien für unabhängig (1831). Die Polen erheben sich im November 1830 gegen den Zaren. Die erhoffte Hilfe aus dem Westen jedoch bleibt aus; russische Truppen schlagen den Aufstand nieder. Eine starke Auswanderungsbewegung des polnischen Bürgertums und Adels ist die Folge.

Der neue Geist in Deutschland

Im Deutschen Bund verkümmern die Hoffnungen auf eine freiheitliche, einige Nation. Deutschland bleibt ein System von Einzelstaaten; seine Einheit erhält sich nur in Sprache und Kultur. Große Teile des Volkes bleiben von Politik ganz unberührt; der Zeitgeist ist geruhsam, beschaulich. „Biedermeier" lautet dafür der Symbolbegriff. Die Kunst dagegen erreicht ungeahnte Höhen, in der Musik etwa durch die Wiener Klassik (Mozart, Beethoven, Schubert), in der Literatur Schiller und Goethe.

Nur unter der akademischen Jugend gärt es fort. Hier wirkt das Gemeinschaftserlebnis der Freiheitskriege nach, wird die Forderung nach einem republikanischen Staat aufrechterhalten. Patriotische Studenten gründen in Jena 1815 die **Deutsche Burschenschaft** als Angriff auf das „System Metternich" mit den alten Reichsfarben Schwarz – Rot – Gold. Das **1817 Wartburgfest** endet mit der Verbrennung der Bundesakte, missliebiger Bücher und Symbole (Zopf, Korporalstock und Husarenschnürleib). Als der Dichter Kotzebue, der Spionage für den Zaren verdächtig, 1819 von einem radikalen Studenten ermordet wird, erfolgt die Reaktion. Österreichs Staatskanzler Metternich veranlasst die deutschen Staaten zu den **„Karlsbader Beschlüssen"**, die **1820** Bestandteil der Wiener Schlussakte und damit Teil der Bundesverfassung werden. Was den Machthabern irgend freiheitlich-national dünkt, wird nun unbarmherzig unterdrückt. An den Universitäten wimmelt es von Spitzeln, Buchhandlungen werden kontrolliert, Bücher zensiert, Hunderte von Wissenschaftlern und Schriftstellern werden durch die

„Demagogenverfolgungen“ um Arbeit und Ämter gebracht.
Nach der Julirevolution 1830 breitet sich von Baden aus eine liberale Bewegung aus, ein neues Pressegesetz gestattet die ersehnte Meinungsfreiheit. Auch andere Staaten lockern die Zügel: Braunschweig, Sachsen, Kurhessen und Hannover erhalten Verfassungen. Nach dem

1832 Hambacher Fest, das 30 000 Patrioten zu einem Bekenntnis für ein geeintes republikanisches Deutschland vereint, kommt es abermals zu feudaler Reaktion: Staatskanzler Metternich vereinbart mit der preußischen Regierung harte Maßnahmen gegen politische Presse und Vereine. Nun wird die Sprache der Demokraten schärfer; hervorragendes Beispiel dafür ist 1834 Georg Büchners „Hessischer Landbote“ („Friede den Hütten, Krieg den Palästen!“). Als der König von Hannover 1837 die Verfassung wieder aufhebt und sieben Göttinger Professoren, darunter die Brüder Grimm, die gegen den Staatsstreich protestieren, von ihren Lehrstühlen verjagt, geht ein Sturm der Entrüstung durch ganz Deutschland. Was auf geistigem und politischem Gebiet vorerst ausbleibt, wird auf wirtschaftlichem schneller durchgesetzt. Der Schwabe Friedrich List gründet 1819 den deutschen Handels- und Gewerbeverein; 1828 folgt die Einrichtung begrenzter Zollvereine (gegen den Widerstand Metternichs).

1834 Deutscher Zollverein, in dem sich 18 der 39 deutschen Staaten zusammenschließen. Führend hierbei ist Preußen, dessen Handelspolitik auch in der folgenden Zeit, da die übrigen deutschen Staaten (bis auf Österreich) dem Zollverein beitreten, bestimmend wird. Der Bau der Bahnlinie Leipzig – Dresden 1837–39 markiert den Beginn des deutschen Eisenbahnwesens.

Februar-Revolution in Frankreich 1848

Die Herrschaft des „Bürgerkönigs“ Louis Philippe wird nur von der schmalen Schicht der Groß Bourgeoisie getragen. Der Mittelstand und die Arbeiterschaft sind ausgeschlossen. Neben der Partei der Republikaner wächst die der Bonapartisten. Drohende Warnzeichen sind die feierliche Überführung der Gebeine des 1821 gestorbenen Napoleon Bonaparte in den Invalidendom 1840 und die Putschversuche seines Neffen Louis Napoléon 1836 und 1840. In den Wirtschaftskrisen von 1846/47 (Kartoffel-Missernte, Überproduktion) radikalisiert sich das neue Proletariat.
Louis Blanc (1811–82) sammelt und politisiert Kleinbürger und Arbeiter. Als den Gegnern der Monarchie ihre Forderungen nach Änderung des bestehenden Wahlsystems verweigert werden, bricht im Februar

1848 die **Revolution** aus. Nach dreitägigen Straßenkämpfen in Paris dankt der König ab und begibt sich nach England; eine provisorische Regierung verkündet die Republik. Der Arbeitsminister Louis Blanc proklamiert das „Recht auf Arbeit“ und errichtet Nationalwerkstätten zur Beschäftigung der Arbeitslosen. Die im April abgehaltene **erste allgemeine Wahl zur Nationalversammlung** erbringt eine bürgerliche Mehrheit. Frankreich wird abermals eine Republik (bis 1852). Die Revolution ist damit jedoch nicht beendet. Im Mai erlebt Paris Massenaufmärsche radikaler Sozialisten unter Auguste Blan-

qui. Im Juni werden die Nationalwerkstätten wegen mangelnder Rentabilität geschlossen. Die Arbeiter ziehen auf die Straße, Forderungen nach Enteignung der Reichen und Vergesellschaftung des Eigentums werden laut. Die Regierung holt Militär, das die Aufständischen zusammenschießt. Auf 10 000 wird die Zahl der Todesopfer geschätzt.
Wiederum betritt Napoleons Neffe **Louis Napoléon** (1808–1873) die Szene; diesmal ist ihm die Stunde günstig. Allen alles versprechend, den Arbeitern Gemeineigentum, den Katholiken die Unterstützung des Papstes, den Bürgern Sicherheit vor dem Umsturz, den Bauern (unter denen sein Onkel starken Anhang gehabt hat) die Erneuerung der napoleonischen Welt, gewinnt er bei den Novemberwahlen 1848 75 Prozent der Stimmen.
Als **Präsident der Republik** nimmt Louis Napoleon ein großes Programm in Angriff: Eisenbahn-, Straßen- und Wohnungsbau werden forciert, in Paris entstehen breite Pracht-Boulevards, denen repräsentative Funktion (Banken und Aktiengesellschaften errichten hier ihren Sitz) ebenso zukommt wie militärische (das Militär kann ungehindert in die Arbeiterviertel vorstoßen). Nur auf vier Jahre gewählt, bringt er einen Antrag auf Verfassungsänderung ein, der längere Amtszeit gewähren soll. Als dieser abgelehnt wird, unternimmt er im Dezember **1851** einen **Staatsstreich**, die Nationalversammlung wird aufgelöst. Eine Volksbefragung im Januar 1852 erbringt überwältigende Zustimmung für seine Politik. Seine Präsidentschaft wird auf 10 Jahre verlängert. Am Ende des Jahres wagt er den letzten Schritt und **lässt sich als Napoleon III. zum Kaiser krönen**. Auch diesmal geht das Plebiszit in triumphaler Weise zu seinen Gunsten aus (97 Prozent der Wahlberechtigten stimmen für ihn).

Die deutsche Revolution

Die Pariser Februar-Revolution 1848 springt im folgenden Monat auf Deutschland über. In Berlin, Leipzig, Frankfurt und Stuttgart kommt es zu Krawallen. In München entsagt König Ludwig I., ohnehin angeschlagen durch die beständigen Angriffe wegen seiner Affäre mit der Tänzerin Lola Montez, sofort dem Thron. In den deutschen Mittelstaaten übernehmen liberale Politiker die Regierung; die Fürsten, erschreckt und eingeschüchtert durch Demonstrationen und Unruhen, bewilligen, was an Presse- und Versammlungsfreiheit verlangt wird. Auf diese Weise retten sie ihre Throne, und das liberale Bürgertum gibt sich zufrieden. Der Bundestag in Frankfurt, bisher ein Werkzeug in der Hand der Fürsten, um freiheitliche Bestrebungen zu unterdrücken, wird zum Forum patriotischer Forderungen; eine verfassungsmäßige Regierungsforrn für ganz Deutschland scheint sich anzukündigen. In den Großstaaten Preußen und Österreich vollzieht sich die Revolution gewaltsamer.
Am 13. 3.
1848 werden in Wien Barrikaden errichtet, Menschenmassen bedrängen die Hofburg. Metternich plädiert für Widerstand, dringt aber in der Regierung nicht durch und nimmt seinen Abschied. Die Flucht des greisen Staatskanzlers beendet das „System Metternich", das vierzig Jahre lang gehalten hatte. Das Habsburger-Reich droht nunmehr auseinanderzufallen. Ungarn erklärt sich für autonom, Mailand vertreibt die öster-

reichische Besatzung, in Venedig wird die Republik ausgerufen.

In **Berlin** kommt es bei einer Demonstration vor dem Schloss zu Schießereien (18. 3.), aus denen sich Straßenkämpfe zwischen Bürgern und Militär entwickeln. 230 Männer, zumeist Arbeiter und Handwerksgesellen, werden getötet. Die Aufbahrung der „Märzgefallenen" gestaltet sich zugleich zur Totenfeier des alten preußischen Staates; König Friedrich Wilhelm IV. nimmt die schwarzrotgoldenen Farben an und erklärt, Preußen werde fortan in Deutschland aufgehen.

Anfang April tagt in Frankfurt ein **Vorparlament**, das freie Wahlen zur **deutschen Nationalversammlung** vorbereitet. Süddeutsche Revolutionäre (Friedrich Hecker, Gustav von Struve) fordern die Permanenzerklärung des Vorparlaments. Eine militärische Kraftprobe zwischen den Radikalen und Bundestruppen geht zu Gunsten der letzteren aus. Am 18. 5.

1848 ziehen 586 Abgeordnete aus den deutschen Staaten (einer auf je 50 000 Einwohner) **in die Frankfurter Paulskirche ein**, die das Tagungshaus der deutschen Nationalversammlung wird. Das Parlament besteht durchweg aus Bürgern, wobei wiederum das akademische Element überwiegt (223 Juristen, 106 Professoren); Bauern und Arbeiter fehlen, desgleichen Frauen.

Nur langsam bilden sich Parteien heraus, die zuerst nach ihren Versammlungsorten, dann nach ihrer Sitzordnung im Parlament enannt werden: konservative Rechte, liberale Mitte (gespalten in linkes und rechtes Zentrum), demokratische Linke. Auf Vorschlag des Präsidenten Heinrich von Gagern wählen die Abgeordneten den **Erzherzog Johann von Österreich** zum **Reichsverweser**.

Von Juli bis Oktober widmet sich die Versammlung der Beratung der **Grundrechte**. Was schließlich festgelegt wird, ist ein Katalog, der allen späteren deutschen Verfassungen als Grundlage dienen wird (Gleichheit vor dem Gesetz, Abschaffung erblicher Vorrechte, Freiheit der Person, Briefgeheimnis, Unverletzlichkeit der Wohnung, Meinungs-, Glaubens- und Gewissensfreiheit, Recht auf Bildung, Freiheit der Wissenschaft).

Umstritten bleibt die Festlegung der Grenzen des Deutschen Reiches. Die „kleindeutsche" Lösung (ohne Österreich) steht der „großdeutschen" (mit Österreich) entgegen. Weitere Probleme sind die Frage, ob Deutschland ein Kaiserreich sein und an wen die Krone gehen solle und wie sich Zentralgewalt und Souveränität der Bundesstaaten zueinander verhalten sollten.

Die Nationalversammlung besitzt keine Macht. Je länger die Beratungen dauern, desto stärker werden die Gegner. Vieles kommt zusammen, um das Einigungswerk auszuhöhlen: Schleswig-Holstein erhebt sich gegen die Herrschaftsansprüche des dänischen Königs. In den Befreiungskrieg greift Preußen im Auftrag des Deutschen Bundes ein, zieht sich jedoch zurück, als Russland, England und Frankreich intervenieren (August 1848 Waffenstillstand von Malmö). Als Antwort auf den „Verrat" machen die Radikalen in Frankfurt einen Aufstand gegen die Nationalversammlung, die daraufhin Militär anfordert; seit dem blutigen Arbeiteraufstand von Paris im Sommer 1848 ist die liberale Mitte überhaupt eher zum Bündnis mit den alten Autoritäten bereit.

In **Österreich** gewinnt die Reaktion an Boden, Norditalien wird zurückerobert, im Herbst rücken Truppen in Wien ein

(Erschießung des Paulskirchen-Abgeordneten Robert Blum am 9. November 1848).
In **Preußen** wird im Dezember eine Verfassung „oktroyiert“ (d.h. ohne Zustimmung des Volkes durchgesetzt), die ein Dreiklassen-Wahlrecht vorsieht. Im März **1849 Neue Verfassung des Deutschen Reiches**. Die „kleindeutsche“ Richtung hat sich mit knapper Mehrheit durchgesetzt. Doch Preußens **König Friedrich Wilhelm IV. lehnt** die ihm von der Nationalversammlung angetragene **Kaiserkrone ab**.
Preußens und Österreichs Abgeordnete werden abberufen, das Paulskirchen-Parlament löst sich auf; übrig bleibt ein „Rumpf-Parlament“ von 100 Abgeordneten, das nach Stuttgart umzieht und dort im Juni 1849 durch Militär gesprengt wird.
Auch sonst endet die Revolution in Militäraktionen. Am Rhein, in Berlin und Dresden und vor allem in Baden und der Pfalz werden die letzten Volkserhebungen blutig erstickt. Die **Wiederherstellung des Deutschen Bundes** in Frankfurt unter österreichischer Führung (Vertrag von Olmütz 1850) setzt den Schlussstrich unter die Revolutionszeit.
Angst des Bürgertums vor dem Radikalismus, Mangel an politischer Erfahrung, Unterschätzung der Machtverhältnisse im In- und Ausland, unerschütterliche Obrigkeitstreue der Soldaten und Beamten und das Eingreifen der auswärtigen Staaten haben das deutsche Einigungswerk scheitern lassen. Die Folgen sind weitreichend. Das Bürgertum zieht sich aus der Politik zurück, wendet sich der Wirtschaft zu; demokratische Traditionen sind, kaum entstanden, auch schon wieder verschüttet. Als erstes spürbar wird der Verlust an politischer Intelligenz durch Massenauswanderungen (allein 80 000 Menschen aus Baden).

Industrialisierung

Das Zeitalter der modernen Technik beginnt mit Erfindung der **Dampfmaschine** (James Watt 1776). In Baumwollspinnereien, Gießereien und Schmiedewerkstätten sorgt die neue Antriebsmaschine für eine ungeheure Steigerung der Produktion. Als es gelingt, sie mobil zu machen (auf Schienenwagen und Schiffen), nimmt das **Verkehrswesen** gewaltigen Aufschwung.
Nach Entdeckung der elektromagnetischen Induktion (Faraday) wird die Konstruktion der Dynamomaschine (Siemens und Wheatstone) möglich; der Amerikaner Edison erfindet die Glühbirne, die Physiker Gauss und Weber entwickeln den ersten Telegraphen: Die **Elektrizität** tritt ihren Siegeszug an. Mit der Erfindung der Spinnmaschine eröffnet sich die Möglichkeit, Baumwolle in großer Menge zu verarbeiten. Künstliche Düngemittel (Justus Liebig 1840) steigern die landwirtschaftlichen Erträge; synthetische Farbenherstellung (1856) begründet die chemische Industrie.
Die Produktionsweise der Manufaktur, d.h. der dem Handwerk noch stark verwandten Handarbeit mit einfachen Werkzeugen, wenn auch nicht mehr individuell vorgenommen, **wird abgelöst von der Fabrikarbeit**. Arbeitsteilung ist die Folge, der Anteil des einzelnen Arbeiters an der Produktion besteht im Ausführen immer gleicher Handgriffe an den Maschinen. Gesteigerter Energiebedarf führt zu verstärkter Ausbeutung fossiler

Bodenschätze (wiederum mit Hilfe von Maschinen). Bergbau und Eisenindustrie verbinden sich zur Schwerindustrie, deren Wachstum der Gradmesser für die industrielle Kraft der Staaten wird. **Großbetriebe** entstehen, in denen die Bearbeitung der Rohstoffe bis hin zum Endprodukt (z.B. vom Erz bis zur Lokomotive) zusammengefasst ist und die Tausende von Menschen unterschiedlichster Qualifikation und Tätigkeit beschäftigen.

Folgenreich sind die Eingriffe des Menschen in den Haushalt der Natur. Ohne Bewusstsein für die Begrenztheit der natürlichen Ressourcen und das ökologische Gleichgewicht werden Bodenschätze ausgebeutet, werden ganze Regionen (z.B. das Ruhrgebiet, Mittelengland) industrieller Nutzung unterworfen.

Die ersten **Eisenbahnen** verkehren bereits 1816 in England; in wenigen Jahrzehnten entsteht ein Schienennetz zur Güter- und Personenbeförderung, von dem z.B. in Mitteleuropa um 1850 nur die Hochalpen noch nicht berührt sind. Ausbau der Bahnlinien und Verdichtung des Postnetzes gehen Hand in Hand.

Für die Industrialisierung, für den Bau von Fabriken, Bergwerken, Eisenbahnen, sind Investitionen erforerlich, die ein Unternehmer allein nicht aufbringen kann. Daher entstehen **Aktiengesellschaften**, in denen zahlreiche Geldgeber zusammen ein Unternehmen betreiben. Der Gewinn wird ihnen als Dividende auf das eingesetzte Kapital ausgezahlt.

Die Arbeiterbewegung

Die hektische Industrialisierung vollzieht sich auf dem Rücken der arbeitenden Klasse. In den ersten Fabriken gibt es keine Schutzvorrichtungen und keine Sicherheitsbestimmungen; die Arbeitszeit ist nicht geregelt; der Fabrikherr setzt den Lohn fest, zahlt ihn oft genug nur im Truck-System aus (d.h. die Arbeiter müssen die von ihnen hergestellten Waren abnehmen). Viele Handwerker und Bauern sind durch die Fabriken und die Mechanisierung der Landwirtschaft ruiniert worden, sie vermehren die Zahl der Arbeitssuchenden. Ohne Hemmungen werden sie gegen die bereits in den Fabriken Arbeitenden ausgespielt. Da viele Tätigkeiten keine Ausbildung erfordern, wird eingestellt, wer für den niedrigsten Lohn zu arbeiten bereit ist: oft genug Frauen oder Kinder. In englischen Industriebezirken gibt es ganze Städte, „she towns", in denen nur Frauen wohnen – Beispiel dafür, wie die Industrialisierung die alte Ordnung der Familie zerrissen hat. Dabei ist nach herrschender Auffassung der Arbeiter frei und Herr seiner selbst; das bedeutet: Ernährung, Kleidung, Unterkunft, Bildung und Daseinsvorsorge sind seine Privatsache und gehen den Unternehmer wie auch den Staat nichts an.

Verelendung greift um sich; Berichte vor allem aus der ersten Hälfte des 19. Jahrhunderts schildern die Schinderei in den Fabriken, die ungesunden Wohnverhältnisse, mangelnde Ernährung, Krankheiten und frühen Tod der Arbeiter. Gibt es in der zyklisch zu Krisen neigenden kapitalistischen Entwicklung Rückschläge, mit Bankenkrächen und Fabrikschließungen, so vervielfacht sich noch das Elend. Von politischer Mitwirkung weitgehend ausgeschlossen, erleben die Arbeiter den Staat nur als einen Bundesgenossen ihrer Ausbeuter: **Streiks und Demonstrationen werden mit Waffen-**

gewalt unterdrückt (z.B. der Weberaufstand in Schlesien 1844). Demgemäß sind die politischen Forderungen, die im Interesse der Arbeiterklasse vorgebracht werden, auf die grundlegende Veränderung der gesellschaftlichen Verhältnisse gerichtet. Im **„Kommunistischen Manifest“** (1848) des deutschen Philosophen und Journalisten Karl **Marx** (1818–1886) und des Fabrikantensohnes Friedrich **Engels** (1820–1895) äußern sie sich in klassischer Form: „Die Kommunisten unterstützen überall jede revolutionäre Bewegung gegen die bestehenden gesellschaftlichen und politischen Zustände ... Sie erklären es offen, dass ihre Zwecke nur erreicht werden können durch den gewaltsamen Umsturz aller bisherigen Gesellschaftsordnungen. Mögen die herrschenden Klassen vor einer kommunistischen Revolution zittern! Die Proletarier haben nichts in ihr zu verlieren als ihre Ketten. Sie haben eine Welt zu gewinnen.“

In seinen Schriften, vor allem dem **„Kapital“** (Bd. 1, 1867), gibt Marx der Arbeiterbewegung das wissenschaftliche Fundament. Darin wird, auf den Untersuchungen u.a. der Nationalökomen Adam Smith (1723–1790) und David Ricardo (1772–1823) und den Lehren des deutschen Philosophen Georg Wilhelm Hegel (1770–1831) fußend, die gründliche Analyse der kapitalistischen Wirtschaft verbunden mit einer Geschichtsphilosophie, welche die **Geschichte als Kette von Klassenkämpfen** deutet und auch das gegenwärtig herrschende bürgerliche Zeitalter nur als Durchgangsstadium auf dem Weg zur **klassenlosen Gesellschaft** begreift.

In der zweiten Hälfte des 19. Jahrhunderts bilden sich die **Arbeiterorganisationen** heraus, die mehr oder weniger unter marxistischem Banner ihre Forderungen vortragen: 1851 erste Gewerkschaft in England, 1863 Allgemeiner Deutscher Arbeiterverein unter Ferdinand Lassalle, 1864 Internationale Arbeiterassoziation, 1867 National Labour Party in den USA, 1868 Sozialistische Werksgenossenschaften in Deutschland, 1875 Sozialistische Arbeiterpartei Deutschlands, 1880 Sozialistische Partei in Frankreich. Nach jahrzehntelangen Kämpfen erreichen sie **Anerkennung als Verhandlungspartner**. Kirchen und christliches Bürgertum versuchen die Fronten zu erweichen, die soziale Frage im Geist der Nächstenliebe zu lösen („Innere Mission“ der evangelischen Kirche, J.H. Wicherns „Rauhes Haus“, „Gesellenvater“ Kolping, Bischof Kettelers katholische Arbeitervereine).

Die Ausbildung des nationalen Machtstaates

Krimkrieg und Einigung Italiens

Unter Kaiser Napoleon III. nimmt Frankreich in den fünfziger Jahren des 19. Jahrhunderts einen raschen wirtschaftlichen Aufschwung. Die dem Mutterland angegliederte Kolonie Algerien wird zur Kornkammer des Reiches. Großzügige Arbeitsbeschaffungsprogramme (bei gleichzeitiger Beschränkung der Arbeiterrechte) verschaffen dem Land Prosperität. Die Weltausstellungen von 1855 und 1867 zeigen es auf der Höhe internationalen Ansehens. Der Drang Napoleons III., seinen Staat zur Weltmacht zu erheben, führt ihn in die europäischen und überseeischen Konfliktzonen.

Frankreich wird zum Motor der internationalen Politik. Erster Anlass für aussenpolitische Aktionen des Kaisers ist der Krieg zwischen Russland und der Türkei (wegen russischer Besetzung der Fürstentümer Walachei und Moldau 1853). Napoleon III. bewegt Großbritannien zu gemeinsamem Vorgehen gegen den Zaren; Sardinien-Piemont schließt sich an, in der Hoffnung, von Frankreich Unterstützung in Norditalien zu erlangen. Im September

1854 landen die Alliierten bei Sewastopol auf der Krim; es entwickelt sich der erste Stellungskrieg der modernen Geschichte mit über 100 000 Mann Verlusten und schrecklichen Zuständen in Schützengräben und Lazaretten. **Sewastopol fällt** nach einem Jahr Belagerung.

1856 im **Frieden von Paris** verliert Russland das Donaudelta und gerät in Gegensatz zu Österreich, das wider Erwarten neutral geblieben ist.

Nach einem gescheiterten Versuch im Revolutionsjahr 1848 ergibt sich für die **Italiener** zwanzig Jahre später eine günstige **Gelegenheit, ihr Land zu einigen**. Zwei Kräfte sind hierbei bestimmend, die zeitweilig in Rivalität zueinander treten: die republikanische Richtung, die schon seit Beginn des 19. Jahrhunderts in Geheimbünden (Carbonari) die Fremdherrschaft der Österreicher in Norditalien, der Bourbonen im Süden und des Papsttums im Kirchenstaat bekämpft hat und als deren Erbe der bekannte Freiheitsheld Giuseppe **Garibaldi** (1807–1882) angesehen werden kann; und der Staat Sardinien-Piemont, dessen Ministerpräsident Camillo **Cavour** (1810–1861) durch geschicktes und beharrliches Lavieren zwischen den europäischen Mächten ein italienisches Königreich anstrebt. Letzterem gelingt es,

1859 Kaiser Napoleon III. in einen **Krieg gegen Österreich** zu treiben; nach den Schlachten von Magenta und Solferino (Juni 1859) zieht sich die Donaumonarchie aus der Lombardei zurück. Der blutige Tag von Solferino hat ein Nebenergebnis: Der Schweizer Kaufmann Henri Dunant, den es auf das Schlachtfeld verschlagen hat, beschließt nach den entsetzlichen Bildern, die er dort gesehen, eine Organisation zur Hilfe für die Verwundeten zu gründen:

1864 Erste Genfer Konvention. Unter dem Zeichen des Roten Kreuzes entfaltet das übernationale Hilfswerk eine segensreiche Tätigkeit.

Während das Haus Sardinien-Piemont die italienische Einigung von Norden her betreibt, landen Garibaldis Freischaren 1860 in Sizilien und zerschlagen das bourbonische Königreich „beider Sizilien". Der Marsch des Freiheitshelden auf den Kirchenstaat wird jedoch von piemontesischen Truppen gestoppt. Garibaldi gibt nach; im März

1861 kann König Viktor Emanuel II. den italienischen Thron besteigen. Venetien fällt 1866 an Italien, der Kirchenstaat 1870.

Bürgerkrieg in den Vereinigten Staaten

Nach Erlangung der Unabhängigkeit (1783 Friede von Versailles mit der einstigen Kolonialmacht Großbritannien), nach Konsolidierung des jungen Bundesstaats (1787 Verfassung der Vereinigten Staaten von Amerika) und nach dem Erwerb Louisianas von Napoleon (1803; Kaufpreis 15 Millionen Dollar) beginnt **„The**

Winning of the West", die Eroberung und Besiedelung der weiten Gebiete westlich der 13 an der Ostküste des Kontinents gelegenen Gründungsstaaten. Millionen von Einwanderern aus Europa finden eine neue Existenz im „Land der unbegrenzten Möglichkeiten"; in der ersten Hälfte des 19. Jhs. nimmt die Bevölkerung um fast das Zehnfache zu. **Die rasche Ausbreitung der westlichen Siedlerzivilisation** hat für die Ureinwohner des Landes, die Indianer, verheerende Folgen. Mittelbar, durch Entzug ihrer Existenzgrundlagen (z.B. Vernichtung der Büffelherden) oder unmittelbar durch militärische Aktionen, **verlieren Millionen von Indianern ihr Leben**. Nach Abschluss der „Indianerkriege" um 1880 lebt der kümmerliche Rest der Urbevölkerung in wenigen Reservaten zusammengepfercht. Die Erschließung des Westens wird vorangetrieben durch den **Bau großer Eisenbahnstrecken** (Pazifik-Bahn Chicago – San Francisco, vollendet 1869). Wo immer ein Gebiet 60 000 Einwohner zählt, wird es als neuer Bundesstaat in die Union aufgenommen.

Die **rasche industrielle Entwicklung** im Gefolge des Eisenbahnbaus bringt es mit sich, dass die zwischen den nördlichen und den südlichen Staaten der Union bestehenden Gegensätze immer weiter vertieft werden. Im Süden herrscht eine Aristokratie von Plantagenbesitzern, die sich Sklaven zur Arbeit auf den Baumwollfeldern hält. Im Norden dagegen hat sich eine Demokratie von Bauern und Industriearbeitern herausgebildet. In der Zollpolitik prallen die Parteien immer wieder aufeinander. Der Norden verlangt Schutzzölle, um der jungen Industrie Entfaltungsmöglichkeiten zu geben; der Süden vertritt das Prinzip des Freihandels. Die **Auseinandersetzung zwischen den Wirtschaftsformen**, hier altertümliche Sklavenhaltung, dort moderner Kapitalismus, wird über Jahrzehnte mit moralischen Argumenten geführt (Pressefeldzüge des „Liberator", der Roman „Onkel Toms Hütte" 1852). Als

1861 Abraham Lincoln, ein Vorkämpfer der Sklavenbefreiung, **zum Präsidenten der USA gewählt** wird, sagen sich elf Südstaaten von der Union los und gründen die „Konföderierten Staaten von Amerika". Zwischen den Sezessionisten und den 23 Nordstaaten entsteht ein **Bürgerkrieg**, der sich bis 1865 hinzieht. Trotz englischer und französischer Hilfe für den Süden setzt sich der wirtschaftlich stärkere Norden schließlich durch. Der Einsatz modernster Waffen (Repetiergewehre, Eisenbahngeschütze, Panzerschiffe, U-Boote), rücksichtslose Besatzungspolitik, die bis zur Verheerung und Ausplünderung ganzer Regionen reicht (worin sich vor allem der Nordstaatengeneral Sherman traurigen Ruhm erwirbt) wie auch die ungeheuren Verluste (600 000 Tote) und Kriegskosten (8 Mrd. Dollar) machen den amerikanischen Bürgerkrieg zu einer Art **Generalprobe für die Kriege des 20. Jahrhunderts**.

Der militärische Zusammenbruch des Südens macht den Weg frei zur industriellen Durchdringung des Landes und den **Aufstieg der USA zur Weltmacht**. Die Befreiung der Sklaven aber bei Aufrechterhaltung eines Klassenunterschiedes zwischen Schwarz und Weiß beschert Amerika ein Rassenproblem, das bis heute nicht gelöst ist.

Die Blütezeit des **„Big Business"** bricht an. Männer wie Cornelius Vanderbilt (1794–1877), Andrew Carnegie (1835–1919), John P. Morgan (1837–1913) und

John D. Rockefeller (1839–1937) begründen, oft mit den geringsten Mitteln beginnend, riesige Trusts und Konzerne. Dabei paart sich durchaus Frömmigkeit, ehrbares Familienleben und Mildtätigkeit mit einer Geschäftsmentalität, die im Kampf gegen den Konkurrenten auch den Einsatz krimineller Methoden erlaubt. Die Biographien dieser Ölmilliardäre, Eisenbahn- und Stahlkönige dienen unzähligen Nachahmern als Beweis, wie weit man es in Amerika mit Fleiß und Tüchtigkeit bringen kann. Das Einkommensgefälle ist ungeheuer; im Jahre 1913 liegen 60 Prozent des Volkseinkommens in den Händen von 2 Prozent der Bevölkerung. Morgan und Rockefeller allein kontrollieren mit ihren 341 Großunternehmungen 20 Prozent des Volksvermögens (22 Mrd. Dollar Kapital).

Gegen die Industriellen bildet sich ein **kämpferisches Proletariat** heraus, das jedoch, anders als in Europa, gesellschaftliche Verhältnisse weitgehend unangetastet lässt und seine Ziele eher in einer Beteiligung am stürmisch wachsenden Wohlstand sucht.

Preußen wird Führungsmacht in Deutschland

In Preußen entzweien sich über der Heeresreform (Vorlage 1859 durch Kriegsminister Roon) König und Landtag. Im Verfassungskonflikt beruft König Wilhelm I., der seit 1859 die Regentschaft führt, 1862 den brandenburgischen Großgrundbesitzer **Otto von Bismarck** (1815–1898) zum **Ministerpräsidenten**. Dieser ist bereit, die Vergrößerung des Heeres auch ohne Zustimmung des Parlaments durchzubringen. Für drei Jahre regiert er ohne gesetzliche Grundlage, allerdings auch ohne dass sich revolutionärer Widerstand regt. Erst im September 1866 wird der Verfassungskonflikt im preußischen Landtag beigelegt (von Bismarcks Gegnern, den Liberalen, spaltet sich eine Pro-Bismarck-Richtung als „Nationalliberale Partei" ab). In dieser Zeit hat der preußische Junker außenpolitisch erreicht, wozu die Heeresvorlage ihm die Mittel gegeben: die **Hegemonie Preußens im Deutschen Bund**. Das gute Verhältnis zum Zaren wird gesichert durch Mithilfe bei der Niederwerfung des polnischen Aufstands 1863. Gemeinsam mit Österreich greift Preußen in den dänischen Konflikt ein (Dänemark versucht die Annexion Schleswigs).

1864 ist die **Erstürmung der Düppeler Schanzen** der erste Höhepunkt in einer Kette militärischer Großtaten, die Preußens Militär und Generalstab berühmt machen. Spannungen zwischen Preußen und Österreich wegen der Verwaltung Schleswig-Holsteins nutzt Bismarck, um im Kräftefeld europäischer Politik Österreich zu isolieren. Als

1866 der **Konflikt zwischen Österreich und Preußen** mit Waffengewalt ausgetragen wird, stehen nur die süddeutschen Staaten, Sachsen und Hannover auf Seiten Österreichs. Rasche Siege der exakt funktionierenden preußischen Armeen (bei Langensalza, Kissingen, Königgrätz; Juni /Juli 1866) entscheiden den Krieg. **Der Deutsche Bund wird aufgelöst**.

Unter Preußens Führung wird

1867 der Norddeutsche Bund gegründet, mit den Verfassungsinstituten Bundeskanzler (Bismarck), Bundesrat und Reichstag, als Keimzelle eines künftigen deutschen Staates.

Der letzte Schritt zur Reichseinheit geschieht wiederum in kriegerischer Form. Dynastische Querelen um den spanischen Königsthron (ein Hohenzollernprinz ist dafür vorgesehen), in die Frankreich sich einmischt, nutzt Bismarck, um die deutschen Fürstenhäuser auf seine Seite zu ziehen. Kaiser Napoleon, nach Fehlschlag seiner Intervention in Mittelamerika (sein Schützling Kaiser Maximilian von Mexiko wird 1867 erschossen) auf Besserung seines Prestiges bedacht, lässt sich von der preußischen Politik provozieren. In der von Bismarck redigierten Fassung der „Emser Depesche" wird Napoleons Forderung an den zur Kur in Bad Ems weilenden Kaiser Wilhelm I., auch schriftlich auf die Thronkandidatur des Hohenzollern zu verzichten, in scharfer Form zurückgewiesen; daraufhin erklärt der Kaiser im Juli

1870 den **Krieg Frankreichs gegen Preußen**. Bismarcks Rechnung geht auf: Überall in Deutschland erhebt sich nationale Begeisterung, die Auseinandersetzung zwischen Frankreich und Preußen wird zum deutsch-französischen Krieg.

Die deutschen Truppen, angetreten nach einer Planung des Generalstabschefs Helmuth von **Moltke** (1800–1891), erringen im saarländischen und Pfälzer Grenzgebiet, bei Weißenburg, Wörth, Spichern äußerst blutige und verlustreiche Durchbruchsiege. Nach weiteren Schlachten bei Mars-la-Tour, Gravelotte und St. Privat wird die „Rheinarmee" des Marschalls Bazaine in Metz eingeschlossen, wo sie im Oktober 1870 kapituliert. Die zum Entsatz anmarschierende „Armee von Paris" unter Marschall MacMahon wird in einem glänzenden Manöver zweier deutscher Armeen abgefangen und auf die kleine Stadt Sedan an der Maas zurückgeworfen, wo sie ebenfalls eingeschlossen und schon am 2. 9. 1870 zur Aufgabe gezwungen wird. Unter den fast 100 000 Gefangenen von Sedan ist auch Napoleon III. **Der französische Kaiser ergibt sich** „für seine Person" und wird nach Deutschland gebracht.

Die französische Nation indes **führt den Kampf fort**. Auf Initiative der gemäßigten Republikaner Faure (1809–1880) und Gambetta (1838–1882) wird am 4. 9. die **Dritte Republik proklamiert** und eine provisorische Regierung der nationalen Verteidigung gebildet. Ihre Parole lautet: „Keinen Zollbreit von unserem Land, keinen Stein von unseren Festungen." Nach dem Fall der Festungen Toul und Straßburg rücken die deutschen Armeen auf Paris vor. Ende September ist der Einschließungsring vollendet. Dem Innenminister Gambetta gelingt eine spektakuläre Flucht mit einem Heißluftballon aus der belagerten Hauptstadt. Von Tours an der Loire aus organisiert er den Volkskrieg gegen die deutschen Invasoren. Die haben sich nun in weiten Gebieten Frankreichs zahlloser Angriffe vereinzelter Truppen zu erwehren; der Krieg zerfasert, es kommt zu Aktionen von „Franctireurs" (bewaffneten Zivilisten) und Freischaren (z.B. ein Korps unter dem italienischen Freiheitshelden Garibaldi). Die **Belagerung von Paris** wird Ende des Jahres durch eine Beschießung verschärft; im Januar **1871 kapituliert die Hauptstadt**, es wird ein Waffenstillstand geschlossen und am 26. 2. der **Präliminarfriede von Versailles**.

Der Niedergang erst des Kaisertums und dann der französischen Bourgeoisie, die den Krieg getragen haben, bringt nun Arbeiterschaft und Kleinbürgertum auf den Plan. In Paris meutern die National-

garden, bemächtigen sich der Kanonen auf dem Montmartre; Linientruppen laufen zu ihnen über. Sozialisten gründen im März
1871 die „Pariser Kommune", die der in Versailles etablierten Regierung Thiers den Gehorsam verweigert und das Leben in der Metropole radikal-demokratisch organisiert. Das Experiment wird im Mai 1871 durch militärische Intervention beendet. Unter dem Befehl des Marschalls MacMahon dringen Truppen, unter denen sich zahlreiche freigelassene Kriegsgefangene befinden, in die Hauptstadt ein. Bei den Kämpfen und mehr noch den anschließenden Hinrichtungen verlieren ca. 30 000 „Kommunarden" ihr Leben.
In dem am 10. 5.
1871 abgeschlossenen **Frieden von Frankfurt**, der den Krieg beendet, muss Frankreich fünf Milliarden Entschädigung zahlen und seine Ost-Provinzen Elsass und Lothringen (deutscherseits teils als „altes Reichsland", teils als Pufferzone gegen einen französischen Aufmarsch gefordert) abtreten.
Während die Kriegskontribution rasch und ohne große Schwierigkeit geleistet wird, bedeutet die Gebietsabtretung einen Verlust, über den die Nation nicht hinwegkommen wird. Die Rückgewinnung der verlorenen Ostgebiete bleibt über Jahrzehnte aufrechtgehaltenes Ziel der französischen Politik („Nie davon sprechen – immer daran denken") und vereitelt jede Annäherung der „Erbfeinde".
Während der Feldzüge ist das **politische Einigungswerk Deutschlands** vorangetrieben worden. Die gemeinsamen Siege der deutschen Kontingente begünstigen Bismarcks Verhandlungen mit den Regierungen der süddeutschen Staaten. Der Spiegelsaal des Schlosses von Versailles wird zum Ort ausersehen, in dem eine glanzvolle Versammlung von Militärs und Fürsten am 18. 1.
1871 das **Deutsche Reich** und König **Wilhehn I. von Preußen** zu seinem **Kaiser** ausruft. Damit ist Bismarcks Ziel, die **Einigung Deutschlands unter preußischer Führung,** erreicht. Die Zeremonie lässt aber schon einiges vom Gepräge und den Belastungen des künftigen Reiches ahnen. Ergebnis mehrerer blutiger Kriege, wird es von Adligen und Militärs, keineswegs von Bürgertum oder Arbeiterschaft, ausgerufen, noch dazu an einer Stätte, die für die besiegte Nachbarnation hochgradiges Identifikationssymbol gewesen ist.

Das Deutsche Reich

Das neugeschaffene Reich ist ein **Bundesstaat**, ein „unauflöslicher Verein" von 22 Monarchien und drei „Freien Städten". An der Spitze des Bundes, als Präsident, steht der König von Preußen mit dem Titel „Deutscher Kaiser". Er hat das Recht, Bündnisse einzugehen und Krieg zu führen; er ernennt den Reichskanzler, der wiederum nur ihm verantwortlich ist. Minister gibt es nicht, nur Staatssekretäre, die gleichfalls vom Kaiser ernannt werden. Im Bundesrat sitzen Vertreter der Länderregierungen; hier werden Reichsgesetze und der Haushalt bewilligt. Die eigentliche Volksvertretung, der Reichstag, rangiert darunter. Wenn auch nach allgemeinem, gleichem oder direktem Wahlrecht gewählt, steht ihm jedoch nur Mitwirkung zu. Insofern bleibt die Reichsverfassung von 1871 weit hinter den demokratischen Vorstellungen von 1848 sowie hinter der Praxis der westeuropäischen Staaten oder der USA zurück.

Es dauert noch geraume Zeit, bis die in Jahrhunderten gewachsenen partikularistischen Entwicklungen in Deutschland vereinheitlicht sind: 1872 Strafgesetzbuch, 1873 Maß-, Gewichts- und Münzgesetze, 1875 Gründung der Reichsbank, 1879 einheitliche Rechtspflege und Gerichtsorganisation, 1900 Bürgerliches Gesetzbuch.

Die Reichsregierung, geführt von Reichskanzler Bismarck, liegt sogleich im **Kampf mit zwei innenpolitischen Gegnern**. Hauptsächlich durch Bismarcks Unnachgiebigkeit (die im Gegensatz steht zu seiner außenpolitischen Geschicklichkeit) bekommen diese Auseinandersetzungen eine unnötige Schärfe.

Die erste beginnt bereits im Jahre 1871 mit dem „Kanzelparagraphen" (Gesetz gegen politischen Missbrauch des geistlichen Amts). Vorangegangen ist dem eine **politische Offensive des Papsttums**, das gegen liberalistische Tendenzen sowie den drohenden Verlust des Kirchenstaats im 1. Vatikanischen Konzil 1870 die katholische Lehre behauptet und die **Unfehlbarkeit des Papstes** in Glaubens- und Sittenlehren verkündet hat (Papst Pius IX. 1846–1878). Katholiken gründen in Deutschland die Zentrumspartei, der sich oppositionelle Gruppen wie Welfen (Anhänger des hannoverschen Königshauses) und Polen (aus den Preußen angegliederten Gebieten) anschließen. Der **„Kulturkampf"**, der um die Schulaufsicht, die Tätigkeit des Jesuitenordens und die Zivilehe geführt wird, findet seinen Höhepunkt in den „Maigesetzen" von 1873/74. Unter Papst Leo XIII. (1878–1903) kommt es dann allmählich zum Ausgleich zwischen dem protestantischen Preußen und dem politischen Katholizismus, allerdings ohne dass dieser geschwächt worden wäre.

Bismarcks zweiter Gegner ist die **Sozialdemokratie**. Im „Allgemeinen Deutschen Arbeiterverein" (gegründet 1863), der gemeinsam mit dem Staat „Produktionsgenossenschaften" aufbauen will, und in seinem Präsidenten Ferdinand Lassalle (1825–1864) hat der preußische Politiker noch Verhandlungspartner gesehen. Als jedoch Lassalles Konkurrenten August Bebel (1840–1913) und Wilhelm Liebknecht (1826–1900) **1869** die **Sozialdemokratische Arbeiterpartei** gründen und diese 1875 mit dem Allgemeinen Deutschen Arbeiterverein zur Sozialistischen Arbeiterpartei („Gothaer Programm") verschmelzen, nimmt Bismarck den Kampf auf. Anarchistische Attentate auf Kaiser Wilhelm I. dienen ihm als Vorwand, **1878** das **„Gesetz gegen die gemeingefährlichen Bestrebungen der Sozialdemokratie"** einzubringen und die im Grunde noch unbedeutende Partei mit Verboten, Zensurmassnahmen, Inhaftierung und Ausweisung der Parteiführer zu schikanieren. Die Verfolgungen tun der Sozialdemokratie jedoch keinen Abbruch, im Gegenteil: In Untergrundarbeit vergrößert sie sich, und **1890** bei **Aufhebung des Sozialistengesetzes** (gegen Bismarcks Willen) kann sie schon 20% der Wählerstimmen auf sich vereinen. Ihr Kurs ist nunmehr klar marxistisch, auf revolutionäre Umgestaltung aller Verhältnisse gerichtet („Erfurter Programm" der Sozialdemokratischen Partei Deutschlands 1891).

Die harten Unterdrückungsmassnahmen haben die Arbeiterbewegung dem Staat entfremdet. Daran ändern auch **Bismarcks Sozialreformen** nichts (1883 Gesetze zur Krankenversicherung, 1884

Unfall-, 1889 Alters- und Invalidenversicherung). Das in seiner Zeit vorbildliche, gegen stärkste Widerstände seitens der Unternehmer durchgesetzte sozialpolitische Gesetzgebungswerk wird, da nicht mit politischen Rechten verknüpft, nur als Almosen des Staates betrachtet.
Die französische Kriegsentschädigung hat das **„Gründungsfieber“** angeheizt (zwischen 1870 und 1873 werden über tausend Aktiengesellschaften gegründet); Industrie, Handel und Großbanken nehmen raschen Aufschwung.
1878 vollzieht sich der **Übergang zur Schutzzollpolitik**, den Bismarck in einer Kehrtwendung gegen die Liberalen und mit Hilfe des Zentrums vollzieht. Das Bündnis zwischen Schwerindustrie und Großgrundbesitz, die beide vom Schutzzoll profitieren, wird zur ökonomisch-politischen Grundlage des Reiches in den nächsten Jahrzehnten.

England unter Königin Viktoria

Die Regierungszeit der Königin **Viktoria 1837–1901**, die „viktorianische Ära“, ist die **Blütezeit des Empire**, das sich schließlich über ein Viertel der Erde erstreckt – das größte Weltreich der bisherigen Geschichte. Stützpunkte (Zypern, Singapur, Aden, Hongkong) und 19 neue Handelswege (Suezkanal) schaffen sichere Verbindung zu den Kolonien und Protektoraten an der afrikanischen Ostküste, in Indien und der Südsee. In einigen Kolonien, so z.B. in Kanada, werden Ansätze zur Selbstverwaltung sichtbar; es entwickeln sich **„Dominions“**, die sich zum „British Commonwealth of Nations“ zusammenschließen werden.

Besondere Bedeutung kommt der **Kolonie Indien** zu. Hier wird die Ostindische Kompanie, eine private Handelsgesellschaft, hinausgedrängt und **1858** ein **britisches Vizekönigreich** errichtet; 1877 nimmt Königin Viktoria den Titel einer „Kaiserin von Indien“ an. Nach Niederschlagung des „Großen Aufstands“ (1857 /58) wird das Land erschlossen (Eisenbahnen, Bewässerung, Häfen); dabei wird die autarke Dorfwirtschaft und das indische Baumwollgewerbe vernichtet; die Kronkolonie hält nur noch als Rohstofflieferant her, der die Fertigprodukte der britischen Industrie abnehmen muss.
Innenpolitisch bedeutet die Viktorianische Ära eine Hochblüte des Bürgertums, das seine Tugenden, Fleiß, Selbstbeherrschung und rigide Moral, zu allgemeingültigen Normen erhebt.

Gegensätze in Russland

Nach dem Krimkrieg werden vom Zarentum Reformen eingeleitet, die jedoch ihr Ziel zumeist verfehlen. So erhalten die 20 Millionen russischen Bauern zwar **Befreiung von der Leibeigenschaft**, müssen aber den Grundbesitzern Land abkaufen, wodurch sie sich auf Generationen verschulden. Die Infrastruktur wird nur langsam verbessert, die Industrialisierung kommt erst in den siebziger Jahren des 19. Jahrhunderts in Gang. Üppig dagegen die Beamtenschaft, die Bauern und Bürger in Schach hält; eine Verfassung kennt die „Autokratie“ des Zaren nicht.
Oppositionelle Gruppen entwickeln sich in Studentenkreisen und im gebildeten Bürgertum. „Narodniki“ (Volksfreunde) ziehen aufs Land und agitieren die Bauern. „Terroristen“ verüben Anschläge auf

Einrichtungen des Staates und auf dessen hohe Beamte. Spektakulärster Fall ist die Ermordung des Zaren Alexander II. in St. Petersburg 1881. Die Staatsgewalt schlägt erbarmungslos zurück, verbietet Studentenorganisationen; ein Heer von Geheimpolizisten schwärmt aus; Tausende von Verdächtigen werden nach Sibirien verschleppt. Verfolgung trifft gleichfalls die junge russische Arbeiterbewegung (erste marxistische Organisation „Befreiung der Arbeit" 1883). Ihre Führer gehen zum Teil ins Exil.
Zur Ablenkung des Volkszorns erlaubt die Regierung Judenpogrome (das schwerste 1881 in Odessa). Dabei entsteht unter den verfolgten Juden der Plan einer zionistischen Organisation und einer Auswanderung nach Palästina.
1905 löst die **Niederlage im Kampf gegen Japan** die erste russische Revolution aus. Nach dem „Blutigen Sonntag" von St. Petersburg im Januar, bei dem eine friedliche Demonstration vom Militär zusammengeschossen wird, folgt eine Serie von Streiks und Revolten in ganz Russland. Der Zar gewährt eine **„Duma"** (Parlament); der Scheinkonstitutionalismus währt bis 1917, ohne jedoch demokratischen Forderungen gerecht zu werden.
Im Ausland bereiten sich **sozialistische Gruppen**, die sich 1903 in „Menschewiki" (Minderheitler) unter Plechanow und **Trotzki** (1879–1940) und „Bolschewiki" (Mehrheitler) unter **Lenin** (1870–1924) aufgespalten haben, auf die Beseitigung des Zarenregimes und den Umsturz der gesellschaftlichen Verhältnisse in Russland vor.

Bismarcks Friedenspolitik

Die neue Macht in Mitteleuropa wird von den übrigen Staaten durchaus noch mit Misstrauen betrachtet. Mit der Erklärung, Deutschland sei „saturiert" (befriedigt) bietet Bismarck seine **friedliche Vermittlung bei internationalen Konflikten an**. Erste Gelegenheit dazu ergibt sich **1877/78** in der **Balkankrise**: Serben und Bulgaren haben mit russischer Waffenhilfe den Kampf gegen die Türken begonnen. Als „ehrlicher Makler" bringt Bismarck **1878** auf dem **Berliner Kongress** die europäischen Mächte zusammen. Serbien, Rumänien und Montenegro werden selbstständig, Österreich erhält Besatzungsrechte in Bosnien und der Herzegowina, Bulgarien wird geteilt. Langfristig verschlechtern sich durch das Kongressergebnis die Beziehungen Deutschlands zu Russland, wenngleich Bismarck immer noch die Verbindung aufrechterhält (Rückversicherungsvertrag 1887). Österreich-Ungarn sucht Anlehnung an das Deutsche Reich.
1879 wird der **Zweibund** geschlossen, dem 1882 Italien beitritt.
Zwanzig Jahre lang ist **Bismarck der Schiedsrichter Europas** und Deutschland die kontinentale Vormacht. Die von ihm 1887 vermittelte Mittelmeer-Entente zwischen England, Italien und Österreich sichert den Status quo im Süden Europas. Das komplizierte Bündnisgeflecht ist aber zugeschnitten auf seinen Schöpfer; die Nachfolger werden es nicht aufrechterhalten können.
1888 ist das **Dreikaiserjahr**. Nach dem Tod Wilhelms I. regiert sein Sohn Friedrich III. nur 99 Tage und stirbt an Kehlkopfkrebs. Es folgt dessen Sohn **Wilhelm II.** (1888–1918). Außenpolitische Eigen-

willigkeiten und Meinungsverschiedenheiten in der Sozialistenfrage führen zu Spannungen zwischen dem jungen Monarchen (28 Jahre) und dem greisen Kanzler (75 Jahre) und schließlich am 20. 3. **1890** zu **Bismarcks Entlassung** unter unwürdigen Umständen. Wilhelm II., vielseitig talentiert, human und gutwillig, aber politisch taktlos und sprunghaft, prestigebedacht und ehrbesessen, gefährdet Bismarcks Bündnispolitik. Der Rückversicherungsvertrag mit Russland wird nicht verlängert; ehrgeizige Rüstungsprogramme (vor allem der Bau einer Schlachtflotte, die England gewachsen sein soll), Kolonialforderungen und Weltmachtstreben machen aus dem „saturierten" Deutschland binnen kurzem einen Unruhestifter starken Kalibers.

Technik und Wissenschaft

In der zweiten Hälfte des 19. Jahrhunderts geben **technische Neuerungen** der industriellen Entwicklung ständig neue Anstöße. Die Erfindungen jagen sich, eine baut auf der anderen auf. Eine Chronologie aus dem Bereich der Verkehrstechnik mag das verdeutlichen: 1834 wird der Elektromotor erfunden, 1867 die Dynamo-Maschine, 1876 der Viertaktmotor, 1879 die Elektro-Lokomotive, 1884 der Benzinmotor, 1897 der Dieselmotor. Um 1905 verkehren bereits Autos, Luftschiffe, Motorflugzeuge. Maschinen werden nun nicht nur in der Landwirtschaft und Industrieproduktion eingesetzt, sondern auch in Büros (Schreibmaschine, Lochkartenmaschine) und im Haushalt (Kältemaschinen, Küchengeräte). Nachrichtentechnik und Unterhaltung erobern sich neue Formen. 1876 wird das Telefon erfunden, 1897 die drahtlose Telegraphie, 1869 der Lichtdruck, 1884 die Setzmaschine, 1871 die Bromsilber-Platte für Photographie, 1895 der Kinematograph.
Es gibt neuartige Technologien: 1867 den Eisenbetonbau, 1885 die Herstellung nahtloser Röhren, dazu das weite Gebiet der Kunststoffe.
Neue Wissenschaften entwerfen ein **Weltbild, das mit herkömmlichen Denkrichtungen radikal bricht**: Die Soziologie (Hauptvertreter Hippolyte Taine, Emile Durkheim, Max Weber) sucht die Gesetze der Geschichte und erklärt den Menschen als durch seine Umwelt geprägt. Die Psychologie (Johann Friedrich Herbart, Hermann v. Helmholtz, Gustave Le Bon, Sigmund Freud) ergründet die Labyrinthe der menschlichen Seele und beschreitet neue Wege zur Heilung von Krankheiten. Die liberale Theologie (Ernest Renan, Daniel Friedrich Strauss, Ludwig Feuerbach) erklärt die Religion zur Illusion des Menschen und den „Gottessohn" Jesus zum gewöhnlichen Menschen, dessen Anhänger erst den Mythos des Christentums geschaffen haben. Die moderne **Biologie** (Charles Darwin, Ernst Haeckel) entgöttlicht die Schöpfung und beschreibt das Leben als „Kampf ums Dasein" und die Entstehung der Arten als Ergebnis natürlicher Auslese. Die neue **Physik** (Wilhelm Conrad Röntgen, Max Planck, Ernest Rutherford, Albert Einstein) erforscht den Mikrokosmos der Moleküle und Atome.

Der Imperialismus

Die Voraussetzungen

Um 1890 noch ist Europa das Herz der Welt, alle Weltpolitik wird hier gemacht. Das Verhältnis der europäischen Großmächte untereinander wird noch durch keine außereuropäische Macht beeinflusst. Gegensätze wie der deutsch-französische oder österreichisch-russische oder – außerhalb Europas – der englisch-russische sind zu Konstanten geworden, mit denen seit Jahrzehnten gerechnet werden kann.

Das ändert sich in den nächsten beiden Jahrzehnten. Industrielle Revolution und Maschinenzeitalter haben den hochkapitalistischen Industrieapparat, Massenproduktion und Kapitalanhäufung hervorgebracht. Immer auf der Suche nach Rohstoffquellen und Absatzmärkten, getrieben auch von einem durch moderne Chemie und Medizin ermöglichten Bevölkerungswachstum, dem daheim der Raum zu knapp geworden, **dehnen sich die Industrienationen über den Erdball aus**. Weltreiche, Imperien entstehen.

Diesem Imperialismus, der eine hochentwickelte kapitalistische Wirtschaft zur Voraussetzung hat, wie sie in den Vereinigten Staaten und Japan, in England, Frankreich und Deutschland anzutreffen ist, gehen **Ideologien** zur Seite, **die Kolonialerwerb und Machtausdehnung geistig, religiös oder rassisch zu rechtfertigen suchen**.

Hierher gehört der im Puritanismus wurzelnde englische oder der in der Zivilisationsidee begründete französische Imperialismus, der amerikanische, der alle Welt an den Segnungen der Demokratie oder der deutsche, der sie an den Nationaltugenden teilhaben lassen will. Eine Sonderform ist der **Panslawismus** in Russland, jene Bewegung, die, von Moskau als dem „dritten Rom“ ausgehend, alle Slawen zu einem Reich orthodoxen Glaubens vereinen möchte.

Über allem aber der Glaube, zum **Herrscher der Welt** sei **allein der weiße Mann berufen**. Zu diesen Kräften, die überall auf der Welt zusammenstoßen, tritt verschärfend der **Nationalismus innerhalb Europas**. Willkürlich gezogene Grenzen, Verständigung der großen Nationen auf Kosten der kleinen, dazu ein Nationalstolz, der in Kategorien wie „Demütigung“, „Rache“, „Genugtuung“ oder „Ehre“ reagiert, und schließlich eine Politik, die aus Darwins Lehre das Recht des Stärkeren abgeleitet hat und den Krieg mit ins politische Kalkül einbezieht: Das alles hält Europa, vor allem den Balkan, in dauernder Spannung.

Versuche, dem durch eine internationale Friedensorganisation Einhalt zu tun, bleiben im Ansatz stecken. So beschließen die vom Zaren Nikolaus II. inspirierten **Friedenskonferenzen in Den Haag 1899 und 1907** immerhin eine **Landkriegsordnung**, nach der bestimmte Kampfmittel und -formen geächtet sind; der Ständige Schiedsgerichtshof im Haag befasst sich jedoch nur mit zweitrangigen Problemen. Die Kampagnen Bertha v. Suttners (Buch „Die Waffen nieder“, 1889) und die Stiftung des Friedensnobelpreises (1901) bleiben ohne durchschlagende Wirkung. Gleiches gilt – jedenfalls auf friedenspolitischem Gebiet – für die Internationale der Arbeiterparteien (Sozialistenkongress „Krieg dem Krieg“, 1912); sie wird die Belastung des Kriegsausbruchs 1914 nicht überstehen.

Wettlauf um die Kolonien

Die letzten unerforschten Länder in Afrika und Asien geraten unter die Herrschaft der Weißen. **England** unterwirft sich 1882 Ägypten, 1884 das Somaliland, 1886 Kenia, 1888–91 Rhodesien, 1895 Uganda, 1899 den Sudan, 1899–1902 die Burenrepubliken in Südafrika, bis 1890 die Randstaaten Indiens. **Frankreich** besetzt 1854–65 Senegal, 1881 Tunesien, 1895 /96 Madagaskar, 1904 West- und 1910 Äquatorialafrika, bis 1893 auch ganz Indochina. **Belgien** gewinnt 1884 /85 das Kongo-Gebiet, **Italien** 1887–90 Eritrea, 1889 Ital.-Somaliland, 1912 Libyen. **Die Vereinigten Staaten** kaufen 1867 Alaska und besetzen im Krieg mit Spanien 1898 Kuba; imperialistische Politik wird von Seiten der USA jedoch zumeist mit wirtschaftlichen Mitteln betrieben. Die Finanzierung der panamesischen Revolution 1903, nach der der Bau des Panama-Kanals unter US-Regie erfolgen kann (1903–1914), steht als markantes Beispiel für diese Politik des „Big Stick" oder **Dollar-Imperialismus**.

Schließlich greift auch das **Deutsche Reich** nach Übersee: 1884 Deutsch-Südwestafrika, Kamerun und Togo, 1885 Deutsch-Ostafrika, 1884/85 Südsee-Kolonien. Unter Bismarcks Nachfolger Caprivi (Reichskanzler 1890–94) erfolgt 1890 der Tauschhandel mit England: Sansibar gegen Helgoland.

Verschiedenartig verläuft die Entwicklung in **China und Japan**. Das Kaiserreich der „Mitte", noch im 18. Jahrhundert die beherrschende Macht von ganz Ost- und Zentralasien, erweist sich im 19. Jahrhundert als schwächlich, als es mit der imperialistischen Macht England aneinandergerät. Anlass ist der Schmuggel von Opium, das von den Engländern in Bengalen angebaut, mit Hilfe bestechlicher Beamten nach China gelangt. Zu Gunsten freien Verkaufs ihres Giftes beginnen die Engländer **1839** den **„Opiumkrieg"**, der 1842 im Frieden von Nangking endet.

Die Chinesen müssen dulden, dass ihr Land zur westlichen Einflusssphäre wird und die Kolonialmächte sich Stützpunkte auf seinem Gebiet anlegen (z.B. die Engländer 1841 Hongkong). Die katastrophale Niederlage **1894/95** im **Krieg Chinas gegen Japan** beschleunigt den Niedergang des Reiches (Verlust Formosas und Koreas). Im Lande bilden sich Geheimorganisationen zur Bekämpfung der Fremden, in Europa mit dem Namen „Boxer" bezeichnet.

Die Ermordung des deutschen Gesandten in Peking während des **Boxeraufstands 1900** führt zu einer Strafexpedition der europäischen Mächte (dazu Japans), die in der zerstörten Hauptstadt barbarisch haust. Das Schicksal des Kaiserhauses ist 1911 mit der Revolution unter **Sun Jatsen** entschieden.

In Japan dagegen bewirkt die von Amerikanern 1854 erzwungene Öffnung eine Anpassung an westliche Wirtschafts- und Staatsformen. Das Land überwindet die alte Feudalstruktur, binnen eines halben Jahrhunderts ist Japan industrialisiert; **1894/95 greift es nach China**, **1904/05** gewinnt es den **Waffengang mit Russland**. Imperialistischer Ausdehnungsdrang führt eine Krise nach der anderen herbei. Nachdem die Vereinigten Staaten Spanien besiegt haben und in den Pazifik vorgedrungen sind (1898 Besetzung Hawaiis), geraten sie in Gegensatz zu Japan. Dieses wiederum stößt nach seinem Sieg über Russland auf Englands Interessen in Ostasien. Englands Kap-

Kairo-Pläne (der Versuch, eine vertikale Landbrücke durch Afrika herzustellen, vor allem propagiert von **Cecil Rhodes**, 1853–1902) kollidieren mit Deutschlands Ostafrika-Interessen und Frankreichs Bestreben, eine horizontale Verbindung quer durch Afrika zu schaffen. Die **Faschoda-Krise 1898** bringt die englische und französische Nation an den Rand eines Krieges. Das deutsche Projekt der Bagdad-Bahn (begonnen 1903) stört wiederum England. Und Deutschlands Einmischung in die französische Nordafrikapolitik beschwört die **Marokkokrisen** herauf (1905 Landung des Kaisers in Tanger, 1911 Entsendung des Kanonenboots „Panther“ nach Agadir).

Am Vorabend des Weltkrieges

Nachdem das letzte Jahrzehnt des 19. Jahrhunderts noch im Zeichen englisch-französischer bzw. englisch-russischer Rivalität gestanden hat, bringen die Jahre bis 1914 einen Ausgleich zwischen diesen drei Staaten und eine Vereinsamung Deutschlands. Phlegma und Unfähigkeit der Reichskanzler Caprivi (1890–1894), Fürst Hohenlohe (1894–1900), Bülow (1900–1909) und Bethmann-Hollweg (1909–1917) sowie Kraftsprüche und Ungeschicklichkeiten ihres Souveräns (Krüger-Depesche 1896, „Hunnen“-Rede 1900, Daily-Telegraph-Affäre 1908) verschlechtern noch Deutschlands Ansehen, was wiederum als „Einkreisung“ gedeutet wird.

England gibt die fast ein Jahrhundert lang praktizierte **Politik der „Splendid isolation“ auf**. In dem Bestreben, den selbsternannten Rivalen auf kolonialem, wirtschaftlichem und maritimem Gebiet (Deutschlands Flottenbau) niederzuhalten, geht es Bündnisse mit Kontinentalmächten ein:

1904 „Entente cordiale“ mit Frankreich, 1907 Abkommen mit Russland. Frankreich wiederum hat bereits 1892 eine Militärkonvention mit Russland abgeschlossen, die 1912 durch eine Flottenkonvention ergänzt wird. So stehen sich am Vorabend des Ersten Weltkrieges die Großmächte nicht mehr in ausbalanciertem Gleichgewicht und voneinander unabhängig wie noch 1890 gegenüber, sondern aufgespalten in starre Machtblöcke. Und eine Krise auf dem Balkan wird ausreichen, die durch ihre Bündnisse verketteten Großmächte nacheinander in den Krieg zu reißen.

In der **Bosnischen Krise 1908/09** kann Reichskanzler Bülow den österreichischen Generalstabschef v. Hötzendorf (1852–1925) gerade noch von einem Präventivkrieg zur „Abrechnung“ mit Serbien abhalten; auch der **1. und 2. Balkankrieg 1912/13** können noch ohne internationale Verwicklung beigelegt werden. Den Funken ans „Pulverfass Europas“ legt jedoch am 28. 6.

1914 das **Attentat von Sarajewo auf Erzherzog Franz Ferdinand**. Angehörige des serbischen Geheimbundes „Schwarze Hand“ ermorden den österreichischen Thronfolger während einer Besuchsfahrt durch das österreichisch verwaltete Bosnien. **Österreich**, von Deutschland gedrängt, **verlangt von Serbien Unterwerfung** und erklärt, da diese nicht vollständig geleistet wird, den Krieg.

Nun greift die Bündnismechanik: Serbien ist mit Russland verbündet, das sogleich zur Mobilmachung schreitet, was Österreichs Verbündetem Deutschland wiederum als Bestätigung der „Einkreisung“ gilt, die nur mit energischem Zuschlagen zu sprengen sei. Jetzt haben nur noch

Militärs das Sagen; ihre Mobilmachungspläne bestimmen das weitere Geschehen. So kommt es, um den Zweifrontenkrieg, der nach Meinung der Generalität sowieso bevorsteht, wenigstens nach deutschen Vorstellungen ablaufen zu lassen, **am 1. August** zur **Kriegserklärung an Russland** und **am 3. August an** das mit Russland verbündete **Frankreich** und tags darauf zum Einmarsch in Belgien, gemäß dem bereits 1905 ausgearbeiteten Plan des damaligen Generalstabschefs Alfred Graf v. Schlieffen (1833–1913), der die rasche Niederwerfung Frankreichs vorsieht, bevor die Russen ihren Aufmarsch beendet haben. Die Verletzung der belgischen Neutralität (deren Garantie von der deutschen Regierung nur mehr als „Fetzen Papier" betrachtet wird) beantwortet England mit der **Kriegserklärung an die Mittelmächte**. „In Europa", sagt der britische Außenminister Grey am 4. 8. 1914 im britischen Unterhaus, „gehen die Lichter aus".

DIE ZEIT DER WELTKRIEGE

Vor dem Ausbruch des Ersten Weltkrieges erscheint Europa noch als der Mittelpunkt der Welt, zu Ende des Krieges ist dies nicht mehr der Fall. Während Deutschland besiegt ist und die alten Kolonialmächte England und Frankreich Schwächen offenbaren, treten zwei Staaten, die „im Dunkeln großgeworden" (A. de Tocqueville) sind, ins Licht: die USA, die 1917 in den Krieg eingreifen, und Russland, das im selben Jahr die bolschewistische Revolution erlebt. Der Zweite Weltkrieg schreibt den Ersten fort; Hitlers Reich geht genauso unter wie Japans Traum von einer „Großostasiatischen Wohlstandssphäre". Nach 1945 ist die Welt vollends aufgeteilt unter den beiden neuen Supermächten.

Der Erste Weltkrieg

Vom Bewegungs- zum Stellungskrieg

In Deutschland wie auch in den übrigen am Konflikt beteiligten Ländern schlägt die patriotische Begeisterung hohe Wellen. Selbst die in Opposition zum wilhelminischen Staat stehende deutsche Sozialdemokratie – sie ist bei der Reichstagswahl 1912 zur stärksten Partei geworden – zeigt sich im Zeichen der Krise zum „Burgfrieden" bereit und stimmt für die **Bewilligung der Kriegskredite**.

Gemäß dem Schlieffen-Plan hat die Masse des deutschen Feldheeres entlang der französisch-belgischen Grenze vorzustoßen, sich dann nach Südwesten zu wenden und schließlich, westlich an Paris vorbei, nach Südosten einzuschwenken. Durch diese gewaltige Zangenbewegung soll das französische Heer an seinem linken Flügel umfaßt, gegen die Mosel und die Schweizer Grenze gedrückt und dort vernichtet werden. Gegenüber der starken französischen Festungslinie Verdun-Belfort sollen nur schwache deutsche Kräfte hinhaltend kämpfen.

Dieser Strategie entsprechend rollen mit der Kriegserklärung an Frankreich die Züge planmäßig nach Westen. Wie von der Führung erwartet, eilen die deutschen Truppen zunächst von Sieg zu Sieg. Doch es sind im Sinne Schlieffens nur „ordinäre Siege“, da sie die Kampfkraft des Gegners nicht entscheidend schwächen. Stattdessen haben die Deutschen hohe Verluste zu beklagen. Ihr Nachschub wird schwieriger. Insbesondere wird der äußerste rechte Flügel von Paris aus bedroht. Zwischen der 1. und der 2. Armee klafft eine Lücke, in die sich englische Truppen hineinschieben. In dieser unklaren Situation wird **der deutsche Vormarsch gestoppt**, die **Schlacht an der Marne** (5.–12. 9. 1914) abgebrochen und den deutschen Truppen der Rückzug empfohlen. Damit aber ist an den schnellen Sieg durch die große Umfassungsschlacht nicht mehr zu denken. Generalstabschef Moltke nimmt seinen Abschied. Zwar gelingt es dem Nachfolger, Erich von Falkenhayn, die Front wieder zu stabilisieren, doch sein Versuch, durch einen großen Angriff gegen Flanke und Rücken des Gegners den Krieg noch im Herbst zu entscheiden, scheitert ebenso wie sein Plan, die Kanalküste als Basis für eine wirksame Seekriegführung gegen England zu besetzen. Nach den großen Herbstschlachten in Flandern **erstarrt die ganze Westfront im Stellungskrieg**.

Während sich die deutschen Truppen im Westen noch auf dem Vormarsch befinden, haben die Russen, früher als erwartet, mit zwei Armeen ihren Aufmarsch gegen Deutschlands Grenze im Osten begonnen. Als General Prittwitz, Führer der 8. und einzigen deutschen Armee in Ostpreußen, vor dieser russischen Übermacht weichen will, wird er durch Generaloberst Paul von **Hindenburg** (1847–1934) ersetzt. Zusammen mit seinem Generalstabschef Generalmajor Erich **Ludendorff** (1865–1937) stellt er sich dem Feind. Alle verfügbaren Kräfte werden zunächst der russischen Narew-Armee entgegen geworfen. In der **1914 Schlacht bei Tannenberg** (23.–31. 8.) gelingt es, die Russen zu umzingeln und vernichtend zu schlagen. Unmittelbar nach diesem glänzenden Sieg versucht man, die zweite russische Armee ebenso vernichtend zu treffen. Bei der **Schlacht an den Masurischen Seen** (6.–15. 9.) gelingt zwar nicht die Umzingelung, doch **ziehen sich die Russen aus Ostpreußen zurück**. Die verbündeten Soldaten der k.u.k. Armee kämpfen weniger glücklich. **Auch Österreich-Ungarn hat ein Zweifrontenproblem zu lösen**. Im Vertrauen auf eine nicht allzu schnelle Einsatzbereitschaft der russischen Armee sucht man zunächst die Entscheidung gegen Serbien zu erzwingen. Nach anfänglichen Erfolgen müssen sich die österreichisch-ungarischen Truppen dennoch zurückziehen, während die Russen früher als erwartet in Galizien einfallen. Die zahlenmäßig stark unterlegene k.u.k. Armee hat hier dem Hauptdruck der „russischen Dampfwalze“ zu widerstehen, vor der sie schließlich unter großen Verlusten weichen muss. Erst mit deutscher Hilfe gelingt es dann, Serbien zu schlagen und gegen die Russen Erfolge zu erzielen. Nach wechselvollen Kämpfen erstarren im September 1915 auch die Fronten im Osten zum Stellungskrieg. Durch den im Mai **1915** erfolgten **Kriegseintritt Italiens** an der Seite der Alliierten wird die Lage der Mittelmächte zusätzlich erschwert. An der neuen Front in den Alpen und am Isonzo sind beträchtliche Kräfte gebunden.

Zufuhrkrieg

Die deutsche Marineführung hat damit gerechnet, Großbritannien würde durch eine Nahblockade versuchen, die deutsche Küste abzuriegeln, und für diesen Fall geplant, in einer offenen Seeschlacht den Durchbruch zu erkämpfen. Die englische Entscheidung für eine **Fernblockade** verändert jedoch die operative Situation der kaiserlichen Flotte.

Zunächst reagiert Deutschland auf diese zweifellos völkerrechtswidrige englische Fernblockade – durch sie wird die gesamte Nordsee für die Zufuhr nach Deutschland gesperrt – mit der völkerrechtlich ebenfalls nicht unproblematischen Proklamation des U-Bootkriegs (14.2.1915). Mit Rücksicht auf die neutralen Staaten wird der U-Bootkrieg im folgenden Jahr wieder eingestellt.

Am 31. 5.

1916 treffen die englische und die deutsche Schlachtflotte am Skagerrak aufeinander. Die einzige große Seeschlacht des Ersten Weltkriegs bringt keine Wende. Beide Seiten melden Sieg, die britische Fernblockade jedoch bleibt bestehen, die Zufuhr kriegswichtiger Güter nach Deutschland weiterhin gefährdet. Lieferungen aus den Kolonialgebieten sind schon bald nach Kriegsbeginn ausgefallen, denn mit Ausnahme Ostafrikas haben **die Kolonien** schnell **kapituliert**.

Materialschlachten

Falkenhayn versucht 1916, die Westfront wieder in Bewegung zu bringen. Seine Taktik läuft darauf hinaus, den Gegner durch einen großen Aufwand an Menschen und Material „auszubluten".

Ein massierter Angriff auf den Eckpfeiler der französischen Front, die Festung Verdun, die Frankreich nicht aufgeben kann, soll den Gegner dazu zwingen, hier sein Material und seine Mannschaften zu verschleißen. Mit einem achtstündigen Artilleriefeuer aus 1400 Geschützen beginnt am 2. 2.

1916 der mörderische **Kampf um Verdun**. Zehn Monate lang toben die heftigsten Kämpfe. Artilleriefeuer zerfurcht jeden Meter Boden. Über 350.000 Franzosen und annähernd ebenso viele Deutsche sterben in der „Hölle von Verdun". Falkenhayns Rechnung geht nicht auf: Nicht nur die Franzosen verbluten, auch die Deutschen erleiden ungeheure Einbußen an Menschen und Material. **Die Festung bleibt in französischer Hand**. Falkenhayn muss gehen. An seine Stelle tritt das Duumvirat Hindenburg/Ludendorff. Dieser

1916 Wechsel in der Obersten Heeresleitung führt zu einer weiteren **Intensivierung der Kriegsführung**. Das von Ludendorff entworfene „Hindenburgprogramm" läuft bereits auf den totalen Krieg hinaus. Mit dieser Konzentration aller Kräfte gelingt es zwar, die deutsche Kriegsproduktion beträchtlich zu steigern, doch selbst die größten Anstrengungen können gegen das weltweite Potential der Alliierten auf lange Sicht nicht aufkommen. Ein **Friedensangebot der Mittelmächte** wird am 30. 12. 1916 von der Gegenseite **abgelehnt**.

Uneingeschränkter U-Bootkrieg

In dieser mißlichen Situation verstärkt sich der Ruf nach der **Wiederaufnahme des U-Bootkriegs**. Im uneingeschränkten U-Bootkrieg sieht die Marineführung die „Wunderwaffe", die den angestrebten Siegfrieden erzwingen soll – auch auf die Gefahr hin, dass bisher neutrale Staaten sich auf die Seite der Alliierten schlagen.

Das Duumvirat Hindenburg/Ludendorff macht sich diese Argumentation zu eigen. Ihnen gegenüber kann sich Reichskanzler Bethmann-Hollweg nicht durchsetzen. Am 9. 1.
1917 kapituliert der Reichskanzler, höchster Repräsentant der politischen Gewalt, **vor dem Machtanspruch des Militärs**. Im Hauptquartier zu Pleß wird der uneingeschränkte U-Bootkrieg beschlossen. Die Versenkung mehrerer neutraler, darunter auch amerikanischer Handelsschiffe, ist den **USA** der willkommene Anlass für ihre **Kriegserklärung an Deutschland** (6. 4. 1917). Noch stärker als zuvor strömen mit dieser Kriegserklärung Kapital, Rohstoffe, Waffen, Munition und Menschen aus den Vereinigten Staaten ins Lager der Entente.

Innere Probleme

Die Situation der Mittelmächte wird zusehends schlechter. Während sich der Kern des deutschen Frontheeres im wesentlichen behauptet, kommt es in der Heimat zu **Unruhen und Streiks**.
Ein von Hunger und Not zermürbtes Volk, wütend über Wucher, Schleichhandel, Korruption und Kriegsgewinnler, wird immer zugänglicher für eine sich verstärkende sozialistische Agitation gegen den Krieg und gegen das herrschende monarchisch-kapitalistische System. „Nieder mit dem Krieg! Nieder mit der Regierung!" fordert Karl Liebknecht (1871 bis 1919), Führer der radikalen Spartakus-Gruppe, schon am 1. Mai 1916 in Berlin. Als er deswegen zu Haft verurteilt wird, treten in Berlin 50.000 Arbeiter in den Streik.

Auch die Gegensätze innerhalb der Sozialdemokratischen Partei haben sich im Laufe des Krieges verschärft und führen **1917** mit der **Gründung der** strikt pazifistischen **„Unabhängigen Sozialdemokratischen Partei Deutschlands" (USPD)** schließlich zur förmlichen Spaltung. Gegen „Spartakus" und gegen „Unabhängige" **behaupten die „Mehrheitssozialisten" den Kurs von 1914**.
Trotzdem kommt es im April 1917 zu Massenstreiks. Außenpolitisch verlangt man einen Frieden ohne Annexionen, innenpolitisch das freie und gleiche Wahlrecht in allen Bundesstaaten. Die Mehrheitssozialisten fordern die Beseitigung des Dreiklassenwahlrechts in Preußen; energisch setzen sie sich für einen Verständigungsfrieden ein.
Am 19. 7.
1917 kommt eine **Friedensresolution des Reichstages** zustande, die im Ausland wenig beachtet wird. Dadurch sehen sich die Rechtsparteien in ihren ausgreifenden Kriegszielen bestätigt; die innenpolitischen Gegensätze verschärfen sich. Zermürbt und zerstritten, ohne zielstrebige Führung geht Deutschland in das letzte Jahr des Krieges.

Revolution in Russland

Immerhin scheint das Jahr 1917 noch einen militärischen Vorteil zu bringen. Mit deutscher Unterstützung nämlich ist Wladimir Iljitsch Lenin mit einer Handvoll russischer Revolutionäre im April 1917 aus seinem Schweizer Exil über Deutschland, Schweden und Finnland nach Russland gelangt. Bereits einen Monat zuvor, am 15. 3., hat hier eine von bürgerlich-liberalen Kräften getragene Revolution den Zaren zur Abdankung gezwungen. Doch während die neuen Machthaber entschlossen sind, den Krieg gegen die Mittelmächte weiterzuführen, agitieren die kommunistischen „Bolschewiki“ unter Lenins Führung für einen sofortigen Frieden. Am 7. und 8. November – nach dem russischem Kalender am 25. und 26. Oktober –

1917 stürmen Kronstädter Matrosen und Arbeitermilizen das Winterpalais des Zaren in Petersburg. Auch in Moskau führt ein bewaffneter Aufstand zum Erfolg. Lenin und die Bolschewisten übernehmen die Macht. Ihnen wiederum, den Führern eines demoralisierten und ausgebluteten Russlands, können die Deutschen am 3. 3.

1918 den **Frieden von Brest-Litowsk** aufzwingen. Damit scheidet Russland aus dem Kreis der Krieg führenden Mächte aus.

Letzte Offensiven

Noch bevor amerikanische Verstärkungen das Kräfteverhältnis endgültig zuungunsten Deutschlands verändern, soll in Nordfrankreich die Entscheidungsschlacht geschlagen werden. Im März 1918 stehen sich die feindlichen Heere gegenüber. Im Osten den Rücken frei durch den Frieden von Brest-Litowsk, sollen 192 Divisionen (zusätzlich während der Offensive von der Ostfront 28 Divisionen) den schon 1914 angestrebten Sieg erkämpfen. Der schwache Punkt in Ludendorffs Offensive ist die „Beweglichkeit“: An Gespannen und Lastkraftwagen herrscht Mangel. Dennoch setzt Ludendorff alles auf eine Karte:

Am 21. 3. **1918** beginnt die **Frühjahrsoffensive** (Deckname „Michael“). Nur fünf Stunden dauert das einleitende Trommelfeuer der Artillerie. Dann stürmen die deutschen Divisionen gegen den überraschten Feind. In nur sieben Tagen stoßen die deutschen Truppen 60 km vor. Doch dann haben sich die Kräfte der Angriffsdivisionen verzehrt. Am 9. 4. versucht es Ludendorff mit einem zweiten Schlag – abermals vergeblich. Ein dritter Schlag führt die deutschen Truppen bis auf fünf Tagesmärsche an Paris heran. Hiermit aber ist die **Kampfkraft der deutschen Soldaten endgültig erschöpft**. Frische französische und amerikanische Kräfte in großer Zahl zwingen die deutschen Truppen zum Rückzug. Der **8. August** ist der **„schwarze Tag“ des deutschen Heeres**. Englische Truppen mit Hunderten von Panzern durchbrechen die deutsche Front.

Kriegsende

In dieser militärisch hoffnungslosen Lage haben nun die Politiker das Ende der Kämpfe herbeizuführen. Ihre Hoffnungen, trotz der katastrophalen Situation doch noch annehmbare Bedingungen erzielen zu können, beruhen auf den am 8. 1. 1918 verkündeten **„14 Punkten“ des US-Präsidenten Wilson**, die einer künftigen, gerechten Friedensregelung zugrunde liegen sollen (v. a. fordert das Friedensprogramm Selbstbestimmungsrecht der Völker, allgemeine Abrüstung, Gründung eines Völkerbundes). Gedrängt von der Obersten Heeresleitung eröffnet der letzte kaiserliche Reichskanzler, Prinz Max von Baden, mit einer Note vom 5. Oktober

1918 die **Verhandlungen über einen Waffenstillstand**.

Am 11. 11. **1918** wird er in Compiègne unterzeichnet. (Die Verbündeten Bulgarien, Türkei und Österreich-Ungarn haben bereits zuvor am 30. 9., 30. 10. bzw. 3. 11. Waffenstillstand vereinbart.) Die Mittelmächte haben den Krieg verloren, Deutschland ist auf Gedeih und Verderb den Siegermächten ausgeliefert. **Hand in Hand mit dem militärischen Zusammenbruch geht der politische des deutschen Kaiserreiches**. Das Volk erhebt sich. Kaiser Wilhelm flieht nach Holland. **Der Sozialdemokrat** Philipp **Scheidemann ruft** am 9. 11. 1918 **die Republik aus**. Die Macht liegt nun bei den Sozialisten. Diese aber haben sich gespalten. Der Konflikt zwischen den demokratischen Sozialisten unter Friedrich **Ebert** (1871 bis 1925) und den Revolutionären unter Karl **Liebknecht** und Rosa **Luxemburg** führt vom 2. bis 5. 1. 1919 in Berlin zum bewaffneten Aufstand. Mit Hilfe von freiwilligen Verbänden der alten Armee lässt Ebert den Aufstand blutig niederschlagen. Liebknecht und Rosa Luxemburg werden dabei am 15. 1. 1919 von Freikorpsoffizieren ermordet.

Am 19. 1.

1919 finden **die ersten Nachkriegswahlen zu einer verfassunggebenden Nationalversammlung** statt. Unter Führung der SPD erhalten die Parteien, die eine parlamentarische Demokratie befürworten, eine solide Zweidrittel-Mehrheit. Da man sich im unruhigen Berlin nicht sicher fühlt, wird die Nationalversammlung nach Weimar einberufen. Sie wählt

1919–1925 Friedrich **Ebert** zum **Reichspräsidenten,** Philipp Scheidemann zum Ministerpräsidenten. In langen Beratungen wird die **„Weimarer Verfassung"** ausgearbeitet, dann mit überwältigender Mehrheit angenommen und schließlich vom Reichspräsidenten am 11. 8. 1919 unterzeichnet.

Die Friedensverträge

Nach den Vorstellungen des amerikanischen Präsidenten Wilson soll es einen Frieden ohne „Sieger und Besiegte" geben, auf der Grundlage des Selbstbestimmungsrechts der Völker.

Doch Wilsons europäische Verbündete, vor allem Frankreich, haben ganz andere Pläne. Sind die Waffenstillstandsbedingungen schon äußerst hart, so bringen die **1919 Friedensverhandlungen in Versailles** ein vernichtendes Resultat. Vom Wilsonschen Geist eines Verständigungsfriedens ist nun nichts mehr zu spüren. Frankreich, das auf alliierter Seite die Hauptlast des Krieges getragen hat, kennt nur ein Ziel: Sicherheit.

Die einst so stolze Militärmacht Deutschland wird auf ein 100.000-Mann-Heer beschränkt. Die Kriegsflotte ist auszuliefern, der Generalstab aufzulösen. Im Rheinland wird eine entmilitarisierte Zone geschaffen. Große Teile des Reichsgebietes gehen verloren (u. a. Elsaß-Lothringen, Westpreußen und Posen), desgleichen die deutschen Kolonien; schließlich hat der Verlierer noch die gesamten Kosten des Krieges zu tragen. Begründet wird dies mit der Alleinschuld der Deutschen am Ausbruch des Krieges. Die deutsche Delegation beugt sich dem Unvermeidlichen und nimmt am 28. 6. 1919 die Friedensbedingungen an.

In Pariser Vororten entscheidet sich das Schicksal der anderen Kriegsverlierer: Am 10. 9. 1919 wird in **St. Germain** die

Auflösung Österreich-Ungarns besiegelt. Österreich wird auf sein deutschsprachiges Kernland beschränkt und vom Meer abgeschnitten. Neue Vielvölkerstaaten werden gebildet: die Tschechoslowakei, Jugoslawien.
Am 27. 11. 1919 verurteilen die Sieger in **Neuilly** Bulgarien zu Reparationen und Gebietsabtretungen. Am 4. 6. 1920 muss Ungarn in **Trianon** seinen Urteilsspruch entgegennehmen, zwei Monate später, am 10. 8., die Türkei ihren in **Sèvres**. Sie schrumpft auf Kleinasien zusammen und behält nur Reste auf europäischem Boden. In diesen „Pariser Vorort-Verträgen", allen voran jenem von Versailles, werden mehr neue Sprengsätze gelegt als alte entschärft. Zwar akzeptieren die Siegerkollegen einen Passus im Vertragswerk, wonach ein „Völkerbund" zur Überwachung der Friedensordnung zu schaffen sei. Doch sie riskieren damit wenig, denn ein Vetorecht ermöglicht ihnen jederzeit, Beschlüsse des Bundes bei nicht genehmen Entscheidungen zu blockieren. Außerdem sollen Deutschland und die neue Sowjetunion vom Völkerbund ausgeschlossen sein (und bleiben es auch bis 1926 bzw. 1934).

Die Welt von 1919 bis 1939

Die Sowjetunion unter Lenin und Stalin

Lenins Bolschewisten haben 1917 das zaristische System in kürzester Frist zerschlagen und im Namen des Proletariats eine Diktatur der Kommunistischen Partei errichtet. In beispielloser Kraftanstrengung gelingt der „Roten Armee" unter Lenins Mitkämpfer **Leo Trotzki** (1879–1940) die Abwehr der 1918 einsetzenden militärischen Interventionen der Westmächte, Polens und Japans sowie Teilen der alten zaristischen Armee. Der
1918–1921 Bürgerkrieg bringt die Sowjetregierung mehrmals an den Rand des Untergangs; die Opposition vermag jedoch infolge schlechter Koordination ihre Siege nicht auszunutzen. Doch Russlands vom Kriege ohnehin strapazierte Wirtschaftskraft ist nahezu erschöpft. Mit dem Programm der
1921 „Neuen ökonomischen Politik" sucht Lenin den Ausweg und erreicht auch mit Hilfe westlichen Privatkapitals die allmähliche Gesundung. Durch Annäherung an das ähnlich isolierte Deutschland in Rapallo, einen Freundschaftspakt mit der Türkei (1921) und ein Netz von Handelsverträgen führt er die Sowjetunion aus der Isolierung. Nach Lenins Tod 1924 schaltet **Josef Stalin** (1879–1953), Generalsekretär des Zentralkomitees der KPdSU, alle Rivalen, auch Trotzki (1929 ausgewiesen, 1940 ermordet), aus und etabliert mit blutigem Terror eine persönliche Diktatur. Unter Millionen von Opfern setzt er die **Zwangskollektivierung der Landwirtschaft** durch und verordnet Russland ein ehrgeiziges **Industrialisierungsprogramm**.
Die Stahlgießereien, Walzwerke und Maschinenfabriken im Ural, die Traktorenwerke in Charkow und Stalingrad, die Automobilwerke in Moskau und Gorki sowie das Kraftwerk Dnjeprostroj am Dnjepr, 1932 das größte Europas, und der Ausbau der „Turksib", einer Eisenbahnstrecke, die Sibirien mit Turkestan verbindet, sind Zeichen eines erfolgreichen Industrieaufbaus, erkauft durch die rigo-

rose Einschränkung des Lebensstandards. **Stalin schichtet die gesamte politische Führung des Landes um**. Galt zuvor die Teilnahme an der Revolution als unerlässliche Voraussetzung für die Parteikarriere der führenden Bolschewisten, verblasst unter Stalins Herrschaft die Erinnerung an die Heldentage von 1917. Er fördert eine Generation von Funktionären, „Apparatschiks" genannt, die nüchtern an alle Tagesaufgaben herangehen und sich wenig um die Vergangenheit kümmern. Stalin entledigt sich der „Alten Garde" **1936–1938 in großen Schauprozessen**; Verhaftungen, die im ganzen Land stattfinden, halten die Bevölkerung in Furcht und Schrecken.

Die Weimarer Republik

Der demokratische Neubeginn in Deutschland steht unter einem schlechten Stern: Die junge Republik gilt als Kind der Niederlage. Auch honorieren die Siegermächte die zum Kriegsziel deklarierte Demokratisierung in keiner Weise. Im Gegenteil: Das was dem Kaiser und seinen Generälen, dem „militärischen Deutschland", zugedacht gewesen, trifft nun die demokratischen Nachfolger mit völlig unerwarteter Härte. Die Ausschaltung Deutschlands aus dem „Konzert der Großmächte" hat dabei die weitreichendsten Folgen. **Mitteleuropa wird zum Kristallisationspunkt verhängnisvoller Entwicklungen**.

1920 scheitert am 13. 3 ein **Umsturzversuch des ostpreußischen Generallandschaftsdirektors Kapp** nur am entschlossenen Widerstand der Arbeiterschaft. Auch vor politischem Mord schrecken die rechten Republikfeinde nicht zurück. Prominenteste Opfer nach Karl Liebknecht und Rosa Luxemburg sind Matthias **Erzberger** (26. 8. 1921), als Unterzeichner des Waffenstillstands für die Rechten Inbegriff des „Novemberverbrechens", und Außenminister Walter **Rathenau** (24. 6. 1922), dessen Russlandpolitik, die **1922** zum **Sondervertrag von Rapallo** mit der Sowjetunion führt, ihn in den Augen der Nationalisten zum „Bolschewikenknecht" stempelt. Dabei hat gerade dieser Vertrag Deutschland aus der erdrückenden Isolierung geführt und mit seinem geheimen Zusatz (die Reichswehr kann mit Panzern und Flugzeugen in Russland üben) dem wehrpolitisch geknebelten Reich etwas Luft verschafft.

Nach Westen gelingt vorerst kein vergleichbarer Durchbruch. Im Gegenteil: Das unter den abenteuerlichen Reparationsforderungen leidende Deutschland kann nicht immer seinen Verpflichtungen nachkommen. Verzögerte Kohlenlieferungen nimmt die französische Regierung zum Anlass, einzugreifen: Im Januar **1923 wird das Ruhrgebiet besetzt**. Die Reichsregierung antwortet mit passivem Widerstand, die deutsche Wirtschaft gerät in einen Strudel und reißt die Währung mit: Von 8,57 Mark 1919 steigt der Dollar bis Mitte 1922 auf 1000 Mark, im Mai 1923 auf eine Million, im November auf vier Milliarden. Massenverelendung und Spekulantentum beherrschen die Szene: die rechte Stimmung für politische Hasardeure.

Einer von ihnen gibt in München sein Debüt: **Adolf Hitler** (1889 bis 1945), österreichischer Zöllnersohn und bayerischer Frontsoldat, hat mit erheblichem demagogischem Geschick in seiner Nationalsozialistischen Deutschen Arbeiterpartei ein Sammelbecken für proletarisierte Kleinbürger, völkische Romantiker und nationalistische Aktionisten geschaffen. Verbündet mit bayerischen Separatisten, unterstützt von dem populären Weltkriegsgeneral Ludendorff, will er nun nach dem Vorbild von Mussolinis „Marsch auf Rom" (28. 10. 1922) einen „Marsch auf Berlin" zum Sturz der „Regierung der Novemberverbrecher" inszenieren. **Sein Putsch bricht** am 9. 11. 1923 unter den Kugeln der bayerischen Landespolizei **zusammen**.

In den Wirren des Herbstes 1923 ist der Führer der nationalliberalen Deutschen Volkspartei, Gustav **Stresemann** (1828–1929), Reichskanzler geworden. Er regiert nur drei Monate, legt aber die Grundsteine zur Gesundung der Republik, indem er die Obstruktionspolitik gegen die französischen Ruhr-Besatzer aufgibt und die Inflation mit Hilfe der Rentenmark beendet. Stresemann bleibt danach unter allen Regierungen bis zu seinem Tode 1929 Reichsaußenminister. In diesen sechs Jahren schafft er gemeinsam mit seinem französischen Kollegen Aristide Briand im

1925 Vertrag von Locarno das westliche Gegenstück zu Rathenaus Rapallo, erreicht die Aufnahme Deutschlands in den Völkerbund (1926), die Räumung des Rheinlandes (1930 abgeschlossen), die Neuregelung der Reparationen und die Ankurbelung der deutschen Wirtschaft durch amerikanische Kredite (Dawes-Plan 1924, Young-Plan 1929). In dieser **Ära der Stabilität** kann auch der Tod des Reichspräsidenten Friedrich Ebert (1925) die Republik nicht erschüttern. Ihm folgt der populäre Feldmarschall **1925–1934** Paul von **Hindenburg**. Der von Kritikern als „Ersatzkaiser" apostrophierte Kriegsheld vermag die autoritären Sehnsüchte weiter Kreise zu binden, ein entschiedenes Eintreten für die Demokratie in Krisenzeiten ist von ihm jedoch nicht zu erwarten.

Wirtschaftliche und soziale Entwicklungen

In den Industrieländern sind die zwanziger Jahre gekennzeichnet durch eine erneute **Ausweitung der Produktion** auf der Grundlage technischer Anwendung naturwissenschaftlicher Erkenntnisse. Die USA machen den Vorreiter. Durch **Rationalisierung**, d.h. durch sorgfältig durchdachte und aufeinander abgestimmte organisatorische und technische Verbesserungen, durch sinnvolle Anwendung aller verfügbaren technischen Hilfsmittel, gelingt es, aus der menschlichen Arbeitskraft eine immer größere Produktivität zu gewinnen. Das Fließband, dessen Lauf die Arbeitsteilung zeitlich normiert, und der vielseitig verwendbare Elektromotor werden zu Kennzeichen moderner Produktionsweise. Schrittmacher ist die Autoindustrie. Der Industriemagnat Henry Ford (1836–1947) lässt 1907 bis 1928 10 Millionen Automobile (das berühmte „Modell T", eine auf Zweckmäßigkeit konstruierte Fahrmaschine) bauen. Bald erweist sich jedoch ihr Absatz auf dem Markt als ein ebenso großes Problem wie die Produktion selbst.

Die Massenproduktion verlangt erhebliche Kapitalmengen. Die immer komplizierteren und umfangreicheren Herstellungsverfahren übersteigen die Finanzkraft selbst von Großbetrieben und Aktiengesellschaften. Konzentrationsbewegungen nehmen zu. Daneben verstärken sich die Bemühungen, die Risiken des Wettbewerbs durch gemeinsame Absprachen der Unternehmen (Kartelle) auszuschalten, wobei es Vereinbarungen über Preise, Produktionsmengen oder Absatzgebiete gibt. **Auto- und Konsumgüterindustrie beginnen, die tägliche Lebensweise zu verändern**. Kühlschränke, Staubsauger und andere Haushaltsgeräte, elektrisches Licht, Telefon, Radio und Kino ermöglichen dem, der sie bezahlen kann, zusätzliche Annehmlichkeiten im Alltag.

Die Ergebnisse der allgemeinen Produktionssteigerung werden höchst ungleichmäßig und für große Teile der Bevölkerung unbefriedigend verteilt. Kapitalerträge und Unternehmergewinne nehmen beträchtlich zu, während das Einkommen der Arbeiter und Angestellten nur gering ansteigt oder sogar (besonders auf dem Land) zurückgeht.

Die Weltwirtschaftskrise

Mitte 1929 beginnt der unerhörte Wirtschaftsaufschwung in den USA zu versiegen. Der Absatz an hochwertigen Verbrauchsgütern lässt nach. Ohnehin sind zwei Drittel dieser Produkte nur auf Raten verkauft worden. Es gibt, bedingt durch die großen Ungleichheiten im Einkommen und in der Vermögensverteilung, kaum einen Haushalt ohne hohe Abzahlungsschulden. Der Absatz der Massenproduktion stockt, da die Bevölkerung nicht genügend Geld zur Abnahme besitzt.

Andererseits legen viele Menschen aus einkommensschwachen Schichten immer mehr Geld an der Börse an. Aktien oder andere Wertpapiere zu besitzen, gilt geradezu als bürgerliche Pflicht. Der allgemeine Glaube an eine Wunderwirkung des Kapitalismus gibt den Anstoß zu einer **Börsenspekulation größten Ausmaßes**. Aktien werden ausgegeben, die kaum einen sachlichen Rückhalt besitzen. Im Oktober und November 1929 bricht diese Spekulation in mehreren Wellen zusammen. Der

25. Oktober 1923 geht als „**Schwarzer Freitag**" in die Geschichte ein: An diesem Tag fallen die Kurse ins Bodenlose, unter Börsianern grassiert eine Selbstmordepidemie. Einzelne Aktien verlieren bis zu 90 Prozent ihres Wertes. Da sie alle meist auf Kredit gekauft sind, müssen weitere Werte veräußert werden. Die Spirale erscheint ohne Ende. Ohne finanzielle Mittel und ohne Absatzmöglichkeiten müssen immer mehr Fabriken ihre Arbeit einstellen. Die Industrieproduktion der USA schrumpft. Über ein Drittel aller Banken bricht zusammen. Ein Drittel aller Berufstätigen wird arbeitslos. **Fast alle Industrieländer sind von den Auswirkungen der Wirtschaftskrise betroffen**. Das Bild nicht absetzbarer industrieller und landwirtschaftlicher Produkte (die oftmals vernichtet werden, um die Preise zu halten) offenbart den Millionen Arbeitslosen oder von Arbeitslosigkeit Bedrohten die Erkenntnis vom Versagen, wenn nicht gar vom völligen Zusammenbruch des kapitalistischen Wirtschaftssystems. Besonders in Europa gewinnen planwirtschaftliche Vorstellungen sozialistischer oder nationalistischer Art immer mehr Anhänger.

Autoritäre Regierungsformen

Die bürgerliche Antwort auf den weltrevolutionären Anspruch des Kommunismus ist der **Faschismus**, eine nicht minder totalitäre Ideologie. Sie erzielt in Italien die ersten greifbaren Erfolge, wo sie auch ihren Namen erhält: Der ehemalige Sozialist Benito **Mussolini** (1883–1945), durch den Krieg zum radikalen Nationalisten gewandelt, gründet 1919 mit den „Fasci di Combattimento“ paramilitärische Bünde zur Durchsetzung seines extrem nationalistischen und antimarxistischen Programms.

Bewusst greift er mit dem Namen auf das Symbol der altrömischen Staatsgewalt, die fasces (Rutenbündel), zurück. Er predigt den starken Staat, brandmarkt die Friedensverträge, die die Siegermacht Italien nicht angemessen berücksichtigt hätten, und verspricht Hilfe gegen Streikbewegungen und Enteignungsforderungen der Linken.

Mussolinis Stunde kommt 1921, als er mit seinen „Schwarzhemden“ einen kommunistischen Generalstreik unterläuft und sich nachdrücklich als Ordnungsfaktor empfiehlt. Die Macht fällt ihm endgültig zu, als er im Oktober

1922 mit einem **„Marsch auf Rom“** die schwache liberale Regierung zur Abdankung zwingt. Der König ernennt ihn zum Ministerpräsidenten einer Koalitionsregierung. Einschränkungen der Pressefreiheit und des Wahlrechts und schließlich Verbot aller anderen Parteien bringen den Faschisten 1925 und, nach Ausschaltung der innerparteilichen Rivalen, Mussolini 1929 die ganze Macht. Er schafft einen straff ständisch und hierarchisch gegliederten Zentralstaat, rüstet auf und meldet unüberhörbar **Italiens imperiale Ansprüche** an. Bereits kurz zuvor hat sich in **Ungarn** 1920 das autoritäre Regime des Admirals Nikolaus Horthy (1868–1957) gegen das sozialistische Nachkriegsexperiment des Béla Kun durchgesetzt.

Die **Türkei** ist von den Siegermächten besonders hart behandelt worden. Daher bildet sich nach der Unterschrift unter den Vertrag von Sèvres eine Opposition unter Mustafa Kemal (1881–1938) gegen das Sultan-Regime. Kemal, später mit dem Beinamen Atatürk (Vater der Türken) geehrt, stellt sich an die Spitze einer Gegenregierung und organisiert den Kampf gegen die griechischen Invasoren, die den Beschlüssen von Sèvres Nachdruck verleihen wollen. Nach Kemals Siegen 1921/22 flieht der Sultan, räumen die Griechen Kleinasien, wird Sèvres revidiert. Atatürk ruft die Republik aus (29. 10. 1923), die allerdings auf einem Einparteiensystem beruht und für den Präsidenten Atatürk diktatorische Vollmachten vorsieht. Er nutzt sie zu grundlegender Modernisierung des Landes.

Auch **Spanien** akzeptiert die Diktatur: General José Antonio Primo de Rivera regiert seit 1923 ohne Parlament, gestützt auf Kirche und Militär. Der republikanische Neuanfang nach seinem Tod 1930 mündet in den

1936–1939 Bürgerkrieg und schließlich in Francos faschistische Herrschaft. In **Portugal** verzichtet man auf das demokratische Zwischenspiel. Hier löst António Salazar 1932 als Diktator den seit 1926 als Alleinherrscher regierenden General António Carmona ab.

In **Polen** putscht 1926 Marschall Josef Pilsudski (1867–1935) gegen das parlamentarische System. „Gelenkte Demokratie“ nennt er seine Alleinregierung, die er aussenpolitisch durch Nichtangriffsverträge mit den mächtigen Nachbarn Sowjetunion (1932) und Deutschland (1934), abzusichern sucht.

Nur in den westlichen Demokratien können sich faschistische Tendenzen nicht durchsetzen. **England** und **Frankreich** leiden zwar wie die Verliererstaaten unter den Kriegsfolgen, doch fängt das Bewusstsein des Sieges allerhand Unzufriedenheit auf. Zudem absorbieren die Sorgen um die unruhigen Kolonialgebiete Kraft und Interesse. So **überstehen** hier bei aller Instabilität **die demokratischen Verfassungen den Ansturm von rechts und links**.

Roosevelt und der New Deal

Bei den Präsidentschaftswahlen 1932 siegt der Demokrat Franklin Delano Roosevelt (1882–1945) über den amtierenden republikanischen Präsidenten Hoover. Binnen kurzem erweist sich Roosevelt als einer der „stärksten" Präsidenten der USA, der mit seinem intellektuellen Beraterkreis, dem „Braintrust", und seinen Rundfunkreden in Form privater „Kaminplaudereien", mit denen er die breiten Massen erreicht, einen modernen Regierungsstil einführt, jedoch stets die Rolle eines „Führers" im Sinne der europäischen Diktatoren ablehnt. In seiner Antrittsrede am 4. März
1933 verkündet er sein **Programm des „New Deal"**, des „Neuen Anfangs" oder der „Neuverteilung". Zum ersten Mal in der Geschichte der USA übernimmt der Staat Planungs- und Lenkungsfunktionen im wirtschaftlichen Bereich, aber das privatwirtschaftlich-kapitalistische System bleibt grundsätzlich erhalten.

Hitlers Aufstieg

im exportorientierten Deutschen Reich hat die Weltwirtschaftskrise besonders verheerende Auswirkungen. Haben schmaler Wohlstand und außenpolitische Erfolge den Republikfeinden Mitte der zwanziger Jahre die Agitation erschwert, so gedeihen nun im Klima von Arbeitslosigkeit und Armut **radikale Bewegungen aller Art**, vor allem eine, die diesmal zum legalen Sturz der Republik ausholt: der von Adolf Hitler geführte **Nationalsozialismus**. Er ist die deutsche Variante des weltweiten Trends zu autoritären Herrschaftsformen.

1924 zu fünf Jahren Festungshaft verurteilt, kann Hitler dank einer sympathisierenden Justiz nach acht Monaten die Gefängniszelle in Landsberg am Lech wieder verlassen. Er hat die erzwungene Freizeit zur Niederschrift seiner politischen Bekenntnisse genutzt („Mein Kampf", 1925/26).

Hitler organisiert in den Jahren der Scheinblüte der Republik seine NSDAP, verstärkt die Parteitruppe, die Sturmabteilungen (**SA**), stellt ihnen die Eliteverbände der Schutzstaffeln (**SS**) zur Seite und verschreibt sich ganz dem legalen Weg zur Macht. An seiner NSDAP vorbei zu regieren wird immer schwerer. Man versucht es immerhin: 1930 platzt die letzte mehrheitsfähige Koalitionsregierung, weil große Teile der SPD sich weigern, die Krise auf dem Rücken der Arbeiter zu bewältigen. Unter Duldung der SPD bildet der Zentrumspolitiker Heinrich **Brüning** (1885–1970) im März **1930** ein so genanntes **Präsidialkabinett**, d.h. fehlende parlamentarische Mehrheiten werden durch Verordnungen des Reichspräsidenten nach Paragraph 48 der Weimarer Verfassung ersetzt.

Brünings Regime erweist sich stärker als erwartet. Hitler kandidiert daher im Frühjahr 1932 für das Amt des Reichspräsidenten. Gegen den amtierenden Hinden-

burg, der nun auch von den Sozialdemokraten unterstützt wird, erreicht er aber nur einen Achtungserfolg.
Er verschärft nun die Gangart: **Schlägertrupps aus SA und SS beherrschen** die Straßen, terrorisieren politische Gegner und randalieren die immer beschworene Rechtsunsicherheit herbei. Durch Brünings harten Wirtschaftskurs spitzt sich gleichzeitig die Lage auf dem Arbeitsmarkt dramatisch zu: **1932 sind 6 Millionen Erwerbslose** registriert. Brüning verliert seinen Kredit beim Reichspräsidenten und tritt am 30. 5. 1932 zurück.
Neuer Reichskanzler wird Franz **von Papen** (1879–1969), Vertrauter Hindenburgs und politischer Jongleur. Er sieht sich im Juli 1932 einer verdoppelten NSDAP-Fraktion im Reichstag gegenüber. Sein Versuch, Hitler mit der Vizekanzlerschaft zu ködern, scheitert am totalen Machtanspruch des „Führers“. Ebenso scheitert der im Dezember zum Nachfolger berufene General Kurt **von Schleicher** (1882–1934) mit dem Versuch, die NSDAP zu spalten und mit SPD und Gewerkschaften eine „Achse“ zu bilden. Schleicher muss Ende Januar 1933 kapitulieren. Jetzt führt kein Weg mehr vorbei am „böhmischen Gefreiten“, wie Hindenburg den Österreicher Hitler nennt. Am 30. 1.
1933 wird Hitler Reichskanzler.

Das Dritte Reich

Mit Hitler kommt eine völlig neue Größe ins politische Kräftespiel, die zu berechnen lange niemandem zuverlässig gelingt. Zwar enthält sein Bekenntnisbuch von 1925/26 den genauen „Fahrplan“ seiner Machtpolitik, nur wird das monströse Werk kaum gelesen und auch sonst nicht ernstgenommen.
Bei aller Flexibilität im Taktischen hält Hitler doch strikt fest an den Grundzügen seiner **Ideologie**, die er und auch engste Mitarbeiter irreführend „Nationalsozialismus“ nennen. Der Herrschaftsanspruch, den Hitler im Namen der „germanisch-nordischen Rasse“ anmeldet, geht über Nationales weit hinaus. Und sein „Sozialismus“ erschöpft sich in der Ausrichtung aller Kräfte auf das vom „Führer“ ausgemachte Ziel: **Eroberung von „Lebensraum“** im Osten und **„Endkampf“** des allein „kulturschöpferischen Ariers“ **gegen den „ewig kulturzerstörerischen Juden“**.
Für den 5. 3. 1933 schreibt der neue Kanzler Wahlen aus. Im Besitz der staatlichen Macht entfesselt er einen Wahlkampf, der alles Bekannte in den Schatten stellt. Als am 27. 2.
1933 ein **Brandanschlag auf den Reichstag** verübt wird, erhält Hitler vom Reichspräsidenten weitreichende Vollmachten, die er zur Drangsalierung seiner Gegner und zur Behinderung ihres Wahlkampfes nutzt. 43,7 Prozent oder 288 Sitze für die Nationalsozialisten sind der Lohn. Zusammen mit den Deutschnationalen haben sie die absolute Mehrheit, zumal die kommunistischen Mandate gleich kassiert werden und auch die Sozialdemokraten nur noch durch Verhaftungen dezimiert ins Parlament einziehen können.
Am 23. 3. 1933 verschafft sich Hitler, gegen die Stimmen nur der SPD, diktatorische Vollmachten durch ein **„Ermächtigungsgesetz“** (Gesetz zur Behebung der Not von Volk und Reich). Am 2. 5. zerschlägt er die Gewerkschaften, im Sommer zwingt er eine Partei nach der ande-

ren zur Auflösung, am 14. 7. 1933 existiert durch Gesetz nur noch seine NSDAP.
Eine Gleichschaltungswelle erfasst die Länder des Reiches, die Verbände, Kirchen, Universitäten, Jugendorganisationen. Allgegenwärtige Propaganda, gesteuert von Hitlers genialem Meinungsmacher, dem Propagandaminister Joseph **Goebbels** (1897–1945), lässt nur erwünschte Informationen durchdringen. Die Drohung mit Schutzhaft oder KZ (Konzentrationslager) und die Angst vor dem Spitzelnetz der Gestapo (Geheime Staatspolizei) schalten Kritik und Widerstand weitgehend aus.
Nur innerparteiliche Opposition regt sich noch. Im sogenannten
1934 Röhm-Putsch bringt Hitler sie zum Schweigen: Unter dem Vorwand, er müsse Staatsstreichplänen seines SA-Chefs Ernst Röhm zuvorkommen, lässt er am 30. 6. 1934 zahlreiche SA-Führer und Röhm ermorden, die die Fortsetzung der Revolution gefordert und die SA zum Volksheer haben aufbauen wollen. Die Reichswehr honoriert die Beseitigung dieses Rivalen durch den willigen Treueid auf den „Führer und Reichskanzler", der nach Hindenburgs Tod im August 1934 endgültiger Alleinherrscher geworden ist. Mit der Ausschaltung der SA gewinnt die Eliteorganisation der **SS** unter ihrem „Reichsführer" Heinrich **Himmler** (1900–1945) Einfluss. Der „Orden unter dem Totenkopf" wird Symbol der nationalsozialistischen Gewaltherrschaft. Terror und Zwang aber sind weithin gar nicht nötig, um das Volk von der Richtigkeit der Hitlerschen Politik zu überzeugen. Unstreitige Erfolge sichern dem Diktator die Gunst der Massen: In wenigen Jahren verschwindet die Arbeitslosigkeit fast ganz, die NS-Freizeitorganisation „Kraft durch Freude"(KdF) sorgt daneben für die nötigen Spiele, aussenpolitische Gewinne heben das malträtierte Selbstbewusstsein der Deutschen. Die Gäste der Olympischen Spiele 1936 in Berlin erleben ein Volk, das geschlossen hinter einer dynamischen Führung zu stehen scheint.
Dabei hat Hitler kaum ein Jahr zuvor mit den „**Nürnberger Gesetzen**" (15. 9. 1935) „zum Schutz des deutschen Blutes und der deutschen Ehre" (Verbot der Ehen mit Juden, Nachweis „arischer Abstammung" für Anstellung im öffentlichen Dienst) klar gezeigt, wie ernst seine so abstruse Weltanschauung doch zu nehmen ist. Es hagelt Berufsverbote für Juden, „Arierparagraphen" sorgen für die schrittweise Verdrängung der Juden aus dem öffentlichen Leben. Am 9./10. 11. 1938 kommt es zu einem regelrechten Pogrom gegen die jüdischen Bürger (verharmlosend später als „Reichskristallnacht" bezeichnet): Synagogen werden von SA-Trupps angesteckt, Juden misshandelt, ihre Geschäfte geplündert und verwüstet.

Der Weg in den Krieg

Hitler kann bei seinem **Kampf gegen die wehrpolitischen Fesseln des Versailler Vertrages** auf das schlechte Gewissen der Siegermächte rechnen. So nutzt er französischen Starrsinn schon im Herbst 1933 zum Vorwand für den Austritt aus dem Völkerbund, führt im März 1935 unter wirkungslosem Protest der Westmächte die **allgemeine Wehrpflicht** wieder ein und betreibt offen die in Versailles untersagte Luftrüstung. Die **Rückgabe des Saargebietes** nach einer Volksabstimmung im März 1935 ist ein weiterer Triumph über Frankreich.

Mit England schließt Hitler im Juni 1935 ein **Flottenabkommen**, das Deutschland 35 Prozent der englischen Seestreitkräfte zu bauen zubilligt, bei den U-Booten gar 100 Prozent. Hitler hat damit den lang ersehnten Freibrief zur weiteren Demontage des Versailler Systems erhalten.

Unter Bruch des Locarno-Vertrages schreiten deutsche Truppen am 7. 3.

1936 zur **Besetzung des entmilitarisierten Rheinlands**. Seine neu geschaffenen Waffen kann Hitler bald darauf ausprobieren. In Spanien putscht am 17. 7. 1936 General Francisco Franco (1892 bis 1975) gegen die Republik. Deutschland und Italien greifen auf seiner Seite in den ausbrechenden Bürgerkrieg ein und verhelfen Franco nach drei Jahren zum Sieg über die von den Sowjets und internationalen Brigaden unterstützte Volksfrontregierung aus Sozialisten und Kommunisten.

Das deutsch-italienische Verhältnis gestaltet sich nach solcher Waffenbrüderschaft noch inniger. Im November

1937 spricht Mussolini erstmals von der **„Achse Berlin – Rom"**, um die sich die europäische Politik drehe. Gefahrlos kann Hitler an die Verwirklichung seiner Österreich-Pläne gehen. Mit offener Erpressung erzwingt er im Februar 1938 die Hineinnahme von Nationalsozialisten in die österreichische Regierung und wenig später den Rücktritt von Kanzler Kurt von Schuschnigg. Die neue NS-Regierung in Wien bittet um deutschen Schutz, und so kann Hitler am 14. 3. 1938 auf dem Wiener Heldenplatz „den Eintritt meiner Heimat in das Deutsche Reich" verkünden. In einem „Blumenkrieg" ist

1938 der „Anschluß" bewerkstelligt, haben deutsche Truppen unter dem Jubel der Bevölkerung Österreich „heimgeholt". Aus Paris kommen wieder nur Proteste. London billigt stillschweigend Hitlers Pochen auf das Selbstbestimmungsrecht. Und das liefert auch den Vorwand zum nächsten Coup: Ultimativ fordert Hitler von der Tschechoslowakei die Herausgabe des deutschbesiedelten Sudetenlandes. Krieg kann nur vermieden werden, weil die Westmächte am 30. September

1938 auf der **Münchener Konferenz** vor Hitlers Druck zurückweichen und die Tschechoslowakei zur Erfüllung der deutschen Forderungen zwingen.

Für Hitler ist München der erneute Beweis für die Handlungsunfähigkeit der „verweichlichten" Demokratien. Im März 1939 ist das Münchener Abkommen schon Makulatur: Hitler erzwingt die **Unterwerfung der „Resttschechei"** als „Protektorat Böhmen und Mähren" unter deutschen Schutz. Damit ist er erstmals über die deutschen Volkstumsgrenzen hinausgegangen. **Das weltpolitische Klima schlägt um**. London beerdigt demonstrativ die Beschwichtigungs(„appeasement")-Politik und bietet Polen und einigen Balkanstaaten Garantieerklärungen an, denen sich Frankreich anschließt. Als Hitler mit der Kündigung des Flottenabkommens und des deutsch-polnischen Vertrages von 1934 zum Schlag gegen Polen ausholt, riskiert er den großen Krieg.

Gerüstet dafür ist nicht einmal er, viel weniger sind es seine potentiellen Gegner. England hat außer seiner Flotte eine erst im Aufbau befindliche Luftwaffe und einige kläglich bewaffnete Divisionen. Im riesigen Empire verzettelt die Nation ihre Kräfte, zumal es an allen Ecken, vor allem im Indien des Freiheitskämpfers Mahatma Gandhi (1809–1948) zu gären beginnt. Frankreich ist ebensowenig kriegsbereit. Das gilt allerdings eher für die innere Verfassung als für seine Rüstung. Die Dritte Republik zerfleischt sich in Flügelkämpfen und wirkt daher, trotz ihrer Armee, der stärksten Europas, wie gelähmt. Sicherheit scheinen allein die gewaltigen Befestigungen der **Maginot-Linie** (gebaut 1929 bis 1932) längs der deutschen Grenze zu geben. Das daraus resultierende Festungsdenken aber führt zu Immobilität und Mangel an offensiven Konzepten.

Die Sowjetunion fürchtet zu Recht Hitlers Expansionsdrang. Sie ist mitten im politischen Umbruch und wirtschaftlichen Aufbau. Stalin hat gerade mit den großen „Säuberungen" seine persönliche Diktatur unter Millionen Opfern gefestigt. Dabei geht allerdings auch ein erheblicher Teil gerade der russischen Intelligenz zugrunde, so dass in Wirtschaft und Militär ein katastrophaler Mangel an qualifizierten Führungskräften herrscht. Stalin braucht Zeit oder überwältigend starke Bundesgenossen, denn in Fernost ist mit dem imperialistischen Japan eine weitere ernsthafte Bedrohung entstanden.

Die USA haben sich lange, geplagt von der gerade hier ungewöhnlich bitter erlebten Wirtschaftskrise, aus der Weltpolitik ferngehalten. In der „Quarantäne-Rede" vom 5. 10. 1937 warnt Roosevelt vor dem ansteckenden Gift des Faschismus und deutet an, dass er zur Unterstützung Englands und Frankreichs bereit ist. Noch aber hat er sich mit dem massiven Neutralitätsdenken in seinem Parlament auseinanderzusetzen.

Allein also sind Hitlers Gegner alle schwach, nur ihre Koalition würde sie zu tödlicher Bedrohung werden lassen. In dieser Lage ist der deutsche Diktator bereit, ideologische Vorbehalte hintanzustellen – wie umgekehrt auch Stalin sie zeitweilig vergessen kann. Hitler sucht die Annäherung an den „bolschewistischen Todfeind" und trifft im besorgten Moskau auf offene Ohren. Am 23. 8.

1939 ist ein **deutsch-sowjetischer Nichtangriffspakt** zum Schrecken der Welt, zum ratlosen Staunen der braunen und der roten „Basis" und zum namenlosen Entsetzen der Polen perfekt. Und er ist nicht nur ein Stillhalteabkommen, sondern enthält auch noch, was die Welt erst später erfährt, eine aggressive Note gegen die kleinen Staaten zwischen Deutschland und der Sowjetunion: Ein „geheimes Zusatzprotokoll" regelt „für den Fall einer territorial-politischen Umgestaltung" Polens und der baltischen Länder die Abgrenzung der jeweiligen „Interessensphären".

Nach kurzen Propagandaschlägen und unannehmbaren Forderungen verkündet Hitler am 1. 9.

1939 die erste Phase seiner „Lebensraum"-Strategie vor dem Reichstag: **Krieg gegen Polen**.

Der Zweite Weltkrieg

„Blitzkrieg"-Erfolge

In den dreißiger Jahren haben vorausschauende operative Denker (Charles de Gaulle in Frankreich, Heinz Guderian in Deutschland) der Panzerwaffe Gewicht gegeben, das **Konzept eines motorisierten Krieges** entworfen. Dazu kommt nun die forcierte Entwicklung der Luftwaffe;

Hitler ist technisch aufgeschlossen und denkt in militärischen Dingen modern. Das alles führt zu einer taktischen Einstellung, die von Anbeginn aus den Denkbahnen des unglücklichen Stellungskrieges von 1914/18 herausführt.

Als die deutschen Sturzkampfflugzeuge (Stukas) und motorisierten Erdverbände am 1. 9. 1939 über Polen herfallen, zerschmettern sie binnen Tagen, wenn nicht Stunden, die polnische Illusion, man werde umgekehrt bald vor Berlin stehen. Tragisches Symbol der Waffenungleichheit ist der Angriff polnischer Lanzenreiter der Brigade Pomorska gegen deutsche Panzer. Achtzehn Tage dauert der eigentliche Feldzug, dann ist die tapfere polnische Armee zerschlagen.

In der Endphase beteiligt sich die Sowjetarmee daran, dem schon am Boden liegenden Feind den Rest zu geben. Gemäß dem geheimen Zusatzabkommen zum Nichtangriffspakt vom August 1939 besetzen die Sowjets jene ostpolnischen Regionen, die ihnen als Interessensphäre zugesprochen sind.

In der Folgezeit gehen die Sowjets daran, auch die übrigen Territorialansprüche durchzusetzen, die ihnen Hitler unter (beiderseitiger) Missachtung des Selbstbestimmungsrechtes der kleinen Völker zugestanden hat: Bessarabien, Baltikum, Finnland. Am kompliziertesten erweist sich dabei der sowjetische Versuch, das finnische Karelien zu gewinnen. Der

1939/40 finnisch-sowjetische Winterkrieg endet im Frieden von Moskau (März 1940). Finnland sieht sich genötigt, Teile Kareliens abzutreten, Transitrechte einzuräumen und die Halbinsel Hangö zu verpachten.

Um diese Zeit endet der tatenlose Krieg im Westen. Nach dem deutschen Einfall in Polen hat England, getreu seiner Beistandszusage an Warschau, dem Deutschen Reich den Krieg erklärt, und Frankreich ist an Englands Seite getreten. Zunächst aber geschieht nichts. Deutsche und französische Truppen liegen einander in den Festungssystemen gegenüber, kaum ein Schuss fällt. „Drôle de guerre“, komischer Krieg, nennen die Zeitgenossen diesen Zustand. Am 10. 4.

1940 besetzt die Wehrmacht Dänemark und Norwegen, um einer britischen Invasion zuvorzukommen. Unter erheblichen Verlusten der deutschen Seestreitkräfte wird der Widerstand sowohl der Norweger (die Dänen kapitulieren fast kampflos) als auch des britischen Landungskorps zum größten Teil ziemlich rasch überwunden; nur in Narvik dauern schwere Kämpfe bis in den Juni.

Inzwischen hat am 10. 5.

1940 der **Westfeldzug** begonnen. Er wird bestimmt vom kühnen Konzept eines Panzerdurchbruchs durch die Ardennen – ein Plan, der unter dem beziehungsreichen, von Churchill geprägten Namen „Sichelschnitt“ in die Militärgeschichte eingeht. Die in Belgien zur Abwehr eines, wie man fälschlich annimmt, nach dem Muster von 1914 vorgetragenen deutschen Angriffs aufmarschierten alliierten Armeen werden südlich umfasst. Teilen gelingt die Flucht aus dem Kessel von Dünkirchen. Danach rollen die deutschen Truppen das französische Festungssystem von hinten auf. Die **Besetzung von Paris** und die **Kapitulation Frankreichs** am 22. 6. 1940 ist Hitlers größter Triumph. In den letzten Kampftagen hat Mussolinis Italien sich noch an der Beute zu beteiligen versucht und ist in Südfrankreich einmarschiert.

Die Bedingungen für Frankreich unter seinem neuen Staatschef, Marschall Philippe Pétain (1856 bis 1951), dem Helden von Verdun, fallen relativ maßvoll aus: Südfrankreich bleibt zunächst unbesetzt. General de Gaulle (1890–1970) setzt als „das Gewissen Frankreichs“ von London aus und in den Kolonien den Kampf fort. Diese Einstellung teilen längst nicht alle Franzosen. Neben dem Widerstand gegen die deutsche Besatzung (Résistance) besteht in Frankreich wie in anderen westlichen „Feindländern“ eine verbreitete **Bereitschaft zur Kollaboration**.

Hitlers Hauptziel wird die Überwindung Englands. Die Marine scheut allerdings ein Landeunternehmen, das dann auch nach unzulänglicher Vorbereitung bei Beginn der Herbststürme 1940 abgesagt wird. Zu dem Zeitpunkt hat sich überdies die deutsche Luftoffensive praktisch totgelaufen. Die deutschen Bombenangriffe gegen London und andere Städte (Zerstörung von Coventry) provozieren den Vergeltungswillen Großbritanniens, der sich alsbald in Terrorangriffen englischer Flugzeuge gegen deutsche Städte äußert, und bewirken militärisch nichts; vielmehr geht ein Großteil der deutschen Jagdflugzeuge in Gefechten über England verloren.

Angriff auf die Sowjetunion

Hitler beschließt, die Entscheidung gegenüber England zu vertagen und sich zunächst gegen Russland zu wenden; in der Erwägung, dass Großbritannien so lange Widerstand leisten werde, wie es Deutschland noch von Russland bedroht sehen kann. Überdies ist der Kampf gegen Russland mit seiner jahrzehntealten Idee verknüpft, im Osten Siedlungsraum für Deutschland zu gewinnen. Seit Herbst 1940 lässt Hitler das **„Unternehmen Barbarossa“** operativ vorbereiten. Der Angriffstermin (Mai 1941) wird allerdings durch unerwartete Entwicklungen auf dem Balkan hinausgezögert. Zu Italiens Misserfolgen im Kampf gegen Griechenland kommt ein Putsch in Belgrad, der den Beitritt Jugoslawiens zum Dreimächtepakt (Deutschland–Italien–Japan) vom 25. 3. 1941 hinfällig macht. Hitler greift militärisch ein, der **Balkanfeldzug** endet nach der Kapitulation Jugoslawiens (17. 4.) und Griechenlands (23. 4.) mit der Eroberung Kretas (20. bis 31. 5. 1941).

Der Mittelmeerraum ist nun **voll in den Krieg einbezogen**, denn schon seit Jahresende 1940 kämpft ein deutsches Afrikakorps unter General Erich Rommel in der Wüstenregion zur Unterstützung der erfolglosen italienischen Bundesgenossen gegen die Engländer.

Dass der Balkanfeldzug den Ostkrieg um fünf Wochen hinausschiebt, erweist sich als schwerer militärischer Nachteil. Die gigantische Truppenmacht des nationalsozialistischen Heeres, drei Millionen Mann, setzt sich erst im Morgengrauen des 22. 6.

1941 zum **Angriff auf die Sowjetunion** in Bewegung. Riesige Kesselschlachten mit Hunderttausenden Gefangenen gaukeln der deutschen Führung zum letztenmal das Trugbild des „schon fast gewonnenen Krieges“ vor. Der weite Raum und die schier unerschöpfliche Menschenzahl in Uniform jedoch retten den Sowjetstaat vor dem Zusammenbruch. Auch erweist sich dieser im Innern als stabiler denn angenommen: eine Erhebung des Volkes gegen den Bolschewismus bleibt aus. Und zuletzt kommt der stärkste Verbündete: der Winter. Der deutsche Vormarsch bleibt kurz vor Moskau stecken; sowjetische Gegenoffensiven setzen ein.

Japans Kriegseintritt

Im pazifischen Raum sind die Spannungen stetig gewachsen. Bereits 1931 hat Japan mit der Besetzung der Mandschurei seine **Politik einer wirtschaftlich-politischen Durchdringung Ostasiens** eingeleitet. Seit 1937 steht Japan überdies mit dem nationalen China Tschiangkaischeks (1887 bis 1975) im Krieg. Spätestens von hier an kollidieren die japanischen imperialistischen Ziele eines groß-ostasiatischen Wirtschaftsblocks mit den amerikanischen Exportinteressen; denn China ist ein gewaltiger Markt. Der amerikanische Präsident Roosevelt schürt den Konflikt; zweifellos wünscht er den Krieg in Asien ebenso wie die Teilnahme der USA an der Auseinandersetzung in Europa. Beides erreicht er durch vergleichbare Handlungen. Japan gegenüber werden Forderungen gestellt, die das Kaiserreich nicht erfüllen kann (zum Beispiel die Aufgabe des Dreierpaktes), und in Europa unterstützt das neutrale Amerika Großbritannien so mit kriegswichtigen Gütern (Leib- und Pachtgesetz März 1941), dass dies einer Herausforderung an Deutschland gleichkommt. Japan lässt sich, als weitere Verhandlungen aussichtslos erscheinen, im Dezember

1941 zum **Überfall auf die US-Flotte in Pearl Harbor** provozieren. Dieser Schlag bewirkt den Solidarisierungseffekt sofortiger Kriegsentschlossenheit der amerikanischen Nation. Gegenüber Deutschland ist das schwieriger wegen der großen deutschstämmigen Minderheit in den USA. Doch Hitler tut dem Präsidenten den gleichen Gefallen wie Japan: Er erklärt von sich aus den Krieg, als die Bomben auf Hawaii gefallen sind. Das Jahr

1942 sieht **zum letzten Mal Erfolge der „Achsenmächte"** in großem Stil. Vor allem die Japaner, von Washington für ungefährlich gehalten, erobern in Blitzkriegmanier ganz Südostasien und den Westpazifik. Die deutschen Armeen dringen bis zur Wolga und in den Kaukasus vor, in Nordafrika bis fast zum Nil. **Europa** befindet sich fast vollständig **unter nationalsozialistischer Herrschaft**.

Kriegswende

Im Herbst **1942 wendet sich das Blatt.** In der pazifischen Region beginnen die Amerikaner seit der Luft-See-Schlacht bei den Midway-Inseln (Juni 1942) mit gewaltigem Materialaufwand, den überdehnten japanischen Herrschaftsraum stetig zu verkleinern („Inselspringen"). In Nordafrika, wo der Nachschub spärlich geworden ist, gehen die Engländer zur Offensive über. In Russland wird die 6. Armee in Stalingrad eingeschlossen und von Hitler geopfert. Das Gesetz des Handelns liegt nun klar bei der erstarkten Sowjetarmee. Es beginnt der langsame, unaufhaltsame deutsche Rückzug über Tausende Kilometer nach Westen.

Die gnadenlose militärische Auseinandersetzung auf russischem Boden, von Hitler seit Beginn ausgesprochen ideologisch, als „Weltanschauungskampf", geführt, umgreift selbstverständlich auch den „zivilen" Bereich. Die Nationalsozialisten sind darauf fixiert, in den Slawen „Untermenschen" zu sehen. Entsprechend ausbeuterisch und entwürdigend

behandeln sie die Bevölkerung der eroberten Provinzen. Im Rücken der vorgedrungenen Armeen vollzieht sich ein **Menschheitsverbrechen ungeahnten Ausmaßes**. SS, Sicherheitsdienst, Gestapo und Partei nutzen den eroberten Ostraum seit dem Herbst 1941 als gewaltiges Auffangbecken für die mittel- und westeuropäischen Juden. Hier werden Hunderttausende zunächst in den ohnehin schon überfüllten polnischen Ghettos zusammengepfercht oder gleich auf direktem Wege in **Vernichtungslager** transportiert, die alle in Polen errichtet worden sind. Dort, in Auschwitz, Treblinka, Belzec, Sobibor, Kulmhof oder Maidanek, endet in den Jahren 1942 und 1943 auch der größte Teil der Millionenbevölkerung der jüdischen Ghettos. In der UdSSR lässt die NS-Führung sogenannte „Einsatzgruppen" im Rücken der Front brutalste Massaker unter der jüdischen Bevölkerung veranstalten. Menschen werden allenthalben, von Riga bis Rostow, zu Zehntausenden zusammengetrieben und erschossen. Der **„Endlösung der Judenfrage"** fallen mindestens 6 Millionen Menschen zum Opfer.
Dass in einem verspäteten „Rüstungswunder" unter Leitung des Rüstungsministers Albert Speer gewaltige Produktionsziffern erzielt werden, ändert nichts an der wachsenden materiellen Überlegenheit der Alliierten. Insbesondere beherrschen sie seit 1943 den Luftraum nahezu uneingeschränkt, so dass **Deutschland** durch ununterbrochene Bombenangriffe langsam in **eine Trümmerlandschaft** verwandelt wird.
Auch zur See verschiebt sich das militärische Gleichgewicht immer weiter. Zwar haben die massierten Angriffe von U-Booten („Wolfsrudel") einige Erfolge gezeitigt; wirklich unterbunden werden kann der Materialnachschub im Atlantik jedoch nicht, und Neuentwicklungen auf dem Gebiet der Ortungstechnik ab 1943 („Radar") machen auch hier aus Jägern bald Gejagte.

Zusammenbruch des Deutschen Reiches

Die **Proklamierung des „Totalen Krieges"** durch Propagandaminister Goebbels im Februar 1943 soll die letzten Energiereserven aktivieren, aber der Ring um Deutschland schließt sich enger und enger: **1943 geht Nordafrika** durch Kapitulation der deutsch-italienischen Heeresgruppe in Tunesien **verloren,** Italien wechselt nach einem Umsturz ins Feindlager über und wird von den Deutschen jetzt als „besetztes Land" verteidigt. Die amerikanisch-britischen Landungen – zuerst in Afrika, dann in Sizilien und auf dem italienischen Festland – sind der Test für die schließlich im Juni **1944** erfolgende große **Invasion in der Normandie**. Sie überwindet den martialischen „Atlantikwall" unerwartet schnell und drückt die deutsche Westfront ein. Im Laufe des Sommers und Herbstes 1944 gelangen die Westalliierten bis an die Reichsgrenzen, die Sowjets ihrerseits nach **Zerschlagung der Heeresgruppe Mitte** bis nach Ostpreußen. Deutschlands Verbündete im Ostkrieg (Finnland, Rumänien, Ungarn, Slowakei), die nie eine erhebliche Rolle gespielt haben, fallen einer nach dem anderen von Hitlers Reich ab.
Ein letzter Versuch der deutschen Widerstandsbewegung, das verbrecherische Regime durch Beseitigung Hitlers zu

überwinden und den Krieg trotz der alliierten Forderung nach bedingungsloser Kapitulation vielleicht zu maßvolleren Bedingungen zu beenden, scheitert am **20. Juli 1944: Hitler überlebt das Attentat** des Obersten Claus von Stauffenberg und nimmt blutige Rache durch Hinrichtung Tausender Widerstandskämpfer. Seither ist dieser Krieg nur noch die opferreiche Hinauszögerung einer längst feststehenden vernichtenden Niederlage. Die Endphase wird durch die **Sowjet-Offensive** vom 12. 1. 1945 **in Ostpreußen und an der Weichsel** eingeleitet. Die verzögerte Räumung der gefährdeten Provinzen führt zu entsetzlichen Leiden der Zivilbevölkerung durch die Massenflucht im eisigen Winter und durch sowjetische Racheakte. Währenddessen lassen sich weite Kreise der Bevölkerung noch immer mit der Ankündigung kommender „Wunderwaffen" vertrösten. Im März **1945** raubt der **Sturm auf Berlin** die letzten Illusionen.

In den Trümmern der Reichskanzlei nimmt sich Adolf Hitler am 30. 4. 1945 das Leben. Die Eroberung Berlins durch die Sowjets, die Begegnung von Amerikanern und Russen an der Elbe, die Besetzung des ganzen Reiches lässt dem Hitler-Nachfolger, Großadmiral Karl Dönitz (1891 bis 1980), keine Chance, den Krieg, selbst zur Rettung vieler Flüchtlinge und Truppen vor den Sowjets, länger fortzuführen. Um Mitternacht des **8. Mai 1945**, nach bedingungsloser Kapitulation der deutschen Führung, **ruhen in Europa die Waffen**.

In Ostasien gehen die Kämpfe wegen des fanatischen Widerstandes der Japaner bis in den August weiter. Russische Truppen marschieren noch kurz vor Kriegsende in der Mandschurei ein. Ein Ende bringen erst die amerikanischen **Atombombenabwürfe auf Hiroshima und Nagasaki** (6. bzw. 9. 8. 1945). **Japan kapituliert** erst am 2. September 1945.

WELTGESCHICHTE NACH 1945

Der Ost-West-Konflikt

Der Zweite Weltkrieg übertrifft den Ersten nicht nur an Menschenopfern (etwa 55 Millionen gegenüber den ohnehin schon ungerheuerlichen 10 Millionen Toten zwischen 1914 und 1918), er hat nicht nur die Zerstörung unersetzlicher Kulturwerte ins Gigantische gesteigert, sondern die Folgen beider Kriege unterscheiden sich auch prinzipiell, nicht bloß quantitativ voneinander: Europa verliert nach 1945 seine in Jahrhunderten begründete Vormachtstellung; es hört auf, das dynamische Zentrum des Weltgeschehens zu sein, wie es mindestens seit der Zeitenwende von 1500 außer Frage gestanden hat.

Während die weltpolitischen Konstellationen nach dem Ersten Weltkrieg noch fast dieselben sind wie zuvor, ändert sich das Bild nach dem Zweiten Weltkrieg dramatisch. Die „Söhne Europas", wie Friedrich Heer Amerika und Russland einmal genannt hat, übernehmen nun die tragenden Rollen der großen Politik. Deutschland, bereits nach 1918 als beherrschende Mitte Europas ausgefallen, ist nach 1945 nur noch ein Schutthaufen, demoralisiert und moralisch und wirtschaftlich zutiefst abgesunken. Wohl besitzen England und Frankreich noch ihre Kolonialreiche, sie gleichen aber riesigen Ballons, bei denen ein Nadelstich genügt, sie platzen zu lassen. Sie sind durch den Krieg äußerst geschwächt, indes die beiden Supermächte kraftstrotzend auf den Trümmern besiegter Regionen stehen „Amerika in Europa und Asien, Russland auf den Trümmern der eigenen Heimat". Neben den beiden Großen ist kein rivalisierendes Machtpotential auszumachen, es gibt nur Bündnispartner, Parteigänger oder wie es für die Staaten des Ostblocks bald heißt, „Satelliten", die sich den Großmächten mehr oder weniger freiwillig anschließen.

Zunächst aber werden die aufbrechenden Gegensätze noch durch einen letzten Kraftakt niedergehalten: Auf der **Potsdamer Konferenz (17. Juli bis 2. August 1945**) versuchen die Regierungschefs der USA (Truman), der UdSSR (Stalin) und Großbritanniens (Churchill, später Attlee) die Nachkriegswelt neu zu ordnen und vor allem Grundsätze dafür zu finden, wie das besiegte Deutschland zu behandeln sei. Die zentrale Vereinbarung in Potsdam lautet: Deutschland soll nicht geteilt werden. Vielmehr sollen in den schon bestehenden vier Besatzungszonen „Verwaltungsabteilungen" zugelassen werden, die eine künftige demokratische deutsche Zentralregierung vorzubereiten haben. Einstweilen übt ein „Kontrollrat", bestehend aus den vier Oberbefehlshabern der Besatzungstruppen, die oberste Gewalt aus.

Am zähesten wird um die Ostgrenzen gerungen. Die Sowjets haben weithin vollendete Tatsachen geschaffen, sich Ostpolen angeeignet und die Polen in den ehemaligen deutschen Provinzen östlich von Oder und Neiße eine eigene Verwaltung einrichten lassen. Die deutsche Restbevölkerung wird rigoros ausgewiesen. Auch aus anderen Ostgebieten kommen die Flüchtlinge und Vertriebenen. 12 Millionen Menschen finden in Deutschland eine neue Heimat, eine bedeutende Integrationsleistung.

Gleich nach Kriegsende beginnt die Sowjetunion ihre Besatzungszone auszuplündern und deren Lebensformen zu bolschewisieren. Das hat Folgen für ganz Deutschland. Denn nun setzt innerhalb des Landes eine Wanderbewegung von Ost nach West ein. Die Besatzungsbehörden wehren sich dagegen mit Schließung der Zonengrenzen, und die Westzonen rücken wirtschaftlich und politisch zusammen. London und Washington vereinbaren im Dezember 1946 die Bildung einer „Bizone"; das erste neudeutsche Parlament, der „Zweizonen-Wirtschaftsrat", wird 1947 etabliert. Die deutschen Verhältnisse gewinnen ihre eigene Dynamik, wesentlich gefördert durch die Absicht der USA, Westdeutschland lebensfähig zu machen. Ein gewaltiges Wirtschaftshilfeprogramm kommt in Gang. Es wird eingeleitet durch die Rede des US-Außenministers George Marshall im Juni 1947 in der Harvard University. Das ERP-Programm (European Recovery Program), kurz **„Marshall-Plan"** genannt, bewirkt eine wirtschaftliche Wiedergeburt, nicht nur Westdeutschlands, sondern auch des übrigen Westeuropas.

Der nächste Schritt ist die deutsche **Währungsreform**: Mit dem 20. Juni 1948 endet die erste Nachkriegszeit in Deutschland. Der Name Ludwig Erhard bleibt in diesem Zusammenhang erinnerungswürdig. Erhard, der Leiter des Zweizonenamts für Wirtschaft in Frankfurt, hebt am Tage der von den Alliierten verfügten Währungsreform die Planwirtschaft auf, „vertrauend auf die Eigeninitiative und den Aufbauwillen der Deutschen. Er behält so durchschlagend recht, dass man ihn als den Motor des „Wirtschaftswunders" ansehen kann, das bald darauf einsetzt und das er von 1949 bis 1963 als Wirtschaftsminister der Bundesrepublik Deutschland begleitet. Die Währungsreform in den Westzonen ist für Stalin das Signal, eine Wirtschaftsblockade über West-Berlin (im kleinen ein Spiegel der Vierzonen-Verwaltung) zu verhängen. Die Amerikaner antworten mit der **Luftbrücke**, einem Transport von Lebensmitteln und Brennstoffen per Flugzeug in einer nie dagewesenen Dimension. Stalin gibt schließlich nach, aber den Einfluss auf die Entwicklung in Westdeutschland hat er endgültig verloren. Hier arbeitet alles auf eine deutsche Teilrepublik hin. Der Parlamentarische Rat hat seit Sommer das Grundgesetz ausgearbeitet. Es wird im Mai 1949 verabschiedet. Im August folgen die ersten Bundestagswahlen, aus denen die CDU/CSU als relativer Wahlsieger hervorgeht. Am 15. September 1949 wird **Konrad Adenauer** zum ersten Bundeskanzler gewählt. Er beginnt mit einer Koalition von CDU/CSU, FDP und Deutscher Partei (DP) zu regieren und bleibt mit steigenden Wahlerfolgen bis 1963 Regierungschef.

Die Sowjetunion lässt am 7. Oktober 1949 in ihrer Zone eine „Deutsche Demokratische Republik" ausrufen. Sie steht von Anbeginn, wenn auch noch nicht nominell, unter der Führung des Stalinisten **Walter Ulbricht**. Von 1953 bis 1971 ist er Erster Sekretär des Zentralkomitees. Gegen alle inneren Widerstände der Bevölkerung (Volksaufstand vom 17. Juni 1953) integriert er die DDR systematisch in das Ostblocksystem und macht aus ihr den treuesten Vasallen der UdSSR.

Parallel zur deutschen Spaltung wächst international die Verhärtung und Konfrontation zwischen Ost und West. In Griechenland haben die Kommunisten versucht, die Macht an sich zu reißen, und sind im Bürgerkrieg besiegt worden. In der Tschechoslowakei sind sie erfolgreicher: Nach Eroberung aller Schlüsselpositionen haben sie im Frühjahr 1948 die Demokratie abgeschafft und den Staat zur „Volksrepublik" gemacht. Der Umsturz in Prag wirkt auf den Westen als drohendes Signal. So entsteht die **NATO**, die Nordatlantische Verteidigungsallianz. Zwölf Länder, später auf fünfzehn vermehrt, schließen sich im April 1949 mit der Absicht zusammen, Bedrohungen ihrer Territorien gemeinschaftlich zu begegnen. Am nachhaltigsten wirkt der „Korea-Schock" von 1950, um die Verteidigungsgemeinschaft zu formieren. Im Juni 1950 greifen überlegene nordkoreanische Militärverbände den Süden der „ebenso wie Deutschland zweigeteilten" Halbinsel an. Die USA führen einen Beschluss der Organisation der Vereinten Nationen (UNO) zur Ächtung des Überfalls herbei und greifen militärisch ein. Andere Staaten schließen sich den Amerikanern an, der Norden wiederum erhält Hilfe von China. Nach langen schweren Kämpfen wird die Front am 38. Breitengrad stabilisiert, der auch zuvor bereits die Grenze zwischen Nord- und Südkorea war. Seitdem leben beide Teile in einem friedlosen Status quo, im Norden hält sich auch nach dem Zusammenbruch der sowjetischen Nachkriegsordnung (1989/90) ein kommunistisches Regime.

Die Politik der Entmilitarisierung Deutschlands (in Potsdam verbrieft) endet unter dem Eindruck des Koreakrieges. Die öffentliche Meinung im Westen schwenkt bereits fünf Jahre nach Kriegsende um und fordert einen deutschen Verteidigungsbeitrag. In Deutschland aber will man zunächst nichts davon wissen, das Thema wird zum Gegenstand langjähriger innenpolitischer Auseinandersetzungen, schließlich setzt sich die Adenauer-Linie pro „Wiederbewaffnung" durch. Durch die „Pariser Verträge" wird die Bundesrepublik im Mai 1955 in die NATO aufgenommen, sie erlangt gleichzeitig ihre staatliche Souveränität. Jetzt gründen auch die Sowjets eine Parallelorganisation zur NATO, den **Warschauer Pakt**. Die DDR tritt der Militärallianz der acht Staaten zwangsläufig bei, wodurch das geteilte Deutschland nun auch militärisch in zwei getrennten Lagern steht.

Zu diesem Zeitpunkt, zwei Jahre nach Stalins Tod, mit dem Beginn der „Entstalinisierung" unter Chruschtschow, ist die Spaltung der Welt auf ihrem Höhepunkt. Jede der beiden Führungsmächte verfügt über eine weltweite Anhängerschaft. Besonders der Ostblock erscheint auf dem Atlas als monolithisches Riesengebilde, das von Berlin bis Peking reicht, denn die beiden kommunistischen Hauptmächte leben noch in Eintracht.

Das geteilte Europa findet sich in West und Ost außer in militärischen Allianzen auch wirtschaftlich zusammen. Im Westen entsteht 1952 die Montanunion und 1957 die Europäische Wirtschaftsgemeinschaft **(EWG)**; das östliche Gegenstück dazu ist der „Rat für gegenseitige Wirtschaftshilfe" (RGW, bekannt auch unter dem Namen **COMECON**). Der nächste Schritt zur Verfestigung der Teilung geschieht in Berlin: Am 13. August 1961 wird die Mauer errichtet. Chruschtschow und Ulbricht sehen darin das einzige Mittel, den Flüchtlingsstrom aus der DDR über Westberlin in die Bundesrepublik zu stoppen. Seit 1949 haben drei Millionen Menschen das Land verlassen; Beton, Stacheldrahtrollen und spanische Reiter versperren ihnen nun den Weg. Die Mauer quer durch Berlin – unterstützt durch Minenfelder und Metallgitterzäune an der innerdeutschen Grenze – erweist sich als wirksam im Sinne ihrer Erbauer, offenbart aber auch deren moralischen Bankrott.

Die sechziger Jahre beginnen mit einem sowjetischen Triumph, dem ersten bemannten Raumflug durch **Juri Gagarin**, nachdem 1957 schon der künstliche Erdsatellit „Sputnik" die Welt in Verblüffung versetzt hat. Die Amerikaner ziehen nach: **Neil Armstrong** betritt im Juli 1969 als erster Mensch den Mond. Mit ihrem Wettlauf ins All hat die Rivalität der beiden Supermächte ihren sinnfälligen Ausdruck gefunden; doch reift in jenem Jahrzehnt auch die Einsicht in Moskau und Washington, dass man sich wegen der wechselseitigen Fähigkeit zur totalen Vernichtung arrangieren muss, eine „Koexistenz" finden muss. Ungeachtet der Empörung über den Mauerbau und trotz der weltbedrohlichen **Kuba-Krise** von 1962 (wegen der sowjetischen Raketen auf Kuba sind die USA und UdSSR kurzzeitig am Rand einer militärischen Auseinandersetzung) laufen Bestrebungen der Supermächte, zu einer globalen Entspannung zu gelangen und das Wettrüsten einzuschränken. Das Moskauer **Atomversuchsstop-Abkommen von 1963** wird zum Wendepunkt. Mögen Revolutionsromantiker wie Kubas Fidel Castro (der auch den Zusammenbruch der östlichen Supermacht überdauert) noch Hoffnungen auf eine Weltrevolution hegen – im Obersten Sowjet jedenfalls regiert Realismus, an eine Agression gegen die westliche Hemisphäre denken Chruschtschow und Breschnew, der ihn 1964 ablöst, nicht. Abspaltungen im eigenen Lager allerdings werden – wie schon zuvor beim ungarischen Aufstand 1956 – energisch unterbunden: Im August 1968 walzen Panzer aus den „sozialistischen Bruderstaaten" das demokratische Experiment des „Prager Frühlings" in der Tschechoslowakei nieder.

Auch in den siebziger Jahren verfolgt die Sowjetunion ein weitreichendes Entspannungskonzept gegenüber den USA und Westeuropa. Als besonders zukunftsträchtig erweisen sich die bilateralen Abrüstungsverhandlungen zwischen der UdSSR und den USA über die Begrenzung der strategischen Rüstung in Genf (SALT), die in Helsinki anberaumten Konferenzen über Sicherheit und Zusammenarbeit in Europa (KSZE) und die 1972 aufgenommenen Gespräche über eine ausgewogene Truppenreduzierung in Europa (MBFR).

Im Windschatten der Entspannungspolitik zwischen den Supermächten vollzieht sich die Annäherung zwischen der Bundesrepublik und den Ostblockstaaten, inbesondere mit denen, die unter Hitlers Herrschaft am schwersten gelitten haben. Der Moskauer Vertrag und der Warschauer Vertrag von 1970 sowie der Grundvertrag mit der DDR von 1972 und schließlich ein Vertrag mit der Tschechoslowakei – sie alle gehen in dieselbe Richtung: Gewaltverzicht, territoriale Integrität, und damit de facto die Anerkennung der durch den Zweiten Weltkrieg geschaffenen Grenzen. Die **Verständigungspolitik gegenüber dem Osten** unter der Regierung Brandt/Scheel (SPD/FDP, 1969–74) „holt nach", was im Westen Adenauer und de Gaulle mit der Versöhnung Deutschlands und Frankreichs nach jahrhundertelanger „Erbfeindschaft" ins Werk gesetzt haben. 1973 werden die beiden deutschen Staaten als Mitglieder in die Vereinten Nationen aufgenommen.

In der zweiten Hälfte der siebziger Jahre scheint die Sowjetunion ihr Imperium endgültig stabilisiert zu haben. Nur Jugoslawien, das unter Marschall Tito einen eigenen Weg zum Sozialismus eingeschlagen und dafür sogar den Bruch mit Stalin riskiert hat, und die Volksrepublik China verweigern sich nach wie vor dem sowjetischen Hegemonieanspruch. Der „große Steuermann" Mao Tse-tung, der 1949 die Kommunisten im Bürgerkrieg mit den Nationalchinesen unter Tschiangkaischek zum Sieg geführt hat, ist nach der Chruschtschowschen „Entstalinisierung" auf Distanz zu den seither als „Revisionisten" und „Sozialimperialisten" titulierten Genossen in Moskau gegangen.

Als dann 1972 das Foto vom Händedruck des US-Präsidenten Nixon mit Mao durch die Welt geht, ist sogleich von einem neuen „Mächtedreieck" die Rede. Das mag vielleicht auf die Vernichtungskapazität zutreffen, über die alle drei, die USA, die Sowjetunion und China, verfügen, aber es verstellt den Blick auf die zwei ökonomischen Riesen, die inzwischen herangewachsen sind: auf **Japan und Westeuropa**. Das 1945 am Boden liegende, ehemals militaristische ostasiatische Kaiserreich hat sich mit seiner kosten- und preisgünstigen, zunehmend auch innovativen High-Tech-Industrie an die Eroberung der

Weltmärkte gemacht, und mit der Europäischen Gemeinschaft haben sich nach dem Verlust ihres Großmachtstatus Nationen zusammengeschlossen, die jede für sich schon über eine gewaltige Wirtschaftskraft verfügt, allen voran die prosperierende Bundesrepublik Deutschland, aber auch Frankreich und Italien, die Benelux-Länder und seit 1973 auch Großbritannien; zudem ist die Europäische Gemeinschaft (EG) weiter im Wachstum begriffen.

Der Untergang des sowjetischen Imperiums

Anfang der achtziger Jahre kündigen sich mit zwei geographisch weit auseinander liegenden Ereignissen erste Auflösungserscheinungen des Sowjetreiches an: Die militärisch sinnlose Besetzung Afghanistans bringt die UdSSR in Konflikt mit der muslimischen Welt. Mit den Streiks in der Danziger Leninwerft im Herbst 1980, angeführt von dem Arbeiter Lech Walesa (der damals noch nicht daran denkt, einmal Polens Präsident zu werden), zeigt sich die innere Aushöhlung eines Systems, das sich als Herrschaft des Proletariats definiert hat. Bald erhöht sich auch der äußere Druck auf die Sowjetunion. US-Präsident Reagan (1981–89) kündigt an, die sowjetische Überrüstung im Bereich der Mittelstreckenraketen (SS 20) durch eine NATO-„Nachrüstung“ (Pershing II) zu konterkarieren und das „Reich des Bösen“ notfalls „zu Tode zu rüsten“, bis hin zum Szenario einer Militarisierung des Weltraums.
Da betritt ein Mann die Bühne, der die Welt verändern soll: **Michail Gorbatschow**, Generalsekretär der KPdSU 1985 bis 1991 und der erste und letzte Präsident der UdSSR (März 1990 bis Dezember 1991). Er formuliert zwei wesentliche Ziele, erstens den Umbau (Perestroika) der Sowjetunion zur modernen, leistungsstarken Nation und damit die Verbesserung der desolaten Ökonomie, unter der die 288 Millionen Bürger des größten Flächenstaates der Erde leiden, und zweitens als Voraussetzung dafür eine neue Offenheit (Glasnost), d.h. mehr Mitsprache der Öffentlichkeit und die Lockerung der strengen Zensur. Die ins Auge gefassten Veränderungen definiert er als notwendige Maßnahmen auf dem Weg zu einem „besseren Sozialismus“. Er versteht sie als Reformen, nicht als Revolution von oben.
Gorbatschow gibt kostspielige Positionen auf, indem er die Besatzungstruppen aus Afghanistan bis Februar 1989 abzieht und auf breiter Front Abrüstungsmaßnahmen anbietet. Im Dezember 1987 einigen sich die beiden Supermächte auf die „Nulllösung“ in der Frage der Mittelstreckenraketen. Erstmals in der Geschichte wird eine ganze Waffengattung ersatzlos verschrottet. Abrüstungsvereinbarungen über Interkontinentalraketen und andere Waffensysteme folgen. Der Kalte Krieg hat sein Ende gefunden.
Gorbatschow betont das Recht auf Eigenständigkeit der osteuropäischen sozialistischen Staaten und toleriert die dortigen Umwandlungsprozesse. Im Baltikum, in der Ukraine, im Kaukasus, in Mittelasien löst sich das Zwangssystem auf, das die Nationalitäten 40 Jahre gefesselt hat. Zum Schicksalsjahr wird das Jahr 1989. Im Juni stecken die Kommunisten in Polen bei der ersten halbfreien Wahl eine verheerende Niederlage ein und müssen die Macht mit Walesas „Solidarnosc“-

Gewerkschaft teilen. Ungarn öffnet im Sommer seine Grenzen nach Westen. Dann springt der Funke auf die DDR über: Das mit viel Aufwand vorbereitete vierzigjährige Staatsjubiläum am 7. Oktober ist schon mehr Requiem als Jubelfeier; der Ruf „Wir sind das Volk“ fegt erst **Erich Honecker** und seine Genossen hinweg, bald auch den kraftlosen Nachfolger **Egon Krenz** und den SED-Staat überhaupt. Bulgaren, Tschechen und Slowaken folgen, schließlich auch das geschundene Rumänien – hier allerdings erfolgt der Übergang nicht gewaltlos, der Despot Ceaucescu wird hingerichtet. Selbst in Peking ist noch ein Widerhall der großen Wandlung zu spüren; die KP-Führung allerdings scheut sich nicht, die Demokratiebewegung blutig zu unterdrücken, das Massaker auf dem Tiananmen-Platz kostet 3000 demonstrierende Studenten das Leben.

Beim Treffen Gorbatschows mit Bundeskanzler **Helmut Kohl** und Außenminister Genscher im Kaukasus im Juli 1990 werden die letzten aussenpolitischen Hürden auf dem Weg zur Wiedervereinigung Deutschlands genommen. Am 3. Oktober wird die alte DDR ein Teil der Bundesrepublik, der NATO und der Europäischen Gemeinschaft. Warschauer Pakt und COMECON lösen sich sang- und klanglos auf.

Ein Gleiches der UdSSR zu ersparen ist Gorbatschows Ziel; mit einem neuen Unionsvertrag, der die alte imperiale Union in eine demokratische Föderation umwandelt, hofft er dies zu erreichen. Die reaktionären Kommunisten in Staat und Partei sehen ihre Entmachtung kommen und versuchen am 19. August 1991, die Weltenuhr zurückzudrehen. Der Putsch bricht bald zusammen, nicht zuletzt durch das energische Eingreifen des russischen Präsidenten **Boris Jelzin** (im Juli 1991 ins Amt eingeführt), der aus der Krise als Sieger hervorgeht, während Gorbatschow zurücktritt. Auch die Sowjetunion als Staatsgebilde verschwindet, an ihre Stelle tritt die Gemeinschaft Unabhängiger Staaten (GUS), ein lockerer Verband, in dem sich nur noch ein Teil der ehemaligen Sowjetrepubliken wiederfindet. Über dem Kreml geht die Rote Fahne nieder und wird die alte russische Trikolore aufgezogen, die 70jährige Geschichte der Sowjetunion ist zu einer Episode in der über 1000jährigen Geschichte Russlands geschrumpft.

Der real existent gewesene Sozialismus hat eine zerstörte Welt hinterlassen, deren Wiederaufbau noch die Kraft von Generationen kosten wird. Während sich die EG auf ihrem Gipfel in Maastricht Ende 1991 zum Einstieg in die „Europäische Union“ mit gemeinsamer Außen-, Sicherheits- und Währungspolitik (Symbol: der „Euro“) durchringt, beginnen Serben, Bosnier und Kroaten in Ex-Jugoslawien den Bürgerkrieg mit einem Hasspotential, das in die Zeiten der beiden Weltkriege und noch weiter zurückreicht; mit „ethnischen Säuberungen“ feiert dort eine Volkstumspolitik aus finsterster Vergangenheit ihre Auferstehung – fortgesetzt auch über das Dayton-Friedensabkommen für Bosnien-Herzegowina (1995) hinaus in den Auseinandersetzungen um die Autonomie des zu Serbien gehörenden, mehrheitlich von Albanern bewohnten Kosovo.

Erst durch den militärischen Einsatz der NATO kann die Region befriedet und den demokratischen Kräften zum Durchbruch verholfen werden.

Das Gespenst des Partikularismus und des Neonationalismus und damit einer unkalkulierbaren Kettenreaktion von Bürgerkriegen schwebt nicht nur über den ehedem sozialistischen Vielvölkerstaaten, sondern beispielsweise auch über Indien. Mit dem Verschwinden der sowjetischen Zentralmacht sieht sich die Welt mit einer Reihe neuer, exotischer Atommächte konfrontiert. Eine neue Weltordnung, wie sie US-Präsident Bush (1989–93) in dem Gefühl, „Sieger des Kalten Krieges" zu sein, verkündete, ist nicht in Sicht, eher eine Welt-Unordnung. Daran vermag auch Bushs Nachfolger, der jugendliche **Bill Clinton (1993–2001)**, nichts zu ändern. Auch die Effizienz der Politik von **George W. Bush**, der Clinton im Amt des Präsidenten gefolgt ist, bleibt eine offene Frage.

Gleiches gilt verstärkt für Jelzins Nachfolger **Wladimir Putin** (seit 2000), bei dem sowohl die demokratischen als auch die wirtschaftlichen Reformen in Russland eher schleppend vorangehen.

DRITTE UND VIERTE WELT

Auf der Konferenz der „Blockfreien" in Bandung (Indonesien) 1955 finden sich erstmals die Staaten der sogenannten Dritten Welt zusammen und artikulieren ihre Ziele gegenüber der Ersten (gemeint die westlichen Industrieländer) und der Zweiten Welt (dem Ostblock). Ihre Hauptanliegen sind die Entlassung aus der Kolonialherrschaft und ein gerechter Anteil an der Weltwirtschaft. Die **Entkolonialisierung** hat schon begonnen: 1947 haben die Briten mit Indien auf ihren wertvollsten Besitz in Asien verzichtet. Indiens kompakter muslimischer Siedlungsraum im Westen und Südosten spaltet sich als West-Pakistan (heute Pakistan) bzw. Ost-Pakistan (heute Bangladesch) ab, der Subkontinent wird von Religionskämpfen und Wanderbewegungen größten Ausmaßes heimgesucht. In der Frühphase der Unabhängigkeit stirbt **Mahatma Gandhi**, die große Integrationsfigur des jahrzehntelangen gewaltlosen Befreiungskampfes, durch ein Attentat (1948). Erster und langjähriger indischer Ministerpräsident und gleichzeitig angesehenster Sprecher der Dritten Welt wird Gandhis Schüler Jawaharlal Nehru (1889–1964).

Weit weniger geschickt als die Engländer in Indien und die Holländer mit der Freigabe Indonesiens (1949) operieren die Franzosen in der Ablösungsphase ihres Kolonialreiches. Sowohl in Indochina wie in Algerien vollzieht sich die Trennung unter blutigen, vielfach grausamen Kämpfen. In Algerien beendet der wieder an die Macht gerufene **General de Gaulle** den Kampf von Paris aus mit politischen Mitteln, indem er Algerien Unabhängigkeit gewährt (1962). Hunderttausende Algerien-Franzosen siedeln ins Mutterland um. Zu den unfriedlichen Abschieden vom Kolonialzeitalter gehört auch die Suez-Affäre von 1956. Der ägyptische Präsident Nasser hat den Suezkanal verstaatlicht, woraufhin England und Frankreich im Bund mit Israel in Ägypten einfallen. Sie müssen sich unter amerikanischem und sowjetischem Druck zurückziehen. In Südostasien werden die französischen Kolonialherren schmählich besiegt (Dien Bien Phu, 1954); sie ziehen sich aus Vietnam, Laos und Kambodscha zurück. Vietnam zerfällt in zwei

Staaten, einen kommunistischen im Norden und einen nichtkommunistischen im Süden. Die kommunistische Infiltration Südvietnams beantworten die Vereinigten Staaten mit einer massiven Wirtschafts- und Militärhilfe für das antikommunistische Regime in Saigon. Daraus entwickelt sich der **„Vietnamkrieg“**, aus dem sich die Amerikaner erst 1973 lösen können. Südvietnam fällt zwei Jahre später an die Kommunisten und wird mit dem Norden vereinigt. Das verfehlte militärische Engagement, das die USA 55.000 Tote kostet, hinterlässt bei den Amerikanern ein bleibendes Trauma.

Die größte geschlossene Entkolonialisierung bringen die sechziger Jahre in Afrika. Die Staatenkarte wird gründlich umgestaltet. Die Besitzungen Frankreichs, Englands und Belgiens werden im wesentlichen bis 1963 in die Unabhängigkeit entlassen, Portugals Kolonien erringen ihre Freiheit erst 1975 nach langen Guerillakämpfen. Seither gibt es in Afrika keine „Fremdherrschaft“ mehr, im Sinne alter Kolonialpolitik. Die Herrschaftsverhältnisse der Kolonialzeit wirken jedoch in anderer Form nahezu ungebrochen nach. Zum einen bestehen die den afrikanischen Völkern aufgezwungenen Strukturen unverändert fort. Die meist „mit dem Lineal“ gezogenen Grenzen der alten Kolonialreiche durchschneiden traditionelle Stammesgebiete und Wirtschaftsräume. Ständig neu entbrennende kriegerische Konflikte zwischen den früheren Kolonien sind ebenso die Folge wie blutige Stammesfehden zwischen den willkürlich in künstliche Staatengebilde zusammengefaßten, oft verfeindeten Völkerschaften. Beispiel: die **Hutu und Tutsi** in Ruanda, deren Auseinandersetzungen 1994 in Massakern mit einer Million oder mehr Toten gipfeln. Zum anderen brechen gerade in jüngster Zeit die kolonialen Machtverhältnise als „innerer Kolonialismus“ wieder hervor: Die noch zur Zeit der früheren Kolonialherren an die Macht gelangten Eliten – die herrschenden Clans, die kleinen Cliquen korrupter Beamter und Militärs, die dünne Schicht der Technokraten – können nur durch Gewaltherrschaft den Aufruhr der am Rande oder unterhalb des Existenzminimums dahinvegetierenden Massen unterdrücken. Der ungeheure Gegensatz zwischen Macht und Ohnmacht, zwischen Luxus und Elend führt immer wieder zur Selbstzerfleischung der „befreiten“ afrikanischen Völker.

Zuletzt hat sich auch der „äußere Kolonialismus“ in moderner Form erhalten: Die Befreiung aus der wirtschaftlichen Abhängigkeit ist nicht geglückt. Um auf dem Weltmarkt mitzuhalten, werden ehedem fruchtbare Landschaften zu öden Monokulturen umgestaltet, die Subsistenzwirtschaft geht unter, der Anbau von Nahrungsmitteln für den Eigenbedarf wird den Einheimischen unmöglich gemacht. Der immense Schuldenberg der Dritte-Welt-Länder lässt ihnen keine andere Wahl, als ihre Rohstoffe zu den Bedingungen der Industriestaaten zu veräußern. So hat sich noch eine Vierte Welt aufgetan: eine Gruppe von fast 50 Ländern, die als absolut arm gilt und weiter an den Rand gedrängt wird. Andererseits stehen so genannte Schwellenländer wie Brasilien, Mexiko, Singapur, Taiwan oder Thailand kurz davor, sich immer erfolgreicher dem Niveau der Industriestaaten zu nähern.

Ein Kapitel für sich bildet Südafrika, weil hier zwar eine weiße Vorherrschaft besteht, nicht aber im herkömmlichen Schema einer Kolonialmacht; denn die weißen Südafrikaner, überwiegend holländisch-britischer Herkunft, siedeln dort seit Jahrhunderten und betrachten Südafrika ebenso als Heimat wie die große schwarze Mehrheit des Landes. Doch die weißen Südafrikaner erkennen die Zeichen der Zeit noch gerade rechtzeitig. Bei den ersten freien, nicht rassistischen Parlamentswahlen geht der jahrzehntelang vom Apartheid-Regime verfolgte Afrikanische Nationalkongress (ANC) als Sieger hervor, der Bürgerrechtler **Nelson Mandela** wird am 9. Mai 1994 zum ersten schwarzen Präsidenten des Staates Südafrika gewählt.

Auch unter seinem Nachfolger **Thabo Mbeki** (seit 1999) scheint der friedliche Ausgleich zwischen der schwarzen Mehrheit und der weißen Minderheit zu gelingen.

Innerhalb der Dritten Welt aber erwächst der amerikanisch-europäischen Zivilisation ein neuer Widerpart: der islamische Fundamentalismus – von einigen Publizisten bereits als „aggressive, revolutionäre Bewegung“ ausgemacht, die einen „heiligen Krieg“ gegen die christliche Welt führen wolle. Das ist ein Geschichtsbild von gefährlicher Einfachheit. Die Weltherrschaft streben die Muslime nicht an. In ihrer Mehrheit wollen sie lediglich gemäß ihren Traditionen und Wertvorstellungen einen eigenen Weg zu einem menschenwürdigen Leben finden. Die Ursache für die religiöse Renaissance des Islams ist im Zusammenstoß morgenländischer Lebensformen mit der hochtechnisierten, pluralistischen Industriegesellschaft des Westens zu suchen, der als tiefer Kulturschock empfunden wird. Das Ziel aller fundamentalistischen Gruppen ist die Umgestaltung der eigenen Gesellschaften im Sinne des Islams und nicht die Bekehrung oder gar Unterwerfung des christlich-materialistischen Abendlandes.

Nachdem die islamischen Staaten zwischen Atlas und Indus ihre Unabhängigkeit erhalten oder, wie Algerien, erkämpft haben, wird die gesamte Region als Nebenschauplatz des Kalten Krieges missbraucht: Die Sowjetunion nimmt Einfluss auf das Ägypten Gamal Abdel Nassers, auf Syrien und den Irak, die Amerikaner setzen auf die arabischen Monarchien und den Iran, den der Schah Reza Pahlewi in kürzester Zeit zur hochmodernen Industrienation zu entwickeln gedenkt.

Das einzige Band, das die untereinander heillos zerstrittenen und im Zeichen des Ost-West-Gegensatzes noch zusätzlich gegeneinander ausgespielten Staaten im Nahen Osten eint, ist die Frontstellung gegen Israel. Seit der Gründung Israels (1948) als Heimstätte der dem Holocaust entkommenen europäischen Juden und der in ihren Heimatländern unterdrückten orientalischen Juden sehen sich die Araber mit einer Mini-Supermacht konfrontiert, die sie ein um das andere Mal demütigt, und die Israelis sehen sich umringt von 120 Millionen Feinden. Palästina, beansprucht von beiden Seiten, wird zum Ausgangspunkt dreier Kriege: 1948/49, 1967 und 1973 behauptet sich Israel kraft militärischer Überlegenheit gegen die miteinander verbündeten Araberstaaten. In der zweiten Hälfte der siebziger Jahre schließen Ägypten und Israel auf Initiative des ägyptischen Staatspräsidenten **Anwar as-Sadat** ein separates Friedensabkommen, während die übrigen Anrainerstaaten weiter in einem latenten Kriegszustand mit dem jüdischen Staat stehen. Als hartnäckigstes Problem erweist sich die ungeklärte

Zukunft der heimatlosen Palästinenser, d.h. der 1948/49 geflüchteten oder vertriebenen Araber und ihrer Nachkommen in den Flüchtlingslagern, und die Frage der Selbstbestimmung in den von Israel seit 1967 besetzten Gebieten mit vorwiegend arabischer Bevölkerung.

Ihren ersten nachhaltigen Ausdruck findet die religiöse Erneuerungsbewegung im islamischen Raum mit der triumphalen Rückkehr des **Ajatollah Khomeini** in den Iran am 1. Februar 1979, die den Sturz des westlich orientierten Schah-Regimes zur Folge hat. Der schiitische Geistliche führt die „Islamische Revolution" zum Sieg und setzt sich als höchste geistliche Autorität und inoffizielles Staatsoberhaupt an die Spitze der „Islamischen Republik Iran". Schulsystem, Sozialordnung und Wirtschaftsleben werden unter die Kuratel der Religion gestellt, die auch zum bestimmenden Faktor der Außenpolitik gerät, als erstes in einer scharfen Kehrtwendung gegen die USA, deren Teheraner Botschaft fanatisierte Massen vom November 1979 bis zum Januar 1981 besetzt halten.

Zu jener Zeit hat sich der irakische Diktator **Saddam Hussein** schon als eine Führerfigur der arabischen Staatenwelt profiliert und geglaubt, leichtes militärisches Spiel mit dem außenpolitisch isolierten und im Inneren geschwächten Iran zu haben. Im September 1980 marschieren seine Truppen auf breiter Front in die iranische Erdölprovinz Khusistan ein. Es entwickelt sich ein Krieg, der erst 1988 abgebrochen wird – ohne Sieger und ohne Verlierer, aber mit schätzungsweise 800.000 Toten und Abermilliarden Kriegsschulden beider Seiten. Zwei Jahre später der nächste Krieg am Golf: Am 2. August 1990 fällt die irakische Armee in Kuwait ein. Saddam Hussein ignoriert das Ultimatum der UNO, das annektierte Scheichtum bis zum 15. Januar 1991 zu räumen. Daraufhin beginnen militärische Operationen der multinationalen Streitkräfte unter Führung der USA, denen der Irak nichts entgegenzusetzen hat. Gleichwohl geht der Diktator aus dem militärischen Debakel unbeschädigt hervor, er übersteht die Niederlage und und auch die von der UNO aufgezwungene Abrüstung seines Potentials an Vernichtungswaffen. Verlierer des Krieges dagegen sind die Kurden, die „Waisenkinder der Weltpolitik", die sich vom Sieg der Alliierten ihre Freiheit erhofft haben und gegen die sich nun die geballte Aggression des geschlagenen Kriegstreibers richtet. Eine Lösung ihres Problems ist nicht in Sicht. Das Siedlungsgebiet der Kurden überschneidet sich mit den Grenzen des Iraks, des Irans, Syriens und der Türkei, und keiner der Staaten will die Bildung eines eigenen Kurdenstaates zulassen. Auch der bewaffnete Kampf der Kurdenpartei PKK vermag daran nichts zu ändern.

Zu den Verlierern des Golfkrieges zählen auch die Palästinenser, die nach dem Abflauen ihrer „Intifada", des 1987 begonnenen Volksaufstandes in den besetzten Gebieten, auf Saddam Hussein gesetzt haben, der Israel mit seinen Skud-Raketen beschießt. Immerhin, nach dem Sieg über Saddam Husein sehen sich die USA in der Lage, sowohl Israel als auch die arabischen Frontstaaten an einen Tisch zu bringen. Die Konferenz von Kairo am 4. Mai 1994 bringt den entscheidenden Durchbruch. Nach 45 Jahren Feindschaft unterzeichnen in der ägyptischen Metropole Israels Ministerpräsident Rabin und der Vorsitzende der palästinensischen Befreiungsfront (PLO) Jassir Arafat das

Abkommen über die Autonomie der Palästinenser in den von Israel besetzten Gebieten Jericho und dem Gaza-Streifen. Das sogenannte Oslo-Abkommen vom 28. September 1995 regelt dann auch die palästinensische Autonomie im Westjordanland.
Die Ermordung Rabins (4. November 1995) und der Regierungswechsel nach den Wahlen im Frühjahr 1996 stellt die erfolgreiche Umsetzung der Abkommen in Frage. Weder Netanjahu noch seine Nachfolger Ehud Barak und Ariel Sharon (seit 2001) sind in der Lage, den Terror und Gegenterror im Nahost-Konflikt zu beenden.

Ausblick

Der Sieg der Freiheit als Ergebnis des Kalten Krieges und die damit verbundene Unterbindung eines heißen atomaren Weltkrieges ist „fünf vor Zwölf" erfolgt. Die Menschheit braucht dringender als je zuvor ihre ganze Vernunft, um die existenzbedrohenden Probleme zu meistern, die sie sich durch ihren verantwortungslosen Umgang mit ihrer natürlichen Umwelt selbst eingebrockt hat.
Die Weltbevölkerung hat sich innerhalb der letzten 45 Jahre von 3 Milliarden auf 6 Milliarden verdoppelt und wird sich bis 2050 möglicherweise auf 10 Milliarden erhöhen. Weit größere Probleme als die zu erwartenden Armutswanderungen und Fluchtbewegungen werden das Mehr an Nahrung sein, dass die Menschheit erzeugen muss, das Mehr an Energie, das sie verbrauchen wird, und das Mehr an Schadstoffen, das sie produzieren wird. Es gilt eine Politik für den Erhalt des „Ökosystems Erde" zu entwickeln, es gilt Konzepte zur Eindämmung schleichender oder rapide fortschreitender Katastrophen wie der „Klimawende", der durch den Treibhauseffekt verursachten Erwärmung der Erde, der seit der **Katastrophe von Tschernobyl (1986)** erkannten Gefahren der Kernenergie und der raumgreifenden und irreparablen Abholzung des tropischen Regenwaldes in Angriff zu nehmen.
Aufgrund der globalen Zusammenhänge werden sich weder die Erste noch die Zweite noch die Dritte oder Vierte Welt aus der Verantwortung stehlen können. Kriege haben weltweite Auswirkungen, der Raubbau an den Tropenwäldern verändert das Klima überall, Flüchtlingsströme und Rauschgiftkriminalität machen nicht an den Landesgrenzen halt. Eine weltweit koordinierte Armutsbekämpfung tut not. Armut ist eine der entscheidenden Ursachen für die Umweltzerstörung in den armen Ländern des Südens. Armut ist aber auch vielfach die Folge von Umweltschäden, die frühere Generationen angerichtet haben. Die Erhaltung der natürlichen Lebensgrundlagen für alle und die Bekämpfung der Armut sind untrennbar miteinander verbunden.
„Wir sind reich an Wissen, aber arm an Weisheit, und wir suchen nach dem Schlüssel zum Überleben", heißt es im Umweltbericht 1991 des „Club of Rome". Als die renommierte Gruppe internationaler Wissenschaftler und Ökonomen 1972 zum ersten Mal die **„Grenzen des Wachstums"** aufzeigte, wurde das Problem des Raubbaus der Menschen an der Natur noch als ein rein mengenmäßiges angesehen; inzwischen hat das Problem längst eine qualitative Dimension.
Vom Plankton in den Meeren bis zu den Eisbären in der Arktis ist jede Lebensform betroffen, die Menschheit eingeschlossen.

Umweltzerstörung hat nur wenige Gewinner, aber viele Verlierer. Der Schlüssel, von dem der „Club of Rome“ spricht – er muss gefunden werden.

Dass es hier um längerfristige Dimensionen geht, zeigt die Klimakonferenz im japanischen Kyoto vom 11. Dezember 1997, auf der beschlossen wird, den Ausstoß der schädlichsten Treibhausgase im Jahr 2012 unter das Niveau von 1990 zu senken.

Ebenfalls längerfristig wird auch die Herausforderung des Terrorismus gesehen, der mit dem Anschlag islamischer Fanatiker unter Führung Osama bin Ladens auf das World Trade Center in New York am 11. September 2001 mit über 5000 Toten die Welt schockiert hat. Die darauf folgende militärische Beseitigung des Taliban-Regimes in Afghanistan ist für US-Präsident Bush nur der erste Schritt im Kampf gegen den Terrorismus gewesen, der weltweit von allen verantwortlichen Staatsmännern unterstützt wird und trotz aller ungelösten Konflikte zu Beginn des 21. Jahrhunderts zu einer einzigartigen Solidarität der internationalen Staatengemeinschaft geführt hat.

KULTUR

RELIGION

Das Wort Religion stammt vom lateinischen „religio“ (Rückverbindung). Damit war ursprünglich die Erfüllung der Verpflichtungen gegenüber höheren Mächten gemeint. Erst später, im vierten Jahrhundert nach Christus, erhielt das Wort eine tiefere Bedeutung: Religio bedeutete die gefühlsmäßige Verbundenheit zwischen einem Gott und dem Menschen. Religion ist die Begegnung mit einer höheren, übernatürlichen, heiligen Macht. Diese Macht wirkt auf uns ein, und wir müssen darauf reagieren. Tut der Mensch dies im richtigen Sinne und tut er das, was das Heilige von ihm verlangt, so erlangt er selber das Heil, sei es in diesem Leben oder in der Zukunft nach dem Tode. Wenn die Menschen der Vorgeschichte ihren Toten Gegenstände mit ins Grab gaben, so zeigt dies, dass sie sich Gedanken über das Leben nach dem Tode machten. Informationen über die Anfänge und Frühformen des religiösen Empfindens und Verhaltens lassen sich aus zwei Wissensgebieten gewinnen, die auf den ersten Blick recht verschiedenartig anmuten: aus der Vorgeschichte und aus dem Studium ethnologisch alter Menschengruppen.

Vorgeschichtliche Religiosität

Am Anfang aller Religiosität steht die Empfindung, dass der Natur übernatürliche Kräfte innewohnen. Der Wunsch, die Natur zu beherrschen, führt zwangsläufig zu der Auseinandersetzung mit diesen Kräften und zu dem weiterführenden Wunsch, auch diese Kräfte selbst zu beherrschen und anzuwenden (Magie).
Das im steinzeitlichen Wirtschaftsleben vordringliche Sammeln und Jagen wird durch Zauberei unterstützt. Zeugen dieser Magie sind die sehr zahlreichen steinzeitlichen Höhlenmalereien.
Wenn z.B. eine Tiergruppe dargestellt wird, auf die Jäger mit Pfeilen schießen, wobei die Tiere mit zahlreichen Pfeilen bedeckt sind, so handelt es sich offensichtlich um Jagdmagie. Das Bild soll den realen Jagderfolg beschwören.
Andere Bilder (z.B. die Bärenplastik in der Höhle von Montespan) zeigen sogar Einschussstellen bzw. Einstichstellen. Man hat dem abgebildeten Tier eine Verletzung zugefügt und hofft oder glaubt, dass man im „wirklichen“ Leben ebenso erfolgreich sein werde. Eine derartige Magie heißt „Analogiezauber“. Mit Sicherheit darf angenommen werden, dass es bereits einigermaßen umfassende rituelle Verhaltenszusammenhänge gegeben hat, insbesondere Tanzriten und Tierimitationen, die ebenfalls Jagdglück herbeiführen sollten.
Es gab dramatisierte Darstellungen des Verhaltens gegenüber Tier und Mensch. Dabei wurde von Fall zu Fall bereits sakrale Musik verwendet (Knochenflöten, Schwirrhölzer). Auch Vokalmusik, ein Brüllen oder Murmeln magischer Urlaute, mag es gegeben haben.

Die damaligen Riten hatten ihre Kenner und Techniker, vor allem solche, die sich in tierischer Maskierung als Musikmacher, Tänzer und Beschwörer betätigten. Vieles deutet darauf hin, dass es sich um religiöse Gegebenheiten handelt, die man in der Neuzeit als **Schamanismus** bezeichnet.

Überdies gab es in der späten Steinzeit bereits Opferkulte und eine kosmische Symbolik mit zugehörigen Großsteinheiligtümern. Es gab auch schon den Glauben an ein Machtwesen im Menschen. Dieses hat man sich aber noch nicht immateriell vorgestellt.

Einige Historiker nehmen an, es habe bereits in der Vorgeschichte einen echten Monotheismus (Ein-Gott-Auffassung) gegeben, einen vorgeschichtlichen Ur-Monotheismus.

Natur- und Stammesreligionen

Unter ethnologisch alten Menschengruppen der Neuzeit versteht man Gruppen, die – zumindest scheinbar – einen weiter zurückliegenden Entwicklungszustand des Menschen repräsentieren. Das Studium ihrer Religiosität kann deshalb erheblich zum Verstehen frühgeschichtlicher Religiosität beitragen.

Ethnologisch alte Menschengruppen leben heute noch in Zentralaustralien (Aborigines), in Ozeanien (Papuas, Melanesier, Polynesier, Mikronesier), an der Nordküste Amerikas (Eskimos) und verstreut in Nord- und Südamerika (Indianervölker). Ethnologisch alte Gruppen mit charakteristischen religiösen Momenten sind ferner die zentralafrikanischen Pygmäen und Buschmänner, die altsibirischen Tungusen und Samojeden. Als Beispiel für viele andere sei noch auf die Gruppe der Weddas auf Ceylon und der Negritos auf den Philippinen hingewiesen. Die Gesamtzahl der Angehörigen von Natur- und Stammesreligionen wird gegenwärtig auf etwa 120 Millionen Menschen geschätzt; doch diese Zahl verringert sich infolge des Vordringens der menschlichen Zivilisation und der Missionstätigkeit der großen Weltreligionen ständig. Wir vergegenwärtigen uns eine Reihe religiöser Momente, die sich bei allen diesen Gruppen in bemerkenswerter Übereinstimmung feststellen lassen.

Eine weitverbreitete religiöse Praxis ist die Magie (Zauberei). Ihr liegt eine Auffassung zugrunde, die man als **Magismus** bezeichnen könnte. Die Magie basiert auf einem prälogischen Denken, das nicht in der Lage ist, die ihm begegnenden Tatsachen vernunftgemäß zu ordnen. Ursächliche Beziehungen werden daher auch dort gesehen, wo es „in Wirklichkeit“ keine gibt. Die religiöse Seite der Magie zeigt sich überall dort, wo man durch magisch-religiöse Manipulationen bestimmte Ergebnisse herbeiführen will. Die beiden hauptsächlichen Arten sind der „Analogiezauber“ (ein Fernwirkungszauber) und der „Berührungszauber“ (ein Nahwirkungszauber). Ein Analogiezauber ist es z.B., wenn man in die Spur eines Feindes Quarzstücke steckt, die auf diese Weise in den Körper des Betreffenden gelangen sollen; oder wenn man durch Vernichtung eines Bildes den Feind selbst zu treffen meint. Ein Berührungszauber liegt vor, wenn z.B. irgendwelche Splitter, die auf magischem Weg in den Brustkorb eines Menschen geraten sind, vom Medizinmann durch Handauflegung herausgezaubert werden.

Ein zumeist innig mit magischen Auffassungen verknüpftes, gelegentlich auch isoliert auftretendes religiöses Moment ist der **Fetischismus**. Ein Fetisch ist ein Gegenstand, in dem das Machtfluidum der Zauberei verdinglicht ist. Ein Fetisch muss nicht unbedingt menschenähnlich aussehen. Auch jeder Talisman, jedes Amulett, jeder Medizinbeutel ist ein Fetisch, ebenso Schmuckstücke, die nicht bloß der Verschönerung des Menschen, sondern auch der Markierung seines sozialen Rangs dienen sollen. Entsprechend dem Wirkungsbereich bzw. der sozialen Reichweite eines Fetischs unterscheidet man Individualfetische und Gruppenfetische, Ortsfetische, Landesfetische u.a. Letztere sind in Form von Nationalfahnen bis heute in Gebrauch.

Wenn wir nun nach dem allgemeinen Konzept fragen, das beiden religiösen Tatbeständen, dem Magismus und dem Fetischismus, gleichermaßen zugrunde liegt, so kommen wir zu einer ausgeprägten Machtauffassung, die man auch als **Dynamismus** bezeichnet. Die gewissermaßen ursachenlos vorhandene Macht findet sich in bestimmten Personen, aber auch in bestimmten Gegenständen oder an bestimmten Orten. Dies kann zu einer Regelung des sozialen und religiösen Verhaltens führen, wenn z.B. solche Gegenstände nicht berührt, solche Orte nicht betreten werden dürfen.

Ein Gegenstand, der nicht berührt, ein Ort, der nicht betreten werden darf, ist „tabu“. Die Tabu-Auffassung ist begreiflicherweise ein sehr wirksamer Regulator für die tatsächlichen Lebenszusammenhänge. Wer einen Gegenstand, der „tabu“ ist, berührt, hat schwerste Strafen zu gewärtigen, weil sich die Macht, die sich in dem betreffenden Gegenstand befindet, an ihm rächt. In vielen Fällen werden Angehörige einer ethnologisch alten Gruppe, wenn sie gegen ein Tabu-Gesetz verstoßen, krank oder sterben unerklärlicherweise. Man hat von Stammeshäuptlingen berichtet, die gefüttert werden mussten, weil alle Speisen, die sie mit der Hand berührten, „tabu“ wurden.

Die solchen und ähnlichen Erscheinungen zugrundeliegende Macht heißt „Mana“. Das melanesisch-polynesische Wort „mana“ bedeutet etwa „wirksam“, „mächtig“. Bei anderen Menschengruppen wird derselbe Ausgangsbefund mit Ausdrücken wie „orenda“, „wakando“, „manitu“ u.a. bezeichnet.

Eine solche „Mana“-Macht kann freilich auch verloren gehen. Deshalb unternimmt es der ethnologisch alte Mensch, sie an bestimmte Personen, Gegenstände oder Orte zu „binden“ bzw. sie durch Zauberei in einem Fetisch zu lokalisieren.

Ein wichtiges und weit verbreitetes Teilmoment im religiösen Erleben und Verhalten der ethnologisch alten Menschen ist der **Totemismus**. Die Totem-Auffassung besagt, dass einzelne Familien oder Familiengruppen zu bestimmten Tierarten – selten zu Pflanzenarten oder zu unbelebten Gegenständen – von Anbeginn in einem Verhältnis der Abstammung oder der schützenden Verbundenheit stehen. Das Totem-Tier ist der Beschützer des Stammes und zugleich das Wesen, mit dem sich alle Stammesangehörigen mystisch verbunden fühlen. Es ist daher in der Regel „tabu“ und darf nicht getötet oder verzehrt werden. Wenn es entgegen dem Tabu-Gesetz getötet oder verzehrt wird, so geschieht dies zur Schande des Stammes. Wird es aber in besonderer Weise rituell geopfert und hierauf in einem Opfermahl genossen, so wird die Macht des Stammes in geheimnisvoller Weise vermehrt. Da die

Angehörigen einer bestimmten Totem-Gruppe sich als untereinander verwandt ansehen, darf innerhalb der betreffenden Gruppe nicht geheiratet werden. Man spricht in solchen Fälllen von Gruppenexogamie.

Neben dem Gruppentotemismus gibt es auch einen Individualtotemismus, eine Auffassung, derzufolge ein Einzelmensch in enger Beziehung zu einem Schutzwesen steht. Ein solches Schutzwesen heißt nach einem zentralamerikanisch-indianischen Ausdruck „nagual“. Man nennt daher den Individualtotemismus auch „Nagualismus“.

In den vorstehend erörterten religiösen Momenten bei ethnologisch alten Gruppen (Magismus, Fetischismus, Dynamismus und Totemismus), aber auch im **Animismus oder Animatismus**, in denen sich erstmalig religiös akzentuierte Auffassungen von einer Innenseite belebter Wesen oder auch unbelebter Dinge zeigen, lassen sich Frühformen menschlicher Religiosität ausmachen. Sie blieben, gewissermaßen als „Bodensatz“, in der weiteren Religionsgeschichte der Menschheit wirksam, die mit dem Übergang vom Fetischismus und Totemismus zum Glauben an persönliche Gottheiten, die in der Welt wirksam sind, einen großen Entwicklungssprung machte.

Ein gutes Beispiel dafür ist die **germanische Mythologie**, in der Göttliches und Irdisches stark wechselwirken und einander durchdringen. Auch der Tod erschien nicht als unüberwindliche Schranke zwischen Diesseits und Jenseits. Die Germanen glaubten an ein Fortleben von Leib und Seele nach dem Tode (bei Hel im Totenreich oder in Walhall als Gefährten der Götter) und gaben deshalb den Toten Lebensmittel, Waffen und Schmuck mit ins Grab. Sie verehrten die großen Naturgewalten (Sonne, Feuer, Wasser, Erde usw.), denen zumeist tierische und pflanzliche Opfer dargebracht wurden; eine besondere Priesterklasse gab es nicht. Die Götterwelt zerfiel in zwei Lager, die guten Asen und die bösen Riesen, deren fortdauernder Kampf schließlich mit dem größten Weltenbrand (Götterdämmerung) und der Entstehung einer neuen besseren Welt endigen sollte. Hauptgötter waren der Windgott Wotan (nordisch Odin), der Gewittergott Thor, der Kriegsgott (Ziu) und Wotans Gemahlin Frigg; daneben spielten in den Göttersagen Loki und Hödr eine Rolle sowie zahllose Natur- und Elementargeister: Riesen, Zwerge, Nymphen, Berg- und Wassergeister. Verehrt wurden die Götter in heiligen Hainen; Götterhäuser und Statuen gab es höchstens dort, wo wie am Rhein die römische Kultur die germanischen Anschauungen verdrängt hatte.

Polytheistische Religionen der Antike

Ägypten

Im altägyptischen Kulturbereich waren, wie kaum jemals anderswo, das gesamte gesellschaftliche Leben und zwischenmenschliche Geschehen in einer Weise religiös geprägt, die man sich heute kaum noch vorstellen kann. Um wenigstens in großen Zügen ein Zeitrelief vor Augen zu haben, sei erwähnt, dass schon der ägyptische Priester Manetho, der um 280 v.Chr. eine Geschichte seines Landes in griechischer Sprache geschrieben hat, 30 Dynastien aufzählt, von Menes (etwa 3000 v.Chr.) bis zu Alexander dem Großen.

Für den Ägypter der Antike war die gesamte Welt mit Gottheiten erfüllt. So kommt es, dass man nicht nur lebende Wesen als Gottheiten verehrte, sondern es war z.B. auch der dem Gott Amun-Re in Theben gehörige Tempel als solcher eine Göttin. Insbesondere waren viele Tiere göttlich oder doch Inkarnationen („Fleischgewordenheit", d.h. Verkörperungen) von Gottheiten, weshalb man sie schonte und fütterte und nach ihrem Tod einbalsamierte und beisetzte, z.B. den Apis-Stier in Memphis. Göttliche Tiere waren auch der Widder, der Falke, das Krokodil, das Nilpferd u.v.a. Überdies wurden Gottheiten als Tiere dargestellt, z.B. eine Himmelsgöttin als Kuh, ein Sonnengott als Käfer (Skarabäus). Es gab Gottheiten mit menschlichem Körper, aber mit dem Kopf eines Tieres. So hatte die Gottheit Thot, der Gott des Mondes und der Gelehrsamkeit, einen Ibiskopf, der Sonnengott Re einen Sperberkopf, der Totengott Anubis einen Schakalkopf, die Göttin Bastet einen Katzenkopf usw.

Eigenartig waren die Machtverhältnisse zwischen den Gottheiten. Es scheint gelegentlich eine Art von Wettbewerb oder Ausweitung der Geltungsbereiche gegeben zu haben. Viele Gottheiten waren rein lokaler Natur, auf bestimmte Landschaften oder Städte beschränkt. Wenn es nun einer Gottheit irgendeiner Stadt gelang, ihren Geltungsbereich auszuweiten, sich die Gottheiten einer anderen Stadt unterzuordnen, so ergab sich in der Folge zumeist auch ein gleichsinniges Abhängigkeitsverhältnis der Einwohner der betreffenden Städte.

Neben den lokalen Gottheiten gab es solche, die im gesamten Reichsgebiet – wenigstens zeitweilig – verehrt wurden. Eine solche Gottheit war z.B. Re, der Sonnengott von Heliopolis, lange Zeit hindurch als Hauptgottheit des Reiches angesehen und an erster Stelle stehend. Dieser Gott fuhr in einer goldenen Barke über den Himmel und kämpfte mit der Wolkenschlange Apophis. Im Mittleren Reich hat man ihn mit dem Wind- und Luftgott Amun „legiert", d.h. „in eins gesehen". Sonnengötter waren u.a. auch Atum in Heliopolis und der falkenköpfige Month in Hermonthis, der zugleich als Gott des Krieges galt. Ein sehr einflussreicher Gott war Ptah, der seinen Hauptsitz in Memphis hatte. Besonders die Künstler feierten ihn. Ihm war der Apis-Stier heilig, der selbst eine Gottheit darstellte. In späteren Jahrhunderten wurde er mit Sokar, dem Gott der Gräber, „in eins gesehen". Die Gattin von Ptah war die Göttin Sechmet. Sie hatte einen Löwenkopf, war stets bereit, Kriege zu führen, und sandte gelegentlich Seuchen. Eine bedeutende Gottheit war Ma'at, die Göttin der Gerechtigkeit und Wahrheit. Für die moralisch-ethische Seite des ägyptischen Kulturbereiches ist die Erscheinung dieser Gottheit von grundlegender Bedeutung. Gegenbegriffe zu Ma'at sind: Unordnung, Sünde, Lüge und Habgier. Die berühmtesten ägyptischen Gottheiten waren Osiris, Isis und deren Sohn Horus, die sich mit Osiris' Bruder Seth, der Verkörperung des Bösen, in ständigem Kriegszustand befanden. Schließlich wurde Ägypten in einem „Kompromissfrieden" zwischen Horus und Seth geteilt. Man hat diesen Mythos als Kampf zwischen Licht und Finsternis, zwischen Nil und Wüste, auch als Wechselspiel der sterbenden und wiederauferstehenden Vegetation zu deuten versucht.

Die ägyptischen Priester hatten die Gepflogenheit, die sehr zahlreichen Göttinnen und Götter überschaubar zu ordnen und sie dabei zu größeren Einheiten zusammenzufassen, gewissermaßen mehreinige, z.B. acht-einige, neun-einige Gottheiten aus ihnen zu bilden. Diese Systeme waren freilich von Priesterschule zu Priesterschule, von Kultzentrum zu Kultzentrum verschieden. Berühmt waren die neun-einige Gottheit von Heliopolis, Atum-Shu-Tefnut-Geb-Nut-Osiris-Seth-Isis-Nephthys, und die acht-einige Gottheit von Hermepolis, Nun-Naunet-Huh-Hauhet-Kuk-Kauket-Amaunet-Amun.

Unter den so zahlreichen Gottheiten des ägyptischen Kulturbereiches gibt es eine, die ein Bindeglied zwischen der Weit der Gottheiten und der Weit der Menschen darstellt. Das ist der ägyptische König, der Pharao, der als Gottheit eine unvorstellbar große Macht über die Menschen ausübt. Er ist eine Inkarnation des Falkengottes Horus, der den König mit seinen Flügeln beschützt, mit Flügeln, die von den Grenzen der Erde bis zum Himmel reichen.

Die Gottesauffassung im alten Ägypten ist ein Polytheismus (eine „Vielgötterei") von hohem Mannigfaltigkeitsgrad. Immerhin gibt es mehrere Entwicklungsansätze in monotheistischer Richtung. Einmal wurde das polytheistische Konzept sogar in staatlichen Ausmaßen durchbrochen und in Frage gestellt. König Amenophis IV. (im 14. Jahrhundert v.Chr.) unternahm den Versuch, einem von ihm verehrten Gott Aton (d.h. Sonnenscheibe) Alleingeltung zu verschaffen, d.h. einen Monotheismus einzuführen. Er gründete eine neue Residenz, änderte seinen Namen in Echnaton (d.h. „Es gefällt dem Aton") und ließ das Andenken an die „alten" Götter „ausmeißeln". Berühmt ist ein Hymnus, den er seinem Gott dichtete. Aber die Religionserneuerung misslang. Nach dem Tod des Königs wurden die alten polytheistischen Auffassungen von der Priesterschaft wieder restauriert.

Für das religiöse Verhalten und Empfinden der Ägypter war eine Reihe von Vorstellungen über die menschliche Existenz nach dem physischen Tod und einige damit zusammenhängende Ansichten über den Aufbau der menschlichen Persönlichkeit von großer Bedeutung: Jeder Mensch hat einen Körper, einen Namen, einen Schatten, einen „ach", einen „ba" und einen „ka". Die letztgenannten drei Aufbauteile können wir dem Bereich des Psychischen zurechnen. „Ach" ist die dem Menschen unter günstigen Bedingungen zuteilwerdende göttliche Kraft. „Ba" ist etwas, das man sich in der Art eines Vogels vorstellt – es kann zum Himmel emporsteigen, aber auch die Mumien im Grab besuchen und verschiedenste Formen annehmen. „Ka" ist eine Personifikation der Lebenskraft, als Genius verstanden, der zwar mit dem Menschen geboren wird, aber nach dem physischen Tod weiterexistiert. Er lebt von den Spenden, die dem Toten dargebracht werden. Auf jeden Fall ist es zur Weiterexistenz nach dem physischen Tod notwendig, den Körper des Verstorbenen so lange wie nur möglich zu erhalten. Daraus ergab sich die Gepflogenheit der Mumifizierung, die man in abgestuften Gründlichkeits- und Preiskategorien durchführte, sowie die Vorstellung, dass der Tote im Grab weiterlebt und zugleich in einer anderen Welt weilt. Diese andere, jenseitige Welt dachte man sich unterschiedlich, bald als entfernten Aufenthaltsort auf der Erde, bald als überirdischen Himmel, in den man auf einer Leiter gelangt. Der Verstorbene fährt dort in der Barke des Sonnengottes mit. Eine dritte Vorstellung war der Abstieg in die Unterwelt, wo sich der Verstorbene vor dem

Totengericht zu verantworten hat und günstigenfalls zur Seligkeit zugelassen wird.

Mesopotamien

Auch der mesopotamische Kulturbereich erstreckt sich über mehrere tausend Jahre, von etwa 3000 v.Chr. bis zur Eroberung durch die Perser (550 v.Chr.) und darüber hinaus bis in die Zeit des Imperium Romanum. Aber die Situation ist hier grundsätzlich anders als bei den Ägyptern, weil wir es mit weitgehend verschiedenen Kulturen zu tun haben, die nacheinander tonangebend waren und prägend wirkten, vor allem die Kulturen der Sumerer, Akkader, Babylonier und Assyrer.

Das „Pantheon“ (die Götterwelt) des mesopotamischen Kulturbereichs ist schwer zu überblicken, da eine überreiche Fülle von Gottheiten verehrt wurde. Von den Sumerern selbst wurde die Zahl 3600 angegeben. Die Babylonier neigten dazu, die Zahl der Gottheiten zu verringern. In ihrem Pantheon stehen an der Spitze drei kosmische Gottheiten, der Himmelsgott Anu (sumerisch: An), der Beherrscher der Erde und Gott der Berge Ellil (hervorgegangen aus dem sumerischen Enlil) und der Herr des Wassers und Gott der Weisheit Ea (sumerisch: Enki, Herr der Tiefe), der gelegentlich als listenreich und betrügerisch geschildert wird. Neben dieser kosmischen Dreiheit steht eine astrale: der Mondgott Sin, dessen Sohn, der Sonnengott Schamasch, der auch als Gott der Gerechtigkeit verehrt wurde, und die Göttin Ischtar (sumerisch: Inanna), die Tochter des Sin und Schwester des Schamasch, die als Morgenstern den Kampf und als Abendstern die Liebe beschützt. Der Herr der Unterwelt, des Totenreiches der Sumerer, das sich unterhalb der Wasserregion befindet, ist Nergal. Er ist aber auch der Gott der sengenden Mittagshitze. In der Unterwelt, dem „Land ohne Wiederkehr“, ist er von 600 gespenstisch-göttlichen Hilfskräften, den Anunnaki, umgeben.

Alle Gottheiten werden überragt von Marduk, dem Hauptgott Babylons. Er ist der Gott der Morgensonne und der Vegetation. Sein Sohn Nabu ist Götterbote, zugleich Gott der Schreibkunst, des Handels und Verkehrs. Der jugendliche Gott Tammuz (sumerisch: Dummuzi) ist ein Hirtengott, der die Rinder schützt. Da er auch einen Vegetationsgott darstellt, lebt er nicht ununterbrochen. In der Sommerhitze vergeht er und muss in die Unterwelt hinabsteigen. Dort wird er von der Liebesgöttin Ischtar (Inanna) errettet, was das wiederaufkeimende Leben symbolisieren mag. Neben diesen großen Göttern gab es eine Unmenge von kleineren, guten wie bösen, hilfebringenden Schutzgottheiten, Fieberdämonen usw.

Im mesopotamischen Kulturbereich hat es niemals einen Entwicklungsansatz zum Monotheismus gegeben. Um so überraschender ist der Umstand, dass die Babylonier über die Gottheiten ein oberstes Prinzip stellten, das bewirkt, dass alles so ist, wie es ist. Man dachte sich dieses Prinzip als unpersönliche Gesetzmäßigkeit, derzufolge die Himmelskörper nicht von ihrer Bahn abirren und die wohlgeordnete Welt sich nicht in ein Chaos verwandelt, als eine Schicksalsmacht, die sich für Eingeweihte im Stand und Lauf der Gestirne offenbart. Daher gab es bei den Babyloniern bereits sehr früh Sternwarten; Astronomie (Sternkunde) und Astrologie (Sterndeutung) bildeten noch eine Einheit. Der Grund zur Erkundung der Sternenhimmels war ein durchaus religiöser; denn für den Babylonier waren der Mond, die Sonne und die Planeten nichts anderes als Manifestationen der großen Gottheiten (Mond: Sin; Sonne: Schamasch; Mars: Nergal; Merkur: Nabu; Jupiter: Marduk; Venus: Ischtar).

Die religiös bestimmte, eher pessimistische, schicksalsergebene Lebensgrundstimmung der Mesopotamier zeigt sich eindrucksvoll in den überkommenen Epen und Mythen, besonders im Gilgamesch-Epos, das in seinen wesentlichen Teilen weit in die vorbabylonische Zeit zurückreicht und die vergebliche Suche des Menschen nach Unsterblichkeit, also Gottähnlichkeit, thematisiert. Die Kluft zwischen Menschen und Gottheiten erweist sich als unüberbrückbar; von einer Weiterexistenz des Menschen nach seinem physischen Tod ist insbesondere bei den Babyloniern und Assyrern nicht die Rede. Schlechte Tote werden schon auf Erden bestraft, gute schon auf Erden belohnt. Kult, Gebet und moralisch-ethisches Verhalten sind auf das diesseitige Leben orientiert.

Nur bei den Sumerern gab es Vorstellungen von einer „jenseitigen Existenz". Doch ist das Totenreich ein trauriges „Land ohne Wiederkehr". Staubbedeckt sitzen die Toten in der Dunkelheit, essen Lehmbrocken und trinken lehmtrübes Wasser, sofern ihnen nicht ihre Angehörigen auf der Erde Speise und Trank darbringen. Daher ist es ein fürchterliches Schicksal, bestattet zu werden, ohne dass man jemanden hinterlässt.

Griechenland und Rom

Dem griechischen Kulturbereich entstammen zwei in der Weltliteratur einmalige epische Dichtungen, die man nach dem Dichter Homer die Homerischen Epen nennt: „Ilias" und „Odyssee". Sie vermitteln uns einen wesentlichen Ausschnitt aus den religiösen Gegebenheiten im antiken Griechenland, die Welt der homerischen Götter. Die griechische Mythologie setzt (in bemerkenswerter Übereinstimmung mit den Erkenntnissen der modernen Makro- und Mikrophysik) an den Anfang ein ungeordnetes Durcheinander aller Dinge, Chaos genannt. Daraus entstanden (im freien Spiel der Kräfte, also ohne göttliche Einwirkung!) die Erde und der Himmel, und aus der Ehe dieser beiden entsprang das gewaltige Geschlecht der Titanen. Der mächtigste der Titanen, Kronos, stürzte seinen Vater und übernahm an dessen Stelle die Weltherrschaft. Da ihm aber geweissagt war, dass auch er dereinst durch einen seiner Nachkommen gestürzt würde, verschlang er seine sämtlichen Kinder unmittelbar nach ihrer Geburt.

Dieses grausige Tun gelang fünfmal. Beim sechsten Kind, es war Zeus, wurde Kronos von seiner Gattin betrogen: Anstelle des Kindes überreichte sie ihm einen in Windeln gewickelten Stein zum Verschlingen. Zeus wurde heimlich aufgezogen, und nachdem er herangewachsen war, setzte er seinen Vater ab und schleuderte ihn und die anderen Titanen nach heißem Kampf in die Unterwelt. Seither befinden sich Zeus und die Seinen, also eine dritte Generation von Herrschenden – ein Hinweis auf Wachablösung in grauer Vorzeit –, in ruhigem Besitz der Macht.

Zeus ist nun der mächtigste unter allen Göttern. Er ist der Herr des Himmels, der Vater der Götter und Menschen. Seine Hand hält Blitz und Donner in Bereitschaft. Wenn wichtige Angelegenheiten entschieden werden sollen, versammelt er in den Hallen des Olymps die übrigen Götter zur Beratung. Die Gemahlin des Zeus ist Hera, die Königin des Himmels und Beschützerin der Ehe. Dabei ist ihre eigene Ehe alles andere als harmonisch, denn die Treue ihres Gatten lässt zu wünschen übrig. Ihre Schwägerin Hestia, Schwester des Zeus und Göttin des häuslichen Herdes, nimmt alles mit Ruhe und Gelassenheit hin. Die Lieblingstochter des Zeus, die Göttin der Weisheit und der besonnenen Kriegführung, ist Pallas Athene, die in voller Rüstung dem Haupt des Zeus entsprungen ist. Ihr männliches Gegenstück ist Ares, der Gott der blindwütigen Kriegführung und des Mordes. Bei so kunstsinnigen Menschen wie den alten Griechen gibt es natürlich einen Gott der Dichtkunst und des Wahrsagens – sein Name ist Phöbus Apollon, sein Lieblingssitz befindet sich auf dem Berg Parnassos in Mittelgriechenland (darum: Parnass als Dichterberg). Dort erfreut er sich mit den neun Musen, den Göttinnen verschiedener Künste und Wissenschaften – Klio (Geschichtsschreibung), Melpomene (Gesang), Terpsichore (Tanz), Thalia (Komödie), Euterpe (Flötenspiel und tragische Chöre), Erato (Liebesdichtung und Musik), Urania (Astronomie), Polyhymnia (Lyraspiel), Kalliope (Epos, Philosophie und Rhetorik) –, an den Schönen Künsten. Die Zwillingsschwester des Phöbus Apollon ist Artemis, die Göttin der Jagd, die mit den ihr ein Gefolge bildenden Nymphen Fluren und Wälder durchstreift.

Aphrodite ist die Göttin der Liebe und der Schönheit. Ihr Sohn, ein Kind noch, ist der Liebesgott Eros, der mit seinen spitzen Pfeilen die Herzen der Menschen, aber auch der Götter trifft. In ihrem Gefolge finden wir die Chariten, die Göttinnen der Anmut. Der Vater des Himmels und Herrscher der Welt verfügt über zwei Götterboten, Iris und Hermes. Der letztgenannte ist schlauer und verschlagener als alle übrigen Götter. Er hat nicht nur Nachrichten zu überbringen, sondern ist auch der Gott der Kaufleute und der Diebe. Beherrscher der Meere ist Poseidon, ein Bruder des Zeus. Seine Gemahlin ist Amphitrite. Nachgeordnet sind diesen beiden eine große Zahl von Wassergottheiten, z.B. die Tritonen, die auf Muschelhörnern blasen, und die Nereiden, die mit Windeseile über die Meeresoberfläche dahingleiten. In der Unterwelt herrscht Hades, der andere Bruder des Zeus. Die drei Brüder haben also die Weltherrschaft sehr sinnreich unter sich geteilt. Die Gemahlin des Hades ist Persephone, die immer ein halbes Jahr in der Unterwelt bei ihrem Gatten weilt und die andere Hälfte des Jahres in der Oberwelt zubringen darf. Ihre Mutter ist Demeter, die Göttin der reifenden Ährenfelder. Im Reich des Hades ist alles der Farbe entkleidet, gleichsam zum Schatten geworden. Dorthin wandern die Verstorbenen, geleitet von Hermes. Sie kommen zunächst in einen endlosen und düsteren Raum, umflossen vom Fluss Styx. Ein griesgrämiger alter Fährmann setzt die Verstorbenen über den Fluss, aber nur solche, die auf Erden ordnungsgemäß bestattet wurden, und auch diese nur gegen Bezahlung. Er nimmt alle diese Formalitäten sehr genau. Darum legten die Griechen den Verstorbenen ein Geldstück (Obolus) in den Mund. Nach der Überfahrt tritt der Verstorbene vor ein Totengericht. Es entscheidet darüber, ob der Tote im Elysium zu ungetrübter Seligkeit gelangt oder ob er in den Tartarus muss. Das ist ein Ort der Qual, wo ihn Rachegöttinnen, die Erinnyen, erwarten, die einen bösen Menschen nach seinem Tode, aber auch schon auf Erden, erbarmungslos verfolgen.

Die Verkörperung der Lebensfreude ist Dionysos, der Gott des Weines und der zeugenden Kraft. Ihm zu Ehren werden Feste (Orgien) gefeiert. Im Gefolge des Dionysos, der den Herbst mit Früchten segnet und alle Wesen durch die Macht des Weines bezwingt, befinden sich die Nymphen, die Göttinnen der Quellen und Flüsse, Berge und Täler, und die Satyrn, struppige und ausgelassene männliche Wesen, die es mit dem Maßhalten in keiner Hinsicht genau nehmen.

Religionsphilosophisch betrachtet liegt das Wesen der griechischen Mythologie im „Ewigmenschlichen". Homers Göttinnen und Götter fungieren als Spiegelbilder des menschlichen Verhaltens und Seelenlebens. Die Vermenschlichung der Götter kommt einer „Entthronung" gleich, die Kluft zwischen Gott und Mensch ist überwunden. Er kann sich nun auf sich selbst beziehen und für sich selbst verantwortlich fühlen und, befreit von der Angst vor der Übernatürlichkeit, auf seiner Suche nach Wahrheit und Erkenntnis von den Mythen entfrachten und der Natur selbst zuwenden. Dieser grundsätzlich neue, „griechische" Geist steht am Anfang der „Abendländischen Kultur", der Entwicklung der Naturwissenschaften, der demokratischen Gesellschaftsform und der Pflege der Schönen Künste.

Als die Römer mit der griechischen Kultur näher bekannt wurden, fanden in Rom die griechischen Gottheiten Aufnahme, vor allem bei den Gebildeten. Es kam zu einer eigenartigen Verschmelzung der römischen und der griechischen Götter, die in Rom unter lateinischen Namen verehrt wurden. Jupiter, der Beherrscher des Himmels und der Erde, entspricht dem griechischen Zeus. Seine Gemahlin, Juno, ist die griechische Hera. Die beiden Brüder, mit denen Jupiter die Weltherrschaft teilt, sind der Gott des Meeres Neptun (griech.: Poseidon) und der Gott der Unterwelt Pluto (griech.: Hades). Unter den zahlreichen Söhnen und Töchtern Jupiters finden wir Apollo (griech.: Apollon) und Diana (griech.: Artemis), Minerva (griech.: Athene) und Venus (griech.: Aphrodite). Der schlaue Götterbote Hermes hat bei den Römern die gleichen Funktionen unter dem Namen Merkur. Dem Kriegsgott Ares wird der altitalische Kriegsgott Mars gleichgesetzt, dem freilich im kriegerischen Rom weitaus mehr Bedeutung zukommt.

Auch der Gott des Weines, Dionysos, findet bei den Römern Aufnahme und erhält den Namen Bacchus. Sinngemäß werden aus den ihn begleitenden Mänaden bei den Römern die Bacchantinnen; aus seinen männlichen Begleitern, den Satyrn, wird der Gott Faunus. Immerhin aber wurde ein Teil der römischen Gottheiten durch die Ineinssetzung mit den griechischen weitgehend verändert.

Im Unterschied zu den Griechen neigten die Römer dazu, die Gottheiten mehr und mehr zu spezialisieren, so dass schließlich jeder einzelnen Handlung, aber auch den verschiedenen Tugenden und Eigenschaften der Menschen, ja sogar gewissen abstrakten Begriffen Sondergötter zugeordnet waren. So öffnet ein Gott den Mund des neugeborenen Kindes, eine Göttin beschützt die Wiege, eine andere das Bett, eine dritte hilft beim Säugen usw. Es gibt eine Gottheit der „Eintracht", der „Hoffnung", der „Ehrfurcht vor den Eltern" (Pietas), der „ehelichen Treue" (Pudicitia) u.a. Außerdem hat jedes Haus seine Familengötter, die Penaten, deren Standbilder beim Herd stehen. Die Äcker werden von eigenen Gottheiten, den Laren, geschützt;

jeden Menschen schützt eine besondere Gottheit, sein Genius.
Eine orientalischen Gepflogenheiten entsprechende Erscheinung der römischen Kaiserzeit war die Vergöttlichung des Kaisers, der Kaiserkult. Dadurch erhielt die Einheit des Römischen Reiches ein religiöses Fundament, das erheblich zu ihrer Festigung beitrug.

Weltreligionen

Hinduismus

Der Hinduismus ist eine Weltreligion, der gegenwärtig schätzungsweise 650 Millionen Menschen angehören. Ihr Ausbreitungsgebiet sind vor allem der indische Subkontinent sowie Indonesien und einige indische Auswanderungsgebiete (z.B. Süd- und Ostafrika). Es ist ein charakteristischer Zug dieser Religion, dass man nicht durch Bekehrung Hindu werden kann; man muss als Hindu geboren werden. Deshalb gibt es im Hindu-Religionsbereich keinerlei Mission, die das Ziel hätte, Andersgläubige zu bekehren. Eine weitere Besonderheit ist die Vielfalt der Ausformungen von religiösen Elementen. „Hinduismus" ist eigentlich ein Sammelbegriff; bei den Hindus gibt es keine gemeinsame Auffassung oder Lehre von der Gottheit, vom Menschen und von seiner Erlösung. Dies ist einer der Schlüssel für die außerordentlich stark ausgeprägte, geradezu universell orientierte Toleranz im Hinduismus. Diese Toleranz erstreckt sich nicht nur auf andere Religionen, sondern auch auf die mannigfaltigen, im Laufe der dreieinhalbtausendjährigen Geschichte in Erscheinung getretenen Ausformungen des eigenen religiösen Empfindens und Verhaltens. Daher können im Hinduismus Elemente der alten Brahmanenreligion mit neueren, im engeren Sinn hinduistischen Auffassungen ungezwungen zusammen bestehen. Man darf daher die Ausdrücke „Brahmanismus" und „Hinduismus" gleichbedeutend gebrauchen.
Wir vergegenwärtigen uns im Folgenden einige charakteristische Züge: die Religion in den Jahrhunderten der indischen Frühzeit nach der Landnahme (etwa 1500 bis 1000 v.Chr.), die Ausbildung des Atman-Brahman-Motivs durch die Brahmanen (um 800 v.Chr.) und abschließend den Hinduismus der nachbuddhistischen Zeit.
Um 1500 v.Chr. drangen indoeuropäische Völker nach Indien ein und brachten ihre Religion mit. Sie ist in den heiligen Schriften, den „Veden", festgehalten. Der Glaube dieser Eroberer war auf das Diesseits, das Wohlergehen in dieser Welt, ausgerichtet. Aus jener Zeit stammt auch die Kastenordnung, die heute noch das Bild Indiens und des Hinduismus prägt. Die oberste Kaste ist die der Priester oder Brahmanen. Dann folgen die Krieger und Könige (Kschatriya), die Bauern und Handwerker (Vaischya) und die dienenden Schudra. Die Vierteilung hat sich bis in unsere Zeit gehalten, doch zerfällt heute jede Kaste in zwei- bis dreitausend Unterkasten. Ein Hindu wird in eine Kaste geboren und kann während seines Lebens nicht in eine höhere Kaste aufrücken. Heiraten sind nur innerhalb der eigenen Kaste möglich. Im heutigen Indien gibt es noch die kastenlosen „Unberührbaren" (Paria).
Ähnlich wie im Falle der homerischen Gottheiten bei den Griechen steht auch beim Pantheon der indischen Frühzeit eine

ritterlich-adelige Gesellschaftsordnung im Hintergrund, die aber unter den in Indien völlig anderen Rahmenbedingungen auch eine völlig andere Weiterentwicklung erfährt.

Oberste Gottheiten dieser Periode sind Indra und Varuna. Indra hält wie Zeus bei den Griechen in seinen Händen Blitz und Donner bereit. Er erschlägt den Dämon, der das segenspendende Wasser zurückhält. Aber er ist nicht nur ein Gott der Wachstumsförderung, der nach Monaten der Dürre Regen schickt, er ist auch ein Gott der Schlacht, der Heldentaten vollbringt, Drachen tötet und aus vollen Zügen dem heiligen Soma-Rauschtrank zuspricht. Selbst die heiligen Texte machen sich über den selten nüchternen Indra an mehreren Stellen lustig. Der Himmelsgott Varuna dagegen ist eine Gottheit mit ausgeprägt moralisch-ethischen Zügen. Er ist der Gott des Eides und mit dem Sonnengott Mitra, dem Gott der Verträge, eng verbunden. Zusammen mit Mitra wacht Varuna darüber, dass das Weltgesetz („Rita") eingehalten wird. Dieses Weltgesetz ist eine oberste, unpersönliche Macht, die über den Göttern steht, so wie bei den alten Griechen „Moira". Die richtige Ordnung („Rita"), die den Gang des Weltalls aufrechterhält, ist zugleich die richtige Ordnung des Opfergottesdienstes, ohne den diese Ordnung und damit das gesamte Weltgeschehen nicht weiterbestehen könnten. Da nur die Priester, die „Brahmanen", das rechte Wissen („Veda": heiliges Wissen) vom Opfervollzug haben und da dieses Wissen nur mündlich überliefert und streng geheimgehalten wird, können nur die Brahmanen die Opfer richtig ausführen. Dadurch werden sogar die Götter in gewisser Hinsicht von den Brahmanen abhängig. Die Priester nehmen in gesellschaftlicher Hinsicht eine überaus mächtige und einflussreiche Stellung ein, obwohl es anfangs noch keine eigentliche Brahmanen-„Kaste" gibt.

Zwei Gottheiten, die mit Elementen des Opfers in Zusammenhang stehen, sind Agni und Soma. Agni ist der Gott des Feuers, wobei man zunächst an das Herdfeuer, später an Sonne und Blitz sowie an das Opferfeuer denkt. Agni wird später zur Gottheit des Priestertums, zum König der Brahmanen. Soma ist die Gottheit des heiligen Rauschtrankes. Der Adler des Indra hat die in den Bergen wachsende Somapflanze aus ihrem himmlischen Aufbewahrungsort geholt, wobei er sie einem eifersüchtigen Dämon entreißen musste. Der Somatrank verleiht den Göttern Unsterblichkeit.

Daneben gibt es eine Reihe von Gottheiten, die z.T. wesentlich abstrakter sind: Aditi, die Mutter der Gottheiten, Yarna, der Herr der Toten, Aryaman, der Gott der Ehe, Tvastri, der Gott der Gewerbe und Künste, Ratri, die Göttin der Nacht, Ushas, die Göttin der Morgenröte. Sie alle sind umgeben von einer Vielzahl untergeordneter göttlicher Wesen, unter ihnen die Apsaras („Wasserwandlerinnen), weiblich gedachte, den Nymphen der Griechen verwandte Wesenheiten der Bäume und Berge von berückender Schönheit. Männliche Untergötter sind die Gandharvas, Gottheiten des Geschlechtslebens und der Zeugung, möglicherweise mit den griechischen Kentauren verwandt. Schließlich gibt es überaus viele Dämonengattungen, die sich in menschlicher, tierischer und pflanzlicher Form zeigen und Krankheit und Tod verursachen.

Bereits in der indischen Frühzeit glaubt man an eine Weiterexistenz nach dem physischen Tod. Die älteste Form dieses Glaubens zeigt ein Weiter„leben“ im Familiengrab, das sich allmählich zur „Väterwelt“ erweitert. Als man später von der Erdbestattung zur Feuerbestattung übergeht, wandelt sich die Vorstellung von der Weiterexistenz; aus einer „Unterwelt“ wird eine „Himmelswelt“. Beim physischen Tod löst sich der Mensch in seine Bestandteile auf, der Atem geht zum Wind, das Auge zur Sonne usw. Bei der Verbrennung aber erfolgt eine völlige Wiedervereinigung in verklärter Form. Agni führt im Feuer den Verstorbenen in die Himmelswelt (wohin die Gottheit Yama, die vormals in der Unterwelt herrschte, nunmehr „versetzt“ ist). Die Unsterblichkeit ist ein Geschenk der Götter und zugleich die Wirkung des heiligen Somatrankes.

Der recht diesseitige Glaube der Veden erhielt in den „Upanischaden“ (Geheimlehren) um 800 v.Chr. einen philosophischen Unterbau. Im Mittelpunkt standen nicht mehr die zahlreichen Gottheiten, die es heute noch gibt, sondern der Wunsch, das Absolute, das Allumfassende, zu erfahren. Diese unpersönliche Kraft heißt Brahma. Sie wirkt im Universum genauso wie in jedem einzelnen.

Es ist der Seelenwanderungsglaube, der die bisherigen Vorstellungen von einer Weiterexistenz nach dem physischen Tod in einer Unterwelt oder in einer Himmelswelt weitgehend ablöst. Die Wiederverkörperung des Menschen hängt nach dieser Auffassung von allen seinen bisherigen Handlungen, Taten und Werken ab, von seinem Lebenswerk im weitesten Sinn („Karma“). Hat z.B. ein Mann ein böses Leben geführt, so wird er als Weib oder als Tier wieder geboren; hat er ein gutes Leben geführt, so wird er in einer höheren Lebensstellung als der bisherigen, vielleicht als Krieger oder als Brahmane, wiedergeboren, vorausgesetzt, dass sein Konto aus früheren Daseinsformen nicht zu sehr belastet ist Denn auf die jeweils gegebene Existenz wirken sich sämtliche vorausgegangenen Lebensläufe aus (Vergeltungskausalität). Aber auch das glücklichste irdische Leben ist immer noch Unglück. Durch sein Lebenswerk („Karma“) kann man zwar (bestenfalls) höher geführt werden, aber dies ändert nichts prinzipiell am Schicksal des Lebendigen. Selbst wenn man als Gott wiedergeboren würde, so wäre man dem ewigen Kreislauf der Wiedergeburten nicht entronnen. Denn auch die Götter – den allerobersten ausgenommen – teilen das Schicksal der Vergänglichkeit und werden immer von Neuem geboren. Das letzte oberste Ziel aber wäre es, nicht mehr wiedergeboren zu werden. Ein weiteres Kennzeichen der neuen Situation ist die Verselbständigung des asketischen Lebensstils. Asketische Praktiken hat es in Indien immer schon gegeben; man hat sich durch Askese auf das Opfer vorbereitet. Jetzt aber werden die asketischen Übungen zu einem selbstständigen, vom Opfervollzug unabhängigen Lebensstil ausgebildet. Diese Askese nennt man „Joga“, den Asketen „Jogi“. Durch die „Hitze“ („tapas“) der Kasteiungen vermeint man, übersinnliche, übernatürliche Macht zu gewinnen. Man will fliegen, sich unsichtbar machen, sich in einen Gott verwandeln usw. Die Askese kann freilich auch zur Vorbereitung von Einsichten und Erkenntnissen dienen, denen Erlösungswert zukommt.

Damit kommen wir zum dritten Kennzeichen der neuen Situation, dem Atman-Brahman-Motiv. Es ist die mystische Auffassung, dass der Welturgrund, das Weltgesetz – man nennt es „Brahman“ – und das Innerste im Innern des Menschen –

man nennt es „Atman“ – zusammenfallen, d.h. ein und dasselbe sind, anders ausgedrückt: Das, was die Welt im eigentlichsten, tiefsten Sinne und das, was der Mensch in seinem Innersten, im eigentlichsten Sinne ist, fällt in eins. Wenn man diese Einsicht gewonnen hat, durchschaut man die bunte Fülle der äußeren und der inneren Weltgegebenheiten in ihrer eigentlichen Unwirklichkeit. Auch die Götter und die Wiedergeburt werden unwirklich, und man ist „erlöst“. Diese besonders von dem indischen Weisen Ja-dschnavalkja entwickelten und vertretenen Gedanken bilden eine wesentliche Überhöhung der bisherigen religiösen Situation. Die altvedische Religion der indischen Frühzeit war eine Opferreligion, d.h., man wird durch Opfer „erlöst“. Jetzt erfolgt die Erlösung nicht mehr durch Opfer und auch nicht durch Joga-Praxis, sondern durch Wissen. Wer die Atman-Brahman-Einheit erkannt hat, braucht nicht mehr zu opfern. Dieses Wissen machten sich freilich immer nur wenige zu eigen, so dass die Opferriten der Vulgärreligion nicht gefährdet wurden.

Vom 5. vorchristlichen Jahrhundert an kommt es in Indien zur Ausbildung der buddhistischen Religion, die nach vielhundertjähriger Blütezeit verdrängt wurde. In diesen Jahrhunderten haben die Brahmanen ihr theologisches Konzept neu geordnet und die Gottheiten der Vulgärreligion wieder belebt. Seit dem Erlöschen der buddhistischen Religion kann man in Indien von einem Hinduismus im eigentlichen Sinne sprechen. An die Spitze der Götterwelt stellen die Brahmanen nunmehr den Gott Brahma – nicht mit dem unpersönlichen Welturgrund Brahman zu verwechseln –, der mit den Göttern Vischnu und Schiva zu einer indischen Dreifaltigkeit („Trimurti“) zusammengefasst wird. Vischnu ist der Erhalter, Schiva der Zerstörer des Lebens. Brahma tritt eigenartigerweise nicht sonderlich in Erscheinung. Zu diesen drei Hauptgöttern kommen noch ungezählte nachgeordnete Götter und Halbgötter, weiter heilige Tiere, Pflanzen, Haine, Teiche und Bäche. Auch die einzelnen Landschaften, Stämme und Staaten haben ihre Sondergottheiten. Besonders verehrt wird – auch heute noch – der heilige Strom Ganges.

Die heiligen Schriften des Hinduismus, die Veden, sind in vier Hauptabteilungen untergliedert: Rig-Veda, Sama-Veda, Yadschur-Veda und Atharva-Veda. Der Rig-Veda ist der Veda der Verse. Er enthält Opferlieder, Gebetslieder, mythologische Hymnen und Naturhymnen. Aus den Götterliedern des Rig-Veda stammt unsere Kenntnis des altindischen „Pantheons“. Der Sama-Veda enthält das „Wissen um die Opfergesänge“, d.h., er ist ein Liedertextbuch, dessen Inhalt in der Hauptsache dem Rig-Veda entnommen ist. Der Yadschur-Veda ist ein liturgisches Handbuch für den Priester, der die heilige Opferhandlung vollzieht. Zu diesen drei Veden kam später der Atharva-Veda, das „Wissen um die Zauberformeln“, der eine priesterliche Bearbeitung der vulgären Zauberformeln enthält.

Jeder der vier Veden besteht aus drei hinsichtlich ihrer Darstellungsform und ihrer Entstehungszeit verschiedenen Schriften: erstens aus den Samhitas (Sammlung der Verse, Sprüche usw.) als dem eigentlichen Urtext; zweitens aus den Brahmanas, das sind priesterliche Opfertexte (mit liturgischen Anweisungen und Deutungen der Opferriten), Lieder und Sprüche, Reflexionen und Meditationen; drittens aus den Sutras, das sind übersichtliche, oft nur stichwortartige Kurzfassungen der vorausgegangenen Urtexte und Brahmanas. Unter den Brahmanas sind die spätesten Teile (um 800 v.Chr.) die Vedanta („Ende des Veda") oder Upanischaden („Geheimlehren"). Darin finden sich die zentralen hinduistischen Lehrmeinungen, auf die man sich heute stützt, z.B. das oben erörterte Atman-Brahman-Motiv. Daneben hält man sich an Werke der Überlieferung („Smriti"), die als autoritativ und ebenso wichtig wie die Veden angesehen werden, insbesondere die Bhagavadgita („Gesang des Erhabenen"), ein Ausschnitt aus dem großen Epos „Mahabharata".

Buddhismus

Da der Buddhismus keine Ausschließlichkeitsreligion ist (in Ostasien kann ein Gläubiger z.B. gleichzeitig Buddhist und Konfuzianer oder Buddhist und Shintoist sein), ist die Zahl seiner Anhänger nur schwer zu schätzen; sie liegt zwischen 400 und 700 Millionen. Der Begründer des Buddhismus, Gautama Siddharta (etwa 560 bis 480 v.Chr.), wurde in Kapilavastu als Sohn des Stammesfürsten Suddhodana (aus der vornehmen und begüterten Familie der Shakya) geboren. Seine Mutter, Maya, starb bald nach der Geburt, und Gautama Siddharta wurde von seiner Stiefmutter aufgezogen.

Betrachten wir den legendären Lebensgang in seinem weiteren Ablauf. Gautama Siddharta genießt alle einem Fürstensohn zustehenden Annehmlichkeiten. Er heiratet und hat außerdem – ein für indische Legenden charakteristischer Zug – 84000 Nebenfrauen, eine Zahl, die sogar für den Sohn eines Fürsten nicht gerade niedrig ist. Der Überfluss hat den Überdruss zur Folge; er erkennt plötzlich, dass dem Menschen, möge er noch so mächtig und noch so reich sein, vier entscheidende Dinge fehlen, ohne die jedes Leben, und gerade auch ein Wohlleben ohne Sorge, letzten Endes sinnlos sein muss: ewige Jugend ohne Altern, ewige Gesundheit ohne Krankheit, ewiges Leben ohne Tod und – alles in allem – ewiges Glück ohne Leid. Diese Erkenntnis ist für ihn zutiefst erschütternd und wandelt sein Dasein. Gautama Siddharta gibt sein bisheriges Leben auf und wird Asket. Aber auch die Askese bringt ihm keine Erlösung. Da erfährt er nach mancherlei vorbereitenden Erlebnissen in einer stillen Nacht in einem Park bei Benares unter einem „Bodhi-Baum" („Baum der Erleuchtung") das erlösende Wissen. Der Asket Gautama Siddharta heißt und ist von nun an „der Erleuchtete": Buddha.

Der Kern dieser Erleuchtung ist die Erkenntnis der vier edlen Wahrheiten vom Leiden: das Wissen vom Leiden, vom Ursprung des Leidens, von der Aufhebung und Vernichtung des Leidens, vom Weg, der zur Aufhebung des Leidens führt. „Geburt ist Leiden, Altern ist Leiden, Sterben ist Leiden, Kummer, Jammer, Schmerz, Gram und Verzweiflung sind Leiden, was man wünscht und nicht erreicht, ist Leiden." Die gesamte Leidensmenge wurzelt, vereinfacht ausgedrückt, im Lebensdurst. Wenn man diesen zum Verlöschen bringt, erlischt auch das Leid. So kann man durch Selbsterlösung zum „Nirwana" gelangen.

Der Weg einer solchen Selbsterlösung durch Wissen ist der berühmte achtteilige Pfad: rechtes Auffassen, rechtes Entscheiden, rechtes Reden, rechtes Handeln, rechtes Leben, rechtes Streben, rechtes Achtsamsein, rechtes Sich-Versenken. Auf der

Grundlage dieses Konzeptes hat sich später in den buddhistischen Ländern eine Zusammenfassung von Sittengeboten oder heilbringenden Handlungen entwickelt (10 Gebote des Buddhismus), die in verschiedener Version überliefert wurden, z.B.: Abstand nehmen vom Töten, vom Diebstahl, von der Unkeuschheit, von der Lüge, von der Verleumdung, von der groben Rede, vom nutzlosen Geschwätz, von der Gier, von der Bosheit, von der unrechten Glaubensauffassung.

Nachdem Buddha mit einer grundlegenden Predigt in Benares sein Wirken begonnen hat („das Rad der Lehre in Bewegung gesetzt hat"), ist er 40 Jahre hindurch als Wanderprediger missionarisch tätig, gewinnt zahlreiche Jünger und Anhänger und gelangt am Ende seines Lebens und Wirkens zum Nirwana. Der Ausdruck „Nirwana" deutet nicht nur ein Verlöschen des Vollendeten bei seinem physischen Tod. Unter Nirwana ist vielmehr ein Erlöschen jeder Art von leidenschaftlichem, affekt-besetztem Streben, Begehren und Wollen zu verstehen. Wenn man in der Stunde der Erleuchtung allen Lebensdurst durchschaut und abtut, dann ist man für die Welt erloschen und im Nirwana. Man lebt künftig, als lebte man nicht. Man nimmt den Sinn des physischen Todes in der Erleuchtung vorweg, und umgekehrt erfährt der späte physische Tod seinen Sinn durch die vorausgegangene Erleuchtung.

So verstanden ist der Buddhismus im eigentlichen Sinne keine Religion, sondern eine Form der Selbsterlösung. Letztlich ist der Buddhismus atheistisch, gottlos. Der Buddhismus kennt keinen Gott, keine ewige Seele und auch keine ewige Materie. Alles hat einmal begonnen und geht vorüber. Alles ist vergänglich, wie Buddha erkannt hat. Am Ende bleibt nur der leere Raum und das Nirwana. Damit haben die Buddhisten eine ganz andere Anschauung vom Menschen als die Christen. Im christlichen Sinn besteht der Mensch aus einem nur einmal existenten Körper und einer ebenso einmaligen Seele. Der Buddhist glaubt, dass der Mensch durch bestimmte, für uns nur sehr schwer verständliche Daseinsfaktoren, die Dharmas, entsteht. Das Individuum ist für den Buddhisten nicht einmalig.

Nur wer der Lehre Buddhas genau folgt und den gleichen Weg geht wie er, kann zur Erlösung gelangen. Das Ziel ist es, ein Heiliger, ein Arhat, zu werden. Der Weg dahin ist jedoch nur wenigen zugänglich. Heute wird diese reine, ursprüngliche Richtung des Buddhismus, die noch in Sri Lanka und Thailand lebendig ist, als Hinayana bezeichnet, als kleines Fahrzeug, auf dem nur wenige Platz haben.

Die ursprüngliche Lehre Buddhas konnte sich in Indien, aber auch in Indonesien, nur unter den obersten, gelehrten Gesellschaftsschichten ausbreiten. Für das gewöhnliche Volk war sie zu abstrakt und auch zu nüchtern. Deswegen entstand in den ersten Jahrhunderten nach der Zeitenwende eine neue Richtung. Buddha wurde immer mehr vergöttlicht, und als Zwischenglied zwischen ihm und dem Menschen waltete der „Bodhisattva", ein Wesen (Sattva), das Kraft seiner Erkenntnis und seiner guten Werke in unzähligen früheren Geburten eigentlich zur Erleuchtung (bodhi) reif wäre. Der Bodhisattva verzichtet aber aus Mitleid darauf, bis alle lebenden Menschen ebenfalls erlöst sind. Durch den Glauben an einen Bodhisattva kann der Mensch im Paradies wiedergeboren werden. Nach dem Tod im Paradies gelangt man ins Nirwana. Diese Form des Buddhismus ist vielen Menschen zugänglich und wird deswegen als Mahayana, als großes Fahrzeug, bezeichnet. Der Mahayana-Buddhismus hat sich besonders in den Himalaja-Staaten, in China, Vietnam, Korea und Japan verbreitet und sich dort den religiösen Bedürfnissen der Bevölkerung angepasst.

Im Himalaja und in Tibet entwickelte sich der Buddhismus noch weiter. Er nahm zahlreiche Götter, Dämonen, Volkskulte und Zauberpraktiken in sich auf. Damit wurde der ursprüngliche Buddhismus geradezu in sein Gegenteil verkehrt. Doch auch die Gottheiten des tibetischen Buddhismus, der Lamaismus genannt wird, sind nur Trugbilder und Projektionen des eigenen Ich, die der Erleuchtete zu überwinden hat.

Im Verlauf seiner Mission nach Ost- und Innerasien erwies sich der Buddhismus überall als so geschmeidig und anpassungsfähig, dass er eigentlich nur den Firnis einer äußerlichen Buddhisierung bildete, unter dem sich die alten religiösen und geistigpolitischen Anschauungen der Völker behaupteten: in Tibet der fetischistische Aberglaube, in dem das System des Tantrismus günstigen Boden fand, bei den Mongolen der Geisterkult des Schamanismus, bei den Chinesen die Staatsethik des Konfuzius (Konfuzianismus) und das universalphilosophische System des Taoismus, bei den Japanern die Staatsreligion des Shintoismus. Trotzdem bedeutete die Annahme des Buddhismus für die Völker Inner- und Ostasiens ein wichtiges geschichtliches Ereignis, weil er die Kenntnis der indischen Literatur und Philosophie vermittelte, die das chinesische Denken und Schaffen beeinflusste, bei den anderen Völkern aber überhaupt erst eine höhere geistige Kultur hervorbrachte, wie bei den tibetischen Mongolen, den Koreanern und Japanern, die mit Hilfe des Buddhismus zu Schriftkulturen wurden.

Konfuzianismus und Taoismus

In China standen Religion und Staatsgeschichte seit jeher in starker Wechselwirkung. Während der Chou-Dynastie (1122-255 v.Chr.) bildete sich eine Hofkaste aus Schreibern, Astrologen und Chronisten heraus, die an die Stelle mythischer Überlieferungen eine Art religiösen Rationalismus setzten, der in der Gewissheit einer kosmischen, vor allem aber sittlichen Ordnung gipfelt. Konfuzius errichtete aus diesem Ideengut das geistige Gebäude einer allgemeinverbindlichen Staatsethik. War vorher die irdische Ordnung ein Abbild der himmlischen, so spiegelte sich jetzt die Sozialordnung des Staates in der Götterwelt, in der die gleiche Rangordnung herrscht wie am Hof des Kaisers von China. Im grundlegenden Unterschied zum Konfuzianismus richtet sich der Taoismus mehr auf den einzelnen Menschen. Sein richtungweisender Vertreter Laotse, der wie Konfuzius im 6. vorchristlichen Jahrhundert wirkte, formulierte die Auffassung vom Tao als einer das Weltgeschehen lenkenden Substanz und Energie sowie die Sorge um das persönliche Heil im Gegensatz zu der Hingabe an Staat und gesellschaftlichen Pflichtenkreis. Das Jenseits wird im Taoismus in das Innere des menschliche Körpers verlegt, in dessen einzelnen Gliedern man sich unsichtbare himmlische Welten vorstellt, ein erster Schritt zu den vom Taoismus anempfohlenen, komplizierten Übungen zur Erlangung der Unsterblichkeit. Diese wird, im Gegensatz zu den Religionen anderer Völker, nicht seelisch, sondern körperlich aufgefasst. Man glaubt, den Leib durch Fasten, Enthaltsamkeit und Atembeherrschung in eine unveränderliche Jadesubstanz verwandeln und sich so als Ganzheit unsterblich zu den Gefilden der Seligen erheben zu können.

Islam

Muhammad – bei uns meistens Mohammed geschrieben – kam um 570 n.Chr. in der arabischen Stadt Mekka als Sohn armer, aber vornehmer Eltern auf die Welt. Er war Halbwaise,und als er sechs Jahre alt war, starb auch seine Mutter. So wuchs er beim Großvater und Onkel mütterlicherseits auf. Mohammed hütete in der Wüste Schafherden und begleitete seinen Onkel gelegentlich bei dessen Reisen nach Syrien. Im Alter von 25 Jahren wurde er Karawanenführer im Dienst der reichen Witwe Khadidja, die er später auch heiratete. Damit wurde Mohammed ein angesehener Kaufmann in Mekka.

Die Berufung zum Propheten. Im Alter von 40 Jahren wandte sich Mohammed vermehrt religiösen Fragen zu. Er begann sich nach dem Sinn des Lebens zu fragen. Er empfand einen Widerwillen gegen seine Gesellschaft, die arme Menschen verachtete und sich nur der Befriedigung der eigenen Wünsche widmete. Nach dem Vorbild christlicher Mönche, die er auf seinen Reisen kennengelernt hatte, zog sich Mohammed immer wieder in die Einsamkeit zurück. Dort erschien ihm eines Nachts in einer Vision während des Schlafes der Engel Gabriel und forderte ihn auf, die Botschaft Gottes zu verkündigen.

Die Hedschra. Damit fand er bei seinen Mitbürgern in Mekka jedoch so wenig Gegenliebe, dass er sich Mitte Juli 622 n.Chr. schließlich zur Auswanderung (Hedschra) nach der Oase Medina gezwungen sah. Diese Hedschra bildet den Ausgangspunkt der heutigen islamischen Zeitrechnung. In Medina festigten sich sein religiöses und politisches Ansehen wie auch sein Selbstbewusstsein. Nach mehreren Anläufen zog er 630 siegreich in Mekka ein. Als Herrscher über weite Teile Arabiens und in dem Bewusstsein, mit dem Islam eine neue Religion gestiftet zu haben, starb er nach kurzer Krankheit in seiner Wahlheimat Medina.

Die Ausbreitung des Islams. Ein Jahr nach Mohammeds Tod brachen die Reiterscharen des Islams über die Grenzen Arabiens in die völlig überraschten Nachbarländer ein, die bisher kaum etwas von der Existenz des neuen Glaubens gewusst hatten. Unter der fähigen Führung der ersten drei Kalifen, Abu Bekr, Omar und Osman, brauchten sie weniger als zwei Jahrzehnte, um die reichsten Fürstentümer des Nahen Ostens zu erobern. Syrien fiel im Jahre 635, der Irak 637. Palästina 640. Ägypten 642 und das große persische Kaiserreich im Jahre 650. Der Siegeszug führte die Araber ostwärts bis nach Indien und westwärts bis an die Ufer des Atlantiks. Sie drangen über die Straße von Gibraltar nach Spanien und Portugal und über die Pyrenäen bis in das Herz Frankreichs vor. Hier stoppte der Frankenkönig Karl Martell ihren Vormarsch 732 in der berühmten Schlacht von Tours und Poitiers. Aber die Bedrohung des Abendlandes war damit noch nicht beseitigt: Der Balkan fiel ganz in die Hand des Islams, und seit 1453 war Konstantinopel, die Hauptstadt des oströmischen Reiches, mohammedanisch; erst in der Seeschlacht von Lepanto 1571 und vor den Mauern von Wien im Jahre 1683 wurde die „Türkengefahr“ nun endgültig gebannt. Trotz seiner großen Erfolge war von Anfang an der Islam von innerer Zwietracht gekennzeichnet. Die ersten Differenzen hatten sich über der Frage nach Mohammeds Nachfolger ergeben, und diese Streitigkeiten führten zu Spaltungen, die noch heute anhalten.

Eine umfassende Lehre. Die Anhänger des Islams heißen Muslime oder Moslems. Der falsche Name Muselmänner ist eine Verballhornung des persischen Wortes Musalman. Die Moslems nennen sich selbst niemals Mohammedaner. Sie wollen nämlich auf keinen Fall den Anschein erwecken, als betrachteten sie Mohammed als Gott. Mohammed ist für sie Prophet, Gesandter Gottes und Vorbild in allen Dingen des Lebens.
Mohammed, von jüdischen und christlichen Gedanken beeinflusst, ließ seine Offenbarung und Lehre im heiligen Buch des Islams, dem Koran, niederlegen. Für die strenggläubigen Muslime ist der Koran noch heute die maßgebende Richtschnur für ihr gesamtes Leben, selbst für weltliche Dinge. Da aber viele Probleme im Koran kaum behandelt sind, gilt noch die Überlieferung der Sunna, der Beschreibung, wie Mohammed inmitten der Frühgemeinde lebte. Die dementsprechenden Berichte heißen zusammenfassend Hadith (Überlieferung).
Dieser Hadith enthält Aussprüche, Anweisungen, Stellungnahmen Muhammads und seiner ersten Anhänger.

Monotheismus. Die vielleicht wichtigste Forderung des Islams lautet: Es gibt keinen Gott außer Gott. Der Islam ist ein absoluter Monotheismus und kennt einen einzigen persönlichen Gott, Allah. Darin gleicht der Islam dem Judentum stärker als dem Christentum mit seinem dreieinigen Gott. Jesus spielt übrigens auch im Islam eine Rolle: Er ist ein Prophet – nicht Gott und auch nicht Erlöser. Aber er soll als Prophet vor dem Weltuntergang zurückkehren. Der Islam kennt auch zahlreiche Engel und Heilige, an die sich der Mensch in seiner Not wenden kann, damit sie für ihn vor Allah eintreten.

Religiöse Pflichten. Der Islam verlangt von seinen Anhängern, dass sie die zehn Gebote einhalten, wie sie auch für Juden und Christen gelten. Dazu kommen weitere Vorschriften: Moslems sind gehalten, jeden Tag fünfmal nach Mekka gerichtet zu beten. Zur Gebetsstunde, die der Muezzin vom Minarett der Moschee ausruft, steht in manchen islamischen Ländern der Verkehr still. Zum Gebet gehören auch rituelle Waschungen. Die Gläubigen können auch außerhalb von Moscheen beten. Manche tragen dazu einen Teppich mit sich, auf dem sie sich niederknien und die vorgeschriebenen Verneigungen durchführen. Am Freitag findet ein Gottesdienst mit Unterweisungen in der Moschee statt.

Die Fastenzeit. Jeder Moslem muss Wohltätigkeit üben und einen nicht festgelegten Teil seines Einkommens den Armen zur Verfügung stellen. Diese rein religiöse Almosensteuer ist in den meisten Ländern allerdings durch die offizielle staatliche Steuer ersetzt. Ferner muss jeder Moslem den Fastenmonat Ramadan einhalten. Er darf dabei von Sonnenaufgang bis zum Sonnenuntergang nichts essen und trinken. Nachts aber ist alles erlaubt. Ein besonders großes Fest wird am Ende des Ramadan gefeiert. Die Araber nennen es Id al-Fitr, die Türken Scheker Bayramı, das Zuckerfest. Man kann es seiner äußeren Erscheinung nach mit dem Weihnachtsfest vergleichen.

Die Pilgerreise. Jeder Moslem sollte einmal in seinem Leben nach Mekka pilgern, sofern er die Möglichkeit dazu hat. Dieser Hadsch, die Pilgerreise, findet im zwölften Monat des islamischen Jahres statt. Der Pilger legt dazu ein weißes Gewand an und verbringt insgesamt sieben Tage an den Heiligen Stätten. Einer der Höhepunkte ist das siebenmalige Umschreiten der Kaaba, des schwarzen Steins. Die meisten Pilger besuchen nach dem eigentlichen Hadsch noch die Grabstätte Muhammads in Medina.

Die Vorstellung vom Paradies. Das ganze Leben des gläubigen Moslems wird von den Vorschriften und Gesetzen geregelt, die im Koran und im Hadith niederlegt sind. Bekanntlicherweise ist es dem Moslem verboten, berauschende Getränke und Schweinefleisch zu sich zu nehmen. Die Beschneidung der Jungen wie der Mädchen gilt oft als Merkmal des Islams, wird vom Koran aber nicht als religiöse Pflicht genannt, vielleicht weil sie zu jener Zeit so selbstverständlich war. Wer alle Vorschriften erfüllt, hat die Garantie, einst ins Paradies zu gelangen. Dieses wird vom Koran recht irdisch beschrieben als ein Ort, der alles bietet, „was die Seele begehrt und für die Augen eine Wonne ist“. Das Paradies steht nach islamischer Tradition allerdings auch jenen offen, die zwar glaubten, aber wenig gottgefällig lebten. Sie müssen zur Buße eine Zeit lang in der Hölle verbringen. Die Bewohner des Paradieses können alle sinnlichen Genüsse erfahren, selbst jene, die ihnen im Leben verboten waren, etwa Wein. Die Seeligen genießen das Wohlwollen Gottes – ob sie dabei auch Gott selbst schauen, ist unter den Muslimen umstritten.
Der große Erfolg des Islams ist nicht leicht zu erklären. Mohammed gelang es, die arabischen Völker politisch zu einigen, und noch heute prägt der Glaube die islamischen Völker und verbindet sie. Der Islam ist eine ausgesprochen männliche, um nicht zu sagen extrem patriarchalische Religion, die der Frau oft – hier gibt es aber regionale Unterschiede – nicht einmal eine Seele zugesteht.
Im Heiligen Krieg, den die Araber Dschihad nennen, wurde der Islam auch vielen Völkern aufgezwungen.

Heiliger Krieg. Das Wort Dschihad ist eine Ableitung des Verbs dschahada, wörtlich übersetzt: sich bemühen, sich anstrengen. Die klassische Theorie des Dschihad beruht auf der Vorstellung, dass die Welt in zwei Teile aufgeteilt ist, in das Gebiet des Islams (dar al-islam) und das Gebiet des Krieges (dar al-harb). Muslime sollten ihre Religion durchaus auch mit Waffengewalt verbreiten. Die Gegner mussten allerdings vorher vor die Wahl gestellt werden, ob sie zum Islam konvertieren wollten. Gehörten sie monotheistischen Religionen an, so standen sie unter besonderem Schutz. Es genügte, wenn sie sich der Herrschaft der Muslime unterwarfen und eine Kopfsteuer (dschizja) bezahlten. Dies war die am häufigsten angewandte Praxis. In der Geschichte war der Dschihad fast immer defensiv, ganz nach den Lehren des Korans, in dem es heißt: „Allah liebt die Aggressoren nicht.“ Ein völlig anderes Konzept des Dschihad wurde unter anderem von den mystischen Sufis entwickelt. Sie verstanden darunter einen inneren Kampf um das Reine und gegen die eigenen Schwächen. Die Idee ist von modernen Muslimen aufgenommen worden, die unter dem Dschihad auch die friedfertige Missionarstätigkeit verstehen und z.B. auch vom „Dschihad gegen die Armut“ sprechen. Die Fundamentalisten interpretieren den Dschihad dagegen extrem aggressiv und haben ihn außerdem in das Gebiet des Islams hineingetragen, indem sie in seinem Namen Morde an anderen Muslimen (etwa dem ägyptischen Staatschef Anwar as-Sadad (1918–1981), algerischen Frauen und Kindern, türkischen Intellektuellen) gutheißen, obwohl im Koran geschrieben steht: „Und wer einen Gläubigen tötet, dessen Lohn ist die Hölle, darin wird er ewig weilen.“

Sunniten und Schiiten. Der Islam erkennt zwei Hauptströmungen, die der Sunniten und der Schiiten, und daneben zahlreiche Sekten. Der Gegensatz zwischen Sunniten und Schiiten ist historischer Natur. Nach Mohammeds Tod 632 n.Chr. regierte Abu Bekr als Kalif (Stellvertreter des Propheten). Unter seinem Nachfolger Omar breitete sich der Islam stark aus. Nach der Ermordung Omars kam Ali (656 n.Chr.) an die Macht. Doch auch er wurde ermordet, und die Regierungsgewalt ging an Muawija. Den Sunniten zufolge, die den weitaus größten Teil aller Muslime ausmachen, war diese Nachfolge rechtens. Die Schiiten jedoch halten heute noch daran fest, die beiden Söhne von Ali hätten das Kalifat übernehmen müssen. Die Gegensätze zwischen Sunniten und Schiiten sind heute noch sehr groß und führen nicht selten zu blutigen Kämpfen.
Die Schiiten dominieren heute im Iran. Obwohl man den dortigen Islam als besonders strenggläubig empfindet, zeigen die Schiiten eine große Aufgeschlossenheit gegenüber Fremdem und anderen Religionen. Die schiitische Sekte der Ismaeliten unter ihrem Führer Aga Khan beispielsweise fordert Gedankenfreiheit und hat sich zu einer stark esoterisch geprägten Lehre entwickelt. Für die Freizügigkeit der schiitischen Richtung spricht auch die Religion des Bahaismus. Sie entstand aus dem Islam, nahm aber viel Gedankengut von anderen Religionen in sich auf.

Der Fundamentalismus. Im Zusammenhang mit dem Islam fallen immer wieder Begriffe wie Fundamentalismus oder Islamismus. Man versteht darunter eine Rückkehr zu einem ursprünglich gedachten, mittelalterlichen Islam (Reislamisierung) und damit eine Abkehr von allen Gesetzen und Lebensformen, die sich als Anpassung an das Leben in der modernen Zeit herausgebildet haben. Als deutlichstes Zeichen für die Rückkehr gilt die Wiedereinsetzung der Scharia, des islamischen Rechts mit seinen strengen Körperstrafen. Der Fundamentalismus, wie wir ihn heutzutage erleben, ist in den meisten Fällen eher als politische denn als religiöse Bewegung einzuschätzen, oder anders gesagt: Die religiöse Seite dient nur als Vorwand für eine bestimmte Politik. Der Fundamentalismus glaubt, religiös begründete Patentrezepte in der Hand zu haben, muss aber dann letztlich an heutigen Problemen wie Arbeitslosigkeit, Unterentwicklung und friedlichem Zusammenleben scheitern.
Das Symbol des Islams sind nicht der Halbmond und der Stern, sondern das in arabischer Zierschrift geschriebene Glaubensbekenntnis: „Es gibt keinen Gott außer Allah, und Mohammed ist sein Prophet.“

Judentum

Das Judentum ist die älteste monotheistische Weltreligion. Es zählt lediglich (etwa) 18 Millionen Angehörige, aber sein Verbreitungsgebiet umfasst die gesamte Erdoberfläche. In dem 1948 in Palästina ins Leben gerufenen Staat Israel leben nur 3,5 Millionen Juden, wenn er auch die geistig-religiöse und gefühlsmäßige Urheimat aller Juden darstellt. Entscheidend mitverursacht durch den im 19. Jahrhundert überall in Europa aufkeimenden „modernen Antisemitismus" war schon Ende des 19. Jahrhunderts die Rückkehr der in der „Diaspora" (Zerstreuung) lebenden „Kinder Israels" in das gottverheißene Land ihrer Väter von Theodor Herzl politisch konzipiert worden („Zionismus"). Der Begründer des Judentums ist Moses, der um 1250 v.Chr. gelebt haben soll. Das Alte Testament schildert seine Geburt, seine wunderbare Errettung, seinen Aufstieg, seine Taten, sein Lebenswerk (2. Mos. 2. Kap. ff.).

Moses wird in einem Kästchen am Nil ausgesetzt, von einer Tochter des Pharao entdeckt und später adoptiert. 2. Mos. 2. V. 110 bringt auch eine Erklärung des Namens: „... und hieß ihn Moses; denn sie sprach: Ich habe ihn aus dem Wasser gezogen." Beim Ausdruck „Moses" kann es sich aber auch um ein ägyptisches Lehnwort handeln, das etwa „das Kind, das Gott gegeben hat", bedeutet. Moses wächst am Hof des Pharao auf, und infolge seiner Wahlverwandtschaft mit der Königstochter hat er Zugang zu den höchsten Bildungsgütern, die das damalige Ägypten bereithält. Eines Tages stellt er einen ägyptischen Inspektor, der einen arbeitsdienstpflichtigen Israeliten unsanft behandelt, zur Rede; im Verlauf des Wortwechsels kommt der Ägypter ums Leben. Moses setzt sich nach Midian ab, wo er Zippora, die Tochter eines Priesters, heiratet. Sie haben zwei Söhne. Zusammen mit seinem Schwiegervater befasst sich Moses damals mit der Aufzucht von Kleintieren. Erst später befindet er sich mit einer Schafherde seines Schwiegervaters in der Nähe des heiligen Berges Horeb. Dort wird er zum Propheten erweckt. Aus einem brennenden, aber sich in den Flammen nicht verzehrenden Dornbusch beruft ihn eine Gottheit, die sich ihm als Gottheit seiner Väter, als Gottheit Abrahams, Isaaks und Jakobs, zu erkennen gibt, zur Errettung seiner Brüder und Schwestern, der in Ägypten in Sklaverei lebenden Israeliten. Nach gründlicher diplomatischer Vorbereitung und, wo diese nichts nützt, unter Einsatz magischer Mittel bewerkstelligt Moses den Auszug der Israeliten aus Ägypten. Auf dem Berg Sinai empfängt er von der Gottheit unmittelbar die Zehn Gebote. Währenddessen praktizieren die Israeliten einen Rückfall in Polytheismus und Fetischismus (Tanz um das Goldene Kalb). In heiligem Zorn zerbricht Moses die Gesetzestafeln. Aber die Gottheit verzeiht den Israeliten, und es werden neue Tafeln mit dem gleichen Text angefertigt.

Moses verbringt sich noch 40 Tage auf dem Berg, dann ziehen er und die Seinen weiter. Moses blickt schließlich noch über die Grenze ins Gelobte Land, das er selbst aber nicht mehr betreten darf, und stirbt auf dem Berg Nebo. Die Gottheit begräbt ihn eigenhändig, damit sein Grab kein Mensch je finde. Moses ist nicht nur der Begründer der Jahwe-Religion, die einen Bund zwischen der Gottheit Jahwe und den Israeliten repräsentiert, sondern auch Gesetzgeber, Oberpriester und politischer Führer. Allerdings hat nach der Überlieferung des Alten Testamentes schon Abraham, der Stammvater der Israeliten, das monotheistische Grundkonzept als eine ihm von Jahwe verliehene Erbgabe von Anbeginn besessen. Es ist ein Monotheismus auf dem gedanklichen und gesellschaftlichen Hintergrund einer polytheistischen Umwelt. Um deren Einflüsse zu verhindern, zog er aus seiner Heimat Ur, die am südlichen Euphrat gelegen war, in das Land Kanaan. Dort konnte die monotheistische Überlieferung bewahrt und durch die moralisch-ethischen Impulse der Propheten immer weiter vertieft werden.

Nach der Rückkehr der Israeliten aus der Babylonischen Gefangenschaft (538 v. Chr.) zeigt sich der mosaische Glaube jedenfalls als strikter Monotheismus und als ausgesprochene Gesetzesreligion. Zugleich aber wurden von dieser Zeit an die bis dahin von den Propheten Elia (um 860), Amos (um 750), Hosea (um 740), Jesaia (um 720) und Jeremia (um 590) geoffenbarten, hochstehenden Auffassungen von der Gottheit und von der Verehrung der Gottheit in zunehmendem Maße mit einer großen Zahl priesterlicher Vorschriften durchsetzt (Esras Priestergesetz).

Worin besteht nun das Grundkonzept der monotheistischen Jahwe-Auffassung? Nach der mosaischen Religion gibt es einen und nur einen Gott: Jahwe. Dieser Gott ist von Ewigkeit zu Ewigkeit. Er ist der allmächtige Herr über die gesamte Welt und lenkt die Geschicke sämtlicher Völker. Sein auserwähltes Volk sind die Israeliten. Mit ihnen hat er einen besonderen Bund geschlossen, und ihnen hat er besondere Gesetze gegeben.

Während die Propheten das Hauptgewicht auf fromme Gesinnung und moralisch-ethisch einwandfreies Tathandeln legen, treten späterhin die Züge der Gesetzesreligion mehr und mehr in den Vordergrund. Dabei wird vor allem die genaueste Einhaltung eines gesetzlich vorgeschriebenen religiösen Verhaltens verlangt: Opfern beim Tempel; Beten, Lesen der Heiligen Schrift; Heilighaltung des Sabbats; Abschließung von Fremden, insbesondere Vermeidung von Mischehen; Enthaltung bestimmter Speisen; Vornahme bestimmter Reinigungen. Alle diejenigen, die das Gesetz buchstabengetreu erfüllen, belohnt Jahwe mit irdischem Glück; alle diejenigen, die es übertreten, straft er, der „Gott der Rache", mit irdischem Unglück. Ein in fernen Tagen zu erwartender Messias wird sowohl in religiöser als auch in politischer Hinsicht ein glückliches Zeitalter bringen, das durchaus diesseitig, nicht jenseitig zu denken ist.

Der Messiasglaube der Juden wurde um so stärker, je mehr Leid sie erdulden mussten, beispielsweise in der Babylonischen Gefangenschaft im 6. Jahrhundert v.Chr. Kurz vor der Zerstörung Jerusalems und seines Tempels durch die Römer entstand das Christentum, benannt nach Jesus Christus. Die Juden achten Jesus als ihren Bruder und einen Weisen, erkennen ihn jedoch nicht als Messias an. Sie erwarten heute noch dessen Erscheinen.

Die Heilige Schrift der mosaischen Religion ist das Alte Testament. Die fünf Bücher Mose (Pentateuch) bilden für den Juden das Gesetz, die „Thora". Darin sind die Zehn Gebote verzeichnet. Die Propheten bauten die Lehre des Moses aus. Sie predigten Buße und Umkehr, warnten vor Götzen und weissagten das Auftreten eines Messias.

Im Jahre 70 n.Chr. wurden Jerusalem und der Tempel zerstört, die Juden in alle Himmelsrichtungen zerstreut (Diaspora). Im kleinen Ort Jawne an der Küste Palästinas wurde jedoch der Grundstein für ein neues Judentum gelegt. Dort sammelten sich zahlreiche Schriftgelehrte. In ihren Schulen wurde die Lehre ausgebaut, und es entstand das große Sammelwerk „Talmud".

Vom Talmud gibt es zwei Fassungen, die Jerusalemer und die viel bedeutendere babylonische Fassung. Sie wurde von Juden geschrieben, die nach der Babylonischen Gefangenschaft in Babylonien geblieben waren. Dieses vielbändige Werk unternimmt es, dem religiösen Verstehen und Verhalten eine aus der Offenbarung mit oft staunenswertem Scharfsinn abgeleitete, bis ins kleinste gehende Richtschnur zu geben. Diesem Zweck dienen sowohl die Überlieferung (Mischna) als auch die Diskussion darüber (Gemara). Bei vielen Gelegenheiten müssen Gebete gesprochen werden. Die Männer tragen ihr Haupt bedeckt. Die Juden kennen heute noch die rituelle Beschneidung der neugeborenen Knaben. Am bekanntesten sind die Speisegebote des Judentums. Nur bestimmte Speisen sind koscher (rein) und können genossen werden. Typisch für den jüdischen Ritus ist der Sabbat, der auf den Samstag fällt. Er beginnt am Freitagabend, eine Dreiviertelstunde vor Eintritt der Dunkelheit. Den Sabbat müssen die Juden mit Gebet, sonst aber untätig verbringen, denn viele Aktivitäten sind ihnen dann verboten, zum Beispiel Spazierengehen, Rauchen, Reisen oder Schreiben.

Alle diese Vorschriften sind besonders in der heutigen modernen Welt schwer einzuhalten. Es gibt liberale Gruppen, die beispielsweise die einschneidenden Sabbat- und Speisegesetze für überholt halten und nicht mehr befolgen. Viele strenggläubige Juden leben jedoch noch so, wie es der Buchstabe des Talmuds verlangt. Im Judentum gab es zwei religiöse Hauptrichtungen. Die eine folgt ganz dem Talmud und dem Buchstaben des Gesetzes. Die andere war eher mystischer Natur und verwendete für ihre Zwecke die Deutung von Buchstaben und Zahlen. Sie heißt „Kabbala". Aus ihr entstand in der Mitte des 18. Jahrhunderts der „Chassidismus" mit seinen Wunderrabbis und der volksnahen Frömmigkeit ohne Umweg über gelehrte Diskussionen und Texte.

Doch diese „Richtungen" haben den Wesenskern des Judentums nicht gespalten. Das Judentum hat, im Gegensatz zum Christentum und Islam, die Jahrtausende ohne konfessionelle Spaltung überdauert, wie auch das Zusammengehörigkeitsgefühl des jüdischen Volkes – ob es über viele Generationen im arabisch-spanischen Bereich (Sephardim) oder im osteuropäischen Raum (Ashkenasim), in Westeuropa, Nordamerika oder Äthiopien beheimatet war – ungebrochen geblieben ist. Dieses „fremd"-sein mag, psychologisch gesehen, auch zu den Quellen gehören, aus denen sich der Antisemitismus genährt hat – der Nonkonformismus der Juden, die in der Diaspora an ihrer Religion und Lebensart unverbrüchlich festgehalten haben. Umgekehrt haben die ständigen Bedrohungen und Verfolgungen, die Isolation in den Ghettos und der „Pogromgeist" auch den Zusammenhalt der Juden gefördert. Jedenfalls ist die jüdische Kontinuität in der Geschichte der Völker und Religionen ohne Beispiel.

Christentum

Wer ist ein Christ? Das dürfte wohl eine der schwierigsten Fragen des Christentums sein. Schließlich gibt es drei Großkirchen und Hunderte verschiedener Freikirchen, Bekenner und Sekten. Der größte Teil der Christen könnte aber vielleicht dieser Definition zustimmen: Christen glauben an Jesus Christus, der für sie gekreuzigt wurde und auferstanden ist Dadurch hat er sie von der Sünde erlöst. Am Ende der Zeiten wird er wiederkehren. Der Christ glaubt an die Unsterblichkeit der Seele und weiß, dass ihm die ewige Seligkeit nur durch Gottes Gnade geschenkt werden kann. Dieser Gnade muss er durch ein gottgefälliges Leben würdig werden. Der christliche Glaube ist im Leben und in der Lehre an Jesus Christus bestimmt. Das erste Gebot der Religion ist die Liebe, die zu Gott und zu allen Menschen wie zu sich selbst. Jesus Christus offenbarte diese Religion seinen Jüngern. Ohne Zweifel fußte er im Judentum; in seinem Ursprung war das Christentum eine jüdische Sekte. Vom 1. bis 4. Jahrhundert verbreitete sich die christliche Lehre im römischen Weltreich und konnte auch durch Christenverfolgungen nicht unterdrückt werden. Das Christentum wuchs zur größten Weltreligion und umfasst gegenwärtig schätzungsweise 1,5 Milliarden Bekenner, die im Einzelnen unterschiedliche Glaubensauffassungen haben und dementsprechend zu verschiedenen Religionsgesellschaften (Kirchen) zusammengefasst werden. Ausbreitungsgebiet ist die gesamte Erde mit besonderen Schwerpunkten in den hochzivilisierten Ländern und Lateinamerika.

Wenn wir den Begründer dieser Religion, Jesus Christus, als historisch gegebene Persönlichkeit ins Auge fassen, so können wir in Übereinstimmung mit den Evangelienberichten etwa die folgenden Züge festhalten: Jesus Christus wird unter der Regierung des Kaisers Augustus in Bethlehem geboren. Der eigentliche Wohnort seiner Eltern ist Nazareth. Über seine Kindheit und Jugend wissen wir wenig. Er hat ein Handwerk – wahrscheinlich das Bauhandwerk – erlernt, beherrscht die aramäische Sprache in Wort und Schrift und ist im rabbinischen Wissen vom Alten Testament unterrichtet. Ungefähr mit dreißig Jahren lässt er sich von dem Einsiedler und Bußprediger Johannes im Jordan taufen, geht in die Wüste, überwindet die an ihn herantretenden Versuchungen, wählt sich nach und nach zwölf Jünger und beginnt sein öffentliches Wirken. Er predigt in den Synagogen, wird Rabbi genannt, wandert in Galiläa von Ort zu Ort und verrichtet wunderbare Taten der Liebe, Krankenheilungen, Dämonenaustreibungen, Totenerweckungen. Vor allem aber lehrt er eine Lebensauffassung, die sich an den Willen Gottes gebunden weiß, das irdisches Geschehen für zweitrangig hält und dem Ethos der Nächstenliebe ohne Einschränkung folgt. Sein öffentliches Wirken dauert nur kurze Zeit und ist eingebettet gewesen in die damals weitverbreitete Erwartung des Weltendes.

Begreiflicherweise sehen die Pharisäer und Schriftgelehrten sein Auftreten mit zunehmender Feindseligkeit. Der Hohe Rat in Jerusalem verhängt über jeden, der Jesus als Messias anerkennt, den Bann. Da diese Maßnahme nicht den gewünschten Erfolg hat, beschließt man, Jesus zu töten. Doch wagt man nicht, ihn bei Tag – in der Öffentlichkeit – zu verhaften, nachts aber ist er schwer auffindbar, da er vorsichtshalber immer wieder die Schlafstelle wechselt. Da bietet der Verrat eines Jüngers (Judas) die erwünschte Gelegenheit. Und nun wird ein Schnellverfahren eröffnet. Von der Verhaftung bis zur Kreuzigung, die sich dann die römische Hoheitsverwaltung und die israelitischen Lokalbehörden wechselseitig in die Schuhe schieben, vergehen kaum 24 Stunden. Jesus Christus ergibt sich dem Willen Gottes, stirbt und wird von Joseph von Arimathäa begraben. Die im ersten Augenblick verzweifelten Jünger finden das Grab leer. Jesus Christus erweist sich ihnen in Erscheinungen als Auferstandener. Nach 40 Tagen entschwindet er ihren leiblichen Augen. Wenig später – es ist Pfingsten – erscheinen den versammelten Jüngern feurig zerteilte Zungen. Dieses Manifestwerden des Heiligen Geistes ist ein abschließendes Ereignis im damaligen Heilsgeschehen.

In nichtchristlichen Quellen findet sich über Jesus Christus wenig, kaum mehr, als dass er der Gründer der christlichen Gemeinde gewesen ist und unter Pontius Pilatus am Kreuz geendet hat. Verfasser solcher Quellen sind Celsus, Josephus, Lucian, Plinius und Tacitus.

Die christliche Religion hat ihren Mittelpunkt in der Persönlichkeit Jesu Christi. Trotz der erheblichen geschichtlichen Wandlungen und der ebenso erheblichen derzeitigen Unterschiede einzelner Konfessionen bildet diese Persönlichkeit bis heute den Wesenskern. Die von Jesus Christus gegebene Gottesauffassung entspricht dem Monotheismus des Alten Testamentes, d.h. des Judentums. Gott ist spirituell und persönlich. Er ist aber auch – und hier geht Jesus Christus über das Alte Testament hinaus – tätige Liebe in universellem Sinn. Gott befreit den Menschen von Sünde und Schuld, in die jeder notwendigerweise gerät. Wer an Jesus Christus glaubt und Buße tut, dem ist Gott gnädig; er vergibt ihm seine Sünden und seine Schuld. Man hat daher den „Menschensohn" Jesus Christus immer wieder zugleich als „Gottessohn" und als „Welterlöser" bezeichnet und von seiner prophetischen, hohepriesterlichen und königlichen Sendung gesprochen. Dabei werden solche und ähnliche Bezeichnungen vielfach in einem übertragenen und der damaligen Bedeutung gegenüber vertieften, auf etwas Jenseitiges hinweisenden Sinn verstanden.

Das oberste Gebot der christlichen Religion ist das der universellen und unteilbaren Nächstenliebe, die von einer universellen und unteilbaren Nächstenhilfe nicht zu trennen ist. „Und einer unter ihnen, ein Schriftgelehrter, versuchte ihn und sprach: Meister, welches ist das vornehmste Gebot im Gesetz? Jesus aber sprach zu ihm: „Du sollst lieben Gott, deinen Herrn, von ganzem Herzen, von ganzer Seele und von ganzem Gemüte." Das ist das vornehmste und größte Gebot. Das andere aber ist ihm gleich: „Du sollst deinen Nächsten lieben wie dich selbst." In diesen zwei Geboten hanget das ganze Gesetz und die Propheten" (Matth. 22, 35-40, in der Übersetzung Martin Luthers).

Beide Gebote finden sich wörtlich bereits im Alten Testament (bei Moses). Grundlegend neu aber ist ihre universelle, alle Schranken der Sprachen und der Abstammung sprengende Interpretation. Jesus Christus vollendet und überhöht damit das Gesamtwerk der israelischen Propheten und weitet sie aus ins Universelle.

Es ist die Größe und zugleich die Tragik der christlichen Religion, dass sie gesellschaftlich-geschichtlich-kulturell in einer reichen Fülle simultaner und sukzessiver Abwandlungen in Erscheinung tritt, dass in ihr, ähnlich wie in anderen Hochreligionen, viele Heilswege eröffnet sind, dass sie eine polykerygmatische (das Heil auf vielen Wegen verwirklichende), nicht eine

monokerygmatische (das Heil auf nur einem Weg verwirklichende) Universalreligion ist.
Bereits die Apostel stritten darüber, ob alle Menschen dieser Weit oder nur alle Juden erlöst seien. Die Arianer des 4. Jahrhunderts glaubten, Jesus Christus sei nur das von Gottvater bevorzugte Geschöpf gewesen. Sie sprachen Jesus Christus die Gottesnatur ab. Das Konzil von Nizäa (325) verurteilte diese „Irrlehre“. Im Laufe der Jahrhunderte traten aber immer wieder unterschiedliche Auffassungen zutage. Am entscheidendsten war die Reformation des Martin Luther.
Heute gibt es vor allem drei große christliche Kirchen: Die **römisch-katholische Kirche** zählt etwa 900 Millionen Gläubige. Die Grundlage der Lehre bilden die Heilige Schrift und die Tradition, der in Zweifelsfällen bei der Interpretation der Heiligen Schrift eine entscheidende Rolle zukommt. Nach römisch-katholischer Auffassung ist die christliche Kirche gleichbedeutend mit der römisch-katholischen Kirche. Der Papst als Heiliger Vater verkörpert die Einheit und bürgt für die Dauer der Kirche. Jeder Christ, sofern er getauft ist, gehört dieser einen und einzig wahren Kirche an. „Schismatiker“ (die das sichtbare Oberhaupt der Kirche nicht anerkennen) und „Häretiker“ (die sich in Glaubensauffassungen absondern) fallen grundsätzlich der Verdammung anheim und sind von der ewigen Seligkeit ausgeschlossen. Immerhin können fallweise auch Nichtkatholiken, sofern sie ehrlich nach der Wahrheit suchen, da sie durch dieses ihr Wahrheitsstreben der Kirche verbunden sind, die ewige Seligkeit erlangen.
Unter den Gnadenmitteln kommt dem Wort Gottes, wie es in der Heiligen Schrift aufgezeichnet ist, keine entscheidende, lediglich eine auf die Rechtfertigung vorbereitende Rolle zu. Die rechtfertigende Gnade wird in den Sakramenten vermittelt, deren Siebenzahl (Taufe, Firmung, Ehe, Priesterweihe, Letzte Ölung, Beichte, Eucharistie) durch das Konzil von Trient (1545–1563) festgelegt wurde. Die Gnade kann aber auch durch gute Werke, besonders durch das Gebet, vermehrt werden, ebenso durch „Sakramentalien“ wie z.B. Segnungen, Weihen u.a.m. Das allerheiligste der Sakramente ist die Eucharistie (das Abendmahl). Den zelebrierenden Priester ausgenommen, empfangen die Kommunikanten (die am Abendmahl Teilnehmenden) den Leib und das Blut Jesu Christi in nur einer einzigen Form, nämlich der des Brotes. Die Ehe ist als Sakrament unauflöslich. In der Frage der Mischehen legt die römisch-katholische Kirche eine feste Haltung an den Tag. Ein besonderer Zug dieser Kirche ist der ausgeprägte „Marianimus“ (Marienverehrung), dem die beiden mariologischen Dogmen („unbefleckte Empfängnis“, 1854, „leibliche Aufnahme in den Himmel“, 1950) entsprechen.

Die **orthodoxe Kirche oder Ostkirche** spaltete sich 1054 und danach von Rom ab. Es gibt mehrere selbständige orthodoxe Kirchen, die sich aber in Bekenntnis und Liturgie sowie den Sakramenten verbunden fühlen. Den Papst als Oberhaupt lehnen sie alle ab. Dennoch sind Ähnlichkeiten zwischen den orthodoxen Kirchen und der katholischen Kirche sehr groß. Äußerlich unterscheidet sich allerdings die Liturgie, weil die orthodoxe Kirche dem byzantinischen, die katholische Kirche dem römischen Ritus folgt. Das Hauptgebiet der orthodoxen Kirche umfasst den Balkan, Griechenland und Russland.

Die orthodoxe Kirche zählt schätzungsweise 175 Millionen Gläubige und umfasst eine Reihe von Kirchen, die völlig unabhängig voneinander sind. Dies Kirchen sind „autokephal", heißt, sie haben jeweils ihr eigenes geistliches Oberhaupt, das keinem höheren Kirchenfürsten, sondern nur Jesus Christus verantwortlich ist. Autokephale Kirchen sind die vier alten griechischen Partriarchate (Alexandrien, Antiochien, Jerusalem, Konstantinopel) sowie ein Reihe von Landeskirchen, z.B. die griechische, jugoslawische, rumänische, russische u.a. Die Grundlage der Lehre dieser Kirchen bilden die Heilige Schrift und die Satzungen der sieben ersten allgemeinen Konzile. Im Mittelpunkt des theologischen Denkens stehen das Glaubensgeheimnis der Trinität (Dreieinigkeit) und die Christologie. Der Mensch ist zwar Abbild des Göttlichen, zugleich aber befindet er sich in einer so unermesslich großen Distanz, dass diese nur der Schöpfer überbrücken kann. Nicht Sünde und Schuld, sondern Geschöpflichkeit und Endlichkeit trennen den Menschen von Gott. Im Hinblick auf diese Trennung kommt es in erster Linie auf die göttliche Natur Jesu Christi an, erst in zweiter Linie auf das Mysterium seiner Menschwerdung. Denn nur seine göttliche Natur gibt seinem Tod die erlösende Kraft. Im Gottesdienst dieser Kirchen tritt die Predigt hinter der Liturgie fast völlig zurück.

Die **protestantische Kirche** ging aus der Reformation von Martin Luther (ab 1517) hervor. Für sie sind die vier Evangelien die einzige Richtschnur für Kirche und Verkündigung. Der Glaube ist persönlicher und nicht so sehr institutioneller Natur. Die protestantische Kirche kennt also keine Hierarchie wie die katholische Kirche. Die protestantische Kirche betont die Rolle des eigenen Gewissens, der heute auch die katholische Kirche zustimmt. Zur protestantischen Kirche zählen heute zahlreiche verschiedene Bekenntnisse und Landeskirchen. Besonders in Amerika entstanden mehrere, vom protestantischen Glauben beeinflusste Freikirchen, z.B. die Methodisten und die Baptisten. Heute verwischen sich die Unterschiede zwischen der katholischen und der protestantischen Kirche; die traditionell geprägten Anhänger der katholischen und vieler protestantischer Kirchen stehen einander näher als etwa den fortschrittlichen Kräften ihrer eigenen Kirche.

Die lutherischen Kirchen gehören zur Gruppe der protestantischen Konfessionen mit schätzungsweise 350 Millionen Gläubigen. Die Grundlage der Lehre bildet die Heilige Schrift allein, wohingegen der Tradition keine entscheidende Rolle zukommt. Der lutherische Gottesdienst folgt zwar dem Aufbau der römisch-katholischen Messe, aber es gibt hier keinen Versuch der Versöhnung Gottes durch ein neuerliches Opfer. Predigt und Liturgie sind auf den Trost der göttlichen Vergebung und auf die Gewissheit der göttlichen Gnade hin orientiert. Das Glaubenslied und das Glaubensgebet der Gemeinde sind ein Widerhall dieser göttlichen Zusagen. Der Gottesdienst kann in prunkvoll ausgestattetem, aber auch in einfachstem Rahmen vor sich gehen; alles Zeremoniell gehört zu den Adiaphora (nebensächlichen Dingen). Die Anzahl der Sakramente ist in den lutherischen Kirchen auf zwei reduziert (Heilige Taufe, Heiliges Abendmahl). Das Hl. Abendmahl wird in beiden Formen, in der des Brotes und des Weines, empfangen, was nach lutherischer Auffassung der ausdrücklichen Anordnung Jesu Christi entspricht. Auch in den lutherischen Kirchen wird der Gottesmutter hohe Verehrung zuteil. Schon für Luther war Maria „die größte Frau im Himmel und auf Erden". Mariologische Dogmen aber gibt es in den lutherischen Kirchen nicht. Die Kirchenverfassung als solche gehört zu den Adiaphora. Für die sichtbare Kirche sind einzig und allein die Verkündigung des Gotteswortes und die Sakramentsverwaltung wesentlich. Unter solchen Gesichtspunkten hat man die lutherischen Kirchen gelegentlich als Kirchen einer religiösen Innerlichkeit und die Rechtfertigung durch den Glauben als „unio mystica substantialis" (geheimnisvolle, aber tatsächlich stattfindende Vereinigung mit Gott) bezeichnet.

Zu den protestantischen Konfessionen gehören auch die Gruppen der reformierten Kirchen (Begründer: H. Zwingli und J. Calvin), bei denen der Gottesdienst im Gegensatz zur lutherischen Auffassung eher einen feierlichen Huldigungsakt der Gemeinde an die Majestät Gottes darstellt. In diesen Kirchen gibt es eine Tendenz zu fortschreitender „Entanschaulichung", die alle Bilddarstellungen verpönt und selbst vor den liturgischen Gebeten der alten Kirche und vor der Interpretation des Hl. Abendmahls nicht Halt macht. Das Bewusstsein der Gegenwart Jesu Christi ist aber auch in diesen Kirchen stark ausgeprägt.

Die **anglikanische Kirche**, der vom Calvinismus her tiefe Spuren eingeprägt wurden, ist gegenwärtig ein selbständiger Typus innerhalb der christlichen Kirchen. Sie steht gleichsam zwischen den protestantischen und der katholischen Kirche. Die Grundlage der Lehre bilden die Heilige Schrift und die Tradition der Kirchenväter. Zwei weitere Hauptmomente sind das Sakrament des Abendmahls und das apostolische Amt, eingesetzt durch Jesus Christus, fortgesetzt durch die Sukzession der Bischöfe.

Im protestantischen Bereich hat sich ferner eine nicht unerhebliche Zahl von Freikirchen und Sekten entwickelt. Freikirchen sind z.B. die Mennoniten, Baptisten, Quäker, Methodisten und die Heilsarmee. Sekten sind die katholisch-apostolischen Gemeinden, die neuapostolischen Gemeinden, die Adventisten, die Zeugen Jehovas und andere mehr.

Als gänzlich eigenständige, christliche Kirche verstehen sich die **Kopten** (ca. 9 Millionen), die „ägyptisch-orthodoxen", die die Lehre des „Monophysitismus", der einen, göttlichen Natur Christi, vertreten.

Die Heilige Schrift der christlichen Religion ist die **Bibel**. Sie bildet das Richtmaß für alles religiöse Erleben und Verhalten. Das Wort „Bibel" kommt vom griechischen Wort „biblia" (Bücher). Da dieses Buch für den Angehörigen der christlichen Religion das ehrwürdigste und wertvollste ist, nennt man es das „Buch der Bücher". Die Bibel ist das „Wort Gottes" insofern, als sich Gott ihrer als eines Instrumentes bedient, sich den Menschen zu offenbaren. In diesem Sinne gilt die Bibel als inspiriertes menschliches Zeugnis einer göttlichen Offenbarung. Bei sinnerfüllter Interpretation kann es daher zwischen der Heiligen Schrift und dem jeweiligen Stand der Wissenschaft – der eben auch immer nur ein jeweiliger ist – keine echten Widersprüche geben. Denn beide, die „Inspirierte" Heilige Schrift und die dem Menschen zugängliche „vernünftige" Erkenntnis, entstammen demselben, der Wahrheit schlechthin gleichzusetzenden Wurzelbereich, nämlich Gott.

Die Bibel besteht aus dem Alten und dem Neuen Testament. Das Alte Testament enthält 39 Schriften, die schätzungsweise zwischen 1200 und 150 v.Chr. nach und nach entstanden sind. Diese „kanonischen“, d.h. für das religiöse Erleben und Verhalten des Alten Bundes maßgebenden Schriften setzen sich aus 17 Geschichtsbüchern, 5 Lehrbüchern und 16 prophetischen Büchern zusammen. Nach christlicher Auffassung sind alle diese Schriften nur insoweit maßgebend, als sie in sinnerfüllter Interpretation mit dem Neuen Testament zusammenstimmen. Das Neue Testament enthält 27 Bücher, davon 5 Geschichtsbücher (die vier Evangelien und die Apostelgeschichte), 21 Lehrbücher (die „Briefe“) und ein prophetisches Buch (die Offenbarung des Johannes).

Da das Alte Testament ursprünglich in hebräischer, teilweise in aramäischer Sprache abgefasst wurde, das Neue Testament in einer griechisch-hellenistischen Gemeinsprache, die mit hebräischen und aramäischen Ausdrucksweisen durchsetzt ist, stellt eine einigermaßen richtige Übersetzung ein schwieriges Problem dar, das immer wieder nur annäherungsweise bewältigt werden kann. Gegenwärtig gibt es Übersetzungen in rund 900 Sprachen.

Die bekanntesten älteren Übersetzungen sind die folgenden: Die „Septuaginta“ ist eine in Alexandria in Ägypten seit dem Jahr 280 v.Chr. allmählich entstandene griechische Übersetzung des Alten Testamentes, die wahrscheinlich erst um 130 v.Chr. vollendet wurde. Die „Vulgata“ ist eine vom Kirchenvater Hieronymus im 4. nachchristlichen Jahrhundert geschaffene Übersetzung der gesamten Bibel ins Lateinische. Diese Übersetzung wurde später durch das Konzil von Trient dem Original gleichgestellt. Ebenfalls im 4. nachchristlichen Jahrhundert übertrug Bischof Ulfilas die Septuaginta und das griechisch-hellenistische Neue Testament ins Gotische. Die in der ersten Hälfte des 16. Jahrhunderts von Martin Luther geschaffene Übersetzung überträgt die Originaltexte ins Deutsche. Das Neue Testament der Luther Übersetzung erschien 1522, das Alte Testament 1534.

Die Bibel ist das meistgedruckte, meistgelesene und am häufigsten zitierte und interpretierte Buch aller Zeiten. Stellvertretend für alle ihre Leser sei dem Philosophen J. G. Fichte das Schlusswort erteilt: „Die Bibel enthält die tiefsinnigsten Wahrheiten, zu denen alle Philosophie am Ende wieder zurück muss.“

KUNST

Vorgeschichte

Am Beginn des Kunstschaffens steht das Bedürfnis des Menschen, Mittel zur Erleichterung seines Daseinskampfes und zur Bändigung der Naturgewalten zu finden, in denen die Wirksamkeit magischer Kräfte vermutet wurden. Schon in der älteren Steinzeit, vor etwa 500000 Jahren, hat sich der Mensch in einer Weise um die Gestaltung seiner Geräte bemüht, die über eine reine Zweckformung hinaus Lust am künstlerischen Schaffen erkennen lässt. In den ältesten Zeugnissen menschlicher Betätigung darf also schon die Geburtsstunde des

Kunsthandwerks erblickt werden. In der Epoche des Magdalénien (etwa 15000 bis 9000 v.Chr.) treffen wir auf überraschend naturgetreue Malereien in nordspanischen und südfranzösischen Höhlen (Altamira, Lascaux), die vorwiegend Jagdszenen darstellen. Sie kennzeichnen die Anfänge der bildenden Kunst. Die jungsteinzeitliche Revolution (um 5000), die den Wandel vom nomadisierenden Jäger zum sesshaften Ackerbauer und Viehzüchter mit sich brachte, markiert den Beginn der Baukunst. So sind die Bronzezeit (etwa 2000 bis 1000 v.Chr.) und die Eisenzeit (etwa 1000 v.Chr. bis zur Zeitenwende) neben reichem kunsthandwerklichen Schaffen (Plastik, Keramik, Töpferei, Schmuckherstellung) vor allem durch den Tempelbau charakterisiert.

Frühgeschichte

Die ersten Hochkulturen im östlichen Mittelmeerraum und in Mesopotamien brachten den künstlerischen Durchbruch zum monumentalen Steinbau und zur Ausbildung der Schrift (Hieroglyphen, Keilschrift). Da in dem Land zwischen Euphrat und Tigris Überschwemmungen nicht so regelmäßig eintraten wie in Ägypten, der „Tochter des Nils“, fehlten die Voraussetzungen für eine Ackerbaukultur. Diese Situation führte zur Ausbildung des ersten Handelszentrums der Welt und in der Folge zur Entstehung der ersten Großstädte: Babylon, Assur und Ninive. Doch hat uns keine dieser Kulturen (weil sie mit Zieglen bauten) Denkmäler hinterlassen, die den architektonischen Leistungen Ägyptens vergleichbar wären.
Zum Wahrzeichen der altägyptischen Kultur (ab 3000) wurden die Pyramiden der Könige Cheops, Chephren und Mykerinos. Als Bauwerke von mathematischer Strenge und überwältigender Größe stehen sie inmitten einer unwirtlichen Natur, dem glasharten Sandsturm keine Angriffsfläche bietend. Ungefähr 80 solcher Grabbauten sind uns bekannt; der älteste ist die Stufenpyramide von Sakkara (um 2650 v.Chr.), das erste monumentale Steinbauwerk der Welt.
Vor der gigantischen Kulisse der Pyramiden, des Felsentempels von Abu Simbel und der Sphinx von Gizeh wirkt der Mensch verloren und bedeutungslos. Einen ähnlichen Eindruck vermitteln auch noch die Zeugnisse der minoischen Kultur auf Kreta (2600 bis etwa 1200 v.Chr.) und der minoisch bestimmten mykenischen Kultur (1600 bis etwa 1150 v.Chr.). So kann die Monumentalkunst der frühen Hochkulturen generell als Ausdruck der Ohnmacht des Menschen gedeutet werden. Der ungeheure Tempel von Luxor, die verwirrenden Palastanlagen von Knossos und die zyklopischen Mauern von Mykene und Tiryns sind steingewordene Zeugen einer tiefwurzelnden Lebensangst, aber auch der Selbstbehauptung und des Repräsentierens.
Hinter solchen Mauern suchte man Schutz und kam zugleich zum Bewusstsein der eigenen Vergänglichkeit.

Griechische Antike

Erst mit den Griechen brach sich ein anderer Geist in der Menschheitsgeschichte Bahn. Die olympischen Götter ähnelten in Gestalt und Temperament den Menschen, waren dadurch verständlich und vertrauenswürdig. Die Entthronung der Götter zog die Entmachtung der weltlichen Autoritäten nach sich. An der „Wiege des Abendlands“ steht das Verlangen nach der Autonomie der Persönlichkeit, das sich in einem langwährenden Demokratisierungsprozess und stetig steigender Lebensfreude ausdrückt. Damit ist dem „griechischen Geist“ der Weg geebnet, dem Streben nach Erkenntnis, Schönheit und Harmonie.

Diese ganz auf den Menschen bezogene Kunst der Griechen zeigt sich schon in ihren Tempeln. Sie sind keine Bollwerke der Götter mehr, sondern dem Menschen zugängliche und der Welt zugewandte, in sich ruhende Baukörper, die licht- und luftdurchlässig und mit der landschaftlichen Umgebung verwachsen sind. Hier sind Gott, Mensch und Natur zu wesenhafter Einheit verschmolzen.

Die wichtigsten Ausdrucksformen der griechischen Antike waren neben der Architektur die Plastik und die Vasenmalerei. Die „klassische Zeit“ (480 bis 300 v.Chr.) hat in ihren Werken zu einem idealen Ausgleich von Naturverbundenheit und edler Stilisierung gefunden. Der menschliche Körper wurde nun anatomisch richtig wiedergegeben. Die Haltung ist entspannt; Stand- und Spielbein werden deutlich unterschieden (Kontrapoststellung). Als Hauptmeister des klassischen Stiles gelten Myron, Polyklet und Phidias; sie waren überragende Künstlerpersönlichkeiten und standen schon im Altertum in hohem Ansehen. Myrons bekanntes Bronzebildwerk des Diskuswerfers ist leider, wie fast alle berühmten Statuen der Klassik, nur in einer römischen Kopie erhalten. Auch die Kopie von Polyklets Speerträger (Doryphoros), dessen Proportionen als die idealen Maße des männlichen Körpers galten, kann uns nur eine Vorstellung vom Original vermitteln, dieses aber nicht ersetzen. Von Phidias stammen u.a. der 160 m lange Relieffries am Parthenon und die 92 Metopenreliefs mit den Giganten und Kentaurenkämpfen.

Mit Lysipp, dem Hofbildhauer Alexanders des Großen, von dem er zahlreiche Porträts schuf, stehen wir am Ausgang der klassischen Epoche. Die Figur des Schobers (Apoxyomenos) vermittelt uns eine Vorstellung seiner Schöpfungen, die von einem neuen Stil Zeugnis ablegen und zur hellenistischen Plastik überleiten. Die körperliche Bewegung und der Ausdruck der Statuen werden auf das äußerste gesteigert, was vielfach zu theatralischem Pathos führt. Auch in der Nike von Samothrake und in der Laokoon-Gruppe, den Bildwerken von Künstlern aus Rhodos, überwiegt das dynamische Element. Als Hauptbeispiel für den späthellenistischen Klassizismus ist der Dornauszieher anzusehen. Sehr bekannt wurde die Statue der Venus von Milo.

Römische Antike

Ehe im 2. Jahrhundert v.Chr. Rom zur Hauptstadt der antiken Welt wurde und statt der hellenistischen Zentren den Geschmack bestimmte, war es kulturell eine griechische Provinz. Auch die Etrusker, die ihre kulturelle Blüte im 6. Jahrhundert v.Chr. erlebten, hatten die römische Kultur ungemein befruchtet (so ist die „kapitolinische Wölfin“, das Sinnbild der „Ewigen Stadt“, eine etruskische Bronzearbeit), aber Hellas blieb der reichste Quell, aus dem die realistisch gesinnten Römer schöpften. Ihre auf das Praktische und Monumentale gerichteten

Bestrebungen beflügelten sie allein auf dem Gebiet der Baukunst zu großen und originalen Leistungen. Die römische Architektur wurde zum Ausdruck von Macht und Größe des weitgebietenden Imperiums. Im Raumbau, in der Schaffung großer Hallen oder in der Zusammenfassung vieler Räume zu einem Ganzen haben die Römer ihre Lehrmeister weit überflügelt. Bahnbrechend wurde der Rundbogen, der den raumfeindlichen Säulen- und Flachdeckenbau überwinden half und Bogen- und Gewölbekonstruktionen (Triumphbögen, Brücken) von großer Spannweite gestattete.

Als typisch römische Erfindung kann das ovale Amphitheater bezeichnet werden. Es war den Gladiatorenkämpfen und Tierhetzen vorbehalten und überall im römischen Weltreich verbreitet. Das zum Teil gut erhaltene Colosseum in Rom, wohl der bekannteste römische Bau, ist als technische Meisterleistung der römischen Architektur ohne Beispiel und zur Grundform moderner Sportarenen geworden. Seit der Zeitenwende errichtete man mit Vorliebe auch Rundtempel (Monopteren) mit kreisrunder Cella und einem Säulenumgang. Im Vesta-Tempel in Tivoli und im Rundtempel zu Baalbek schufen römische Baumeister charakteristische Beispiele dieser Bauform, die in der Kuppelrotunde des Pantheons höchste Vollendung erfährt. Dieses großartigste und schönste Bauwerk der Römer, zugleich das besterhaltene, trägt auf seinem ringförmigen Unterbau die gewaltigste Kuppel der Antike. Diese überragende Leistung wurde zum Vorbild für die Meister der Renaissance und des Barocks, zum monumentalsten Zeugnis antiker Baukunst.

Von größter Tragweite für die christliche Sakralbaukunst wurde die Schöpfung der Basilika. Diese großen drei- oder fünfschiffigen Hallen, deren überhöhte Mittelschiffe durch eine Fensterfront (den Lichtgaden) beleuchtet wurden, dienten dem Markt- und Gerichtswesen. Von der mächtigen Maxentius-Basilika zeugen noch die Reste der Tonnengewölbe des nördlichen Seitenschiffes. Hier hatte man die Erfahrungen im Gewölbebau zum ersten Mal auf die bisher flach gedeckten Basiliken übertragen.

Altchristliche und byzantinische Kunst

Mit der staatlichen Anerkennung des Christentums durch Konstantin im Jahre 313 beginnt im ganzen Römischen Reich die Ausbildung eines christlichen Kirchenbaustils. Aus der antik-römischen Kunst wuchs allmählich ein neuer Geist, der zunächst in der altchristlichen (1. bis 8. Jahrhundert) und byzantinischen Kunst seine Ausprägung fand. Diese Periode stellt den Übergang von der Antike zum Mittelalter dar. Ausgangs- und erster Mittelpunkt der altchristlichen Kunst war Rom. Seit der Teilung des römischen Imperiums im Jahre 395 entwickelte sich im Oströmischen Reich eine eigene Kunst und Kultur, die ihren Höhepunkt unter Justinian erreichte.

Zunächst entwickelt sich in Anlehnung an die Form römischer Markt- und Gerichtshallen der Sakralbau der altchristlichen Basilika. Dem Langhaus mit dem breiten und hochgezogenen Mittelschiff ist ein Vorhof (Atrium) oder eine quergestellte Vorhalle (Narthex) vorgelagert. Die Schiffe sind durch Säulenreihen voneinander

getrennt, die im byzantinischen Einflussgebiet durch Halbkreisarkaden überspannt werden, während im weströmischen Bereich die Säulen einen Architrav tragen. Eine bedeutende Neuerung in der Grundrisslösung fand man in der alten Peterskirche und in der ebenfalls fünfschiffigen St.-Pauls-Basilika, wo zwischen Langhaus und Apsis ein Querschiff eingeschaltet wurde.
Die zweite Hauptform des christlichen Kirchenbaues war der Zentralbau. Als Zentralbauten bezeichnet man im Gegensatz zu den Langhausbauten solche Bauwerke, deren Grundriss durch Kreis, Quadrat, Kreuz, Sechs- oder Achteck oder durch eine Verbindung dieser Formen bestimmt wird. Sie dienten meist als Taufhäuser (Baptisterien) und Grabkapellen (Mausoleen). Diese Zentralanlagen haben im Einflussbereich von Byzanz eine entscheidende Rolle gespielt; dort finden sich auch die hervorragendsten Zeugnisse zentraler Bauweise. Zu den schönsten Zentralbauten gehört zweifellos die Kirche von S. Vitale in Ravenna.
Als dritte Hauptform des Sakralbaues ist die Kuppelbasilika zu erwähnen. Sie verbindet in eigenartiger, aber organischer Weise die Form der Basilika mit dem Kuppelbau. In dem epochemachenden Hauptwerk byzantinischer Architektur, der Hagia Sophia in Konstantinopel, gelang den Baumeistern Anthemios von Tralles und Isidor vor Milet die gewaltigste Raumgestaltung ihrer Zeit. In der Hängekuppel des Bauwerks lernen wir das erste mustergültige Beispiel dieser Konstruktion kennen.
Auch die Malerei hatte in altchristlicher Zeit hervorragende Bedeutung. Ein neuer malerischer Stil bekundet sich in der Mosaikkunst, die den inneren Wandschmuck für Kirchen, Baptisterien und Mausoleen lieferte.

Karolingische Kunst

Unterbrochen von den Wirren der Völkerwanderungszeit, erlebte die vom Christentum inspirierte Kunst des Abendlandes erst in der karolingischen Kunstepoche (8. und 9. Jahrhundert) einen neuen Aufschwung. Karl der Große suchte eine Verschmelzung germanischen Wesens mit römischer Kultur herbeizuführen und förderte die Entfaltung der Künste durch Errichtung einer eigenen Palastschule, in der vor allem herrliche bebilderte Handschriften entstanden. Von dem hohen Stand der Baukunst zeugen nur noch wenige Denkmäler. Für das schönste Werk, die Pfalzkapelle Karls des Großen in Aachen, ist wohl das Vorbild des byzantinischen Zentralbaus S. Vitale bestimmend gewesen, doch wirkt das karolingische Münster noch straffer und kraftvoller in seiner Gliederung.

Außereuropäische Kulturen

An dieser Stelle ist es angebracht, den Blick auf einige außereuropäische Kulturen zu lenken, die am Ende des 1. Jahrtausends unserer Zeitrechnung in ihrer Hochblüte standen und wie die christlich-abendländische Kultur von starker religiöser Empfindung gespeist waren. So wird der Charakter der **arabisch-islamischen Kunst** weitgehend durch die von Mohammed gestiftete Religion bestimmt. Das Hauptgewicht liegt auf der Architektur und auf dem Kunsthandwerk, da das Ver-

bot figuraler Darstellungen die Bildkünste stark einschränkt.
Die Architektur sah die vordringlichste Aufgabe in der Errichtung sakraler Bauwerke, unter denen die Moscheen hervorragen. Im Gegensatz zur christlichen Kirche ist die Form der Moschee, die im wesentlichen eine Gebetshalle ist, vorgeschrieben und zeigt daher trotz geographisch weiter Ausbreitung ein ziemlich einheitliches Bild. Inmitten eines rechteckigen Hofes befindet sich der Brunnen für die erforderlichen rituellen Waschungen. An einer Seite des Hofes, der von Laubengängen gesäumt ist, steht die Gebetshalle (Haram). Das einprägsame Wahrzeichen islamischer Architektur, das Minarett, von dem der Muezzin die Gläubigen zum Gebet ruft, überragt die gesamte Anlage.
Zu den eindrucksvollsten Bauwerken gehört die Moschee von Cordoba, deren Halle einem Wald von Säulen gleicht. Nach der Eroberung Konstantinopels wird der christliche Kirchenraum (Hagia Sophia) als Vorbild für die Kuppelmoscheen des osmanischen Stils herangezogen.
Auch Form und Ausdruck der **Kunst Indiens** werden durch die Religiosität entscheidend geprägt. Die Vielgestaltigkeit der Glaubensformen (Brahmaismus, Hinduismus, Buddhismus, Naturreligionen) brachte eine ebenso große Vielfalt der kultischen Darstellungen mit sich.
Die Architektur bekundet ihre Abkunft von der Holzbauweise in den frühesten Zeugnissen buddhistischer Tempel, des Stupa. Einer der mächtigsten ist der große Stupa in Santschi. Buddhistische und brahmanische Tempelbauten und Klöster wurden bisweilen als Höhlenarchitekturen in den Fels gemeißelt. Das berühmte steinerne Wunder von Elura, die ausgedehnte Anlage von Felsentempeln im Bundesstaat Maharastitra, kommt in ihrer Wirkung einer gewaltigen Skulptur gleich.
Die Plastik ist stark an die Architektur gebunden und wurde in bisher unerreichter Fülle zur Ausgestaltung der Tempel herangezogen. Die vielen Gottheiten bilden das unerschöpfliche Thema der plastischen Gestaltung, das tausendfältige Antlitz indischer Kunst, die zugleich von starker Sinnlichkeit und Vergeistigung erfüllt ist.
Die **fernöstliche Kultur** hatte ihren Ursprung in China. Auf dem Weg über Korea fand sie auch in Japan Eingang, wo sie allmählich eine nationale Eigenart ausbildete. Der religiöse Glaube wurde auch in Ostasien zum Fundament der Kulturentwicklung. Das Bekenntnis zu Lehre und Gesellschaftsordnung des Konfuzius einerseits, zum Taoismus des Laotse andererseits und schließlich zu dem von Indien übernommenen Buddhismus prägte den künstlerischen Ausdruck.
Verglichen mit der Sinnenfreude indischer Skulpturen, die selbst in den verklärten Buddha-Statuen anklingt, wirkt Ostasiens Buddha verinnerlicht und vergeistigt, erfüllt von göttlicher Milde. Der gleiche feine, schwebende Charakter ist den ostasiatischen Tempeln mit ihren geschwungenen Dächern eigen.
Die Architektur Ostasiens hatte sich fast ausschließlich der Holzbauweise bedient. Die ältesten Holzbauwerke der Weit, die erhabene Goldene Halle und die Pagode Horyuji, vermitteln uns eine gute Vorstellung von dieser Bauform. Von den Steinbauten haben sich außer der berühmten Chinesischen Mauer nur einige steinerne Pagoden (Tempel) erhalten.
Die Malerei stand in Ostasien im Mittelpunkt allen künstlerischen Schaffens. Sie entwickelte sich aus der Pinselschrift, die schon seit dem 3. Jahrtausend v.Chr. in

China bekannt war. Zu hoher Blüte kam die Tuschmalerei in der Tang-Zeit, als deren bedeutendster Vertreter Wu Tao-tse (um 700–760) angesehen wird. In Japan setzte sich die Malerei der chinesischen Tang-Periode in der Fujiwara-Zelt (900–1190) fort. Im Vordergrund der malerischen Darstellung stand die Landschaft. Den wundervollen Höhepunkt der Naturschilderung erreichte die chinesische Tuschmalerei in der Sung-Zeit (10. bis 13. Jahrhundert) durch Mu-hsi und andere berühmte Künstler.

Die **altamerikanischen Kulturen** Mittel- und Südamerikas traten erst nach der Entdeckung der „Neuen Welt" in den Gesichtskreis des Abendlandes. Sie wurden von den spanischen Konquistadoren im Zeichen des Kreuzes und im Banne des Goldes an ihren Wurzeln zerstört. Die wichtigsten Träger der mittelamerikanischen Kulturen waren neben- und nacheinander die Völkerschaften der Olmeken, der Mayas, die noch unbekannten Vertreter der Teotihuacan-Kultur, die Tolteken und schließlich die Azteken. In Südamerika waren es zunächst die Chavin-Kultur und die Tiahuanaco-Kultur im Hochland am Titicaca-See, die Chimu- und Nasca-Kultur an der Küste Perus sowie das Großreich der Inkas, die zu bemerkenswerten Leistungen gelangten.

Das Bild der Architektur Altamerikas wird durch die Tempelpyramiden der alten Mayas und durch die berühmten Pyramiden von Teotihuacan (450 bis 650 n.Chr.) geprägt. Diese Pyramiden, die auch in Südamerika in ähnlicher Form anzutreffen sind, unterscheiden sich von den ägyptischen Pyramiden dadurch, dass sie keine Grabbauten sind, sondern auf der abgeplatteten Spitze einen kleinen Tempel tragen. Die Tempelfassaden gaben der Plastik ein überaus reiches Betätigungsfeld. Sich windende Federschlangen schmücken die Pyramide von Teotihuacan im Hochland von Mexiko. Mit ihren steinernen Stelen, die oft bis zu zehn Meter aufragen, haben während des „Alten Reiches" (ca. 350 bis 900 n.Chr.) die Mayas Denkmäler geschaffen, die zu den eindrucksvollsten Leistungen auf dem Gebiet der Plastik überhaupt gehören.

Romanik

Nach dem Zerfall des karolingischen Reiches im 9. Jahrhundert begann die Neuformung der politischen, sozialen und kulturellen Struktur der abendländischen Völker. Germanische Wesensart verband sich mit christlichem Geist und antiker Tradition, und diese Faktoren bestimmten auch die Entwicklung der Künste. Im Zeitalter der Romanik (11. bis 13. Jahrhundert) wurde die Kirche zum wichtigsten Auftraggeber. Daneben übernahmen Kaisertum, Adel und Ritterschaft, später auch das Großbürgertum, eine die Kultur tragende Rolle.

Was die romanische Basilika von der altchristlichen unterscheidet, ist der neue Formcharakter des architektonischen Gerüstes. Das Mittelschiff der romanischen Basilika ist im Vergleich zu dem der altchristlichen höher, die Wände sind massiger; die schlanken Säulen weichen kräftigen Pfeilern, die anfangs flache Decke wird gegen Ende des 11. Jahrhunderts durch eine gewölbte Decke ersetzt.

Deutschland war der eigentliche Boden des romanischen Stils; hier entfaltete er sich zu höchster Vollendung und fand seine schönste Ausprägung. Zum damals mächtigsten Dom im Abendland wurde der gewaltige Kaiserdom in Speyer ausgebaut. Nicht weniger großartig sind die Anlagen von Mainz und Worms oder die Abteikirche von Maria Laach. Einfache Maßverhältnisse der einzelnen Baukörper zueinander bestimmen den schlichten und ernsten Charakter dieser Bauwerke. Monumental und feierlich, erfüllt von herber Schönheit, stehen die Denkmäler dieser Zeit vor unseren Augen. Den Spätstil verkörpern die Dome in Bamberg, Naumburg und Limburg.

In Frankreich haben die Mönchsorden der Cluniazenser und Zisterzienser großen Einfluss auf die romanische Baukunst genommen. Die bemerkenswertesten romanischen Kirchen waren die riesige Klosterkirche von Cluny (heute bis auf geringe Reste abgetragen) und die berühmte Wallfahrtskirche von Vézelay. Fast allen französischen Kirchenbauten ist die Gestaltung des Chores gemeinsam, der von einem Kranz halbkreisförmiger Kapellen umgeben wird. Die Kathedralen von Durham, Ely und Peterborough sind charakteristische Beispiele der angelsächsisch-normannischen Schule. In Spanien hatte der Islam die christliche Kunst stark beeinflusst, doch findet sich im Norden auch die Einwirkung französischer Formen. Die Hauptwerke sind die Wallfahrtskirche Santiago de Compostela und die herrliche Kathedrale von Avila. Im Italien der Romanik unterscheidet man den germanisch beeinflussten, lombardischen Stil mit den kennzeichnenden Elementen der Zwerggalerie und den säulentragenden Löwen der Portalvorhalle (S. Zeno in Verona oder der Dom zu Trient), den byzantinisch beeinflussten Stil der venezianischen Architektur (Markuskirche in Venedig), den auf antiken und altchristlichen Vorbildern aufbauenden toskanischen (S. Miniato und das Baptisterium in Florenz) und den sarazenisch-byzantinischen Stil Siziliens (Dom von Palermo).

Zu eindrucksvollen Leistungen der Romanik kam es auch auf dem Gebiet der Buchmalerei. Besonders in den Klosterschulen erblühte gegen Ende des 10. Jahrhunderts diese Kunstform in großem Umfang. In Salzburg, auf der Reichenau, in St. Gallen, Trier, Fulda und Köln wurde sie eifrig gepflegt. Man verwendete Wasserfarben und viel Blattgold für die Gestaltung des Hintergrundes. Das Evangeliar Ottos II. ist eines der schönsten Zeugnisse romanischer Buchkunst.

Im 11. Jahrhundert beginnt in Deutschland die Entwicklung der monumentalen Plastik. Einzigartig ist der bronzene Braunschweiger Löwe, das Denkmal Heinrichs des Löwen vor der Burg in Braunschweig. Die Hauptwerke der jüngeren Blütezeit erstanden in den Apostel- und Prophetenpaaren des Domes zu Bamberg und in den Arbeiten des Meisters, der die Adamspforte und das Fürstenportal des Bamberger Domes mit den Statuen Heinrichs II. und seiner Gemahlin Kunigunde schuf. Vom selben Künstler stammt der Bamberger Reiter, der zum schönsten Symbol des machtvoll starken deutschen Rittertums wurde. Obwohl diese Plastiken wie auch die berühmten Stifterstatuen des Naumburger Domes und die Lettnerreliefs einem Übergangsstil zur Gotik angehören, sind sie doch zum beredten Ausdruck der romanischen Epoche geworden.

Gotik

Im Spätmittelalter hat der alles verbindende christliche Geist im gesamten Abendland den umfassenden gotischen Stil (12. bis 15. Jahrhundert) hervorgebracht, der zum einheitlichen und vollendeten Ausdruck abendländischen Kunstwollens wurde. Die hochmittelalterliche Kunstauffassung führte zur restlosen Überwindung der antiken Überlieferung. Die Bezeichnung „Gotik“ ist im 16. Jahrhundert von dem Italiener Giorgio Vasari geprägt worden, der damit die im Italien der Renaissance als barbarisch und fremdartig empfundene gotische Epoche charakterisieren wollte. Die gotische Stilbewegung geht von den nördlichen Teilen Frankreichs aus, wo schon in der Mitte des 12. Jahrhunderts gotische Kirchen entstanden.

Das Bestreben gotischer Bauweise ging dahin, die Kirchen so weit, so hoch und so licht wie möglich zu gestalten. Aus diesen Gedankengängen erwuchsen die neuen konstruktiven Elemente des Kreuzrippengewölbes und des Spitzbogens. Der wesentliche Unterschied zur romanischen Architektur besteht also in der Loslösung vom homogenen Massenbau und in der folgerichtigen Beschreitung des Weges zum massebefreiten, hochstrebenden Raumbau.

Das erste Werk gotischen Stiles dürfen wir im Chor der Abteikirche von St. Denis bei Paris erblicken. An das Vorbild von St. Denis schließen die Kathedralen von Laon und Notre-Dame in Paris an. Mit Beginn des 13. Jahrhunderts gelangt das Innere des Kirchenbaues zu klarster und strengster Durchbildung. Der Neubau der Kathedrale von Chartres ist das früheste dieser Werke. Noch kühner, freier und leichter ist das System der Kathedrale von Reims.

Die typische Mächtigkeit englischer Kirchenanlagen erweist sich bereits im ersten Werk gotischen Stils, in der Kathedrale von Canterbury. Der wuchtige Bau der Kathedrale von Lincoln gehört ebenso wie der Chor von Canterbury zu den Stilformen des Early English. Die Stilperiode des Decorated Style fand in den Kathedralen von Salisbury, York, Exeter und Lichfield ihre schönste Ausprägung. Der prächtigste deutsche Kirchenbau der Gotik ist zweifellos der nach dem Muster der Kathedrale von Amiens erbaute Kölner Dom. Die Fertigstellung dieses gewaltigen Werkes gelang jedoch erst im 19. Jahrhundert. Auch der Bau des Straßburger Münsters folgte den Anregungen französischer Kathedralgotik. Herrliche Bauwerke erstanden im Stephansdom in Wien, im Freiburger Münster, im Dom zu Regensburg, im Münster von Ulm mit dem höchsten Kirchturm der Welt, aber auch in den Kirchen Nürnbergs (St. Sebald, St. Lorenz, Frauenkirche) und in der Frauenkirche von München. Ein eigenartiges Gepräge zeigen die niederdeutschen Ziegelkirchen, z.B. die Marienkirchen in Lübeck und Danzig.

Auch die italienische Architektur wandelte die Gotik nach eigenen Stilgefühlen um. Der weitgespannte Spitzbogen, die geringe Höhenentwicklung und das wenig ausgebildete Strebesystem sind für die italienische Gotik bezeichnend. In Mittelitalien sind es die Kirchen S. Francesco in Assisi, der Dominikanerbau S. Maria Novella in Florenz und die Dome in Florenz, Siena und Orvieto, die Meisterwerke gotischer Baukunst darstellen. Der Dom von Mailand vertritt die Epoche der italienischen Spätgotik.

Typisch für die gotische Plastik wurden die „Andachtsbilder“. Man bezeichnet damit das Vesperbild (Pietà) und die Kreuzigungsgruppe. In der zweiten Hälfte des 14. Jahrhunderts kam ein realistischer Zug

zum Durchbruch, den besonders Peter Parler in den Triforiumsbüsten des Prager Veitsdomes vertrat. Vor allem in den Schnitzfiguren gotischer Flügelaltäre sind uns hervorragende Beispiele für den charakteristischen spätgotischen Knitterstil erhalten geblieben. Zu den herrlichsten Werken dieser Art zählen wohl der Hochaltar des Michael Pacher in St. Wolfgang im Salzkammergut und der Marienaltar in Krakau von Veit Stoß, der auch der Schöpfer des Englischen Grußes in der Lorenzkirche zu Nürnberg ist. In Rothenburg ob der Tauber und in Creglingen (Franken) schuf Tilman Riemenschneider wundervolle Flügelaltäre in gotischem Geist.
Doch kündigt sich in vielen Werken der Spätgotik schon die Auseinandersetzung mit den Formproblemen einer neuen Epoche an. Die Nürnberger Meister Adam Krafft und Peter Vischer, aber auch der Schöpfer der einzigartigen Kanzel im Wiener Stephansdom, Anton Pilgram, stehen schon an der Grenze zur Renaissance.
Der Malerei der Gotik stehen nicht mehr die großen Wandflächen romanischer Architekturen zur Verfügung, daher tritt an die Stelle der Wandmalerei das Glasgemälde. Die wundervollen Arbeiten im Chor und Langhaus von Chartres, die großartigen Scheiben in den Kathedralen von Bourges, Reims, Amiens und der Sainte-Chapelle in Paris zeugen von der farbenprächtigen und dekorativen Darstellungskunst dieser Zeit. Daneben entfaltete sich die Buchmalerei zu reicher Fülle. In der zweiten Hälfte des 14. Jahrhunderts gab der Herzog Jean de Berry, der ein eifriger Kunstmäzen war, den Brüdern von Limburg den Auftrag, ein „Stundenbuch“, die „Très riches heures“, zu malen. Es wurde zu einem der größten Werke gotischer Buchkunst.

Auch in der Malerei der deutschen Gotik spielte die Miniatur eine bedeutende Rolle. Die Manessische Liederhandschrift enthält 138 Bildnisse, darunter das bekannte Bild Walthers von der Vogelweide.
Am Beginn des 15. Jahrhunderts steht einer der bedeutendsten Meister der Kölner Schule, Stephan Lochner. Sein berühmtes Gemälde „Madonna im Rosenhag“ gehört zu den schönsten Werken der gotischen Malerei. Der in der Schweiz tätige Konrad Witz verstand es bereits, seelischen Gehalt und mittelalterliche Innigkeit mit realistischer Anschauung zu verbinden. Michael Pacher (1435-1498), der Schöpfer des St. Wolfganger Altars, der auch einer der besten Maler seiner Zeit war, befasste sich, angeregt von Andrea Mantegna, schon mit perspektivischen Problemen. Auch in Pachers Werken fand der neue Realismus, der vom Süden über die Alpen drang, langsam Eingang. Eine neue Richtung geben der Malerei die Vertreter der sogenannten Donauschule, denen die innige Verschmelzung von Figur, Thema und Naturerlebnis gemeinsam ist. Rueland Frueauf der Jüngere wurde mit Lucas Cranach und Jörg Breu zum Begründer dieser Stilrichtung, die in Albrecht Altdorfer (1480-1538) ihren Hauptmeister fand. Er malte als erster Künstler reine Landschaftsbilder, die nur die Natur zum Thema haben.
Während die Malerei in Deutschland schon früh zu hoher Blüte gelangte, blieb die italienische Malerei im Bann byzantinischer Kunst, von dem sie erst Giotto di Bondone (1266-1337) zu befreien vermochte. Er überwand den feierlich-strengen liturgischen Stil der Vergangenheit, und mit ihm begann eine neue Epoche der monumentalen Wandmalerei.

Die niederländische Malerei steht im Zeichen der flämischen Schule, die bereits im ausgehenden 14. Jahrhundert im Dienste französischer Könige und Herzöge zu erster Blüte gelangte. Zu Begründern eines bisher unbekannten, prunkvollen Stiles der Tafelbildmalerei wurden die Brüder Hubert und Jan von Eyck (1370/85–1426/41). Ihr bekanntestes Werk ist der große Genter Altar, dessen feierlich großartige Darstellung schon den Weg vom Mittelalter zum neuen Realismus der Renaissance zeigt.

Renaissance

Das Zeitalter der Renaissance – der „Wiedergeburt" – reicht vom frühen 15. bis zum späten 16. Jahrhundert und darf als die kreativste und produktivste Epoche der Kunstgeschichte gelten. Schon im 14. Jahrhundert wurde durch die Geistesrichtung des Humanismus ein Wandel im Kulturleben der abendländischen Völker vorbereitet. Das 15. Jahrhundert brachte den vollen Durchbruch auch auf dem Gebiete der bildenden Kunst und damit die Loslösung von den Idealen, Traditionen und Anschauungen des Mittelalters. Das Studium der antiken Literatur- und Kunstdenkmäler wurde zur Grundlage und zum Hauptinhalt der neuen Bildung. Diese bewusste Wiedergeburt der antiken Kultur war von tiefem Einfluss auf die Kunst des 15. Jahrhunderts (Frührenaissance, in Italien als Quattrocento bezeichnet) und auf die des 16. Jahrhunderts (Hochrenaissance, italienisch Cinquecento). Neben der Wiedererweckung des Altertums war das Interesse an der wissenschaftlichen Erforschung und am künstlerischen Studium der Natur mächtig gestiegen. Ein völlig neues Verhältnis zur Natur bahnte sich an. Aber auch der Mensch als Einzelwesen wurde entdeckt. Was würde dieses neue Lebensgefühl besser charakterisieren als Dantes Wort: „Du sei dein eigner Kaiser und dein Papst!"?

Die Architektur der Frührenaissance hatte ihre Wiege in Florenz. Von hier nahm das neue Formensystem seinen Ausgang und wurde bestimmend für Italiens Baukunst. Die italienische Architektur war der antiken Tradition viel stärker verbunden als die deutsche. So folgt die Renaissance-Baukunst in der Detailentwicklung weitgehend dem römischen Vorbild. Statt des aufstrebenden Höhendranges gotischer Bauwerke herrscht die horizontale Gliederung der Baumassen vor.

Der bahnbrechende Meister und Begründer des neuen Stils war Filippo Brunelleschi (1377–1446), ein Künstler, der zuerst als Goldschmied und Bildhauer hervorgetreten war. In der Domkuppel von Florenz schuf er ein glänzendes Vorbild für alle späteren großen Kuppelbauten. Als deutliche Rückwendung zu der Formensprache der altchristlichen Basilika sind die Raumlösungen der Kirchen von S. Lorenzo und S. Spirito in Florenz anzusehen. Als Vollender der revolutionären Ideen Brunelleschis kann der Baumeister, Dichter, Musiker, Maler und Gelehrte Leon Battista Alberti (1404–1472)bezeichnet werden. Er schrieb auch mehrere kunsttheoretische Bücher über Architektur und Malerei sowie eine Schrift über die Statue. In Anlehnung an die Konstruktionen der Maxentius-Basilika und der Caracalla-Thermen in Rom erbaute er die Kirche S. Andrea in Mantua. Ein mächtiges Kirchenschiff mit seitlicher Nischenbildung wird von einem kassettierten Tonnengewölbe überspannt und leitet zu dem beherrschenden Kuppelraum der Vierung über. Diese gewaltige Raumlösung war für die Stilentwicklung der Renaissance und des Barocks von weittragender Bedeutung. Mit der Verweltlichung der Geisteshaltung trat der Profanbau gegenüber der Sakralarchitektur in den Vordergrund. Der Handel mit dem Orient hatte die oberitalienischen Städte reicher und aus Händlern und Kaufleuten in kurzer Zeit Fürsten gemacht. Damit war das Bedürfnis nach vornehmeren städtischen Wohnhäusern erwacht und die Voraussetzung zur Schaffung prunkvoller Palazzi gegeben. Den großartigsten Leistungen der Profanarchitektur begegnen wir in Florenz (Palazzo Pitti, Palazzo Medici-Riccardi).

Während sich die hervorragenden Bauwerke der Frührenaissance vorwiegend im Raum von Florenz finden, wurde Rom zum Ausgangspunkt und Hauptschauplatz der Hochrenaissance. Unter den kunstsinnigen Päpsten Julius II. und Leo X. erreicht sie ihre schönste Ausprägung. Ihr großer Meister war Donato Bramante (1444–1514). Die weitaus bedeutendste Tat Bramantes war zweifellos der Entwurf zum Petersdom. Dessen quadratischer Grundrissplan sah ein Tonnenkreuz mit Vierungskuppel und halbkreisförmigen Apsidenschlüssen vor. In den verbleibenden Eckzwickeln waren kleinere Wiederholungen des Hauptmotivs geplant. Der Tod Bramantes verhinderte die Ausführung dieses Projektes.

Sein Nachfolger Michelangelo Buonarroti entwarf als Dombaumeister die großartige Konzeption des heutigen Petersdomes. Er blieb im Wesentlichen der Anlage Bramantes treu, reduzierte aber die Grundfläche des Domes und verstärkte die Mittelpfeiler der Hauptkuppel, während er die Wirkung der vier Eckkuppeln unterdrückte. Damit gelangen die Vereinheitlichung des Raumeindruckes und die Schaffung der mächtigen Kuppel, die zum Wahrzeichen der Ewigen Stadt wurde.

Die Renaissance-Plastik löste sich von der engen Bindung an die Architektur, die ihr noch in der Gotik eigen war, und nahm antike Gestaltungsmittel auf.

Der Einfluss der Antike zeigt sich schon in der Themenwahl. Vielfach wählte man Stoffe aus der antiken Mythologie, weil man einen Vorwand für die Darstellung der menschlichen Aktfigur, das Lieblingsthema der Renaissance, brauchte.

Zum einflussreichsten Künstler der Frührenaissance wurde Donatello (1386–1466). In seinen Bildwerken erreicht der künstlerische Realismus den Höhepunkt; kraftvolles Leben und innere Erregung kennzeichnen seine Gestalten. Seine schöpferische Kraft und Vielseitigkeit bewies er in dem herrlichen Standbild des heiligen Georg und in der Bronzestatue des David, die zu seinen vollendetsten Werken gehört.

Einer der angesehensten Künstler seiner Zeit war Andrea del Verrocchio (1436–1488), der sich hauptsächlich als Bronzebildhauer betätigte. In seinem bronzenen Reiterstandbild des Colleoni in Venedig manifestiert sich das herrische Selbstbewusstsein des Renaissancemenschen deutlicher als in irgendeinem anderen Kunstwerk dieser Epoche. Aus seiner Werkstatt gingen bedeutende Schüler hervor, von denen Leonardo da Vinci der berühmteste wurde.

Zum Hauptmeister der Hochrenaissanceplastik wurde Michelangelo Buonarroti (1475–1564). Er überwand den Realismus seiner Vorgänger und formte als ausgesprochener Vertreter des Idealismus eine eigene, höhere Welt durchgeistigter Natur.

Als Bildhauer, Maler und Architekt gleich bedeutend, schuf er schon als Jugendlicher Werke von überzeugender Reife, wie die Marmorgruppe der Pietà im Petersdom oder den gewaltigen David in Florenz.

Die Malerei des Quattrocento gründet das neue Schönheitsgefühl auf die Kenntnis der Perspektive und der anatomisch richtig proportionierten Körperform. Als bahnbrechender Meister der Frührenaissancemalerei ist Mosaccio (1401–1428) zu bezeichnen. Er verstand sich bereits auf richtige Körper- und Raumwiedergabe und war für die weitere Entwicklung der Malerei bestimmend. Sein Hauptwerk stellen die vorzüglichen Fresken der Brancacci-Kapelle in Florenz dar. Bezaubernde Innigkeit und verklärte Frömmigkeit kennzeichnen die Gemälde des Dominikanermönches Fra Angelico. Seine noch stark von gotischem Geist getragenen Heiligenbilder sind in Komposition und Faltenwurf sorgfältig ausgewogene Werke. Irdischer als die Bilder Angelicos sind die Malereien des Fra Filippo Lippi aus Florenz. Der Stimmungsgehalt seiner frühen Gemälde, deutlich spürbar in der „Anbetung des Kindes im Walde", weicht bald dem Interesse an der Darstellung der Natur und der Perspektive. Ein anderer bedeutender Künstler der italienischen Frührenaissance war Piero della Francesca (1416–1492). In seinen hellfarbigen Fresken verbindet sich genaue Naturbeobachtung mit idealer Auffassung. Seine Malweise ist, lange vor den Impressionisten, ein erster Versuch der Freilichtmalerei. In den zart und fein empfundenen Werken Sandro Botticellis (1444–1510) rücken mythologische, religiöse und allegorische Themen eng aneinander. Seine sauber ausgeführten Bilder muten träumerisch an und sind von Schwermut erfüllt. Die „Geburt der Venus", der „Frühling" und Madonnenbilder von großer Innigkeit gehören zum schönsten Vermächtnis dieses Meisters der Frührenaissancemalerei.

Eine der markantesten Künstlerpersönlichkeiten der oberitalienischen Malerei des Quattrocento ist Andrea Montegna (1431–1506). Seine Gemälde erfüllt der Ernst strenger Sachlichkeit; auch unbedeutende Einzelheiten sind mit peinlicher Sorgfalt wiedergegeben. Der venezianische Künstler Giovanni Bellini (1430–1516) war in der Frühzeit noch vom Einfluss Mantegnas beherrscht, vollzog aber in seinem späten Stil den Übergang zur Malerei der Hochrenaissance. In Bellinis Kunst wurde die zarte zeichnerisch-koloristische Darstellung des Quattrocento durch den venezianischen, malerisch weicheren Stil überwunden. Aus dieser Werkstatt gingen die großen Vollender der venezianischen Hoch- und Spätrenaissancemalerei, Giorgione (1478–1510) und Tizian, hervor.

Der erste Großmeister der Hochrenaissancemalerei war Leonardo da Vinci (1452–1519). Sein universeller Genius zeichnete sich auf allen Gebieten geistigen und künstlerischen Schaffens aus. Er hat in gleichem Maße als Ingenieur, Mathematiker, Erfinder, Philosoph, Musiker und Kunstschriftsteller gewirkt wie als Maler, Bildhauer und Architekt. Leonardos Einfluss auf die Malerei des Cinquecento war von großer Bedeutung. Er hat (wie Bellini) der Betonung der Kontur und der zeichnerischen Auffassung des Quattrocento ein Ende gemacht und den Stil der weichen, verschwimmenden Umrisse, des Sfumato, begründet. Das Ziel seiner Kunst sah er in der harmonischen Ausgeglichenheit und Ruhe, wie er in seiner Lehre von der Komposition ausgeführt hat. Sein Hauptwerk

ist das große Wandgemälde des Abendmahls im Speisesaal des Klosters bei S. Maria delle Grazie in Mailand.
Der große Gegenpol zu Leonardo ist Michelangelo Buonarroti. Wir begegneten ihm bereits als Großmeister der Architektur und Bildhauerei, in der er seine eigentliche Berufung erblickte. Doch gerade in der Malerei hat er seine Ideen zu erhabenem Ausdruck bringen können; ihr gehören auch seine einzigen zu Ende geführten Hauptwerke an. Er war ein Revolutionär, der – im Gegensatz zu Leonardo – in heftigen Bewegungen und in Überschneidungen von Linien und Konturen seine Ideen gestaltete. So hat er seine Bilder mehr nach plastischen als nach malerischen Gesetzen komponiert. Michelangelos Hauptwerk und das überzeugendste Denkmal seines malerischen Wirkens sind die Fresken in der Sixtinischen Kapelle. Ebenso gewaltig und grandios ist das Fresko des Jüngsten Gerichtes. Hier steigerte sich Michelangelos leidenschaftliche Künstlernatur zu expressiver Aussage, die seiner Zeit weit vorauseilte.
In weicher und lyrischer Form verkörperte Raffaelo Santi (1483–1520), der dritte Hauptmeister des Cinquecento, die geistige und künstlerische Haltung seiner Zeit. In zahlreichen Madonnenbildern schuf er einen neuen, auf Harmonie bedachten Stil des Andachtsbildes, der zur Überwindung des feierlich starren, mittelalterlichen Kultbildes führte.
Im Mittelpunkt des Kunstschaffens der Spätrenaissance stand Tiziano Vecellio (1477–1576). In seinen Werken der Reifezeit, wie der Himmelfahrt Mariens, vollzieht sich der schrittweise Übergang von renaissancehafter zu barocker Empfindung. Im Alterswerk entwickelte der Künstler bereits den Stil der Helldunkelmalerei, der im Barock seine höchste Ausprägung erfahren sollte.
Später als in Italien vollzog sich die entscheidende Wendung zur Renaissance im Norden, die stilformende antike Tradition fehlte dort. Plastik und Malerei gingen auf dem Wege voran und suchten eine gemeinsame Grundlage im Realismus und im Studium der Natur.
Die Architektur entwickelte sich zunächst aus der Verbindung der heimischen gotischen Bauweise mit dem durch die italienische Renaissance vermittelten antiken Bausystem. In Deutschland, aber auch in Frankreich und England, steht der neue Stil unter dem Eindruck der Reformation. Als Folgeerscheinung verlor der Sakralbau an Bedeutung. In Frankreich beschränkte man sich fast ganz auf Profanwerke; wie in England trat der Schlossbau in den Vordergrund. Ein bezeichnendes Beispiel für die deutsche Renaissance stellt das Heidelberger Schloss dar, das sich aber aus einer mittelalterlichen Anlage entwickelte und daher keinen regelmäßigen Grundriss zeigt. In den mächtig aufblühenden Städten Deutschlands entstehen Rat- und Bürgerhäuser in dem neuen Stil.
Die Plastik der Renaissance im Norden wurzelt ebenfalls in spätgotischer Formgebung. Peter Vischer, Adam Krafft und Veit Stoß können der späten Gotik, aber auch der Renaissance zugeordnet werden, je nachdem, ob man Früh- oder Spätwerke der Meister zur Beurteilung heranzieht.
Der bedeutendste Repräsentant der Renaissancemalerei in Deutschland ist ohne Zweifel Albrecht Dürer (1471–1528). Dürers Kunst umfasst alle Gebiete der Darstellung, bleibt aber dem religiösen Thema noch stark verbunden. Die Lehre beim Vater, der Goldschmied war, dann

bei dem Maler Michael Wohlgemuth und schließlich die Bewunderung für Martin Schongauer legten schon früh den Grund zu graphischer Gestaltung in Holzschnitten, Kupferstichen und Zeichnungen. In diesen Werken tritt uns der ganze Umfang seines Genies entgegen. Von höchster Vollendung zeugen Albrecht Dürers Kupferstichblätter „Ritter, Tod und Teufel“; „Melancholie“; „Das große Glück“ sowie „Hieronymus im Gehäus“.
Dürers Zeitgenosse Mathis Gothart Nithart, genannt Matthias Grünewald, wurde zum Begründer eines neuen malerischen Stils. Er wagte es, in leidenschaftlich expressiver Darstellung bis an die Grenze des Möglichen zu gehen. Stärker als Dürer und Grünewald hatte sich Hans Holbein der Jüngere (1497–1543) von mittelalterlichen Traditionen gelöst. Kühle Sachlichkeit und großes handwerkliches Können kennzeichnen diesen hervorragenden Bildnismaler, dessen Interesse der treffsicheren Charakterisierung seiner Modelle galt. Weite Geltung als Porträtmaler verschaffte sich auch Lucas Cranach, einer der Mitbegründer der Donauschule.
Den bedeutenden Vertretern der niederländischen Malerei begegneten wir bereits in der Epoche der Spätgotik. Hubert und Jan von Eyck, Rogier van der Weyden, Hans Memling, aber auch der eigenartige und durch seltsam groteske Gemälde bekannte Hieronymus Bosch hatten sich mit dem neuen Stil auseinandergesetzt. Pieter Brueghel der Ältere (1525/30–1569), auch Bauern-Brueghel genannt, fand zu einer volkstümlich realistischen Ausdrucksform und versetzte biblische Szenen in flämische Dörfer. Die derb-drastische Art der Charakteristik verleiht diesen Bildern den Reiz der Ursprünglichkeit und Natürlichkeit. Seine Söhne Pieter Brueghel der Jüngere, bekannt als Höllen-Brueghel, und Jan Brueghel der Ältere, der Blumen- oder Samt-Brueghel, stehen schon an der Wende zum 17. Jahrhundert.

Barock

Der im 17. und 18. Jahrhundert in Europa vorherrschende Stil wird als Barock bezeichnet. Die Entwicklung der Kunst im Barockzeitalter wurde weitgehend vom absolutistischen Geist der Zeit, dem Machtbewusstsein der weltlichen und geistlichen Fürsten, bestimmt. Aus flammender Religiosität und weltlicher Prachtentfaltung erwuchs ein neues Lebensgefühl, das in überschäumender Gestaltungskraft die stärksten Gegensätze vereinte. Die Barockarchitektur knüpft an Formen und Baugedanken der italienischen Renaissance an. Giacomo Vignola griff in der Kirche Il Gesù in Rom die Raumlösung Albertis auf und verstand es, Kuppel, Altarraum und Langhaus zu einem großartigen Raumganzen zu vereinen. Auch Plastik und Malerei wurden herangezogen, um die Fesseln zu sprengen und eine bisher unbekannte Raumillusion zu schaffen. Vignolas Werk hat die Gestaltung barocker Kirchenräume weitgehend beeinflusst. Anfangs waren auch im Süden Deutschlands und in Österreich fast nur italienische Architekten tätig. Sie formten ihre Bauwerke in Anlehnung an römische Vorbilder, verstanden es aber, sich der Wesensart der Alpenländer anzupassen. Unter ihrer Leitung wurden die Dome in Salzburg und Passau und die Theatinerkirche in München errichtet. Als die italienischen Baumeister schließlich durch heimische Architekten entthront worden waren,

bildete sich die typische Eigenart des deutschen und österreichischen Barockstils aus. Die großartigsten kirchlichen Bauwerke sind zwei Wallfahrtskirchen: Vierzehnheiligen (Oberfranken) von Balthasar Neumann und die Kirche in der Wies (Oberbayern) von Dominikus Zimmermann.
Im Profanbau erblickte man die wichtigste Aufgabe in der Errichtung prunkvoller Schlösser. Zum Vorbild für Europas Schlossarchitektur war die prachtvolle Anlage von Versailles auserkoren. Der gewaltige Gebäudekomplex wurde zum Großteil unter Ludwig XIV. von dem Baumeister Levau geschaffen und von Jules Hardouin-Mansart vollendet. In Wien entstanden das Schloss Schönbrunn, von Fischer von Erlach und seinem Sohn Emanuel erbaut, und das für den Prinzen Eugen von Lucas von Hildebrandt errichtete Belvedere. Daniel Pöppelmann schuf für August den Starken den Dresdner Zwinger. In England hatte man die Ideen des Spätrenaissancearchitekten Palladio aufgegriffen und damit die Richtung der englischen Architektur für zwei Jahrhunderte festgelegt. Ganz im Geiste des palladianischen Klassizismus erbaute Sir Christopher Wren die St. Pauls Cathedral in London.
Um die Mitte des 18. Jahrhunderts verwandelten sich die schweren, prunkvollen Zierformen des Barocks in den zart sprießenden, heiter verspielten Zierrat des **Rokokos**. Diese Bezeichnung meint keinen neuen Baustil, sondern nur die Loslösung vom großen Pathos der barocken Art, zugunsten einer intimeren Gestaltung. Das neue Dekorationsmittel des Rocaille (Muschelwerk) gab der Richtung ihren Namen; es fand vornehmlich in der Innenarchitektur Anwendung. Das Schwergewicht des Bauens legte man nicht mehr auf die Schaffung repräsentativer, großer Schlösser, sondern auf intime kleine Anlagen, denen man klangvolle Namen wie Sanssouci (Ohnesorge) oder Eremitage (Einsiedelei) verlieh.
Die weltliche Plastik erhielt durch Bernini starke Impulse. Mit der Porträtbüste Ludwigs XIV. gab dieser den Anstoß zur Entwicklung der höfischen Porträtbüste, die sich besonders in Frankreich großer Beliebtheit erfreute. Im Dienste der fürstlichen Repräsentation haben die Künstler auch das Reiterstandbild aus der Renaissance herübergerettet; Andreas Schlüter vermochte mit dem Reiterdenkmal des Großen Kurfürsten den Charakter des machtvoll gebietenden Absolutismus einzufangen. Der Übergang von der barocken Plastik zum Rokoko vollzog sich in den Arbeiten Ignaz Günthers, der das Pathos des späten Barocks durch die Anmut seiner innig empfundenen Bildwerke überwand. Die Malerei war am Ende der Spätrenaissance auf der Suche nach einem neuen Stil. Man bezeichnet diese Zeitspanne als **Manierismus** und drückt damit die Abkehr von den Stilgesetzen der Renaissance und die Tendenz zu einer etwas gekünstelten Schaffensweise aus, die hinter hohem technischen Können vielfach künstlerische Leere verbirgt. Neben den Vertretern des typischen Manierismus, Parmigianino und Bronzino, rechnet man mitunter auch Künstler wie Poalo Veronese, Jacopo Tintoretto (Robusti) und El Greco (1541–1614) zu den Meistern dieser Epoche. El Grecos unwirkliche, überlang gestreckte Figuren und eigentümliche Farbgebung lassen ihn schon als einen Vorläufer des Expressionismus erscheinen. Die Hinwendung zur Malerei des Barocks vollzog schließlich

Michelangelo da Caravaggio (1573–1610). Er entdeckte die Malweise der scharfen Lichtkontraste, setzte grell beleuchtete Figurengruppen vor einen dunklen Hintergrund und hat damit großen Einfluss auf die hervorragendsten Maler dieser Epoche, z.B. auf Velazquez und Rembrandt, gewonnen. Diego de Silva Velazquez (1599–1660) bewies in vielen meisterhaften Bildnissen durch seine großzügige Pinselführung bereits eine impressionistische Auffassung. Malte Velazquez in erster Linie die Welt des spanischen Hofes, so ist Estéban Murillo der volkstümliche Maler des spanischen Barocks, der Meister der Madonnen- und Kinderbilder geworden.

Die große Epoche der niederländischen Barockmalerei stand ganz unter dem Eindruck des wirtschaftlichen und politischen Aufstiegs des Bürgertums. Das flämische Barock kam mit Peter Paul Rubens (1577–1640) zum Durchbruch, dem unvergleichlichen Meister einer sinnenfreudigen, dynamischen und virtuos beherrschten Malerei. Seiner Werkstatt entwuchsen zahlreiche Schüler, von denen Anton von Dyck zu großem Ansehen gelangte. Im protestantischen Holland zeigt sich uns die Malerei von weltlichem Geist durchdrungen und erreicht in Frans Hals (um 1580, bis 1666) und im Werk seines Zeitgenossen Rembrandt Harmensz van Rijn (1606–1669) den absoluten Gipfel. Mit unvergleichlicher Meisterschaft verstand er es, Stimmungswerte durch Licht und Farbe festzuhalten und seinen Gemälden einen tiefen geistigen Gehalt zu verleihen. Der dritte bedeutende Meister der holländischen Malerei ist Jan Vermeer von Delft (1632–1675). Er wurde zum Maler stimmungsvoller Intérieurs und Genrebilder, die, von ruhiger Farbigkeit erfüllt, in blauen und warmen gelben Tönen erstrahlen. Viele große Meister pflegten diese bevorzugte Gattung der holländischen Malerei, die neben der Bildnismalerei in ihrer Bedeutung nur noch von den sehr beliebten Landschafts- und Vedutenbildern übertroffen wird. Pieter de Hooch, Gerard Terborch, Jan von Goyen und Jacob Ruisdael sollen aus der großen Zahl hervorragender Künstler erwähnt werden. Große Vorliebe zeigte die Malerei in den Niederlanden auch für das Stillleben, das im 17. Jahrhundert besondere Ausprägung erfuhr.

Im 18. Jahrhundert übernahm Frankreich allmählich die Führung und formte in Themenwahl und Darstellung das typische Bild der Rokokomalerei. Man bevorzugte galante höfische Szenen, Schäferidyllen und das weltliche Gesellschaftsbild. Die unbeschwerte Heiterkeit dieser verspielten Epoche schildern uns Antoine Watteau, Jean-Honoré Fragonard und François Boucher mit unvergleichbarer Grazie. In England nahm man van Dycks vornehme, repräsentative Porträtkunst auf und wandte sich einer aristokratisch kühlen Bildnismalerei zu, deren bedeutendster Vertreter Thomas Gainsborough ist.

Ein weiteres Zentrum der Malerei des Rokokos wurde Venedig. In bezaubernden Veduten (Städte- und Landschaftsbildern) schildern Canaletto (Antonio Canale) und Francesco Guardi mit großer Genauigkeit den Glanz und die Pracht venezianischer Feste. Ein Neffe von Antonio Canale, Bernardo Belotto, war als Hofmaler in Wien und Dresden tätig, wo er eine Reihe von Städtebildern malte. Der bemerkenswerteste Vertreter des venezianischen Rokokos war Giovanni Battista Tiepolo (1696–1770). Am Ende der Epoche und an der Schwelle zu einer neuen, revolutionären Zeit steht der Spanier Francisco de Goya

(1746–1828). Anfangs fügte sich seine Malart noch durchaus dem traditionellen Stil ein, wandelte sich jedoch langsam zu schonungsloser Aussagekraft. Vor allem in zahlreichen Radierungen geißelte er die Zustände seiner Zeit mit unerbittlicher Schärfe.

19. Jahrhundert

Die Französische Revolution und der Untergang des spätbarocken Absolutismus hatten am Ende des 18. Jahrhunderts die Geisteshaltung der Menschen verändert. Ein neues Humanitätsideal trat seinen Siegeszug an, und das Verlangen nach Gleichberechtigung und Abschaffung gesellschaftlicher Vorrechte führte ein wiedererwachtes Bürgertum erneut zur Herrschaft. Die industrielle Revolution, die sprunghafte Entwicklung von Technik und Wirtschaft, veränderten die Lebensweise des Menschen. Diese entscheidende Wendung findet auch in der Kunst beredten Ausdruck, doch ist es nicht mehr ein einziger Stil, der das 19. Jahrhundert beherrscht, sondern eine Anzahl auseinanderstrebender Richtungen.
Zunächst sehen wir Europa im Banne der Lehren J. J. Winckelmanns, der in seiner Geschichte der Kunst des Altertums dem „frechen Feuer“ des Barocks die „edle Einfalt und stille Größe“ Griechenlands entgegenstellte. Man erklärte die griechische Kunst zum absolut gültigen Vorbild; an die Stelle eigener Ursprünglichkeit trat die Nachahmung antiker Werke.
Vorerst führt der Weg zum **Klassizismus** in der Architektur, also zurück zu den Formen der antiken Baukunst. In Berlin entstehen das Brandenburger Tor von C. G. Langhans und die Neue Wache Karl Friedrich Schinkels im Geiste der strengen dorischen Kunst. In Frankreich und England hatte man sich unter dem Einfluss des oberitalienischen Baumeisters Palladio bereits im Barockzeitalter den Vorbildern des klassischen Altertums zugewandt, und so vollzog sich dort der Übergang zum Klassizismus ohne besonderen Bruch. In Paris entstand unter den Architekten Fontaine und Percier der Erweiterungsbau zum Louvre, Soufflot schuf das Panthéon, Vignon die Kirche La Madeleine.
Der Wiederbelebung der Antike folgte jedoch bald ein besonderes Interesse an den Werken der mittelalterlichen Kunst, vor allem der Gotik. Mitte des 19. Jahrhunderts errichtete Sir C. Barry das Londoner Parlament in Nachahmung der englischen Spätgotik. In ganz Europa (außer in Italien) hat man die Neogotik begeistert aufgenommen. Mit ihr wurde eine Periode eingeleitet, die man als **Historismus** bezeichnet, denn bald folgte der Neugotik die Neurenaissance und das Neubarock. Bahnhöfe, Kaufhäuser, Fabriken und Mietkasernen erbaute man bald in romanischen, bald in gotischen oder klassischen Stilformen. Alle diese Stile waren ohne Bezug zu den Bauaufgaben und auch zur Situation der Zeit; sie wurden zu leeren Dekorationsformeln herabgewürdigt.
Ingenieure stellten den Pseudoarchitekturen der Architekten die klare Funktion technischer Konstruktionen gegenüber und wurden so zu Wegbereitern der Baukunst des 20. Jahrhunderts. Die kühne Konstruktion des Eiffelturmes, die Brücke über den Firth of Forth und der Londoner Kristallpalast sind Marksteine auf diesem Weg.
Die Plastik des Klassizismus stützte sich wie die Architektur zunächst auf das Vor-

bild der Antike. Die Überzeugung Winckelmanns, dass die Kunst der Griechen – wie er sagte – der würdigste Vorwurf zur Betrachtung und Nachahmung sei, wurde von vielen Bildhauern als Aufforderung gedeutet, zu den Formen der antiken Plastiken zurückzukehren. Zur reinsten Verwirklichung dieser Ideale fanden der Italiener Antonio Canova (1757–1822) und der in Rom tätige Däne Bertel Thorvaldsen (1770–1844), deren Ateliers zu Wallfahrtsstätten der europäischen Künstler wurden.

An der Spitze der klassizistischen Bildhauer Deutschlands stand Gottfried Schadow (1764–1850). Aber zur zweifellos bedeutendsten Persönlichkeit unter den Bildhauern des ausklingenden Jahrhunderts wurde der Franzose Auguste Rodin (1840–1917). In der malerischen Oberflächenbehandlung, die den klaren und einfachen Umrissen der klassizistischen Plastik die Auflösung der Konturen gegenüberstellt, hat er eine Brücke zum Impressionismus seiner Zeit geschlagen.

Am Ende des 18. Jahrhunderts vollzog sich nun auch in der Malerei der Bruch mit den gewohnten Traditionen der Vergangenheit.

Unter den französischen Meistern war es vor allem Jacques Louis David (1748–1825), dessen programmatische Malerei einer Revolution in der Kunst gleichkam. In seinen realistischen und verstandesmäßig komponierten Bildern verspürt man die radikale, affektive Ablehnung des liebenswürdigen Rokoko-Charmes. Nach dem Tode Davids wurde Jean-Auguste Ingres (1780–1867) zum Wortführer des französischen Klassizismus.

Die deutschen Maler der **Romantik** wählten vor allem das „poetische Thema“. Sie waren nicht Maler um jeden Preis, sondern fühlten sich eher als malende Dichter mit dem Streben nach Beseelung, Vergeistigung und Poesie. In den stimmungsvollen Landschaftsbildern Caspar David Friedrichs (1774–1840) kommt die innige Beziehung zwischen Mensch und Natur zum Ausdruck. Ludwig Richter (1803–1884) und der Wiener Moritz von Schwind (1804–1871) suchten ihre Themenkreise mit Vorliebe aus Märchen und Sage. In Rom sammelten sich im Kreis der „Nazarener“ religiös gesinnte Maler wie Peter Cornelius, Schnorr von Carolsfeld, Overbeck und Führich. Der Gegenwart entrückt, versuchten sie, in einer idealen Welt zu leben, und knüpften in ihren Werken an Raffael, Perugino und Dürer an. Auch die „Präraffaeliten“ in England verfolgten ähnliche Ziele.

Ganz anders empfanden die französischen Romantiker, die das „heroische Thema“ zu Historienbildern inspirierte, so Eugène Delacroix (1798–1863) und Théodore Géricault (1791–1824). Beide Künstlerpersönlichkeiten hatten die Farbe zum wichtigsten Ausdrucksmittel erwählt. Vor allem Delacroix hat in seinen prächtigen, von glühender Farbigkeit erfüllten Bildern zu außerordentlich malerischer Wirkung gefunden und den Weg zu einer „absoluten Malerei“ geebnet, die über den Impressionismus in die Moderne weist. Die düstere Seite der französischen Romantik vertrat der bedeutende Maler und Karikaturist Honoré Daumier (1808–1879) mit seinen politischen Satiren und sozialkritischen Themen, mit denen er die Missstände seiner Zeit aufzeigte. Sein deutscher Zeitgenosse Carl Spitzweg (1808–1885) verlegt sich hingegen auf das Mittel der Ironie und wird mit seinen anekdotisch bestimmten, idyllischen Bildern zu einem Hauptvertreter des **Biedermeier**, das in der Kunstge-

schichte die Epoche der „Restauration“ von 1815 bis 1848 bezeichnet.
Wieder andere Wege gingen die Engländer John Constable (1776–1837) und William Turner (1775–1851). In ihren subtilen Bildern verwarfen sie die Traditionen der Landschaftsmalerei und suchten statt der idealen Natur Farbe und Licht naturgetreu auf die Leinwand zu bannen. Ähnliche Bestrebungen führten einige französische Maler, unter ihnen Théodore Rousseau, François Millet und François Daubigny, in das Dörfchen Barbizon. Hier malten sie, abseits vom Akademiebetrieb, „intime Landschaften“ mit Bäumen, Wiesen und Waldlichtungen und das häusliche Leben und einfache Menschen. Dieser neue **Realismus** in der Landschaftsmalerei schuf die Grundlagen für die impressionistische Freilichtmalerei. Insbesondere Künstler wie Camille Corot und Gustave Courbet waren echte Revolutionäre und arbeiteten vielfach im bewussten Gegensatz zum Publikumsgeschmack. Über allem stand für sie die Wahrhaftigkeit der künstlerischen Aussage. Aber nicht nur in Frankreich bekannte man sich zum Realismus – auch in den Bildern des österreichischen Malers Georg Ferdinand Waldmüller, in den Werken Adolf Menzels und in Wilhelm Leibls gediegener Malweise begegnen wir diesem Wahrheitsdrang.
Im Gegensatz zur realistischen Malerei entwickelte sich der Idealismus der „Deutschrömer“, die noch einmal an die Ideale der griechischen Antike anknüpfen. Anselm Feuerbach, Arnold Böcklin und Hans von Marées suchten in der Ewigen Stadt die Atmosphäre und Sammlung, die ihnen in der Umgebung ihrer realistisch gesinnten Landsleute fehlte. Eher entsprach die naturalistische Historienmalerei des Münchner Akademieprofessors Piloty und seines Schülers Hans Makart dem Geschmack des neureichen Bürgertums.
Als Reaktion auf die naturalistische Historienmalerei entstand der **Impressionismus**. Die Überwindung der akademischen Ateliermalerei zeichnete sich bereits bei den Malern der „Schule von Barbizon“ und bei Constable ab, die mit ihrer Staffelei in die freie Natur hinauszogen, ihre Werke aber noch im Atelier vollendeten. Die Malerei des „Pleinair“ (Freilichtmalerei) führt zu ganz neuen Farbstimmungen, zu einer Aufhellung der Palette. Die Flüchtigkeit der Naturerscheinung bedingt eine neue Arbeitsweise, eine flüchtig-skizzenhaft anmutende Technik, welche die feste Umrisszeichnung oftmals aufgibt und dadurch bisher unbekannte malerische Reize erzielt. Als Begründer dieser neuen Richtung hatte sich Edouard Manet (1832–1883) ganz der Welt der farbigen Erscheinung verschrieben und einen Kreis gleichgesinnter Maler um sich gesammelt, mit denen er in engem freundschaftlichen Kontakt stand. Vollkommene Ablehnung durch die Zeitgenossen verwehrte ihnen zunächst die Teilnahme an Jahresausstellungen. Durch Claude Monets Bild „Impression, soleil levant“ angeregt, wurde damals die Stilbezeichnung Impressionismus zunächst als Schimpfwort geprägt. Führende Meister des französischen Impressionismus waren neben Manet und Monet Camille Pissarro, Edgar Degas, Alfred Sisley und Auguste Renoir, während in Deutschland Max Liebermann, Max Slevogt und Lovis Corinth Bedeutung erlangten.
Wissenschaftliche Ausprägung fand der Impressionismus im **Pointillismus**, einer Malweise, die die Erkenntnisse über Spektralfarben zu verwerten suchte und erstrebte, dass sich im Auge des Betrachters die

Mischung der in winzigen Punkten aufgetragenen Farbe vollziehe. Namhafte Vertreter dieser auch als Neo-Impressionismus bezeichneten Richtung waren Georges Seurat und Paul Signac.
In die gleiche Zeit fiel der Siegeszug der Photographie, durch die der Blick fürs Detail erheblich geschärft wurde.

20. Jahrhundert

Schon im ausklingenden 19. Jahrhundert geriet der Mensch immer mehr in das Räderwerk der Mechanisierung und unter die Herrschaft seiner Maschinen und Konstruktionen. Das Zeitalter der **„Moderne“** war angebrochen. Politische Machtkämpfe und Chauvinismus beunruhigten die innen- und außenpolitische Situation der Völker und fanden ihren Niederschlag in den geistigen und künstlerischen Strömungen des 20. Jahrhunderts.
Die Architektur empfing die ersten Impulse zu neuen Gestaltungen von Ingenieuren, die ihre Aufgaben vom Gesichtspunkt des Zweckmäßigen lösten. Bald erkannten auch namhafte Architekten die Unfruchtbarkeit jeglicher Stilnachahmung. Gusseisen, Stahl und Beton, die Werkmittel der Ingenieure, fanden Eingang in die Architektur und erlaubten neue, kühne Konstruktionen. Man befreite die Architektur vom Ornament, das man im 19. Jahrhundert immer wieder mit „Stil“ identifiziert hatte. Gegensätzlicher Auffassung waren die Vertreter des **Jugendstiles**, die mit Hilfe einer neuen Ornamentik einen zeitnahen Stil formen wollten. Die Bestrebungen nach neuer zweck- und werkgerechter Gestaltung gewannen aber die Oberhand; einige Verfechter der neuen Stilrichtung waren Henry von de Velde, Otto Eckmann, Adolf Loos und Peter Behrens. Die „Neue Sachlichkeit“ trat ihren Siegeszug an.
Walter Gropius (1883–1969), ein Schüler von Behrens, errichtete im Jahre 1914 für die Fagus-Werke in Aalfeld einen Industriebau im Geiste der neuen Architektur. Noch dem Ersten Weltkrieg gründete er in Weimar das „Bauhaus“, das sich als Kunstschule vornehmlich der Pflege des Kunsthandwerks und der Architektur, und damit der Überbrückung der Gegensätze zwischen bildender und angewandter Kunst, widmete. Wenig später übersiedelte er mit dem Bauhaus, für das er viele bedeutende Künstler (Klee, Kandinsky, Mies von der Rohe u.a.) gewonnen hatte, in das von ihm errichtete Bauhaus-Gebäude nach Dessau.
Neben Gropius hat der Schweizer Architekt Le Corbusier (1887–1965) die Baugestaltung unserer Zeit entscheidend beeinflusst. Seine Entwürfe für die „Stadt der Gegenwart“ sehen Gebäudekomplexe vor, die auf freistehenden Stützen ruhen. Grundrissform (auch der Wohnungen), Fassade, ja sogar das Dach sollen sich den Lebensbedürfnissen der Bewohner unterordnen. Er schuf den Begriff der „Wohnmaschine“, die Geschäfte, Restaurants, Freibäder und Spielplätze (auf dem Dach) in sich vereinigt und die Abwicklung der Bedürfnisse des täglichen Lebens erleichtern soll.
Zu den wichtigsten Wegbereitern der Gegenwartsarchitektur gehört Mies van der Rohe (1886–1969). Er verwertete die Erkenntnisse, die Louis H. Sullivan bei Wolkenkratzerbauten gewonnen hatte, und übertrug die Stahlskelettbauweise auf den Wohnbau.
Die Plastik steht zu Beginn des 20. Jahrhunderts im Zeichen des Ringens um einen neuen Ansatz. Hatte mit Auguste

Rodin die Bildhauerei zu einer Form der malerischen Gestaltung gefunden, die plastischem Wesen eigentlich fremd ist, so versuchte Aristide Maillol (1861–1944) eine Umkehr und Erneuerung im Sinne der griechischen Skulptur. Seine strenge Art der Monumentalisierung bereitete den Boden für die Entwicklung der expressionistischen Bildhauerei Deutschlands.

Das Streben nach Vergeistigung und elementarem Ausdruck zeigt sich im plastischen Werk Wilhelm Lehmbrucks (1881–1919). Seine fast gotisch empfundenen Figuren werden an Eindringlichkeit nur noch von dem Werk Ernst Barlachs (1870–1938) übertroffen.

Henry Moore (1898–1986) hingegen strebte zur Abstraktion in der plastischen Gestaltung. Um die dreidimensionale Wirkung seiner massigen, blockhaften Skulpturen zu steigern, arbeitete der Engländer vielfache Durchbrüche und Wölbungen ein. Der italienische Plastiker Marino Marini (1901–1980) verstand es, auf den etruskischen Vorbildern seiner Heimat aufzubauen und durch klare Vereinfachung und Monumentalisierung zu kraftvollem Ausdruck zu gelangen.

Bahnbrecher der modernen Malerei waren Vincent von Gogh, Paul Gauguin, Henri de Toulouse-Lautrec und Paul Cézanne (1839–1906), der Raum und Körper allein mit den Mitteln der Farbe zu beherrschen versuchte. Seine Bilder sind rhythmisch organisierte Flächen, gebaut aus Farbwerten; aus diesem malerischen Konzept Cézannes leitet sich die Formanalyse des Kubismus ab. Henri de Toulouse-Lautrec (1864–1901) schuf mit seinen farbigen Lithographien einen neuen Stil des Plakates, der die Gebrauchsgraphik nachdrücklich beeinflusste. Sein unbestechliches künstlerisches Auge karikierte die Halbwelt des Montmartre (Moulin Rouge), der er in seinen Bildern ein unvergängliches Denkmal setzte.

Anders als Cézanne und Lautrec, aber nicht minder bedeutend für die weitere Entwicklung, wirkte der Maler Vincent van Gogh (1853–1890), der im sonnigen Süden von Arles seinen persönlichen Stil fand; er malte, was er sah und wie er es sah: flammende Kornfelder, alte Schuhe, Blumen und immer wieder Selbstbildnisse, bis er schließlich nach einem Wahnsinnsanfall und einem vorübergehenden Aufenthalt in einer Anstalt seinem Leben ein Ende machte. Seine Werke, die für eine ganze Generation von Malern vorbildlich wurden, zeugen von höchster Intensität des Ausdruckes.

Paul Gauguin (1848–1903) wurde durch seine Malerei der dekorativen Flächenhaftigkeit bedeutend für die Entwicklung der modernen Kunst. Im Gegensatz zur leidenschaftlich-dynamischen Pinselführung van Goghs, mit dem er befreundet war, strebte er nach ruhiger, harmonischer Linienführung. In der exotischen Welt der Südsee empfing er die stärksten Impulse; hier reifte sein eminent malerischer Stil, der auf den Einzelgänger Amadeo Modigliani, auf Paula Modersohn-Becker und besonders auf die Künstler des **Fauvismus** befruchtend wirkte. Diese Gruppe junger französischer Maler, der Henri Matisse, Maurice Vlaminck und Georges Rouault angehörten, hatte den Mut zur Verwendung starker Farben, die ungebrochen zu großen Flächen zusammengefasst werden. Man bezeichnete sie als „Fauves" („Die Wilden"), weil sie vor der Deformation des Gegenständlichen nicht zurückschreckten und zum Stein des Anstoßes für die bürgerliche Welt des neuen Jahrhunderts wurden. Diese Gegnerschaft verstärkte sich noch, als Pablo Picasso, Georges Braque, Juan Gris und Fernand Léger die ersten „kubistischen“ Bilder malten und Alexander Archipenko dem Kubismus auf dem Gebiet der Plastik zum Durchbruch verhalf.

An dieser Stelle scheint es angebracht, die Persönlichkeit Pablo Picassos (1881–1973) zu würdigen. Wohl kein Künstler hat einen derart nachhaltigen Einfluss auf die verschiedenen Richtungen der modernen Malerei genommen, und fast alle Stilbegriffe unseres Jahrhunderts können mit ihm in Verbindung gebracht werden. Dieser Umstand erschwert die Einordnung seines Werkes, das eigentlich nur durch das Erfassen der dynamischen, in sich widerspruchsvollen Persönlichkeit des Künstlers bestimmbar wird. Sein künstlerisches Schaffen spannt sich in weitem Bogen von einer schwermütigen Phase, deren Bilder sich durch einen blauen Grundton auszeichnen, über die „Rosa Periode“ zum Kubismus (als dessen eigentlicher Begründer er gilt), zum Symbolismus und Surrealismus bis zur Grenze der Abstraktion. Die ständig wechselnde Vielfalt seines künstlerischen Ausdrucks wird durch seine eigenen Worte am besten demonstriert: „Ich suche nicht, ich finde.“

Angeregt durch den extremen Farbenrausch und das Ausdrucksverlangen des Fauvismus, entsteht in Deutschland um die Jahrhundertwende als künstlerische Erneuerungsbewegung der **Expressionismus**. Edvard Munch, James Ensor und Gustav Klimt (1862–1918), der bedeutendste Vertreter des Wiener Jugendstils, sowie der frühvollendete Egon Schiele (1890–1918) haben die Entwicklung zum Expressionismus in Deutschland nachdrücklich beeinflusst. Um den Ausdruck zu steigern, schreckte man nicht vor grellen Farben und der Deformierung der Dinge zurück. Nicht die Erscheinungswelt, sondern die Preisgabe des Seelischen fesselte die Künstler, die sich in den beiden Vereinigungen „Die Brücke“ (Kirchner, Schmidt-Rottluff, Heckel, Pechstein und Nolde) und „Der blaue Reiter“ (Kandinsky, Marc, Klee, Macke und Kubin) zusammenfanden. Vor allem Wassily Kandinsky (1866–1944) wurde zum bahnbrechenden Neuerer dieser Zeit. Im Jahr 1910 malte er das erste abstrakte Bild und leitete eine Entwicklung ein, in deren Bannkreis eine große Gruppe von Malern geriet. Das künstlerische Vermächtnis Paul Klees (1879–1940) ist von eigenartigem Reiz: Farbig fein abgestimmte, einer überwirklichen Welt zugehörende Gebilde, die trotz starker Abstraktion dem Gegenständlichen verbunden bleiben, begegnen sich in diesen Bildern mit den Äußerungen einer Naivität, wie sie in ähnlicher Unmittelbarkeit nur noch in Kinderzeichnungen erscheint.

Dem Expressionismus dürfen auch Oskar Kokoschka, Karl Hofer, Max Beckmann und Käthe Kollwitz zugerechnet werden, deren Werk neben starken expressionistischen Zügen auch impressionistische und naturalistische Tendenzen aufweist.

Etwa gleichzeitig schloss sich in Italien eine Gruppe von Malern zum **Futurismus** zusammen. Man versuchte, zeitlich einander folgende Ereignisse auf einem Bild einzufangen, zum Beispiel das zeitliche Nacheinander eines Bewegungsablaufes nebeneinander darzustellen. Die bezeichnendsten Vertreter dieser Richtung waren Boccioni, Corrà und Severini.

Die Wendung zur abstrakten, zur **gegenstandslosen Malerei** vollzog sich schon im Werk Kandinskys, der in seiner Schrift „Über das Geistige in der Kunst“ seine

Anschauungen darlegte. Der Russe Kasimir Malewitsch zeigte auf einer weißen Fläche ein schwarzes Quadrat und tat damit den letzten Schritt zur Abstraktion. Der Holländer Piet Mondrian hat in rhythmischen Ordnungen waagerechter und senkrechter Linien mit gleicher Konsequenz zum **Konstruktivismus** und zu den rein malerischen Mitteln der gegenstandslosen Malerei gefunden.

Das vielgestaltige Antlitz der Kunst des 20. Jahrhunderts spiegelt sich auch in der Bewegung des **Surrealismus** wider, die im Nebeneinander einer naturalistischen und einer transzendenten, überwirklichen Welt den Weg zu neuer Aussage sucht. Ihm voraus ging der **Dadaismus** (Marcel Duchamp, Hans Arp), der die hergebrachten Werte und die „Realität an sich“ vor den Verzerrspiegel stellte und im Surrealismus seine Vertiefung und Auflösung erfuhr. Harmloses und Hintergründiges verschmelzen in der Traumwelt surrealistischer Bilder zu verschlüsselten Aussagen der schöpferischen Phantasie. Die Vertreter dieser Richtung (André Breton, Max Ernst, Salvadore Dalí und Joan Miró) beriefen sich auf so bedeutende Meister wie Leonardo da Vinci, Brueghel, Hieronymus Bosch und Goya, die ebenfalls versuchten, unbewusste seelische Vorgänge auszudrücken. Als Vorläufer des Surrealismus werden vielfach auch Giorgio de Chírico und der Russe Marc Chagall genannt, der Trauminhalte psychoanalytischer Prägung zu naiv anmutenden Gebilden zusammenfügte.

Die Kunst der zweiten Hälfte des 20. Jahrhunderts präsentiert sich wegen der Menge der Stile und Ausdrucksformen auf den ersten Blick als verwirrende Vielfalt. Die Erkenntnis, dass die Kunst seit 1945 ganz wesentlich von Auseinandersetzungen und Weiterentwicklungen früherer Kunstformen lebt, insbesondere von solchen, die in den 20er Jahren die Szene beherrschten, kann hier Übersicht verschaffen. In jener experimentierfreudigen Zeit flossen alle Kunstgattungen ineinander, trafen sie sich auf der Bühne und im Film, setzten sich die Collage und die Photomontage durch, wurden „Objektkunst“ und „Rauminszenierung“ (Environment) geboren.

U.a. feierte damals auch die „Neue Sachlichkeit“ ihre Triumphe, die im Gegensatz zum Expressionismus und Surrealismus eine genaue, besser gesagt „objektive“, Ausbildung der Wirklichkeit anstrebte (Georg Schrimpf) und im sozialsatirischen **Verismus** von George Grosz und Otto Dix gipfelte. Einen Anschluss an den kritischen Realismus der 20er Jahre stellt z.B. das Werk des österreichischen Bildhauers und Graphikers Alfred Hrdlicka (*1928) dar, der sich als politischer Künstler versteht und eindringlich mit dem Phänomen der Gewalt auseinandersetzt.

Der **magische Realismus** (z.B. von Franz Radziwill), der eine Verbindung „neusachlicher“ und surrealistischer Strömungen darstellte, wurde für den **phantastischen Realismus** der Wiener Schule (Arik Brauer, Ernst Fuchs, Rudolf Hausner, Friedensreich Hundertwasser) und Paul Wunderlichs zu einem Quell der Inspiration.

Die künstlerische Ödnis, die der Nationalsozialismus mit seinem doktrinären völkischen Kitsch („Deutsche Kunst“) hinterlassen hatte, führte gerade in Deutschland zu einer bemerkenswerten Renaissance des Surrealismus (E. W. Nay, Wols), die sich mit Horst Janssen (1929–1995) zu einem **lyrischen Surrealismus** verfeinerte; eine vergleichbare Tendenz zu surrealistischen Ausdrucksformen kommt seit der Verkündigung der neuen Offenheit, der

„glasnost", mit der die stalinistische „Staatskunst" des „sozialistischen Realismus" ihr Ende fand, in der UdSSR (und später der Russischen Föderation) an die Oberfläche.
Auch der Expressionismus, der seine große Zeit in den 20er Jahren hatte, erlebte eine Renaissance. Anfang der 80er Jahre entwickelte sich in Westeuropa und in den USA eine mächtige Gegenbewegung zur abstrakten Malerei, die in den 60er und 70er Jahren des 20. Jahrhunderts die unangefochtene Hauptströmung der Moderne darstellte. In Deutschland waren es die „Jungen Wilden", in Italien die „Chiffrenkünstler" (Arte Cifra), in Frankreich und den USA die Pioniere der „Freien Gegenständlichkeit" (Figuration Libre, Free Figuration), die in den wichtigsten internationalen Kunstausstellungen und in den renommiertesten Galerien und Museen die Trend-Wende zum **Neo-Expressionismus** vollzogen. Mit ihm kam die in der Malerei lange unterdrückte Lust an der Emotion und der Emphase, an starken Farben und Formen wieder zum Vorschein. Zu den „Vätern" der „Jungen Wilden" zählen Georg Baselitz (*1938) und Markus Lüpertz (*1941), unter den Meistern der italienischen „Arte Cifra" ragen Sandro Chia (*1946), Enzo Cucchi (*1950) und Francesco Clemente (*1952) heraus. Schon in den späten 60er Jahren war als Gegenbewegung zur dominierenden abstrakten Malerei die **Pop Art** entstanden, die mit ihrem Credo, dass Kunst auch aus einfachen Gebrauchsgegenständen – aus Reklametafeln, Cola-Dosen und allen erdenklichen Erzeugnissen der Konsumgesellschaft – geschaffen werden kann, sofern das „kreative Konzept stimmt", eine wahre Kunst-Revolution ausgelöst hatte. Als führender Vertreter der Pop Art war der Amerikaner Andy Warhol (1927–1987) schon zeitlebens zur Kultfigur der von ihm verkündeten „Massenzivilisation" aufgestiegen.
Das gleiche Anliegen, Kunst „zum Anfassen", zum Begreifen zu machen, ist das gemeinsame Ziel der verschiedensten Kunstrichtungen seit 1945. Die jungen Künstler wollten die Eingrenzung, die ihre Werke zum bloßen Besitz von Kennern und Virtuosen macht, aufheben, den Betrachter in den Schöpfungsprozess miteinbeziehen. Besonders augenfällig hat sich die künstlerische Philosophie in der **„Objektkunst"** manifestiert, z.B. bei Christo (*1935), einem amerikanischen Künstler bulgarischer Herkunft, der mit seinen phantasievollen Verpackungen von Möbeln, Großgebäuden und sogar Landschaften (Vorhang über das Colorado-Tal) den staunenden und nachdenklichen Betrachter zur „eigentlichen Entkleidung der Dinge", zu ihrer „Ent-Entfremdung" auffordert. Spätestens mit der Kasseler „documenta V" (1972) war Joseph Beuys (1921–1986) weltweit zur Symbolgestalt avantgardistischen Kunstschaffens aufgestiegen. Als Schamane verehrt und als Scharlatan verkannt, machte sich der Ideenkünstler mit dem unvermeidlichen Filzhut über Gebrauchsgegenstände aller Art her, „verfremdete" sie mit energiespeichernden oder -leitenden Materialien wie Fett, Filz, Honig oder Kupfer und verlieh so seinem Credo Ausdruck: „Zukunft kann nur aus den verschütteten Zentren kreatürlicher Urerfahrung entstehen, die sich von der Entfremdung befreien müssen."
Eine sinnverwandte Vision schwebt den jungen, „postmodernen" Architekten vor, die sich seit den 70er Jahren des 20. Jahrhunderts von der kalten Funktion entfernen, historische Baustile zitieren und dar-

über hinaus auf die Suche nach archaischen Formen machen, um dem Menschen Raum für Phantasie und Anhaltspunkte für Erinnerung und Selbstfindung zu geben. Die **postmoderne Architektur**, die sich schon begrifflich eindeutig von der Moderne und ihrem in den 20er Jahren gebildeten Ideenpotential ableitet, tritt mit dem Anspruch auf Nachfolgerin und zugleich Überwinderin der für tot erklärten Architektur des Industriezeitalters („Bauhaus") zu sein, in der Begegnung von geplanter Ordnung mit lebendiger Vielfalt soll sich die Stadt verwirklichen, die ihren Bewohnern das sein kann, was Ziel des Bauens zu sein hat: Heimat. Der weit über Deutschland hinaus wirkende Architekt Frei Otto: „Wir brauchen Bauten, die menschlich sind."

1798 schrieb Friedrich Schlegel: „Viele Werke der Alten sind Fragmente geworden. Viele Werke der Neuern sind es gleich bei ihrer Entstehung." Dieses Wort taugt als Schlüssel zum Verständnis der Kunst des 20. Jahrhunderts: Im Unvollendeten, im Fragment, im Mehrdeutigen und Widersprüchlichen birgt die Moderne ihre Kraft, durch die sie zu Mut, zu Phantasie und steter kreativer Erneuerung fähig bleibt. Sie bedarf aber nicht nur Kunstschaffender, die vordenken, sondern auch „Kunstgenießender", die mitdenken, mit den Worten Johann Wolfgang von Goethes: „Es gibt dreierlei Arten Leser: eine, die ohne Urteil genießt, eine dritte, die ohne zu genießen urteilt, die mittlere, die genießend urteilt und urteilend genießt; diese reproduziert eigentlich das Kunstwerk aufs neue."

LITERATUR

Gegenüber ursprünglich nur mündlich tradierten Formen (wie Märchen, Liedern) bezeichnet Literatur zunächst jede Form schriftlicher Aufzeichnung. Dabei unterscheidet man grob poetische Texte von Gebrauchstexten. Die poetischen Texte zerfallen in die Gattungen Epik (erzählende Texte), Dramatik (szenische Texte) und Lyrik (Gedichte). Die Gebrauchstexte, denen stets eine Zweckbestimmung zugrunde liegt, lassen sich in vier Gruppen teilen: Texte privaten Gebrauchs (Briefe, Tagebücher, Memoiren), wissenschaftliche Texte (Aufsätze, Abhandlungen, Rezensionen), didaktische Texte (Reden, Predigten, Referate, Sachbücher) und publizistische Gebrauchstexte (Presseveröffentlichungen, Flugblätter, Werbetexte aller Art). Im engeren Sinne wird der Begriff Literatur jedoch nur auf das geistesgeschichtliche oder stilistisch bedeutende Schriftwerk angewendet, wenn nicht überhaupt nur das Sprachkunstwerk darunter verstanden wird. Das in einer bestimmten Nationalsprache verfasste Schrifttum wird als Nationalliteratur bezeichnet, der Kanon überzeitlich und allgemein gültiger, literarischer Werke als Weltliteratur. Diese Definition gilt es bei der unten folgenden, nach Nationalliteraturen getrennten Darstellung zu berücksichtigen: Es soll herausgehoben werden, welchen Beitrag zur Weltliteratur die einzelnen Nationen geleistet haben.

Die Wissenschaft von Wesen, Ursprung, Erscheinungsform und Lebenszusammenhängen des sprachlichen Kunstwerks ist die Literaturwissenschaft. Nach der Textphilologie des Humanismus, der Regelpoetik des 16. und 17. Jahrhunderts und der Kritik des 18. Jahrhunderts brach sich eine historisch verstehende und beschreibende Literaturwissenschaft erst mit der Romantik Bahn (Vorläufer: J. J. Bodmer, J. G. Herder). Als nationale Literaturgeschichte wurde sie aus der klassischen Altertumswissenschaft auf die Nationalliteraturen übertragen (K. Lachmann, J. Grimm, F. Diez). Die erste bedeutende deutsche Literaturgeschichte schrieb der politische Historiker G. G. Gervinus 1835–1840. Der Positivismus (W. Scherer, H. Taine, Goethe-Philologie) näherte die Literaturwissenschaft der naturwissenschaftlichen Methode. Dagegen begründete W. Dilthey eine geisteswissenschaftliche Betrachtungsweise (Ideengeschichte, Erlebnisbegriff) und die Schule Stefan Georges eine monumentalisierende geistige Biographik. J. Nadlers methodisch zweifelhafte, „geopolitische" Literaturgeschichte der deutschen Stämme und Landschaften (1912–1928) blieb bis heute die letzte große Synthese. In Frontstellung dazu entwickelte sich die formal-ästhetische Werkbetrachtung der textimmanenten Interpretation (E. Stager). Der auf russische Anregungen zurückgehende Formalismus beschäftigte sich, auf linguistischen Methoden basierend, mit der Formensprache literarischer Texte (ähnlich: der angelsächsische „new criticism"), wobei Erkenntnisse von Anthropologie, Psychologie und Soziologie mitbenutzt wurden. Ebenfalls auf das Werk orientiert sind die gegenwärtig dominierenden literaturwissenschaftlichen Methoden des anthropologischen Strukturalismus (C. Levi-Strauss) und der strukturalistischen Linguistik (N. Chomsky). Getrennt von dieser insgesamt als „bürgerlich" bezeichneten Literaturwissenschaft hat der historische Materialismus eine marxistische Literaturtheorie geschaffen (F. Mehring, G. Plechanow, G. Lukács), die im Kunstwerk eine Widerspiegelung gesellschaftlicher Verhältnisse sieht.

Für die sozialökonomische Abhängigkeit der Literaturgeschichte interessiert sich die Literatursoziologie. Sie erforscht soziale und ökonomische Voraussetzungen der Produktion, die Verbreitung und Rezeption von Literatur. Die „sozialliterarische" Methode (P. Merker) setzte sich analog zur Entwicklung der Soziologie in den 1920er und 1930er Jahren durch. In der materialistischen Literaturbetrachtung (G. Lukács) wurde dieser Ansatz weitergeführt. Gegenwärtig befasst sich die Literatursoziologie mit Lesekulturen, dem Verhältnis von Kunst und Massenmedien und den Vermittlungsinstanzen zwischen Leser und Autor, wobei Anstöße aus dem französischen Strukturalismus und der marxistischen Literaturwissenschaft verarbeitet werden.

Literaturkritik, die Reflexion, Interpretation und Wertung literarischer Werke und Stile, setzte bereits in der griechischen Antike ein; Maßstäbe waren hier die Regeln der Rhetorik und Poetik. Im lateinischen Mittelalter herrschte eine religiös motivierte, in der ritterlichen und höfischen Epoche eine ästhetisch und stilistisch wertende Literaturkritik, während der nachfolgende Humanismus Literatur nach politisch-religiösen Kriterien beurteilte. Die Barockzeit brachte erste kritische Auseinandersetzungen mit literarischen Traditionen (M. Opitz' „Buch von der deutschen Poeterey", 1624). Auf breiter Basis setzte die Literaturkritik dann in der Aufklärung ein (J. C. Gottsched, F. Nicolai, G. E. Lessing). Die Weimarer Klassik suchte nach objektiven Gattungsgesetzen, die Romantik dagegen verließ sich ganz auf das subjektive Stilempfinden (Brüder Schlegel; Tieck, Novalis). Eine erste Politisierung der Literaturkritik brachte die Zeit des Vormärz (L. Börne, H. Heine, K. Gutzkow). Während noch bis ins 19. Jahrhundert die Literaturkritik Sache der Schriftsteller selbst war, wurde sie im 20. Jahrhundert mehr und mehr von berufsmäßigen Literaturkritikern übernommen.

Deutschsprachige Literatur

Mittelalter (Althochdeutsche Zeit 750–1050, mittelhochdeutsche Zeit 1050–1470)

Das deutsche Schrifttum entstand nach der Völkerwanderung aus der Vermischung des Germanentums mit der spätantik-christlichen Kultur. Die germanisch-heidnische Dichtung, von der nur wenige Reste erhalten sind (Hildebrandslied, um 800), wurde von der in den Klöstern gepflegten kirchlichen Literatur verdrängt („Heliand"-Dichtung, um 830; Otfried von Weißenburg, 9. Jahrhundert; Notker Labeo, um 950 bis um 1022). Kleriker bearbeiteten auch in lateinischer Sprache einheimische Sagen (Ekkehards Walthari-Lied, um 1000). Im Hochmittelalter schuf der deutsche Adel in Zusammenhang mit den Kreuzzügen und dem staufischen Kaisertum eine besondere „höfische" Kultur. Ihr Ideal war der Ritter, der Kampftüchtigkeit, weltmännisch-feines Benehmen (Minnedienst) und seelisch-künstlerische Bildung mit christlicher Liebe und Gottesfurcht verband. Ausdruck dieser Kultur war die Ritterdichtung, die um 1200 einen Höhepunkt erreichte: In der Lyrik der Minnesang (Walter von der Vogelweide, um 1170 bis um 1230), in der Epik die höfischen Ritterepen (Hartmann von Aue, um 1165 bis um 1215; Wolfram von Eschenbach, um 1170 bis nach 1220; Gottfried von Straßburg, spätes 12. / frühes 13. Jahrhundert) und die anonymen Volksepen (Nibelungenlied, um 1200; Kudrunlied, 13. Jahrhundert). Eine kritische Sicht des Rittertums gab die Verserzählung „Meier Helmbrecht" von Werner dem Gartenaere (2. Hälfte des 13. Jahrhunderts). Etwas später entwickelte sich aus gottesdienstlichen Wechselgesängen das Drama als eigentliche Gattung (Oster-, Weihnachtsspiele). Gegen Ende des Mittelalters brachten die politischen und wirtschaftlichen Wandlungen (Zerfall des Rittertums, Emporsteigen des städtischen Bürgertums) eine Auflösung der kulturellen Einheit und eine Vergröberung der Literatur. Der Minnesang sank zum handwerklich betriebenen Meistersang herab, die Ritterepen verflachten zu Volksbüchern in Prosa.

Humanismus und Reformation (16. Jahrhundert)

Der Rückgriff auf die „humanitas" der Antike, in Italien Ausdruck nationaler Selbstbesinnung, blieb in Deutschland auf die Gelehrtenkreise beschränkt (Erasmus von Rotterdam (1469–1536), Willibald Pirckheimer (1470–1530), Johann Reuchlin (1455–1522), Ulrich von Hutten (1488–1523)), die obendrein zumeist lateinisch schrieben. Breitere literarische Wirkung entfaltete hier die Reformation; konfessionelle Auseinandersetzungen beherrschten das Bild. Geistig, aber auch sprachlich übte Martin Luther (1483–1546) den mächtigsten Einfluss aus; seine Bibelübersetzung bildet die Grundlage der heutigen schriftdeutschen Gemeinsprache. Der Streit um die neuen Ideen wurde in zahllosen Flugschriften in politisch-satirischer Form geführt – undenkbar ohne den Buchdruck, den Johann Gutenberg um 1450 erfunden hatte. Auch das beliebte Fastnachtsspiel wurde in den Dienst der Reformation gestellt. Volkstümlichen, derb-realistischen Charakter zeigt die Unterhaltungspoesie (Hans Sachs, 1494– 1576).

Barockzeit (17. Jahrhundert)

Die Gegenreformation, das Aufkommen des Absolutismus, der Dreißigjährige Krieg und die kulturelle Vorherrschaft der romanischen Länder (Spanien, Frankreich) veränderten auch die deutsche Literatur. Der volkstümliche und nationale Charakter trat zurück gegenüber einem aristokratisch-gelehrten. Das Lebensgefühl der Zeit ist gekennzeichnet durch einen unausgeglichenen Widerstreit zwischen Weltlust und Jenseitssehnsucht. Im Stil finden sich oft theatralische Bewegtheit und gelegentlich geschmackloser Schwulst. Reflexion und Lehrhaftigkeit überwogen ursprüngliches Gefühl: Gedichte von Paul Fleming (1609–1640), Paul Gerhardt (1607–1676), Friedrich Spee (1591–1635); Spruchdichtung von Friedrich von Logau (1604–1655), und Angelus Silesius (1624–1677). Ein vollendetes Zeitbild bietet Christoffel von Grimmelshausens (um 1622–1676) „Simplicissimus"-Roman. Echtes Pathos erfüllt die Werke des Dramatikers Andreas Gryphius (1616–1664). Um stilistische und grammatische Reinheit der Sprache bemühten sich die Sprachgesellschaften; die poetische Theorie förderte Martin Opitz (1597–1639).

Aufklärung und Klassik (18. Jahrhundert)

Die Klassik, die schönste Entfaltung des deutschen Geistes, beruhte auf dem Gedankengut der Aufklärung. Diese stellte die Idee der Humanität in den Vordergrund (den Glauben an die Macht des Geistigen und Sittlichen im Menschen, die Verherrlichung der inneren Freiheit und der Toleranz). Zunächst war die Literatur vom Vernunftglauben getragen und vorwiegend moralisch-lehrhaft: Albrecht von Haller (1708–1777); der Theoretiker Johann Christoph Gottsched (1700–1766) und seine Gegner Johann Jakob Bodmer (1696–1783) sowie Johann Jakob Breitinger (1701–1776). Der Pietismus brachte dann mehr Gefühlswärme und Innerlichkeit (Friedrich Klopstock, 1724–1803), der genussfreudige Rokokogeist mehr heitere Weltoffenheit (Christoph Martin Wieland, 1733–1813). Die bedeutendste Persönlichkeit unter den Vorläufern der Klassik war Gotthold Ephraim Lessing (1729–1781), vielseitig anregend und richtungweisend auf dem Gebiet der Philosophie und Ästhetik (zumal des Dramas), vorbildlich als wissenschaftlicher Prosaist und als Dramatiker. Eine Gegenbewegung zum erstarrten Rationalismus der Aufklärung stellte in den 1770er Jahren der „Sturm und Drang" dar. Diese von J. J. Rousseau inspirierte und in Deutschland vor Johann Gottfried Herder (1744–1803) eingeleitete literarische Umwälzung betonte einen uneingeschränkten Subjektivismus, bekämpfte jede Autorität und Konvention und pries Gefühl und Tatenlust (Genie-Periode). Ihre schöpferischsten Vertreter waren Johann Wolfgang Goethe (1749–1832) und Friedrich Schiller (1759–1805) in ihrer Frühzeit. Die gebändigten emotionalen Kräfte des Sturm und Drang und die verinnerlichte, seelisch vertiefte Weltanschauung der Aufklärung vereinigten sich zur eigentlichen Klassik, wie sie die reifen Werke Goethes und Schillers darstellen. Ihr Menschenideal war die alle Gemüts- und Geisteskräfte zu harmonischer Einheit verbindende, vernünftige und gütige Persönlichkeit. Im Stil strebte sie das schöne Ebenmaß der Antike an und zielte im Gehalt auf das Allgemeine, Gesetzmäßige, Typische.

Romantik (etwa 1795–1820)

Die Romantik führte manche Ideen des „Sturm und Drang" weiter (Subjektivismus, Betonung des Gefühls, Sinn für Volkstum und Naturhaftigkeit), unterschied sich aber dadurch von ihm, dass sie dem Irrationalen, Unendlichen, Jenseitigen, Unbewussten große Bedeutung beimaß. In der Poesie gewährte sie dem Stimmungszauber, dem Traum, dem Geheimnisvollen breiten Raum. Als politische Bewegung trug sie ein eigentümliches Doppelgesicht: teils revolutionär (im Befreiungskampf gegen Napoleon), teils rückwärtsgewandt (in der Schwärmerei für das Mittelalter und den christlichen Ständestaat). Mit besonderer Liebe pflegte die Romantik das Volkslied (Sammlung „Des Knaben Wunderhorn" von v. Arnim und Brentano, 1805/1808) und das Märchen (Sammlung der Brüder Grimm, seit 1812). Das Lied und der Roman als die ungebundensten und wandlungsfähigsten Formen waren die bevorzugten Gattungen, während die strenge Form des Dramas, von der Klassik am höchsten gestellt, nur von Heinrich von Kleist (1777–1811) gepflegt wurde, der wie der Lyriker Friedrich Hölderlin (1770–1843) und der humoristische Erzähler Jean Paul (1763– 1825) nur in einzelnen Zügen romantisch genannt werden kann. Die romantische Theorie wurde von Friedrich Schlegel (1772–1829) begründet; Hauptvertreter romantischer Dichtung in Deutschland sind Novalis (1772–1801), Ludwig Tieck (1773-1853), Clemens Brentano (1778–1842), Achim von Arnim (1781-1811), E. T. A. Hoffmann (1776–1822) und Joseph Freiherr von Eichendorff (1788–1857).

Realismus und Naturalismus (ca. 1830–1900)

Im Gefolge der sozialen und wirtschaftlichen Umgestaltungen, der naturwissenschaftlichen Errungenschaften und des philosophischen Materialismus zeigte sich in der Dichtung vom zweiten Viertel des 19. Jahrhunderts an eine Wendung zu stärkerer Diesseitigkeit und genauerer Betrachtung bei der Darstellung der Wirklichkeit. Dabei machte sich auch die Politisierung des Lebens geltend (Junges Deutschland, politische Lyrik des Vormärz, v.a. Heinrich Heine, 1797–1856). Die Schöpfungen der Klassik wie der Romantik wirkten jedoch noch lange beispielgebend in Gehalt und Gestalt nach: der nachromantische Lyriker Eduard Mörike (1804-1875), die in manchem auf der Klassik fußenden Dramatiker Friedrich Hebbel (1813–1863) und Franz Grillparzer (1791–1872). Immer mehr jedoch bestimmte der Realismus den Charakter der Literatur. Seine Erfüllung erfuhr er in der erzählenden Dichtung: Jeremias Gotthelf (1797–1854), Adalbert Stifter (1805–1868), Theodor Storm (1817–1888), Gottfried Keller (1819–1890), Conrad Ferdinand Meyer (1825–1898), Wilhelm Raabe (1831–1910), Marie von Ebner-Eschenbach (1830–1916), Theodor Fontane (1819–1898). Stark verbreitete sich im 19. Jahrhundert die Heimatdichtung, die oft die Mundart verwendete: als großer Vorläufer Johann Peter Hebel (1760–1826); Hauptvertreter Fritz Reuter (1810–1874), Peter Rosegger (1843–1918), Ludwig Thoma (1867–1921). Beschränkte sich der Realismus auf die Schilderung des Poetischen in der Wirklichkeit und blieb er in Stoff und Gedankenwelt der bürgerlichen Sphäre und einer ideellen Lebensauffassung verhaftet, so verfolgte der Naturalismus, eine vom Ausland (Zola, Ibsen, Dostojewski, Tolstoi) angeregte Bewegung der 1880er Jahre, radikale Tendenzen: Kampf gegen die satte bürgerliche Beschränktheit, Mitgefühl für die zurückgesetzten, vom Kapitalismus erdrückten Existenzen, illusionslose, naturgetreue Darstellung des Lebens (wichtigster Vertreter: Gerhart Hauptmann, 1862–1946).

20. Jahrhundert

Die vielgestaltigen literarischen Strömungen seit 1900 sind kaum überblickbar, jedenfalls ist keine dominierende Richtung zu erkennen. Den naturalistischen Tendenzen war entgegengesetzt die aristokratisch-feierliche Kunst Stefan Georges (1868–1933), die mythisierende Epik Carl Spittelers (1845–1924) und die mehr impressionistische, seelisch-tiefgründige Dichtung Rainer Maria Rilkes (1875–1926) und Hugo von Hofmannsthals (1874–1929). Thomas Mann (1875–1955) gelang in seinen Romanen und Novellen die Synthese neuerer Tendenzen und realistischer Tradition; diese blieb auch wirksam in den psychologischen Erzählungen Arthur Schnitzlers (1862–1931). Aus der Erschütterung des Ersten Weltkrieges ging der Expressionismus hervor, dessen Dichtungen sich in ekstatischer, übersteigerter Leidenschaft erschöpfen (Anthologie „Menschheitsdämmerung“ von 1920).

Das expressionistische Erbe blieb erhalten in den epocheübergreifenden Romanen von Heinrich Mann (1871–1950), Alfred Döblin (1878–1957) und Hans Henny Jahnn (1894–1959). Die Erfahrung des existentiellen Ausgesetztseins gestaltete Franz Kafka (1883-1924); dem wurden entgegengesetzt eine Ästhetisierung des Lebens (Thomas Mann, Robert Musil (1880-1942), Hermann Broch (1886–1951), Heimito von Doderer (1896–1966), die seelisch-geistige Utopie (Hermann Hesse, 1877–1962) oder die Parteinahme für eine Klasse (Bertolt Brecht, 1898–1956).

Das Emporkommen des Nationalsozialismus zwang nach 1933 bedeutende Kräfte der deutschen Literatur zum Schweigen oder zur Emigration, so neben den genannten Brüdern Mann, neben B. Brecht und R. Musil auch Franz Werfel (1890–1945), Carl Zuckmayer (1896–1977), Stefan Zweig (1881–1942), Lion Feuchtwanger (1884–1958). Autoren, die aus Gutgläubigkeit oder Nützlichkeitsgründen mit dem herrschenden System paktierten, wurden – oft gegen ihren Willen – zu Propagandazwecken missbraucht. Andere blieben in Deutschland und versuchten, in „Innerer Emigration“ Erbe und Aufgabe des deutschen Geistes festzuhalten, u.a. Hans Carossa (1878–1956), Gertrud von Le Fort (1876–1971), Ernst Jünger (1895–1998), Ernst Wiechert (1887–1950).

Die Trennung in zwei deutsche Literaturen setzte sich nach dem Ende des Zweiten

Weltkriegs fort, entsprechend der politischen Spaltung in Ost und West. Teils aus dem westlichen Ausland, teils aus der UdSSR kehrten zahlreiche Emigranten in den sowjetisch besetzten Teil Deutschlands, vor allem nach Ost-Berlin, zurück, um hier nach der Auseinandersetzung mit dem Faschismus am Aufbau des Sozialismus mitzuwirken. Dazu gehörten u.a. Anna Seghers (1900–1983), Ludwig Renn (1889–1979), Arnold Zweig (1887–1968), Stefan Hermlin (1915-1997), Johannes R. Becher (1891–1958), Willi Bredel (1901–1964), Friedrich Wolf (1888–1953) und B. Brecht. Das Programm eines sozialistischen Realismus wurde 1959 im „Bitterfelder Weg" formuliert. In den 60er Jahren kam in der DDR eine Literatur zum Durchbruch, die der individuellen Problematik mehr Bedeutung einräumt: Johannes Bobrowski (1917–1965), Ulrich Plenzdorf (*1934), Christa Wolf (*1929), Heiner Müller (1929–1995), Stefan Heym (1913–2001). Zu Sonderfällen der „deutsch- zdeutschen" Literaturgeschichte wurden der aus der Bundesrepublik in die DDR übergesiedelte Peter Hacks (*1928) und Autoren, die der DDR aus unterschiedlichen Gründen den Rücken kehrten wie Uwe Johnson (1934–1984), Walter Kempowski (*1929), Gerhard Zwerenz (*1925), von ihr ausgebürgert wurden wie Wolf Biermann (*1936) oder mehr oder weniger zum Wegzug genötigt wurden wie Sarah Kirsch (*1935), Reiner Kunze (*1933), Günter Kunert (*1929).

Im westlichen Teil Deutschlands versuchte die Literatur teils an frühere Formen anzuknüpfen (Gottfried Benn (1886-1956), Hermann Kasack (1896–1966), Marie Luise Kaschnitz (1901–1974), Elisabeth Langgässer (1899–1950)), teils stellte sie sich der „Stunde Null", dem Kahlschlag, der radikalen Erneuerung: Alfred Andersch (1914–1980), Heinrich Böll (1917–1985), Wolfgang Borchert (1921–1947), Wolfgang Weyrauch (1907–1980). Eine Phase tiefer Unsicherheit und Innerlichkeitsflucht folgte – hier wären als Repräsentanten viele Autoren der „Gruppe 47" zu nennen, u.a. Ilse Aichinger (*1921), Ingeborg Bachmann (1926–1973), Günter Eich (1907–1972). Der Zeitroman wurde weiterentwickelt von H. Böll, Günter Grass (*1927) und Siegfried Lenz (*1926). Eigene Wege gingen in der Lyrik Paul Celan (1920–1970), in der Epik Arno Schmidt (1914–1979) und Wolfgang Koeppen (1906–1996). Während die experimentell-konkrete Literatur seit 1962 eine – gegenüber dem Ausland – verspätete Blüte erlebte (Max Bense (1910–1990), Helmut Heissenbüttel (1921–1996), vollzog sich gleichzeitig ein Wechsel zu neuem Realismus, dokumentarischer Literatur und politischem Engagement (Hans Magnus Enzensberger (*1929), Rolf Hochhuth (*1931), Heinar Kipphardt (1922–1982), Martin Walser (*1927), Peter Weiss (1916-1982), Erich Fried (1921–1988)), aber auch zu neuer Sensibilität: Jurek Becker (1937–1997), Hubert Fichte (1935–1986), Gabriele Wohmann (*1932). Dem Drama gaben vor allem Autoren aus der Schweiz und Österreich neue Impulse, so Max Frisch (1911–1991), Friedrich Dürrenmatt (1921–1990), Peter Handke (*1942) und Thomas Bernhard (1931–1989). Die „Gruppe 61" (u.a. Max von der Grün, *1926, und Günter Wallraf, *1942) und der „Werkkreis Literatur der Arbeitswelt" versuchten an die Tradition der Arbeiterdichtung anzuschließen. In den 1970er Jahren trat mit der Frauenliteratur (u.a. Verena Stefan, *1947, Elfriede Jelinek, *1946) eine Richtung auf, die eine geschlechtsspezifische Sicht- und Darstellungsweise für sich reklamierte. Die politischen Zwänge, unter denen sich die zwei deutschen Literaturen ausgebildet hatten, endeten 1989 /1990 mit der deutschen Wiedervereinigung.

Griechische Literatur

Die älteste Literaturgattung ist das Epos, aus dem gesungenen Lied heraus gewachsen. Sein Inhalt sind die Heldengeschichten einer mythischen Vorzeit. Erhalten sind die Ilias und die Odyssee des sagenhaften Dichters Homer (8. Jahrhundert v.Chr.). Das Epos wurde abgelöst von der Chorlyrik (bei religiösen Festen vorgetragen, mit einem Mythus als Inhalt); Hauptvertreter waren Alkman von Sparta (2. Hälfte des 7. Jahrhunderts) und Pindar (522 oder 518 bis nach 446). Neben die Chorlyrik trat seit 700 die Einzellyrik mit dem Höhepunkt der sog. lesbischen Lyrik (Sappho von Lesbos, um 600; Alkaios, um 620 bis um 580), die um die Themen Liebe, Politik, Lebensfreude und -leid kreiste. In Athen ging aus der Chorlyrik Ende des 6. Jahrhunderts die Tragödie hervor, mit Aischylos (525/24–456/55), Sophokles (um 496 bis um 406) und Euripides (485/84 oder 480 bis vermutlich 407/06), die Komödie mit Aristophanes (vor 445 bis um 385). Letztere fand eine Hochblüte mit Menander (342/41–291/90). Die Prosaliteratur kennt seit dem 6. Jahrhundert Chroniken, philosophisch-religiöse Bücher, Fachliteratur, z.B. Medizin (Hippokrates, um 460 bis um 370), die Geschichtsschreibung fand ihre ersten klassischen Vertreter in Herodot (nach 490 bis nach 430) und Thukydides (zwischen 460 und 455 bis um 400). Aus der Lehrform des Philosophen Sokrates erwuchs der von Platon (428 oder 427 bis 348/47) zur Literaturgattung erhobene Dialog; Kennzeichen der hellenistischen (oder alexandrinischen) Literatur (seit dem 4. Jahrhundert) waren: die Wiederbelebung früherer Formen (Epos, Elegie, Epigramm), die Neigung zum Gesuchten (Kallimachos, † um 240 v.Chr.), die reiche Prosaliteratur auf allen Gebieten der Natur- und Geisteswissenschaften, der Sieg der Rhetorik über die Philosophie, also der Form über den Inhalt. Den römischen Eroberungen folgte im 2. Jahrhundert n.Chr. eine griechisch-lateinische Spätkultur, mit Plutarch (um 46 bis um 125) und Lukian (zwischen 120 und 125 bis Ende des 2. Jahrhunderts); die wissenschaftlichen Handbücher dieser Zeit wurden die führenden Unterrichtsbücher des Mittelalters: Ptolemäus (um 100 bis nach 160), Galen (129–199). Eine reiche Romanliteratur entfaltete ihre Wirkungen bis ins Mittelalter und in die Neuzeit. Seit dem 3. Jahrhundert bekam das Christentum mehr und mehr Einfluss. Rom wurde als geistiger Mittelpunkt abgelöst durch Konstantinopel. Nach Eroberung der Stadt durch die Türken 1453 fand sich bedeutendes griechisches Geistesleben nur noch auf Kreta, später auf Korfu und Zante, unter den griechischen Phanarioten an der Moldau und in der Walachei und unter den in Russland lebenden Griechen. Mit Aristotelis Walaoritis (1824–1879) fand Griechenland Anschluss an die europäische Romantik. Jannis Psicharis (1857–1929) schuf eine von westlichen Vorbildern unabhängige wissenschaftliche Belletristik. Unter den Autoren des 20. Jahrhunderts erlangte Nikos Kazantzakis (1887–1957) Weltberühmtheit.

Römische und italienische Literatur

Wesenszug der Literatur Roms ist die Übernahme und Nachahmung griechischer Vorbilder. 240 v.Chr. kam es zu der ersten Aufführung einer aus dem Griechischen von Livius Andronicus (um 281 bis um 204) übersetzten Tragödie; dieser führte auch das Epos ein (Odyssee-Übersetzung); ebenso bedeutend waren Naevius (Ende 3. Jahrhundert) und Ennius (239–169). Im 2. Jahrhundert v.Chr. brachten die Komödiendichter Plautus (um 250 bis um 184) und Terenz (195 oder 185 bis 159) freie Bearbeitungen nach Menander auf die römische Bühne; Lucilius (um 180 bis 102/01) schuf die Satire; Cato d.Ä. (234–149) begründete die lateinische Prosa. Die harmonische Verschmelzung griechischen Geistes mit römischer Eigenart führte die Literatur zum Höhepunkt der klassischen Periode (80 v.Chr.–14 n.Chr.). Die Vollendung der römischen Redekunst und der von ihr geformten Prosa durch Cicero (106–43) wirkte auf die Geschichtsschreibung ein: Cäsar (100 oder 102 bis 44), Sallust (86–35), Nepos (um 100 bis um 25), Livius (59 v.Chr.–17 n.Chr.); nach den vorklassischen Dichtern Lukrez (zwischen 99 und 94 bis 55) und Catull (um 84 bis um 54) kam es zum Höhepunkt der Dichtung in der augusteischen Epoche durch Vergil (70–19), Horaz (65–8) und die Elegiker Properz (um 50 bis um 16), Tibull (um 50 bis um 17) und Ovid (43 v.Chr.–17 oder 18 n.Chr.).

Aus dem sich abzeichnenden allmählichen Schöpfungsverfall der Literatur in der Kaiserzeit ragen hervor Petronius († 66 n.Chr.), Seneca (um 4 v.Chr.–65 n.Chr.), der Historiker Tacitus (um 55 bis nach 115), die Satiriker Martial (um 40 bis um 103) und Juvenal (zwischen 58 und 67 bis nach 127), ferner der Romanautor Apulejus (um 125 bis um 180). Die Vertreter der altchristlichen Literatur, gipfelnd in Augustinus (354–430) und Prudentius (348 bis nach 405), füllten die teilweise übernommenen literarischen Formen mit neuem und eigenem Erlebnisgehalt.

Bis ins 13. Jahrhundert blieb in Italien das Lateinische die Sprache der Schriftsteller; es erhielt sich hier als Sprache der Gebildeten bedeutend länger als in anderen romanischen Ländern. Die ersten Dichter, die diese Tradition brachen, bedienten sich des Provenzalischen und Französischen. Am Anfang der italienischen Literatur steht – als erster Ausdruck poetischer, mittelalterlicher Gefühlswelt – der „Cantico del Sole“ (Sonnengesang) des Franz von Assisi (um 1224). Die ersten Dichterschulen Italiens trifft man am Hof Friedrichs II. und in Umbrien. Um die Wende des 12. und 13. Jahrhunderts entstand in Bologna und in Florenz die kunstvolle Liebeslyrik des „Dolce stil nuovo“. Ins 13. Jahrhundert fallen auch die Anfänge der italienischen Novellistik. Im 14. Jahrhundert erhob sich die italienische Literatur zu ihrem Höhepunkt mit der „Divina Commedia“ des Dante Alighieri (1265–1321) sowie der Lyrik Petrarcas und der Prosa Boccaccios. Francesco Petrarca (1304–1374) tritt uns als der erste moderne Mensch und Wegbereiter des Humanismus und der Renaissance entgegen; das Meisterwerk Giovanni Boccaccios (1313–1375), der „Decamerone“, ist ein Markstein zwischen Mittelalter und neuer Zeit. Das 15. Jahrhundert brachte den Triumph der Renaissance. Kulturzentren waren besonders das Florenz der Medici sowie die Fürstenhöfe Neapels und Oberitaliens, namentlich Ferrara. Im 16. Jahrhundert, der Reifezeit und Synthese aller geistigen Bestrebungen der Renaissance, verwirklichte sich Dantes Ideal einer Nationalsprache und -literatur. Das bedeutendste Werk dieser Zeit ist der „Orlando Furioso" des Ludovico Ariosto (1474–1533); formal und künstlerisch gibt es wohl kaum eine mit großerer Sorgfalt durchgestaltete Dichtung. Aus dem neuen Geschichtsbewusstsein entstanden die Werke Niccolò Machiavellis (1469–1527) und Francesco Guicciardinis (1483–1540). Der europäischen Kunstgeschichte vermittelte Giorgio Vasari (1511–1574) wertvolle Kenntnisse in seinen Künstlerbiographien; das Ideal des vollkommenen Edelmanns stellt Baldassare Castiglione (1471–1529) in seinem „Corteggiano" auf. Pietro Aretino (1492–1556) zeichnete sich vor allem als Polemiker und Satiriker aus; von den Lyrikern hebt sich Michelangelo Buonarroti (1475–1564) durch seine gefühlstiefen Sonette ab. In der 2. Hälfte des 16. Jahrhunderts kündet sich der durch Michelangelo vorbereite Barock an, dessen wichtigste Vertreter Torquato Tasso (1544–1595) und Benvenuto Cellini (1500–1571) wurden. Kirchliche Zensur dämpfte im 17. Jahrhundert die Produktion großer Literatur; zu nennen wären in dieser Epoche nur Giambattista Marina (1569–1625), nach ihm benannt die literarische Ausprägung des Manierismus, der „Marinismus") und der Märchendichter Giambattista Basile (1575–1632). Das 18. Jahrhundert stand besonders in Oberitalien im Zeichen der europäischen Aufklärung. Durch Scipione Maffei (1675–1755), Carlo Goldoni (1707–1793) und Carlo Gozzi (1720–1806) wurde unter Aufnahme von Elementen der volkstümlichen „Commedia dell'Arte" die moderne Komödie begründet. Zu Anfang des 19. Jahrhunderts stehen die Klassizisten Giuseppe Parini (1729–1799) sowie Vincenzo Monti (1754–1828) und der große Tragiker Vittorio Alfieri (1749–1803).

Die erste Hälfte des 19. Jahrhunderts stand im Zeichen des „Risorgimento", der gegen die Fremdherrschaft gerichteten politischen Bewegung. Ihre hervorragendsten literarischen Vertreter waren Giuseppe Mazzini (1805–1872) und Silvio Pellico (1789–1854). Zahlreiche historische Romane erschienen, unter ihnen als berühmtester „Die Verlobten" von Alessandro Manzoni (1785–1873). In der Nachfolge Petrarcas dichtete der große Lyriker Giacomo Leopardi (1798–1837). Mit Giosuè Carducci (1835–1907) schloss die Zeit des Risorgimento ab. Im geeinten Italien (seit 1870) wirkten die Romanschriftsteller Antonio Fogazzaro (1842–1911) und Giovanni Verga (1840–1922); letzterer begründete die italienische Variante des Realismus, den Verismo. Auf dem Gebiet der literarischen Kritik schuf Francesco De Sanctis (1817–1883) die Voraussetzungen für Benedetto Croces (1866–1952) Ästhetik. In der Dekadenzdichtung der Jahrhundertwende hat seinen besonderen Platz Gabriele d'Annunzio (1863–1938). Nach dem Ersten Weltkrieg gab Luigi Pirandello (1867–1936) dem Theater neue Impulse; bedeutsam war auch seine Novellistik. Filippo Marinetti (1876–1944) führte die von ihm begründete revolutionäre Dichtung des Futurismus (das berühmte Manifest von 1909) geradewegs dem Faschismus in die Arme. Dagegen versuchten Lyriker wie Eugenio Montale (1896–1981), Giuseppe Ungaretti (1888–1970) und Salvatore Quasímodo (1901–1968) ihr Schaffen („poesia pura") von politischen Einflüssen freizuhalten. Während des Zweiten Weltkrieges und vor allem danach setzte sich eine sozialkritische Literatur durch, als deren Hauptvertreter Alberto Moravia (1907–1990), Cesare Pavese (1908–1950), Carlo Levi (1902–1975) und Ignazio Silone (1900–1978) gelten. Zu internationalen Erfolgsautoren wurden Curzio Malaparte (1898–1957), Giuseppe Tomaso di Lampedusa (1896–1957), Giovanni Guareschi (1908–1968) und Umberto Eco (*1933).

Französische Literatur

In ständiger Auseinandersetzung mit den Modellen der lateinischen Buchkultur bildete sich die volkssprachliche französische Literatur heraus. Ihre ersten großen Zeugnisse sind im 11. und 12. Jahrhundert die „Chansons de geste", die einen geschichtlichen Helden, Karl den Großen oder Wilhelm von Aquitanien, zum Mittelpunkt haben, wovon das berühmteste das Rolandslied (um 1100) ist. Die bretonischen Legenden um den sagenhaften König Artus, auch antike Stoffe und die Taten der Kreuzfahrer wurden zu romanartigen Epen ausgesponnen, die den ritterlichen Minnedienst verherrlichen.

Die französischen „Trouvères" verfassten politische Zeitgedichte und Kreuzzugslieder, vor allem aber lyrische Gedichte in demütig harrender Frauenverehrung. Aus der Fülle von Allegorien des 13. Jahrhunderts ragt der „Roman de la Rose" (13. Jahrhundert) heraus. Im Niedergang der Literatur am Ende des Mittelalters steht die tragische Gestalt des Liederdichters François Villon (um 1431, bis nach 1463).

Das typische Genie der französischen Renaissance ist der vitale, den geistigen Umbruch bezeugende Verfasser des „Gargantua", François Rabelais (1494–1553). Die eigentliche Nationalliteratur begann Mitte des 16. Jahrhunderts mit der Dichterschule der „Pleiade" (u.a. Pierre de Ronsard, 1524–1585; Joachim du Bellay, um 1522 bis 1560), die sich antike und italienische Werke zum Vorbild nahm und die französische Sprache wortschöpferisch erneuerte. Als Zeuge der grausamen Religionskriege steht auf reformatorischer Seite der eigenwillige Agrippe d'Aubigné (1552–1630). Zur selben Zeit wurde Michel de Montaigne (1533–1592) zum Vorbild gelassener Weisheit. 1636 erschien das bis dahin bedeutendste philosophische Werk in französischer Sprache, René Descartes' (1596–1650) „Discours de la Méthode". Gleichzeitig beeinflusste der asketische Jansenismus die französische Religiosität; hoch über allen Schulstreitigkeiten aber stand die leidvolle Mystik Blaise Pascals (1623–1662). Überaus günstig lagen die Verhältnisse am Hof des jungen Königs Ludwig XIV., der Schriftstellern durch Staatsposten, Aufträge und Ehrengehälter half. Für die Klassik dieser Epoche war bereits die auf Klarheit und sprachliche Einheitlichkeit dringende poetische Reform von François de Malherbe (1555–1628) wegbereitend gewesen. Die hohen Beispiele der damaligen Tragödie zeigen den Übergang von Pierre Corneilles (1606–1684) barock-pathetischer Willensheroik zu Jean Racines (1639–1699) abgeklärter Seelendramatik. Daneben steht der Aufstieg der Komödie in Molières (1622–1673) prachtvoller Darstellung zeitloser Menschentypen. La Rochefoucauld (1613–1680) pflegte den scharf geschliffenen Aphorismus, Jean de La

Fontaine (1621–1695) erneuerte die Tierfabel. In Nicolas Despréaux-Boileau (1636–1711) fand diese Generation einen verstehenden Kritiker, der für die klassische Dichtkunst mit seiner „Art poétique“ eintrat. Schließlich gelang damals einer Frau, Marie Madeleine Gräfin von La Fayette (1634–1693), ein Meisterwerk mit dem Roman „Die Prinzessin von Cleve“. Die Memoiren des Herzogs von Saint-Simon (1675–1755) und die Briefe der Marquise de Sévigné (1626–1696) zeigen mit leidenschaftlicher Anteilnahme und geistvoller Beobachtung das tägliche Leben der höfischen Gesellschaft im Absolutismus.

Das 18. Jahrhundert war voll gegensätzlicher Strömungen. Die Aufklärer Pierre Bayle (1647–1706) und Bernard le Bovier de Fontenelle (1657–1757) rissen mit ihren Schriften religiöse Tabus ein. Charles Secondat de Montesquieu (1689–1755) kritisierte in seinen „Persischen Briefen“ den Absolutismus.

Die ihrem Ende zutreibende adelige Gesellschaft sah ihr Spiegelbild in den „Gefährlichen Liebschaften“ des Choderlos de Laclos (1741–1803) und beklatschte ihre eigene Verurteilung im „Figaro“ des Pierre Augustin Beaumarchais (1732–1799). Das Jahrhundert war voll von großen Männern wie Voltaire (1694–1778), Denis Diderot (1713–1784) und Jean-Jacques Rousseau (1712–1778), die den geistigen Boden für die Revolution von 1789 bereiteten. Unter Napoleon zeigten die bedeutenden Prosaisten François René Chateaubriand (1768–1848) und Germaine de Staël (1766–1817), dass die französische Romantik den Rationalismus zu überwinden trachtete und in Kontakt mit fremden Literaturen neue Formen des dichterischen Ausdrucks suchte. Die großen Romantiker, Victor Hugo (1802–1885) und Alphonse de Lamartine (1790–1869), wandten sich der demokratischen Republik und sozialen Fragen zu. Das bleibende Zeugnis dieser großen Wandlung findet sich im Roman: Honoré de Balzac (1799–1850), Stendhal (1783–1842), George Sand (1804-1876). Ein vertieftes Wissen um die letzten Dinge des Menschen (Gérard de Nerval (1808–1855), Charles Baudelaire (1821–1867)) führte einzelne in tragische Todesnähe, wurde aber später zurückgedrängt vom positivistischen Denken (Hippolyte Taine (1828–1893), Ernest Renan (1823–1892)) und vom Realismus: Gustave Flaubert (1821–1880), Guy de Maupassant (1850–1893). In den 1880er Jahren folgt der Naturalismus (Emile Zola, 1840– 1902), gegen den sich die Symbolisten in schönen Visionen auflehnten: Stephane Mallarmé (1842–1898), Paul Verlaine (1844–1896), Arthur Rimbaud (1854–1891) und der Belgier Maurice Maeterlinck (1862–1949).

Die literarische Generation des Übergangs vom 19. zum 20. Jahrhundert blickte zuerst noch in unerbittlicher Analyse zurück: André Gide (1869–1951), Marcel Proust (1871–1922), Paul Valéry (1871–1945). Dann kam eine aus christlichem Glauben erneuerte Weltschau: Paul Claudel (1869–1951), Francis Jammes (1868–1938), Charles Péguy (1873–1914). Kriege und Revolutionen führten zum Nationalismus (Charles Maurras (1868-1952) und die „Action Française“), zum Wunsch nach übernationaler humanitärer Verbrüderung (Romain Rolland (1866–1944), Georges Duhamel (1884–1966), Jules Romains (1885–1972)), zu stolzem Pessimismus (Henri de Montherlant (1896–1972), Antoine de Saint-Exupéry (1900–1944)), zum Anschluss an den Kommunismus (Louis Aragon, 1897–1982) oder zum Bewusstsein der schweren Tragik jedes Lebens (Jean Giraudoux, 1882–1944). Der Surrealismus von André Breton (1896–1966), Guillaume Apollinaire (1880–1918), Paul Eluard (1895–1952) schuf die Inspiration zu sprach-experimenteller Lyrik. Die Erfahrung des Zweiten Weltkriegs und der Widerstandsbewegung floss in das philosophische Weltverständnis des Existentialismus, der als literarische Schule Bedeutung gewann: Jean-Paul Sartre (1905–1980), Albert Camus (1913–1960), Simone de Beauvoir (1908–1986), Jean Anouilh (1910-1987). Das Drama der Nachkriegszeit wurde beherrscht vom „Theater des Absurden“: Eugène Ionesco (1909–1994), Samuel Beckett (1906–1989), Arthur Adamov (1908–1970). Ihm zur Seite stand die Prosa des „Nouveau Roman“: Nathalie Sarraute (1900–1999), Marguérite Duras (1914–1996), Alain Robbe-Grillet (*1922), Michel Butor (*1926). Außenseiter in jeder Hinsicht war der sprachmächtige Jean Genet (1910–1986). Die jüngste Literatur steht unter starker Einwirkung der „Neuen Philosophen“ (R. Barthes, J. Derrida, M. Foucault, J. Lacan). Der Belgier Georges Simenon (1903–1989) schuf das Genre des psychologisch fundierten Kriminalromans.

Spanische und portugiesische Literatur

Das älteste Denkmal bedeutender Dichtung der Iberischen Halbinsel ist das Cid-Epos („Cantar de mio Cid“, um 1140). Volkstümlicher Ausläufer der z.T. aus Frankreich stammenden Heldendichtung („cantares de gesta“) sind die historischen oder sagenhaften Romanzen, die im 16. Jahrhundert in den „Romanceros“ gesammelt wurden. An den Höfen wurde Liebesdichtung im Stile der provenzalischen Troubadours gepflegt (Alfons X. von Kastilien, 1221–1284). Die reiche religiöse Literatur der mittelalterlichen Kleriker gipfelt im Werk von Gonzola de Berceo (um 1195 bis nach 1264), des ältesten mit Namen bekannten spanischen Dichters. Im 14. Jahrhundert entstanden das epikureisch-satirische Gedicht „Libero de buen amor“ des Erzpriesters Juan Ruiz (1283 bis um 1350), der „Rimado de Palacio“ des vom Leben enttäuschten Pero López de Ayala (1332–1407) und die berühmteste altspanische Novellensammlung, der „Conde Lucanor“ von Juan Manuel (1282–1348). López de Santillana (1398–1458) führte das Sonett ein, Jorge Manrique (um 1440 bis 1479) verfasste tief empfundene Trauergedichte. Zum religiösen Drama gehört das mittelalterliche „Auto de los Reyes Magos“, das einzige erhaltene Werk seiner Gattung; zwischen Mittelalter und Renaissance steht das Lesedrama „La Celestina“ (1502).

Die spanische Mystik war im 16. Jahrhundert hervorragend vertreten durch Teresa von Avila (1515–1582) und Juan de la Cruz (1542–1591). Der Portugiese Luis de Camões (1524 oder 1525 bis 1580) vollzog in seinem Werk die Synthese volkstümlich-einheimischer und klassischer Elemente; seine „Lusiaden“ wurden zum portugiesischen Nationalepos. Der typisch spanische Schelmenroman erreichte seinen Höhepunkt mit dem „Guzman de Alfarache“ von Mateo Alemán (1547 bis nach 1614) und dem anonymen „Lazarillo de Tormes“ (1554). Die großen spanischen Dramatiker des 17. Jahrhunderts, Lope de Vega (1562–1635), Ruiz de Alarcón (1581–1639), Tirso de Molina (1584–1648) und Calderón de la Barca (1600–1681), schufen das spezifisch spanische Theater, die „comedia“, Tragisches und Komisches mischend; auch das Sakramentsspiel wurde gepflegt. Das Urbild der spanischen Novelle prägte Miguel de Cervantes Saavedra (1547–1616) in den „Novelas ejemplares“. Eigentlich nur als Parodie auf die seinerzeit sehr beliebten Ritterromane gedacht, wurde sein Roman „Don Quijote“ unverlierbarer Bestand der Weltliteratur und Quintessenz spanischer Dichtung. Der Dichter Luis de Gongora (1561–1627, nach ihm benannt eine besondere Spielart des Manierismus, der Gongorismus) fand auf der Iberischen Halbinsel zahlreiche Nachahmer.

Die wenig bedeutende Literatur des 18. Jahrhunderts folgte französischen Einflüssen. In der ersten Hälfte des 19. Jahrhunderts begründete João Garrett (1799–1854) das portugiesische Nationaltheater. Die „Generation von 1898“, eine literarische Bewegung, der u.a. Miguel de Unamuno (1864–1936), Antonio Machado (1875–1939) und Ramón Menéndez Pidal (1869–1968) angehörten, versuchte den geistigen Standort Spaniens nach dem Verlust seiner Weltmachtstellung neu zu bestimmen. Führend in der Lyrik wurde der Nicaraguaner Ruben Dario (1867–1916), der den Modernismo begründete, in seiner Nachfolge Juan Ramón Jimenez (1881–1958) und Ramón Maria del Valle-Inclán (1866–1936).

Bedeutendster Bühnendichter der Iberischen Halbinsel im 20. Jahrhundert war Federico García Lorca (1898–1936) – das Theater des Absurden vertrat Fernando Arrabal (*1932), die Kulturkritik José Ortega y Gasset (1883–1955). Namhafte Erzähler der Gegenwart sind Camilo José Cela (1916–2002), Vicente Aleixandre (1898–1984) und Ramón José Sender (1902– 1982).

Niederländische Literatur

Bevor die Niederlande eine politische Einheit bildeten, entstand im niederländischen Sprachgebiet eine Literatur, die teils aus dem Lateinischen, teils aus dem Französischen übersetzt war, wie die Dichtung Heinrich van Veldekes (2. Hälfte des 12. Jahrhunderts), sowie eine didaktische, manchmal scharf satirische Literatur (die Reineke-Fuchs-Dichtung „Von den Vos Reynaerde“, im 13. bis 15. Jahrhundert mehrfach bearbeitet). Volkstümliche Predigten schrieben der Mystiker Jan van Ruusbroec (1293–1381) und in seiner Nachfolge der Begründer der „devotio moderna“, Thomas a Kempis (1379 oder 1380 bis 1471).

Im 17. Jahrhundert schuf Joost van den Vondel (1587–1679) das klassizistische Trauerspiel. Die größte Gestalt der niederländischen Romantik ist Everhardus Johannes Potgieter (1808–1875), der 1837 die Zeitschrift „De Gids“ gründete. Hendrik Conscience (1812–1883) pflegte den historischen Roman nach dem Vorbild W. Scotts. Charles De Coster (1827–1879) schrieb (in französischer Sprache) das flandrische Nationalepos vom „Ulenspiegel“. Unter dem Pseudonym „Multatuli“ polemisierte Eduard Douwes Dekker (1820–1887) gegen die niederländische Kolonialpolitik. Die „Tachtigers“, eine um 1880 entstandene literarische Bewegung, knüpfte an die englische Romantik, den französischen Naturalismus und Impressionismus an. Beiträge zur Weltliteratur des 20. Jahrhunderts wurden die Romane und Erzählungen von Stijn Streuvels (1871–1969) und Felix Timmermans (1886–1947) und die kulturkritischen Arbeiten von Johan Huizinga (1872–1945).

Nordische Literaturen

Die Zeugnisse altnordischer Literatur (von ca. 800 bis ins 15. Jahrhundert) stammen zumeist aus **Island**, wo sich die altgermanischen, von kirchlicher und antiker Bildung freien Traditionen am längsten hielten. Die Lieder der Edda (nordische Mythologie) wurden um 1245 aufgezeichnet; die Skalden-Dichtung, über Norwegen und England verbreitet, fand ihren großer Lehrmeister und Sammler in Snorri Sturluson (1178–1241). Dagegen war die kunstvolle Epik der Sagas (historische Stoffe) eine ausschließlich isländische Erscheinung. Bedeutendstes historiographisches Werk ist S. Sturlusons „Heimsskringla“ (um 1230), eine Geschichte der norwegischen Könige. Nach der Reformation entwickelte sich auf Island eine reiche theologische Literatur (Bibelübersetzung durch G. Thorláksson, 1584). Die 1816, in der Epoche der Romantik, gegründete Isländische literarische Gesellschaft widmete sich vor allem der Sammlung altnordischer Volkssagen und Märchen. Unter den zahlreichen Prosaschriftstellern des 20. Jahrhunderts ragt vor allem der Nobelpreisträger Hálldor Laxness (1902–1998) heraus.

In **Norwegen** entstand in den 30er Jahren des 19. Jahrhunderts eine eigene Literatur von Weltbedeutung (Hauptvertreter Henrik Wergeland, 1808–1845). Die Nationalromantik nahm sich besonders der Märchensammlung und der Geschichtsdarstellung an. Henrik Ibsen (1828–1906) begründete mit seinen Gesellschaftsstücken das moderne europäische Drama; zur eigentlichen Leitfigur in den politischen und kulturellen Fragen der Nation wurde der Dramatiker und Erzähler Björnstjerne Björnson (1832–1910). Den Typus der zwischen Idealismus und Realismus schwankenden Bauernerzählung Björnsons überführten Jonas Lie (1833–1908) und Alexander Kielland (1849–1906) ins bürgerliche Milieu. In der Erzähltradition des 19. Jahrhunderts standen weiter Sigrid Undset (1882–1949) und der besonders populäre Trygve Gulbranssen (1894–1962). Antizivilisatorische Affekte durchziehen das Werk des berühmtesten norwegischen Prosadichters des 20. Jahrhunderts, Knut Hamsun (1859–1952).

Die **dänische Literatur** begann mit der Geschichtsschreibung und Sagenüberlieferung des Saxo Grammaticus (um 1140 bis 1220). Die Nationalsprache entstand mit der Bibelübersetzung des Humanisten C. Pedersen (um 1550). Die Zentralfigur der Aufklärung in Dänemark, Ludvig Holberg (1684–1754), erhob in seinen historischen, satirischen und moralischen Werken das Dänische zur Literatursprache und schuf mit seinen Komödien die nationale Bühne. Um Klopstock, der 1751–1770 in Kopenhagen lebte, bildete sich ein literarischer Kreis, der die deutsche Empfindsamkeit des 18. Jahrhunderts aufnahm. Die Romantik mit stark nationalem Einschlag vertraten namentlich Adam Gottlob Oehlenschläger (1779–1850) und als ihr letzter Nachfahr der Märchenerzähler Hans Christian Andersen (1805–1875).

Weltliterarisch bedeutend wurden die religionsphilosophischen Schriften Sören Kierkegaards (1813–1855). Georg Brandes (1842–1927) verkündete das Programm des Naturalismus (in seiner Nachfolge Henrik Pontoppidan, 1857–1943); Jens Peter Jacobsen (1847–1885) leitete zum psychologischen Impressionismus über, der in der Dekadenzdichtung von Hermann Bang (1875–1912) gipfelte und von Karl Adolph Gjellerup (1857–1919) bis zum Symbolismus weitergeführt wurde. Die Heimatkunst pflegte Jeppe Aakjær (1866–1930); dagegen die Begründung der Arbeiterdichtung durch Martin Andersen-Nexö (1869–1954). Einen an klassischen Mustern orientierten Prosastil entwickelte Tania Blixen (1885–1962).

Schriftliche Zeugnisse einer **schwedischen Literatur** gibt es seit der Christianisierung (um 1100); ihren Höhepunkt fand die religiöse Literatur in den Visionen der hl. Birgitta (1303–1373). Erster bedeutender Dichter in schwedischer Sprache war der Bischof Thomas von Strängnäs († 1443). Die Historiographie des Erzbischofs Olaus Magnus (1490–1558) zeigt bereits den Einfluss von Humanismus und Renaissance. In der schwedischen Großmachtzeit (1611–1718) wurden Künste und Wissenschaften vom Hof gefördert und zentralisiert. Dabei lief eine kulturelle Selbstbestimmung (im „Götizismus") parallel zu einer europäisch beeinflussten rhetorisch-repräsentativen Kunstdichtung. Zur geistigen Dominanz des Deutschen traten im 18. Jahrhundert französische und englische Einflüsse. In dieser Zeit wirken der naturwissenschaftliche Systematiker Carl von Linné (1707–1778), der Mystiker Emanuel Swedenborg (1688–1772) und der „schwedische Anakreon", der Liederdichter Carl Michael Bellman (1740–1795). Die Romantiker sammelten sich um die mystisch-spekulative Zeitschrift „Posphoros" (1810–1814), den „Aurora-Bund" und den nationalromantischen „Gotischen Bund" (u.a. Erik Gustaf Geijer, 1783–1847 und Esaias Tegnér, 1782–1846). Die von dem Dänen Georg Brandes ausgehende literarische Revolution erfasste Schweden erst spät; der genialste Schriftsteller des Naturalismus, August Strindberg (1849–1912), wuchs später über diesen hinaus. In der Gegenbewegung einer neuen Romantik, die wieder ästhetische Ideale pflegte, standen Selma Lagerlöf (1858–1940) und Verner von Heidenstam (1859–1940). Im 20. Jahrhundert wurden weltbekannt die Jugendbücher von Astrid Lindgren (*1907) und die sozialkritischen Kriminalromane von Maj Sjöwall (*1935) und Per Wahlöö (1926–1975).

Die **finnische Literatur** behandelte bis Ende des 18. Jahrhunderts fast ausschließlich religiöse Themen. In der Zeit der Romantik erwachte das Verständnis für die Volksdichtung; die berühmteste Sammlung mündlicher Tradition enthält das „Kalevala" des Volkskundlers Eilias Lönnrot (1802–1884). In der erzählenden Literatur ragen Aleksis Kivi (1834–1872) und Frans Eemil Sillanpää (1888–1964) hervor. Eine internationale Leserschaft fand auch Väinö Linna (*1920) mit seiner Darstellung des Krieges in Karelien.

Englische und irische Literatur

Aus der Zeit nach der Germanisierung (5. Jahrhundert) sind als früheste Zeugnisse der altenglischen Literatur Gesetzestexte, Merkverse und Rätselsprüche erhalten.

Nach der Christianisierung (596) folgte religiöse Versdichtung im Stabreim, wie Caedmons († um 680) Schöpfungshymnus und die Bibel- und Legenden-Epen Cynewulfs (2. Hälfte des 8. Jahrhunderts). Das weltliche Epos „Beowulf“ (um 730) formt germanisches Sagengut an der antiken (Vergil-)Tradition. Daneben entwickelte sich reiche Prosa (Übersetzungen, Chroniken, Heiligenleben). Nach der normannischen Eroberung (1066) trat zum germanischen Bestand der altenglischen Literatur romanisches Wort- und Bildungsgut, und an die Stelle heldischen Empfindens (z.B. im Epos „Brut“ des Layamon, um 1205) das französische Ritterideal des höfischen Versromans, der wiederum abgelöst wurde durch volkstümliche Spielmannsdichtung. Die von Klerikern verfasste, volksliedhafte Lyrik ist formal von den Troubadours beeinflusst. Auf dem Theater herrschten Mysterien- und Mirakelspiele vor. Ihren Höhepunkt erlebte die mittelalterliche englische Literatur in den burlesken „Canterbury Tales“ des Geoffrey Chaucer (um 1340–1400). Mit der Bibelübersetzung John Wyclifs (um 1320 bis 1384) begann eine volkstümliche geistliche Literatur, deren Wirkungen bis in die Reformationszeit reichten.

Hauptrepräsentant des Humanismus in England war der Dichter und Staatsmann Thomas Morus (1478–1535). Seine „Utopia“, die Schilderung eines idealen Staatswesens, fand zahlreiche Nachahmer. Die Lyrik der Renaissancezeit pflegte besonders das Sonett (Philip Sydney, 1554–1586; Edmund Spenser, 1552–1599). Die Epik des elisabethanischen Zeitalters (um 1530 bis 1603) gipfelte in E. Spensers allegorischer Erzählung „The Faerie Queen“ und in dem Erziehungsroman „Euphues“ des John Lyly (1554–1606). Weltbedeutung aber erreichte das elisabethanische Theater. Komödien- und Tragödiendichter wie J. Lyly, Robert Greene (1558–1592), Thomas Kyd (1558–1594) und Christopher Marlowe (1564–1593) leuchten dem genialen William Shakespeare (1564–1616) voran, unter dessen Einfluss die nachfolgende Dramatikergeneration bis zum Theaterverbot durch die Puritaner (1642) stand. John Webster (1580–1635), John Fletcher (1579–1625), Francis Beaumont (1584–1616). Schöpfer der Charakterkomödie wurde Ben Jonson (1572–1637). Die Spannung zwischen Weltlichkeit und Vergeistigung der Barockdichtung (seit 1625) wird offenbar in der Kavaliersdichtung einerseits (B. Jonson, Robert Herrick, etwa 1591–1674) und der „metaphysischen Schule“ andererseits: John Donne (1572–1631), George Herbert (1593–1633). Das Epos, als die höchste Dichtungsgattung angesehen, gelangte auf religiöser Grundlage durch John Miltons (1608–1674) „Verlorenes Paradies“ zur bedeutendsten Leistung. John Bunyans (1628–1688) „Pilgrims Progress“ brach die Bahn zum Prosaroman. Die Essayistik, das biographische, philosophische und erbauliche Schrifttum wurden besonders gepflegt von Francis Bacon (1561–1626), Samuel Pepys (1633–1703), John Dryden (1631–1700). Das 18. Jahrhundert brachte eine Kunst des Gleichmaßes, der Vernunft und Grazie (Verssatiren von Alexander Pope, 1688–1744; geistreiche Lustspiele von William Congreve, 1670–1729; Komödien von Oliver Goldsmith, 1728–1774). Die erste englische Zeitschrift, Joseph Addisons (1672–1719) „Spectator“, wurde 1711 gegründet. Die höchsten Leistungen wurden auf dem Gebiet des Romans vollbracht: „Gullivers Reisen“ von Jonathan Swift (1667–1745), „Robinson Crusoe" von Daniel Defoe (1659–1731), „Tom Jones" von Henry Fielding (1707–1754), „Tristram Shandy" von Lawrence Sterne (1713–1768), die Briefromane von Samuel Richardson (1689–1761), „Peregrine Pickle" von Tobias Smollett (1721–1771), die Sittenromane von Jane Austen (1775–1817). Die romantische Dichtung begann schon 1726 mit den „Jahreszeiten" von James Thomson (1700–1748) und lief als Nebenstrom durch das ganze 18. Jahrhundert.

William Collins (1721–1759), Edward Young (1683–1765), Robert Burns (1759–1796), William Cowper (1731–1800), James MacPherson (1736–1796), Thomas Percy (1729–1811), Thomas Chatterton (1752–1770), Walter Scott (1771–1832) wandten sich dem Vergangenen und Urtümlichen zu, während William Blake (1757–1827) und Lord Byron (1788– 1824) sich gegen geistige Erstarrung auflehnten. Mystisches Naturerleben findet sich besonders bei William Wordsworth (1770–1850), Samuel Coleridqe (1772– 1834), Percy Bysshe Shelley (1792–1822) und John Keats (1795–1821). Im Zeitalter der Königin Victoria (1837–1901) verlor die Poesie den romantischen Schwung, gewann jedoch an technischer und gedanklicher Reife: Alfred Tennyson (1809–1892), Robert Browning (1812–1889), Dante Gabriel Rossetti (1828–1882), Algernon Swinburne (1837–1909), William Morris (1834–1896). Dasselbe gilt für den Roman. In den Dienst der Gesellschaftskritik stellten ihn Charles Dickens (1812–1870) und William Thackeray (1811–1863). Die Beziehung zwischen Mensch, Landschaft und Schicksal suchten Emily Brontë (1818–1848) und Thomas Hardy (1840–1928) zu gestalten; psychologisch interessiert waren George Eliot (1819–1880), George Meredith (1828–1909) und Henry James (1843–1916). Der aufkommende Materialismus fand Gegner in Thomas Carlyle (1795–1881), John Ruskin (1819–1900) und John H. Newman (1801–1890). Das Drama erfuhr erst gegen Ende des 19. Jahrhunderts eine Neubelebung durch die Gesellschaftskomödie (Oscar Wilde, 1854–1900, William Somerset Maugham, 1874–1965), das Problemstück (John Galsworthy (1867 1933), George Bernard Shaw (1856–1950), T. S. Eliot (1888–1965)) und das sozialkritische Drama (u.a. der Ire Sean O'Casey (1880– 1964)).

Im 20. Jahrhundert wurde die Form des Romans von J. Galsworthy, John B.Priestley (1894–1984), H. G. Wells (1866– 1946), D. H. Lawrence (1885–1930), Aldous Huxley (1894–1963), George Orwell (1903–1950) und Joseph Conrad (1857–1924) in verschiedene Richtungen ausgebaut, bis hin zu den Experimenten von James Joyce (1882–1941) und Virginia Woolf (1882–1941), die alle herkömmlichen Grenzen sprengten. Die Short Story erreichte ihren Höhepunkt mit Katherine Mansfield (1888–1923).

In der Lyrik war zunächst bedeutend der mythische Symbolismus von William Butler Yeats (1865–1939). Es folgte die traditionsbewusste Georgian Poetry (u.a. John Masefield, 1878–1967) und der Imagismus (u.a. Ezra Pound, 1885–1972); am nachhaltigsten wirkte das lyrische Werk T. S. Eliots. In den 1930er Jahren trat eine politisch engagierte Dichtung hinzu: Wystan Hugh Auden (1907–1973), Stephen Spender (*1909); mit Dylan Thomas (1914–1953) meldete sich eine walisische Stimme. Um 1960 trat die Generation der Angry Young Men auf, die Dramen von John Osborne (1929–1994), Arnold Wesker (*1932), John Arden (*1930), Harold Pinter (*1930) und Edward Bond (*1934) fanden internationale Resonanz. Das Bild der Literatur im 20. Jahrhundert wurde bereichert durch eine nationalbewusste irische Fabulierkunst.

Russische Literatur

Das älteste literarische Gut Russlands ist die volkstümliche epische und lyrische, mündlich überlieferte Dichtung (Bylinen (Heldenlieder), Märchen, Volkslieder). Die Anfänge der schriftlich fixierten Literatur gehen zurück auf die Annahme des Christentums von Byzanz um 988. Früheste Denkmäler sind die Übersetzungen liturgischer Bücher: religiöse Texte, Predigten, Heiligenleben, Chroniken (Nestor-Chronik, Anfang 12. Jahrhundert, Igor-Lied, um 1185). Die Entwicklung wurde durch die Tataren-Herrschaft (13. bis 15. Jahrhundert) gehemmt; erst gegen Ende des 15. Jahrhunderts kam es zu langsamer Wiederbelebung des geistigen Lebens mit Schwerpunkt in Moskau. Die Reformen Peters des Großen öffneten im 18. Jahrhundert auch die Literatur westlichen Einflüssen. Peters Nachfolgerinnen Elisabeth und Katharina die Große förderten das klassizistische Theater (Alexander Sumarokow, 1717–1777); der Gründer der Moskauer Universität, Michail Lomonossow (1711–1765), entwickelte die russische Literatursprache. Unter dem Einfluss der französischen Aufklärung standen die Dichter der zweiten Hälfte des 18. Jahrhunderts: Gawrilo Derschawin (1743–1816), Denis Fonwisin (1745–1792), Alexander Radischtschew (1749–1802). Menschliche und gesellschaftliche Schwächen geißelten Anfang des 19. Jahrhunderts der Dramatiker Alexander Gribojedow (1795–1829) und der Fabeldichter Iwan Krylow (1768 oder 1769 bis1844). Mit Alexander Puschkin (1799–1837) begann das „goldene Zeitalter" der russischen Literatur, in dem sich westlicher Bildungseinfluss in vollendeter Form mit dem Reichtum volkstümlicher Überlieferung vereinigte. Puschkin am nächsten kam Michail Lermontow (1814–1841), seine Lyrik, seine Dramen und sein Roman „Ein Held unserer Zeit" zeugen von tragischem Lebensgefühl und reicher Phantasie. Nikoloi Gogols (1809–1852) Erzählungen aus der Provinz und seiner ukrainischen Heimat sind wie seine Komödie „Der Revisor" voll Humor, Sarkasmus und treffender Beobachtung. Unter Alexander II. (1855-1881) wuchs das Interesse für soziale Probleme; bedeutend hier der Lyriker Nikolai Nekrassow (1821–1878) und der Publizist Alexander Herzen (1812–1870), der das deutsche Geistesleben und den französischen utopischen Sozialismus in Russland propagierte. Gegen die „Westler" wandte sich die Gruppe der Slawophilen, die auf Eigenständigkeit und Überlegenheit der russischen Kultur pochte. An Puschkin knüpften die Lyriker Fjodor Tjutschew (1803–1873) und Anton Delwig (1798–1831) an; eigene Wege gingen der Erzähler Nikolai Lesskow (1831–1895) und der Dramatiker Alexander Ostrowski (1823–1886). Die großen realistischen Erzähler der zweiten Jahrhunderthälfte, Iwan Turgenjew (1818–1883), Iwan Gontscharow (1812–1891), Fjodor Dostojewski (1821-1881) und Leo Tolstoi (1828–1910), beeinflussten nachhaltig die Literatur des Westens. Das gilt in gleicher Weise für die beiden bedeutendsten Köpfe der nachfolgenden Schriftstellergeneration, Anton Tschechow (1860–1904) und Maxim Gorki (1868–

1936). Die Formen, die sie ihren Werken gaben, und die Themen, die sie anschlugen, wirkten, selbst wo sie scheinbar nur von russischen Verhältnissen handeln, bis weit in das 20. Jahrhundert hinein.
Seit etwa 1890 entwickelten sich in der russischen Literatur eine symbolistische Strömung (Alexander Blok, 1880–1921; Dimitri Mereschkowski, 1865–1941), um 1912 der „Akmeismus“ (Anna Achmatowa, 1889–1966; Ossip Mandelstam, 1891–1938) und der Futurismus: Welemir Chlebnikow (1885–1922), Wladimir Majakowski (1893–1930). Der Avantgardismus erstreckte sich nach der Oktoberrevolution und der Errichtung des Sowjetstaates noch bis weit in die 1920er Jahre, musste sich dann aber mehr und mehr politischen Forderungen beugen, die auf eine klassenbewusste, proletarische Literatur drangen. Zahlreiche Schriftsteller emigrierten oder verstummten. 1932 wurden alle literarischen Gruppen aufgelöst, 1934 erklärte der 1. Sowjetische Schriftstellerkongress den sozialistischen Realismus zum allein gültigen künstlerischen Prinzip. Liberalisierungen während des Zweiten Weltkrieges und in der Zeit des „Tauwetters“ nach Stalins Tod 1953 gaben individuelleren Leistungen Raum: Konstantin Simonow (1915– 1979), Ilja Ehrenburg (1891–1967), Wladimir Dudinzew (*1918), Michail Scholochow (1905– 1984). 1958 jedoch machten die Auseinandersetzungen um die Nobelpreisverleihung an Boris Pasternak (1890– 1960) die Grenzen literarischer Tätigkeit deutlich. Das Spannungsverhältnis zwischen künstlerischer Freiheit und den Forderungen von Staat und Partei blieb bestimmend für die sowjetische Literatur bis zur Gegenwart, wobei die Welt hauptsächlich die Werke der Emigrierten oder der als „Dissidenten“ in der Sowjetunion Verfolgten zur Kenntnis nahm: Alexander Solschenizyn (*1918), Josef Brodski (*1940), Andrei Sinjawski (*1925), Lew Kopelew (1912– 1997). Beachtung findet inzwischen auch die Literatur der einzelnen Nationen des Vielvölker-Bundes der Russischen Föderation; bekanntestes Beispiel ist das Werk des Kirgisen Tschingis Aitmatow (*1928), der sich v.a. mit Erzählungen wie „Dschamilja“, „Der Weg des Schnitters“ und „Frühe Kraniche“ Weltruhm verschaffte.

Polnische Literatur

Aus der älteren Zeit bis zur Mitte des 16. Jahrhunderts sind spärliche, meist lateinisch abgefasste literarische Denkmäler erhalten (Legenden, geistliche Lieder, historische Werke). Im 15. Jahrhundert wurde Krakau mit der 1364 gegründeten Universität geistiges Zentrum. Die Renaissance bewirkte das Wiederaufblühen der lateinischen Literatur; der Humanist Jan Kochanowski (1530–1584), eigentlicher Begründer der polnischen Literatur, dichtete lateinisch, später polnisch. Der starke französische Einfluss im 18. Jahrhundert wurde im 19. Jahrhundert vom Einfluss der deutschen Klassik und Romantik abgelöst. Der Untergang des alten Polen 1795 und der Kampf um den Nationalstaat (Aufstände 1830/31, 1848 und 1863) gaben der Literatur ihr besonderes politisches Profil. Wesentliche Impulse gingen dabei von den ins Ausland emigrierten Schriftstellern und Dichtern aus. So entstanden Jan Wybickis (1747–1822) Hymne „Noch ist Polen nicht verloren“ in Norditalien und Adam Mickiewiczs (1798– 1855) großes Epos „Pan Tadeusz“ in Paris. Unter den Dichtern der zweiten Hälfte des 19. Jahrhunderts ragen

besonders die Romanciers Henryk Sienkiewicz (1846–1916 „Quo Vadis“) und Boleslaw Prus (1847–1912) hervor.
Seit etwa 1890 regte sich zunehmend Kritik an der herkömmlichen patriotischen Literatur, betont wurden die vollkommene künstlerische Freiheit und ein ästhetischer Modernismus. Die Bewegung „Junges Polen“ folgte dem französischen Symbolismus, die Gruppe der „Skamandristen“ bereitete dem Expressionismus den Weg. Nach dem Zweiten Weltkrieg wurden die ideologischen Auseinandersetzungen zwischen katholischen, liberalen und marxistischen Richtungen durch den Stettiner Schriftstellerkongress (1949) beendet, der den sozialistischen Realismus als offizielle Kunstdoktrin verordnete. Seit Mitte der 1950er Jahre jedoch gelang es der polnischen Literatur, sich von der kommunistischen Kulturpolitik zu lösen – wenn auch mit Unterbrechungen durch Phasen der Repression. Ihre bedeutendsten Vertreter sind Jerzy Andrzejewski (1909–1983), Witold Gombrowicz (1904–1969), Stanislaw Lem (*1921), Slawomir Mrozek (*1930), Zbigniew Herbert (*1924).

Tschechische Literatur

Die alttschechische Literatur setzte im 14. Jahrhundert ein. Von Bedeutung für die Entwicklung des geistigen Lebens wurde die 1348 gegründete Universität Prag. Tschechisch schrieb der Theologe Jan Hus (um 1370–1415) in seinen Volkspredigten, nach ihm der soziale Reformer Peter Chelcicky (um 1380 bis 1452). Die bedeutendste Leistung des 16. Jahrhunderts ist die von der Brüdergemeinde verfasste, zur Grundlage der tschechischen Literatursprache gewordene Kralitzer Bibelübersetzung (1579–1593). Im Dreißigjährigen Krieg wurden strenge Maßnahmen gegen die nationaltschechische Literatur ergriffen, so dass viele Schriftsteller und Wissenschaftler ins Ausland flohen, wie der überragende Jan Amos Comenius (1592–1670). Erst im 19. Jahrhundert konnte eine eigenständige tschechische Literatur entstehen. Für die Entwicklung einer eigenen Sprache waren wichtig: Josef Dobrovsky (1753–1829), der Begründer der slawischen Philologie, Josef Jungmann (1773–1847), der Sammler des tschechischen Wortschatzes, und der Historiker Frantisek Palcky (1798–1876). Mit Frantisek Celakovsky schloss sich die tschechische Literatur der Romantik an; die stärksten Talente dieser Richtung waren Karel Hynek Mácha (1810–1836) und Karel Havlicek (1821–1856). Unter den Schriftstellern der ersten Hälfte des 20. Jahrhunderts sind besonders zu nennen Karel Capek (1890–1938) und Jaroslav Hasek (1883–1923), der Schöpfer des „Braven Soldaten Schwejk“. Nach dem kommunistischen Umsturz 1948 stand die Literatur unter dem Diktat des sozialistischen Realismus, das sich aber in den 1960er Jahren, im „Prager Frühling“, lockerte. Bekannt wurden in dieser Zeit u.a. Milan Kundera (*1929), Miroslav Holub (*1923), Pavel Kohout (*1928), Vaclav Havel (*1936) und der Slowake Ladislav Mnacko (*1915). Die sowjetische Okkupation und die ihr folgenden Restriktionen des kulturellen Lebens trieben viele Schriftsteller in die Emigration; seit Ende der 1980er Jahre konnte sich jedoch die Literatur zunehmend freier entfalten (Vorkämpfer der von Künstlern und Wissenschaftlern getragenen Bewegung der „Charta 77“).

Serbo-kroatische Literatur

Die serbo-kroatische Literatur nahm ihren Ausgang im späten Mittelalter von der umfangreichen kirchenslawischen Überlieferung im Bereich der serbisch-orthodoxen Kirche. Die Türkenherrschaft verhinderte über Jahrhunderte jede weitere Entfaltung, nur die mündlich überlieferte Helden-Epik wurde weiter gepflegt. Das eigentliche literarische Schaffen begann im Zeichen der Romantik, nachdem die bahnbrechende Tätigkeit von Vuk Karadzic (1787–1864) der Volkssprache zum Sieg verholfen und die Volksdichtung zu einer Quelle literarischer Anregungen gemacht hatte, während bei den Kroaten die „illyrische Bewegung“ ein gesamtsüdslawisches Bewusstsein der politischen und sprachlichen Zersplitterung entgegenstellte. Die Kroaten Ivan Mazuranic (1814–1890) und Petar Preradovic (1818–1872), der Montenegriner Petar Petrovic Njegos (1813–1851) und der Serbe Branko Radicevic (1824–1853) können als die eigentlichen Begründer der neuen serbokroatischen Literatur angesehen werden, als deren bedeutendster Vertreter der Serbe Ivo Andric (1892–1975) gelten darf, der für sein reiches Werk 1961 mit dem Literaturnobelpreis ausgezeichnet wurde.
Im stark nach Mittel- und Westeuropa orientierten Slowenien führte die Aufklärung die Literatur schon früh aus dem kirchlichen Bereich hinaus, die mit dem Schaffen des Romantikers France Preseren (1800–1849), des größten slowenischen Dichters und südslawischen Lyrikers, Anschluss an die Weltliteratur fand.

Rumänische Literatur

Eine bodenständige Literatur entstand in Rumänien im 16. Jahrhundert nach byzantinischen Vorlagen und in altslawischer Sprache. Daneben entfaltete sich eine reiche Volksdichtung. Das erste Dokument in rumänischer Sprache ist ein Bojaren-Brief von 1521. Eigenständigkeit gewann die rumänische Literatur zuerst in der Geschichtsschreibung; bedeutend wurde hier der Fürst und Polyhistor Dimitrie Cantemir (1673–1723). 1688 erschien die erste rumänische Bibelübersetzung. Im 19. Jahrhundert erstarkte das Nationalbewusstsein, gleichzeitig öffnete sich das Land kulturellen Einflüssen aus dem Westen. Ausgeprägt volkstümliche Lyrik schrieb Grigore Alexandrescu (1810–1885), Vasile Alecsandri (1821–1890) sammelte die rumänische Volksdichtung. Begründer der rumänischen Literaturkritik wurde Titu Liviu Maiorescu (1840–1917); zu dem von ihm gegründeten Dichterkreis „Junimea“ gehörte auch Rumäniens größter Lyriker Mihai Eminescu (1850–1889). Im 20. Jahrhundert waren bedeutend die Autoren Mihai Sadoveanu (1880–1961), Liviu Rebreanu (1885–1944) und Mircea Eliade (1907–1986).

Ungarische Literatur

Das älteste erhaltene Zeugnis ungarischer Literatur ist eine Marienklage (um 1300); bis zum Ende der Renaissance herrschte das lateinische Schrifttum vor (Legenden, religiöse Dichtung, Chroniken). 1590 erschien die erste vollständige Bibelübersetzung. Zum ersten Meister der ungarischen Prosa wurde Peter Pázmány (1570–1637), zum ersten Lyriker Balint Balassa (1554–1594). Graf Miklós Zrinyi (1620–1664) schuf mit dem Heldenlied „Obsidio Szigetiana“ das nationale Epos. Von großem Einfluss auf die ungarische Literatur war Ferenc Kazinczy (1759–1831) als Übersetzer europäischer, besonders deutscher Dichtung. Von den Romantikern sind zu nennen Ferenc Kölcsey (1790–1838), der Dichter der Nationalhymne, und Josef Katona (1791–1830), der Verfasser der ungarischen Nationaltragödie „Bánk bán“; bedeutende Vertreter des historischen Romans waren József Eötvös (1813–1871) und Mòr Jókai (1825–1904), als Lyriker gewann Weltruhm Sandór Petöfi (1823–1849). Als Begründer der modernen ungarischen Publizistik gilt der Freiheitsheld Lajos Kossuth (1802–1894). Im 20. Jahrhundert wurde besonders der im Ausland lebende Dramatiker Ferenc Molnár (1878–1952) bekannt.

Weitere herausragende Autoren waren: Deszö Kosztolányi (1885–1936), Tibor Déry (1894–1977) und Gyula Hay (1900–1975). Die Eingliederung Ungarns in das von der UdSSR geführte Staatensystem nach dem Zweiten Weltkrieg veränderte die literarische Landschaft grundlegend. Indes konnte sich das geistige Leben trotz der Niederschlagung des Aufstands von 1956 schon bald in beachtlichen Freiräumen bewegen und gelangte zu neuen Formen und Aussagen.

US-amerikanische Literatur

Nach schlichten Anfängen diente die Literatur in den Vereinigten Staaten der geistigen Vorbereitung der revolutionären Ablösung von England (Jonathan Edwards, 1703-1758; Benjamin Franklin, 1706–1790) und der Stärkung des nationalen Selbstbewusstseins, bis sie in der Mitte des 19. Jahrhunderts eine Hochblüte erlebte: Thomas Paine (1737–1809), Thomas Jefferson (1743–1826), Alexander Hamilton (1755–1804), Philip Freneau (1752–1832), Royall Tyler (1757–1826). Die Erzählkunst machte zu ihrem Hauptanliegen das Problem des Bösen und der Schuld: Edgar Allan Poe (1809–1849), Nathaniel Hawthorne (1804–1864), Herman Melville, „Moby Dick“ (1819–1891). Daneben griff sie auf Geschichte und Tradition zurück: James Fenimore Cooper (1789–1851), Washington Irving (1783–1859). Während die Philosophen Ralph Waldo Emerson (1803–1882) und David Thoreau (1817–1862) von Selbstgenügsamkeit und Allverbundenheit kündeten, besang Walt Whitman (1819–1892) die Schönheit alles Natürlichen. Die Erzähler des ausgehenden 19. Jahrhunderts schilderten Umwelt und Menschen nüchterner (William Howells, 1837–1920; Bret Harte, 1836–1902; Ambrose Bierce, 1842–1914), mit Komik verklärt (Mark Twain, 1835–1910) oder psychologisch verfeinert (Henry James, 1843–1916). Der nachfolgende Naturalismus zeigte den Menschen als Produkt von Erbanlagen und Milieu (Stephen Crane, 1871–1900; Jack London, 1876–1916).

Im 20. Jahrhundert dominierte zunächst der sozialkritische Roman (Theodore Dreiser, 1871–1945; Upton Sinclair, 1878–1968; Sinclair Lewis, 1885–1951; John Steinbeck, 1902–1968). In den 1920er Jahren erfolgte eine Abwendung vom Naturalismus; bedeutend für das literarische Experiment wurde die seit 1902 im Ausland, zumeist in Paris lebende

Gertrude Stein (1874–1946), die großen Einfluss auf die vom Ersten Weltkrieg desillusionierte „lost generation“ (Ernest Hemingway, 1899–1961; Francis Scott Fitzgerald, 1896–1940; Sherwood Anderson, 1876–1941; John Dos Passos, 1896–1970) ausübte. William Faulkner (1897–1962) vertrat einen symbolischen Realismus, Thomas Wolfe (1900–1938) suchte die Fülle der Welt in ein zyklisches Epos zu bannen. Den Kriminalroman erhob Raymond Chandler (1888–1959) zu literarischer Höhe. Weitere bedeutende Romanciers des 20. Jahrhunderts sind Carson McCullers (1917–1967, Nelson Algren (1909–1981), Norman Mailer (*1923), Henry Miller (1891–1980), Pearl S. Buck (1892-1973), Margaret Mitchell (1900–1949), Katherine Anne Porter (1890–1980). Aus der Generation nach 1945 sind besonders zu nennen: Hubert Selby (*1928), Saul Bellow (*1915), Charles Bukowski (*1920), Jack Kerouac (1922–1969), Truman Capote (1924–1984). Zu den führenden Lyrikern zählen Edward Cummings (1894–1962), William Carlos Williams (1883–1963) und Allen Ginsberg (1926–1997). Das Drama folgte noch im 20. Jahrhundert deutschen, englischen und französischen Vorbildern; eine eigene Sprache fanden erst Eugene O'Neill (1888–1953), Thornton Wilder (1897–1975), Thomas Wolfe (1900–1938) und William Faulkner (1897–1962).

Nach dem Zweiten Weltkrieg gewannen weite Anerkennung die sozial-ethischen Dramen von Arthur Miller (*1915) und die psychoanalytischen Stücke von Tennessee Williams (1911–1983) und Edward Albee (*1928). Bedeutend ist inzwischen auch der literarische Beitrag der schwarzen Amerikaner, mit dem Hauptthema der Suche nach der eigenen Identität in einer von Weißen beherrschten Welt: James Baldwin (1924–1987), Richard Wright (1908–1960), Alex Haley (*1921), Eldridge Cleaver (*1935).

Ibero-amerikanische Literatur

Die Hochkulturen des vorkolumbischen Amerika (Inka, Maya, Azteken u.a.) pflegten zumeist die mündliche Tradition ihrer Dichtkunst. Schriftliche Aufzeichnungen wurden erst von den Kolonisatoren seit dem 16. Jahrhundert in indianischer oder spanischer Sprache angefertigt; dabei handelt es sich jedoch nur um Bruchteile eines ehemals reichen Bestandes. Themen aus Religion und Mythologie und historische Berichte mit legendärem und sagenhaftem Einschlag überwiegen. Die berühmtesten Werke sind das Drama „Apu Ollántay“ der Inka, das „Popol Vuh“, ein Schöpfungsmythos und Geschichtsbuch der Maya, und die „Historia general de las cosas de Nueva España“, die von Indianern diktierte Gesamtdarstellung des Lebens und Glaubens der Azteken.

In den Kolonialstaaten der Neuzeit entwickelte sich das geistige Leben erst spät, Ende des 18. und Anfang des 19. Jahrhunderts, d.h. zu der Zeit, da die alten Kolonialmächte sich aus Mittel- und Südamerika zurückzogen bzw. vertrieben wurden. Dabei waren in den entstehenden Nationalliteraturen die Gattungen nicht gleichwertig vertreten: Große Kunstwerke entstanden in der Epik und Lyrik, weniger im Drama.

In dem **portugiesischsprachigen Raum** (Brasilien) schwand der Einfluss der Kolonialmacht um 1750; französische und italienische Vorbilder wurden wirksam. Antonio Pereira de Sousas Caldas (1762–1814) war Brasiliens erster großer Lyriker. Ihm folgten Antonio Gonçalves Dios (1823–1864) und die „Escola Condoreira", die für die Aufhebung der Sklaverei kämpfte. In der Epik dominierte der „Indianismus", die Besinnung auf die Kultur der Eingeborenen (José de Alencar, 1829–1877). Alfredo d'Escragnolle (1843–1899) schrieb mit „Inocencia" den klassischen Fazenda-Roman. Für die Literatur des 20. Jahrhunderts wurden bedeutend Mario de Andrade (1893–1945) und Oswald de Andrade (1890–1954) als Exponenten und Theoretiker des brasilianischen Modernismo. Mehrere große Romanzyklen versuchten den Werdegang der einzelnen Regionen des gewaltigen Landes zu schildern (Hauptvertreter dieser Richtung João Guimarães Rosa (1908–1967).

Im **spanischsprachigen Gebiet** waren die Autoren der ersten Generation fast alle Politiker: die Venezolaner Andrés Bello (1781–1865) und Simon Bolivar (1783–1830), die Kubaner José Maria de Heredia (1842–1905) und José Marti (1853–1895). Eine eigene Nationalliteratur kündigte sich an in dem volkstümlichen Gaucho-Gedicht „Martin Fierro" des Argentiniers José Hernández (1834–1886). Etwa seit 1880 besitzen die hispanoamerikanischen Nationen eine eigene Literaturgeschichte. Bedeutendster Lyriker war der Nicaraguaner Ruben Dario (1867–1916); er begründete den Modernismo, eine poetische Erneuerungsbewegung, die auch im spanischen Mutterland Wirkung hatte, sich in den ehemaligen Kolonien aber mit kulturellen, geistigen und politischen Selbständigkeitsbestrebungen verband. Im 20. Jahrhundert wurden Ernesto Cardenal (*1925) aus Nicaragua sowie Gabriela Mistral (1889–1957) und Pablo Neruda (1904-1973), beide aus Chile, mit ihrer Lyrik weltberühmt (Nobelpreise 1945 bzw. 1971). Die Verschmelzung europäisch-romantischen Geistesgutes und indianisch-mythologischer Weltauffassung prägte den Charakter der großen hispanoamerikanischen Epik. Zu nennen sind besonders: aus Argentinien: Roberto Arlt (1900–1942), Julio Cortazar (1914–1984), Ernesto Sábato (*1911) und Jorge Luis Borges (1901–1986); aus Chile: Manuel Rojas (1896–1973), José Donoso (*1925-1996) und Isabel Allende (*1942); aus Ecuador: Adalberto Ortiz (*1914); aus Guatemala: Miguel Angel Asturias (1899–1974); aus Kolumbien: Gabriel García Márquez (*1928); aus Kuba: Alejo Carpentier (1904–1980), José Lezama Lima (1910-1976), Miguel Barnet (*1940); aus Mexiko: Carlos Fuentes (*1928), Octavio Paz (*1914–1998); aus Paraguay: Augusto Roa Bastos (*1917); aus Peru: Ciro Alegria (1909–1967), José Maria Arguedas (1911–1969) und Mario Vargas Llosa (*1936), aus Uruguay: Horacio Quiroga (1878–1937) und Juan Carlos Onetti (*1909–1995); aus Venezuela: Rómulo Gallegos (1884–1969) und A. Uslar Pietri (*1906–2001).

Arabische Literatur

Obwohl die arabische Literatur bis zum Ende des 5. Jahrhunderts zurückreicht, gibt es Aufzeichnungen erst seit dem Ende des 8. Jahrhunderts. Zu den bedeutendsten Dichtern dieser Gattung zählen Umru Al Kais († um 540), Tarafa († um 569), Antara († um 615) und An Nabigha († um 684). Die ältesten Denkmäler sind die alt-arabischen Gedichte, Kassiden genannt. Mit dem Aufkommen des Islams trat die

Dichtkunst etwas in den Hintergrund. Erst unter den Omaijaden (Anfang 8. Jahrhundert) gelangte sie wieder zur Blüte. Ihre bevorzugten Themen waren die Völlerei und die Liebe, ihr Hauptvertreter Abu Nuwas (um 760 bis um 810). Der Hofdichter des Emirs von Aleppo, Al Mutanabbi (915–965), gilt als größter Dichter der alt-arabischen Zeit, wenn nicht der arabischen Literatur überhaupt. Im 11. Jahrhundert blühten philosophische und mystische Richtungen der Poesie, danach trat bald Erstarrung ein.

Die arabische Prosa entstand mit dem heiligen Buch des Islams, dem Koran (redigiert 653). Die islamische Überlieferung wurde in umfangreichen Sammlungen zusammengestellt. Daneben entstand die Geschichtsschreibung, beginnend mit den Taten und Feldzügen des Propheten. Der erste moderne arabische Historiker war Ibn Chaldun (1332–1406). Wissenschaftliche Werke des Altertums, vor allem die Schriften der griechischen Philosophen, wurden übersetzt; ohne arabische Vermittlung wäre wohl viel antikes Bildungsgut für immer verlorengegangen. Im Gefolge der islamischen Eroberungen entstand eine große Zahl von Reiseberichten (berühmt die Sammlung des Geographen Al Idrisi, 1100 bis um 1165) und der große Bericht des Ibn Batutta (1304 bis um 1368 /69 oder 1377). Im 10. Jahrhundert wurden lange Zeit nur mündlich überlieferte Erzählungen erstmals aufgezeichnet, darunter die Sammlung „Tausendundeine Nacht“ (die heute vorliegende Form stammt aus dem Ägypten des 16. Jahrhunderts; sie gelangte 1704 durch französische Übersetzung nach Europa).

Die moderne arabische Literatur begann zu Ende des 18. Jahrhunderts, ausgelöst durch den orientalischen Feldzug Napoleons. Eine umfangreiche Übersetzungstätigkeit setzte ein; Ägypten und der Libanon wurden zu Zentren literarischer Vermittlung. Roman und politische Prosa waren die bevorzugten Gattungen. Bekannte Autoren. des 20. Jahrhunderts sind die Ägypter Taha Husain (1889–1973) und Nagib Mahfuz (*1911, Nobelpreis 1988).

Indische Literatur

Die altindische Literatur begann mit den Veden, religiös-mythologischen Hymnen, die von 1000 bis ca. 800 v.Chr. entstanden und mündlich tradiert wurden; als älteste Zeugnisse indischer Prosa traten dazu ritual-exegetische Erläuterungen, die Brahmana-Texte (800 bis ca. 600 v.Chr.). Seit dem 6. Jahrhundert spaltete und erweiterte sich die Literatur in einen brahmanisch-hinduistischen Zweig (zumeist in Sanskrit) und einen buddhistischen (in Pali). Zu den erstgenannten gehören die religiös-philosophischen Upanischaden und die Purana-Texte (Mitte des 1. Jahrhunderts v.Chr.) sowie die großen Volksepen Mahabharata (darin eingefügt das berühmte Lehrgedicht „Bhagavadgita“) und Ramajana; Puranas und Mahabharata werden einem sagenhaften Dichter Vjasa zugeschrieben. Die heiligen Texte der Buddhisten sind im Pali-Kanon, dem „Dreikorb“ (Tipitaka), vereinigt. Eine weltliche Kunstdichtung mit neuen Gattungen entstand seit Christi Geburt an den Königshöfen. Bedeutende Epiker waren Aschvaghoscha (um 100 n.Chr.) und Kalidasa (um 400 n.Chr.); dieser schuf auch das bedeutendste indische Drama, die „Schakuntala“. Daneben blühte eine reiche Fabel- und Märchendichtung (wichtigstes Werk: das Pantschatantra, zwischen 300 und 500, es liegt in mehr als 300 Versionen in über 60 Sprachen vor). Hauptvertreter des Romans war Dandin (7./8. Jahrhundert). Eine umfangreiche wissenschaftliche Literatur (Mathematik, Astronomie, Medizin, Grammatik und Rhetorik) entstand; daneben blühte ein besonderer Zweig des lebenskundlichen Schrifttums, die Liebeslehre (bekanntestes Werk das „Kamasutra“, vermutlich 4./6. Jahrhundert). Seit etwa 1000 wurde das Sanskrit als Literatursprache allmählich von den neuindischen Sprachen (Bengali, Hindi, Urdu, Marathi) zurückgedrängt. Mit dem Werk Sharatchandra Chaterjees (1838–1894) fand die indische Literatur Anschluss an den Westen. Die bedeutendsten Autoren der ersten Hälfte des 20. Jahrhunderts waren Rabindranath Tagore (1861–1941), P. Chand (1880–1936), S. Bharati (1892–1921) und Aurobindo (1872–1950). In der Gegenwart kamen dazu Vidiadhar Surajprasad Naipaul (*1932), Rasipuram Krischnasvami Narayan (*1906–2001) und der britisch-indische Autor Salman Rushdie (*1947).

Chinesische Literatur

Die ältesten Zeugnisse der chinesischen Literatur sind mehr als 3000 Jahre alt. In der Chou-Zeit (11. Jahrhundert bis 711 v.Chr.) entstanden das „Buch der Lieder“ (Shih-ching) und das prophetische „Buch der Wandlungen“ (I-ching). Während der Ch'un-ch-iu-Zeit (770–476) und der Zeit der Streitenden Reiche (475–221) blühten die „Hundert Philosophenschulen“. Die Lehre des Konfuzius (551–479) wurde in 5 kanonischen und 4 klassischen Büchern festgehalten; ab der Han-Zeit (206 v.Chr. bis 220 n.Chr.) bis ins 19. Jahrhundert bildeten diese Werke den Prüfungsstoff bei Staatsprüfungen; die chinesische Literatur wurde zur Beamtenliteratur, das schriftunkundige Volk blieb ausgeschlossen. „Vater der Dichtkunst“ und erster namentlich bekannter Dichter war der Lyriker Ch'ü Yüan (332–295). Die Historiker Ssu-ma Ch'ien (145 bis um 86) und Pan Ku (32–92 n.Chr.) begründeten die Tradition der dynastischen Geschichtswerke, die bis ins 17. Jahrhundert fortgeführt wurde. In der Zeit der Sechs Dynastien (221–618) entfaltete sich das Kunstgedicht (Shih), berühmt die bukolischen Verse des T'ao Yüanming (365–427), Kronprinz Hsiao Tung (501–531) gab die Sammlung „Wenhsüan“ heraus. Die Tang-Zeit (618–907) war die eigentliche Blütezeit der chinesischen Lyrik (Li Po, 701–762, Tu Fu, 712–770). In der Zeit der Fünf Dynastien (907–960) und der Sung (960–1280) wurde besonders das klassische Lied (Tz'u) in der Nachfolge des Dichters Li Yü (937–978) gepflegt. Unter mongolischer Herrschaft, der Yüan-Dynastie (1280–1368), entstanden die literarischen Formen des Ch'ü (Arie im Drama), der volkstümlichen Erzählung und des Romans (die beiden letztgenannten in Umgangssprache). Das chinesische Theater, bisher nur Gaukel- und Possenspiel, fand zu festen Formen (berühmte Beispiele: „Das Westzimmer“ von Wang Shi-fu, um 1300, und „Die Laute“ von Kao Ming, um 1350). Die Ming-Zeit (1368–1644) war die Blütezeit des chinesischen Romans; es erschienen u.a. „Die Räuber vom Ling-shan-Moor“ von Lo Kuan-chung (um 1330–1400), „Die Reise nach dem Westen“ von Wu Ch'engen (1510–1580) und der von einem Anonymen verfasste erotische Klassiker

„Chin-Ping-mei“ (16. Jahrhundert). Unter den Man-dschus(1644–1911) blühte die klassisch-philologische, wissenschaftliche Literatur. Der Roman erreichte seinen Höhepunkt mit Tsao Chans (um 1715 bis 1764) „Traum der roten Kammer“. Bemerkenswert ist auch das bissige und zeitkritische Werk „Julin wai-shih“ (Das Privatleben der Gelehrten) von Wu Ching-tzu (1701–1754). Das Drama wurde von Li Yü (1611–1677) und Hung Sheng (1659–1704) weiterentwickelt; die Stücke wurden immer länger, konnten bis zu 25 Akte umfassen. Besondere Formen des Musiktheaters entwickelten sich im 19. Jahrhundert im Norden in der Peking-Oper und im Süden in der Kuang-tung-Oper. Immer mehr aber griffen Formalismus und die bloße Nachahmung alter Vorbilder um sich. Bücherverbrennungen und staatlichen Zensurmaßnahmen fiel jede Art nicht konformer Literatur zum Opfer.

Erst nach der bürgerlichen Revolution von 1911 regte sich wieder frischeres geistiges Leben. Die Bewegung vom 4. Mai (gemeint der 4. Mai 1919) forderte den Bruch mit der dogmatischen literarischen Tradition, v.a. mit dem Konfuzianismus und der klassischen Gelehrtensprache. Führer dieser Bewegung waren Hu Shih (1891-1962) und Lu Hsün (1891–1936). Mao Tun (1896–1981) begründete den modernen chinesischen Roman. Im kommunistischen China fand unter Führung des selbst dichterisch produktiven Mao Tse-tung (1893–1976) eine Synthese von literarischem Erbe und revolutionärem Gedankengut statt. In der Hundert-Blumen-Bewegung von 1956 wurden die Literaten aufgefordert, ihre Arbeit in den Dienst des sozialen Aufbaus zu stellen. Die alte Peking-Oper wurde während der Kulturrevolution 1965–1969 zum Agitationstheater. Bedeutende Autoren des modernen China sind Chang Tien-min (1906– 1982), Lao She (1899–1966), Ding Ling (1904–1986) und Chang Chieh (*1938).

Japanische Literatur

Erst im 5. Jahrhundert n.Chr. wurde in Japan die (chinesische) Schrift eingeführt; bis dahin blieb die Dichtung auf mündliche Überlieferung beschränkt. Seit dem 8. Jahrhundert sind Chroniken (kodschiki), Topogrophien (fukodi) und Gedichtsammlungen (als frühestes das „Manioschu“ erhalten. Ab dem 10. Jahrhundert kam es zur Fixierung einer eigenen (japanischen) Sprache; Märchen (taketori-monogatari), Erzählungen (Ise-monogatari), volkstümliche Geschichten (kondschaku-monogatari) oder Gedichte (waka) wurden gesammelt. Die gebräuchlichste Gedichtform war das kurze tanka. Das „Gen-dschi-monogatari“ der Hofdame Murasaki Schikibu (978–1016) wurde bestimmend für die Entwicklung der realistischen Erzählung. Parallel dazu wurde die Tagebuch- und Aphorismenliteratur (suihitsu) gepflegt. Ihre Träger waren der Adel und besonders die Hofdamen. Im Gefolge der politischen Umwälzungen des 12. Jahrhunderts kamen romantische Kriegsepen (gunki-monogatari) auf (berühmtestes Beispiel das „Heike-monogatari“, 13. Jahrhundert).

Die Literatur des japanischen Mittelalters wurde geprägt von buddhistischen und konfuzianischen theologischen Schriften; aus rituellen Tänzen und Pantomimen entwickelte sich das lyrische No-Spiel. Das im 17. Jahrhundert sich ausbildende Stadtbürgertum schuf sich in illustrierten Leseheften (soschi) eine eigene Literatur; ihre Hauptthemen waren der Sinnengenuss und das aufregende Großstadtleben. Das neue Lebensgefühl fand in der Poesie seinen adäquaten Ausdruck im epigrammatisch knappen Haiku-Kurzgedicht (Hauptvertreter: Bascho, 1644–1694). Aus erotisch betonten Singtänzen entstand die Kabuki-Dramenform: Ein ritterliches Samurai- und ein bürgerliches Sittenstück werden nacheinander aufgeführt, den Schluss bildet ein Tanz.

Die Öffnung Japans (1853) brachte eine Begegnung mit der westlichen literarischen Kultur. Die europäischen Autoren der Romantik und des Naturalismus fanden zahlreiche Übersetzer und Nachahmer; eine eigenständige moderne Literatur bildete sich in Japan jedoch erst nach Tsuboutschi Schojos bahnbrechendem Werk über das „Wesen des Romans“ (1885/86) heraus.

Bedeutende Autoren der nachfolgenden Zeit waren Ogai Mori (1862–1922), Soseki Natsume (1864–1916) und Rionosuke Akutagawa (1892–1927), dessen Novelle „Rashomon“ im Westen stärkste Beachtung fand. Unter den Schriftstellern des 20. Jahrhunderts ragen heraus: Josunari Kawabata (1899–1972), Dschunitschiro Tanisaki (1886–1965), Jukio Mischima (1925–1970), Yasuschi Inoue (1907–1991) und Kobo Abe (*1924–1993)

Babylonische Literatur

Aus Babylonien, dem Zweistromland zwischen Euphrat und Tigris, stammen die ältesten literarischen Zeugnisse der Menschheit; dabei hat sich der Begriff „babylonisch“ als Gesamtbezeichnung für die dort in Keilschrift in sumerischer und akkadischer Sprache hinterlassene Literatur eingebürgert. Ab etwa 2000 v.Chr. wurde die mündliche Überlieferung des 3. Jahrhunderts v.Chr. schriftlich festgehalten. Nach dem Aussterben der gesprochenen sumerischen Sprache (ca. 1800 v.Chr.) begann die akkadische Bearbeitung und Neufassung der alten Sagen und historischen Berichte. Etwa im 15. bis 12. Jahrhundert v.Chr. folgte eine Zusammenfassung der Literatur in großen Tafelserien (v.a. in der Bibliothek von Ninive): politisches und historiographisches Schrifttum, Chroniken und Annalen, Sprichwörtersammlungen, hauptsächlich jedoch religiöse Literatur (Götter- und Königshymnen, Gebete, Klagelieder, Beschwörungstexte). Den Höhepunkt erreichte die babylonische Literatur im Gilgamesch-Epos (um 1200 v.Chr.), in das neben der Sage um den (halb historischen) Löwenbezwinger Gilgamesch auch andere Stoffkreise, u.a. der Bericht von der Sintflut, eingearbeitet sind.

Persische Literatur

Die ältesten Zeugnisse der persischen Literatur (Sakraltexte wie die altiranische Awesto und altpersische Königsinschriften) aus dem 6. bis 4. Jahrhundert v.Chr. finden sich auf Felswänden, an Bauwerken, auf Schrifttafeln und Gebrauchsgegenständen. Aus der sassanidischen Zeit (224–651 n.Chr.) ist Buchliteratur der zoroastrischen Theologie, wenn auch nur zum geringen Teil, erhalten. Nach der Eroberung des Irans durch die muslimischen Araber im 7. Jahrhundert bildete sich eine neupersische Literatur, welche die arabische Schrift benutzte. Die bedeutendste höfische Dichtung dieser Zeit ist das „Schahnamah“, eine epische Darstellung der persischen Geschichte in 60000 Doppelversen, des Dichters Firdausi (um 940 bis 1020 oder 1026). Hauptformen der Lyrik waren die von Rudaki (wohl 858 bis 940 oder 941) geschaffene lobpreisende oder elegische, zum Teil auch spöttische Kasside und das Ghasel, das durch Sadi (zwischen 1213 und 1219, bis 1292) und Hafis (1325–1390) als Liebesgedicht zur höchsten Ausformung gebracht wurde. Das mystische Lehrgedicht begründete Sanai (um 1065 bis um 1141); herausragende Epiker waren Nesami (1141–1209) und Dschami (1414–1492). Vom 16. bis ins 19. Jahrhundert stand die persische Dichtung dann ganz im Zeichen des „indischen Stils“, der übertriebene Bildersprache und komplizierte Wortspiele liebte.

Seit dem 12. Jahrhundert blühte die Prosa (Staatshandbücher, philosophische und mystische Abhandlungen, Fabelsammlungen); im 13. Jahrhundert blühte die persische Geschichtsschreibung; ihr folgten zahlreiche biographische Werke. Wie in der Poesie griff auch in der Prosa in späterer Zeit eine Vorliebe für schwülstigen Stil um sich, bis im 19. Jahrhundert unter europäischem Einfluß eine Änderung einsetzte. Bedeutende Autoren der modernen persischen Kunstprosa sind Mohammad Ali Dschamalsade (1894–1997), Bosorg Alawi (1904–1997), Ali Daschti (1896–1981), Achwane Sales (1928–1990) und Nadir Nadirpur (*1929).

Türkische Literatur

Die ersten Belege türkischer Literatur (historische Aufzeichnungen, Epen) stammen aus dem 13. Jahrhundert. Einer der ersten namentlich bekannten Dichter war Sultan Walad (1226–1312). Der Mystiker Junus Emre († um 1320) wurde zum Vorbild aller türkischen Dichter, die sich der arabisch-persischen Überfremdung widersetzten. Die türkische Geschichtsschreibung brachte im 16. bis 18. Jahrhundert bedeutende Leistungen hervor (Hauptvertreter Evliya Çelebi, 1611–1682). Mitte des 19. Jahrhunderts setzte ein starker Einfluss westlicher Literatur ein: Besonders die Autoren des französischen Naturalismus wurden in Übersetzungen rezipiert. Hauptvertreter einer europäisch orientierten Literatur waren Ahmad Midhat (1844–1912), Ibrahim Schinasi (1826–1871) und Ömer Seyfeddin (1884–1920). Die von Kemal Atatürk 1923 eingeleitete Staatsumwälzung (aus dem Osmanenreich wurde die türkische Republik) brachte kulturell eine Abwendung von der islamischen Tradition; die neue türkisch-nationale Literatur suchte die Besonderheit von Land und Volk hervorzuheben. Ihre ersten Vertreter waren Yakup Kadri Karaosmanoglu (1889–1974) und die Feministin und Politikerin Halide Edlb Adivar (1884–1964). Größte Wirkung erreichte das lyrische und dramatische Werk von Nazim Hikmet (1902–1963). Bedeutende Autoren des 20. Jahrhunderts sind Kemal Tahir (1910–1973), Kemal Bilbasar (1910–1983), Orhan Kemal(1914–1970) und Aziz Nesin (1915–1995).

Jüdische Literatur

Grundlage des Schrifttums sind die 39 Bücher des Alten Testaments; abweichend vom christlichen Kanon werden sie eingeteilt in Thora (1.-5. Mose), Nebiim (Propheten) und Ketubim (Schriften). Diese Bücher entstanden vom 9. bis ins 2. Jahrhundert v.Chr. Dazu kommen außerkanonische Schriften, die nur in griechischer Übersetzung überliefert sind, und apokalyptische Werke. In jüdischen Gemeinden, die sich im kulturellen Einflussgebiet des Hellenismus befanden, gab es eine reiche jüdische Literatur in griechischer Sprache, u.a. Philon von Alexandria (15/10 v.Chr. bis um 45/50 v.Chr.), Josephus Flavius (37 oder 38 bis um 100); da jedoch die christliche Kirche einen Großteil davon zum Aufbau ihrer eigenen Tradition benutzte, blieb deren Wirkung auf das Judentum zunächst gering. Dagegen wurden die Überlieferungen und religiös-gesetzlichen Interpretationen in den tannaitischen Midraschim, in Mischna und Tosefta zusammengefasst. Im Talmud (hebräisch: „Lehre") wurde die jüdische rabbinische Tradition endgültig redigiert: Jerusalemer Talmud (5. Jahrhundert), babylonischer Talmud (7. Jahrhundert). Die Gebetslyrik und Hymnik bekam im 9. Jahrhundert ihre endgültige Gestalt. Vom 10. Jahrhundert an bildeten sich in Europa neue Zentren der jüdischen Kultur aus. Im islamischen Spanien führten jüdische und arabische Schriftsteller und Gelehrte gemeinsam die antike Tradition fort: Sprachwissenschaft, Religionsphilosophie und Dichtung nahmen großen Aufschwung. In Lothringen und im Rheinland wurde der Talmudismus weiter ausgebaut, ebenso später in Polen. Daneben entwickelte sich in Spanien und in Palästina die Kabbala, die jüdische Mystik. Im 18. Jahrhundert entstand in Polen eine Literatur in jiddischer Sprache, zunächst überwiegend mit religiösen Themen befasst. Im 19. Jahrhundert wurde sie das Medium, in dem die Konflikte zwischen ostjüdischem Traditionalismus und gesellschaftlichem Umbruch, bis hin zu den traumatischen Erfahrungen der nationalsozialistischen Verfolgung, gestaltet wurden (Abraham Goldfaden, 1840–1917, Scholem Aleichem, 1859–1916, Jizchak Leib Perez, 1851–1915; in ihrer Nachfolge Isaak Bashevis Singer, *1904–1991). In West- und Mitteleuropa verlor sich die religiöse Gebundenheit wie auch der Gebrauch des Hebräischen. Die großen jüdischen Autoren des 19. und 20. Jahrhunderts schrieben in den Sprachen der Länder, in denen sie lebten, ihre Werke wurden Bestandteil der jeweillgen Nationalliteratur. Nach dem Zweiten Weltkrieg entstand im Staat Israel eine neue jüdische Literatur (Mosche Ya'akov Ben-Gavriêl, 1891–1965; Ephraim Kishon, *1924).

Neoafrikanische Literatur

Bis an die Schwelle des 20. Jahrhunderts gab es in Afrika südlich der Sahara nur mündlich überlieferte Volksdichtung. Erste Ansätze einer afrikanischen Literatur zeigten sich in Südafrika in den Werken von Thomas Mofolo (1876–1948) und Solomon Tshekiso Plaatje (1877–1932). Das Programm einer modernen afrikanischen Literatur und Philosophie („Négritude") wurde 1934 in Paris von Aimé Césaire (*1915) aus Martinique, Léopold Sédor Senghor (*1906) aus Senegal und Léon-Gontran Damas (1912–1978) aus Guyana formuliert. Es bedeutete Kampf gegen politische und geistige Abhängigkeit und Rückbesinnung auf spezifisch afrikanische Formen (Rhythmus, Tanz, Bildersprache) und Werte; Hauptvertreter wurden I. M. Ouane (1908–1982) aus

Mali, A. Sadji (1910–1961) aus Senegal, Mongo Beti (1932–2001) und F. Oyono (*1929) aus Kamerun. Von weiterer programmatischer Bedeutung war 1962 der „Writers Workshop“ in Makerere (Uganda), bei dem west- und ostafrikanische Autoren zusammenkamen. Die bekanntesten Vertreter der neoafrikanischen Literatur in der Gegenwart sind Amos Tutuola (1920–1997), Chinua Achebe (*1930) und Wole Soyinka (*1934) aus Nigeria; Nguyi Wa Thiong'o (*1938) aus Kenia; Mariama Bâa (1920–1981), Sembène Ousmane (*1923) und Camara Laye (1928–1980) aus Senegal; Antonio Agostinho Neto (1922–1979) aus Angola.

PHILOSOPHIE

Die Philosophie (griech.: Liebe zur Weisheit) galt in der Antike, wo sie zuerst von Sokrates als ein systematisches Problemdenken und Wahrheitsstreben entwickelt wurde, aber auch noch im Mittelalter und in der Neuzeit als die „Königin der Wissenschaften“. Wenn sie diesen Thron in der Moderne vielleicht auch räumen musste, bleibt sie doch die Grundlage aller Einzelwissenschaften, die sich einst aus der Philosophie herausgelöst haben und stets in ihr münden bei der Betrachtung der letzten Fragen nach Sinn und Sein alles Seienden, nach Wahrheit und Wirklichkeit.

Für einen Einsicht und Übersicht schaffenden Zugang zur Philosophie eignet sich der historisch-chronologische Weg wenig; bei den Atomphysikern beispielsweise wird Platons „Ideenlehre“ heute am meisten diskutiert, nicht etwa neopositivistische oder wissenschaftstheoretische Positionen unserer Tage; und Heidegger, der vielleicht letzte originäre Denker in der Philosophie, hat mit den Vorsokratikern mehr gemeinsam als mit irgendeiner anderen philosophischen Schule. So bietet sich an, die drei Hauptdisziplinen der Philosophie, die Erkenntnistheorie, die Ethik und die Metaphysik, problemgeschichtlich darzustellen, um das gewaltige geistige Potential von drei Jahrtausenden Philosophiegeschichte verständlich zu erschließen und zu ordnen.

Erkenntnistheorie

Der französische Mathematiker und Philosoph René Descartes schrieb: „Keine Frage erheischt dringenderer Beantwortung als die nach dem Wesen und den Gesetzen der menschlichen Erkenntnis ... Nichts dünkt mich lächerlicher, als über die Geheimnisse der Natur Erörterungen anzustellen, ohne ein einziges Mal nachgeforscht zu haben, ob der Menschengeist bis dahin zu reichen befähigt ist.“ Mit diesen Worten sind die entscheidenden Forschungsgegenstände und -ziele der Erkenntnistheorie bereits umrissen. Es geht vor allem darum:

1. Wie, mit welchen Mitteln kommen wir zu wahren Urteilen über die Wirklichkeit, über die Dinge um uns und über uns selbst?
2. Auf welche Weise arbeitet das menschliche Erkennen?
3. Wo liegen seine Grenzen, wo beginnt das für uns Unerkennbare?

Zunächst müssen wir unterscheiden zwischen Wirklichkeit und Wahrheit. Wirklich ist, was sich objektivieren lässt, also das

Gegenständliche in der Grundbedeutung des Wortes: das mir, meinem Denken Gegenüberstehende. Die Wahrheit ist eine von einem Urteil zu fordernde Eigenschaft. Ein Urteil ist wahr, wenn es mit der Wirklichkeit übereinstimmt (Aristoteles).

Alles Wirkliche ist bestimmbar in seinem Dasein (Existieren), seinem Sosein (den Merkmalen und Eigenschaften) und seinen Beziehungen zu anderen Objekten. Die Wirklichkeit, also alles, was ist, was Sein hat, tritt uns in verschiedenen Seinsweisen (Modi) gegenüber. Eine ganz unmittelbare, elementare Erfahrung sagt uns: Ich, das Subjekt, erkenne die Objekte, also außer mir liegende und von mir unabhängige Gegenstände (Fremderkenntnis). Dieses Ich kann aber auch zum Objekt werden, wenn ich über mich selbst urteile (Selbsterkenntnis).

So einleuchtend diese grundsätzliche Trennung in erkennendes Subjekt und erkanntes Objekt, das unabhängig in einem bestimmten Sosein dem Ich entgegensteht, erscheint, tauchen doch bei näherem Zusehen gewisse Zweifel auf. Alle diese „objektiven" Gegenstände unserer Erkenntnis sind Bewusstseinsinhalte: Ich sehe die Rose in der Vase, ihre roten Blütenblätter, taste ihre samtene Oberfläche, rieche ihren Duft. Ehe ich sie angriff, war mir das Samtene ihrer Blätter nicht bewusst; niemals kann ein Blinder das leuchtende Rot einer Rose erleben. Was ich erkennen will, muss also in meinem Bewusstsein gegeben sein.

Der englische Philosoph George Berkeley (1685–1753) hat diesen Gedanken auf die einfache Formel gebracht: esse est percipi (Sein ist Wahrgenommenwerden). Wenn all das, womit wir es zu tun haben, Bewusstsein ist, so folgt daraus, dass die Wirklichkeit abhängig ist von unserem Bewusstsein. Etwas ist nur insofern wirklich, als es bewusst ist. Extrem formuliert: Nicht das Sein verursacht das Bewusstsein, sondern umgekehrt, das Bewusstsein schafft das Sein. Man nennt diese Auffassungsweise des Wirklichen erkenntnistheoretischen Idealismus.

Im Gegensatz dazu steht der realistische Standpunkt. Für den erkenntnistheoretischen Realismus existieren die Gegenstände objektiv, d.h. unabhängig von unserem Bewusstsein. Sie verursachen eine Wahrnehmung, die in einer bestimmten gesetzmäßigen Beziehung zur Wirklichkeit steht, die durch das Denken erfasst werden kann. Das Primäre ist also das Sein; es löst das Bewusstsein sekundär aus.

Um eine Folgerung des erkenntnistheoretischen Idealismus kommt man nicht herum: Sobald es möglich sein soll, über das Wirkliche etwas auszusagen, darf dieses Wirkliche nicht nur an und für sich existieren, sondern es muss in unserem Bewusstsein erscheinen. Selbst wenn die Welt, in der wir leben, nur bewusstseins-gegeben ist und wenn sie im Bewusstsein etwa eines Hundes anders erscheint als in unserem, so muss dieses Bild doch ein Abbild von etwas sein, was an sich ist. Es muss also eine absolute Wirklichkeit geben, und es fragt sich nur, ob wir sie so erleben, wie sie an und für sich ist, und mit welchen Erkenntnismitteln wir sie am besten erfassen. Daher suchen fast alle Philosophen (und nicht nur sie) nach einem Weg, diese Wirklichkeit adäquat (entsprechend, so wie sie ist) zu erfassen, also den Anteil des Subjektes (das Subjektive) an der Erkenntnis möglichst sauber zu scheiden von dem, was dem Objekt tatsächlich zukommt. In der Wahl der Mittel, die zu wahren Urteilen über die Wirklichkeit führen sollen, gehen die Denker auseinander. Als Vermittler zwischen Subjekt und

Objekt bieten sich verschiedene Erkenntnismittel an: zunächst die Sinneswahrnehmung und die auf ihr gründende Erfahrung. Philosophen, die diesen Weg wählen, um zu Erkenntnissen zu kommen, nennt man Sensualisten oder Empiristen.
Sodann verfügt der Mensch über das begriffliche Denken, die Ratio. Man bezeichnet jene, die mit Hilfe des reinen Denkens zu wahren Urteilen gelangen wollen, als Rationalisten. Schließlich gibt es noch irrationale Erkenntnismittel, zum Beispiel die Inspiration oder die Intuition.

Rationalismus

Der französische Philosoph und Mathematiker René Descartes (1596–1650) zählt zu den bedeutendsten Pionieren rationalistischer Denkweise. Seine Hauptwerke sind die „Meditationes de prima philosophia" (Betrachtungen über die erste Philosophie) und die „Principia philosophiae" (Grundlagen der Philosophie), beide in lateinischer Sprache geschrieben.
Treu noch dem griechischen Grundsatz, dass der Zweifel die Mutter der Erkenntnis ist, sucht er nach einem absolut gewissen Grundsatz, nach einem Fixpunkt für sein Denken. Woran er aber auch immer zu zweifeln vermag, eines ist sicher und gewiss: dass er zweifelt.
Dieses Zweifeln ist aber ein Akt des Denkens. Und so kommt Descartes zu seinem berühmten Satz: cogito, ergo sum (Ich denke, daher bin ich).
Das menschliche Sein ist also ein denkendes Sein (res cogitans); die erste Wirklichkeit, die Descartes entdeckt, ist das Denken. Es ist ihm aber bewusst, dass er, der zunächst aus nichts anderem als dem Denken besteht, nicht durch sich selber ist, sich nicht selbst verursacht hat. Es muss also noch ein anderes Wesen geben, welches die Ursache für seine Existenz ist; diese Ursache muss wieder verursacht worden sein usw.
So findet er schließlich die Idee von Gott in sich, eine Idee, der eine reale Existenz entsprechen muss (kausaler Gottesbeweis); denn es ist logisch zwingend, dass in der Wirkung nicht mehr sein kann als in der Ursache. Gott selbst muss die Ursache der Gottesidee sein; dass wir einen Gottesbegriff haben, ist ein Werk Gottes. Es gibt also neben dem denkenden auch ein ausgedehntes Sein (res extenso). Damit ist die Existenz der Außenwelt erklärt.
Typisch und charakteristisch für den Rationalisten Descartes ist der Umstand, dass er die Gewissheit seiner Existenz nicht etwa aus dem unmittelbaren Sehen, Fühlen und Wollen ableitet, sondern auf dem Umweg über Gott, den er denkt. Die Existenz des Irrtums folgert Descartes aus der Überbewertung der Sinne. Diese haben für ihn lediglich eine biologische Funktion, sind aber als Erkenntnismittel untauglich.
Descartes gelangt also zu einem für die kommende Zeit entscheidenden und auch folgenschweren Dualismus: Es gibt zwei Seinsweisen: das Denken (cognitio) und die Ausdehnung (extensio). Wie aber ist das Zusammenspiel von denkendem und ausgedehntem Sein im Menschen möglich? Descartes selber und seine Anhänger, die Okkasionalisten, geben die Antwort: Körper und Seele sind zwar prinzipiell verschieden, aber übereingestimmt. Bei Gelegenheit (per occasionem) vollzieht der Körper gerade solche Aktionen, die dem Geist entsprechen. Beide sind parallel geschaltet (wir würden heute sagen: syn-

chronisiert), so wie zwei Präzisionsuhren, die ja auch getrennt gehen, aber in ein und derselben Sekunde dieselbe Zeit anzeigen (psychophysischer Parallelismus). Die moderne Psychologie hatte viel Arbeit zu leisten, ehe sie dieses mechanische Nebeneinander, das fest im Denken der Menschen verwurzeit war, zu Gunsten der Theorie von der psychoorganischen Einheit des Menschen verdrängen konnte.

Der Einfluss der nach Descartes so genannten Cartesianischen Philosophie auf die spätere Zeit war ungeheuer groß. Seit Descartes leitet man die Erkenntnis nicht mehr von der Außenwelt, sondern vom Bewusstsein ab (Idealismus). Vom ausgedehnten Sein erkennen wir lediglich die im Bewusstsein sichtbar werdenden Erscheinungen (Phänomenalismus). Alle Wahrheiten lassen sich aus der Ratio, der Vernunft, herleiten. Was der Vernunft widerspricht, ist Trug (Aufklärung, Kritik an der Offenbarung). Leib und Seele, Mensch und Tier, Gott und Welt fallen auseinander, zwischen ihnen tut sich eine unüberbrückbare Kluft auf (Dualismus).

Empirismus

Im Gegensatz zum Rationalismus versucht der Empirismus die Wirklichkeit mit Hilfe der durch die Wahrnehmungen sich bildenden Erfahrung zu erkennen. Bahnbrechend für diese Erkenntnistheorie war der Engländer John Locke (1632–1704). Sein philosophisches Hauptwerk trägt den Titel „An Essay concerning Human Understanding“ (Ein Versuch über den menschlichen Verstand, 1690). Von großem Einfluss auf seine Zeit waren auch die „Briefe über die Toleranz“ und „Die Vernunftgemäßheit des Christentums“. Seine Breitenwirkung (1632–1704) verdankt Locke nicht zuletzt der einfachen und leichtverständlichen Sprache seiner Bücher. Als typischen Angelsachsen zeichnet ihn eine kühle Vernunft aus, die alle Spekulation als mystische Schwärmerei verwirft und auf den unmittelbaren Nutzen und die praktische Bedeutung zielt. Philosophiegeschichtlich gilt er als der geistige Vater der Aufklärung, jener weltweiten Bewegung, die um die Mitte des 18. Jahrhunderts in Frankreich (Montesquieu, Voltaire, Rousseau, Diderot, d'Alembert) ihren Höhepunkt gewinnt und auch das deutsche Geistesleben in starkem Maße beeinflusst (Lessing). Entscheidend für die weitere geistige Entwicklung in Europa werden John Lockes eindeutige Abwendung von jeglicher Metaphysik und seine Hinwendung zum Menschen, der in den Mittelpunkt der ganzen Natur rückt; seine empirisch-psychologische Forschungsmethode; seine Toleranz in religiösen und sein Liberalismus in politischen Fragen. Der Ansatzpunkt von Lockes Erkenntnistheorie ist Descartes. Descartes glaubte die Idee von Gott dem Menschen eingeboren; und davon hatte er alles Weitere abgeleitet. Unsere Seele, unser Bewusstsein ist aber in Wahrheit zunächst leer, ein unbeschriebenes Blatt, eine tabula rasa. Erst durch die Erfahrung gewinnen wir Kenntnis von der Welt und den Dingen in ihr, und auf Grund der Erfahrung formen sich Ideen. Unsere Erfahrungen machen wir auf zwei verschiedene Weisen: durch die Sinneswahrnehmung (sensation) und die Selbstbeobachtung (reflection), die auf ersterer basiert. Nun ist aber Locke klar, dass uns die Sinne vielfach täuschen; um objektive und wahre Erkenntnisse über die Außenwelt gewinnen zu können, muss ich die

Eigenschaften (Qualitäten) der Dinge trennen in primäre Qualitäten, die den Gegenständen zukommen und gemessen werden können (Ausdehnung, Gestalt, Größe, Dichte, Ruhe, Bewegung, Zahl, Lage), und in sekundäre Qualitäten, die durch die Sinnesorgane erzeugt werden (Farbe, Geschmack, Geruch, Ton). Diese sind nur psychologisch von Bedeutung, haften aber nicht den Dingen selber an.

Alle Ideen, die einfachsten wie die kompliziertesten, lassen sich auf Erfahrung zurückführen; keine einzige ist uns angeboren. Ideen sind nur Zeichen für die wirklichen Dinge, von denen sie verursacht wurden, Idee und Ding müssen aber nicht übereinstimmen. Auf Grund unseres Gedächtnisses setzen wir die Ideen zu Systemen zusammen. Locke unterscheidet nun zweierlei Wahrheiten: eine Wahrheit der Idee, deren Kennzeichen Übereinstimmung mit der Wirklichkeit ist (wirkliche Idee), eine Wahrheit der Worte, bei der es sich um die Übereinstimmung der Ideen untereinander in einem in sich geschlossenen, von der Wirklichkeit unabhängigen System handelt (wahre Idee). Eine in sich widerspruchsvolle Idee nennt er phantastisch. John Lockes Empirismus legt den Grund zum späteren Sensualismus der Aufklärung, der den berühmt gewordenen Satz prägt: nihil est in intellectu, quod non prius fuerit in sensu (nichts ist im Verstand, was nicht zuvor in den Sinnen war). Eine konsequente Weiterentwicklung von Lockes Erkenntnistheorie bildet der extreme Empirismus David Humes (1711–1776), der die Ideen nur noch als blasse Abbilder der *impressions* (Sinneseindrücke) versteht. Nach seinen erkenntnistheoretischen „Untersuchungen über den menschlichen Verstand“ (1748) stammen alle abstrakten Ordnungsbegriffe, so auch Substanz und Kausalität, aus der Assoziation der Vorstellungen, die ihrerseits auf lebhafte Eindrücke, Empfindungen und Affekte zurückgehen. Als erster stellt er die Gesetze der Assoziation auf Grund der Ähnlichkeit und der räumlichen und zeitlichen Berührung auf.

Aus der Ähnlichkeit gehen abstrakte Grundbegriffe hervor, aus dem regelmäßigen Beisammensein von Eindrücken bilden wir den Begriff einer beharrenden Substanz, aus der regelmäßigen Aufeinanderfolge den Begriff der Kausalität.

Positivismus

Von hier führt der Weg zum Positivismus des Auguste Comte (1798–1875). Die Philosophie und alle Wissenschaften haben vom „Positiven“, d.h. vom Gegebenen, Tatsächlichen, vom Sicheren auszugehen, und dieses allein Unbezweifelbare liegt in der Wahrnehmung und Erfahrung. Alle metaphysischen Erörterungen sind nicht nur theoretisch unmöglich, sondern auch praktisch nutzlos. Eine Frage, auf die es keine empirisch nachprüfbare Antwort gibt, nennt Comte eine Scheinfrage. Probleme der Metaphysik, wie etwa die Existenz Gottes, sind Scheinprobleme.

Mit Comte bricht (nach seiner eigenen Meinung) das positive Zeitalter an. Voraus gingen das theologische und das metaphysische. In der vom Mythos gekennzeichneten theologischen Phase erklärt der Mensch die Erscheinungen der Natur mit Hilfe übernatürlicher Wesen; im metaphysischen Zeitalter versuchen die Philosophen das Geschehen von abstrahierten Ideen und Kräften herzuleiten. In der positiven Endphase begnügt sich der Mensch, durch Beobachtung und

Experiment die Erscheinungen beschreibend zu erfassen und konstante Zusammenhänge in Gesetzen zu formulieren.
Eine wesentliche Weiterentwicklung erfuhr die positivistische Strömung mit dem englischen Mathematiker und Philosophen Bertrand Russell (1872-1970), der die comtesche Forderung, die Philosophie aller spekulativen Fragestellungen zu entkleiden und sie als Wegbereiterin der Naturwissenschaften zu nutzen, in die Tat umsetzte; zusammen mit Alfred N. Whitehead erarbeitete er eine philosophische Grundlegung der Mathematik („Principia mathematica“) und umgekehrt eine mathematische Grundlegung der Philosophie („Einführung in die mathematische Philosophie“).
Russells Arbeiten wurden zu einer wichtigen Quelle für den Neopositivismus, einer sich nach 1918 formierenden Richtung naturwissenschaftlich orientierter Philosophen, die die Philosophie nurmehr noch als Hilfswissenschaft der Naturwissenschaften gelten lassen wollten; aus Philosophen wurden „Wissenschaftstheoretiker“. Die wichtigsten Neopositivisten fanden sich im „Wiener Kreis“ zusammen (Carnap, Schlick, Wittgenstein); sein Anliegen war, wie mit den Mitteln formaler Logik auf exakter, erkenntnistheoretischer Grundlage wahre Aussagen über die Wirklichkeit getroffen werden könnten. Eine Variante zu diesem Thema bot Karl Popper mit seinem 1935 begründeten „kritischen Rationalismus“ an, der die „wahre Aussage“ nicht durch (positiven) Wahrheitsnachweis (Verifikation) begründet, sondern durch Falschheitsnachweis (Falsifikation) aller anderen möglichen Aussagen. Da für die Aufgabenstellung der Wissenschaftstheoretiker die Verständigung über eine gemeinsame Wissenschaftssprache wesentlich war, befasste sich der Wiener Kreis auch intensiv mit Sprachphilosophie. Pionierarbeit leistete der österreichische Philosoph Ludwig Wittgenstein (1889–1951), der in seinem „Tractatus logico-philosophicus“ die bloße Werkzeugfunktion der Sprache betont und ihr eine erkenntnisfördernde Funktion abspricht; logische Ableitungen lässt er nur aus den Tatsachen gelten; Worte führten nur immer wieder zu reinen Tautologien (Wiederholungsformeln).
Eine Zeitlang hat man Wittgensteins Gedanken als das Ende aller Philosophie gedeutet (der „Tractatus“ schließt mit dem Satz: „Wovon man nicht sprechen kann, darüber muss man schweigen“). Von anderen wird sein Beitrag eher konstruktiv gesehen: Wie Kant das Wissen kritisch hinterfragte, um Platz für den Glauben zu bekommen, hat Wittgenstein das Scheinwissen aufheben wollen, um Platz für das einzig „wahre“, das naturwissenschaftliche Wissen nämlich, zu schaffen. So endete eine Entwicklung, die mit Locke, Hume, Comte und insbesondere Kant ihren Anfang nahm.

Kants Kritizismus

Die Erkenntnistheorie trat in ein ganz neues Stadium durch den Kritizismus Kants. Immanuel Kant (1724–1804) führte ein geradezu pedantisch reglementiertes Leben ohne größere äußere Ereignisse. So eintönig sein äußerer Lebensweg war, so abenteuerlich und revolutionär war sein Denken. Er ist der „Alleszermalmer“, der durch seine messerscharfe Kritik das dogmatische Denken und alle bisherigen philosophischen Systeme niederreißt, um den

Grundstein zu einer neuen Philosophie zu legen. In der sogenannten vorkritischen Periode beschäftigt er sich hauptsächlich mit naturwissenschaftlich-physikalischen Problemen (Weltentstehungstheorie von Kant/Laplace). 1781 erscheint sein erkenntniskritisches Werk, die „Kritik der reinen Vernunft", das eine neue Epoche in der Philosophiegeschichte einleitet. 1788 folgt die „Kritik der praktischen Vernunft", in der er seine Ethik darlegt, 1790 die „Kritik der Urteilskraft", Kants Ästhetik enthaltend.

Nach Kants Auffassung hat weder der rationalistische noch der empiristische Ansatz die erkenntnistheoretische Frage in befriedigender Weise gelöst. Das Elementarste unserer Erfahrung sind die Sinnesempfindungen: rot, warm, hart usw., ein ständig wechselnder Inhalt unseres Bewusstseins. Alle Erkenntnis geht von den Sinnen aus; der Verstand urteilt auf Grund der Sinneserfahrung, ordnet die einzelnen Daten zu Urteilen. Alles, was wir mit Hilfe der Sinne erfahren, ist gegeben in Raum und Zeit. Raum und Zeit sind jedoch keine Empfindungen, sondern die Voraussetzung für jegliche Empfindung. Sie müssen schon vor der ersten Sinnesempfindung gegeben sein, sind menschliche Anschauungsformen a priori, d.h. vor jeglicher Erfahrung. Raum und Zeit sind nicht etwas Absolutes, unabhängig vom Bewusstsein Existierendes (wie Newton glaubt), sondern spezifisch menschliche Erlebnisformen, in welche unsere sinnliche Erfahrung gebettet wird. Das Empfindungsmaterial ist zufällig, wechselhaft, unterliegt der Erfahrung, ist also aposteriorisch; die Anschauungsformen sind notwendige (transzendentale) menschliche Verknüpfungsformen, sind Voraussetzungen jeglicher Empfindung, vor aller Erfahrung gegeben (a priori). Wir können nun sagen, was das Objekt und was das Subjekt zur fertigen Anschauung („Ich sehe hier jetzt dieses Buch") beigesteuert hat: Vom Objekt stammt das Empfindungsmaterial, vom Subjekt stammen die reinen Anschauungsformen.

Der Verstand ordnet nun das räumlich und zeitlich gegebene Material mit Hilfe von zwölf Kategorien, den menschlichen Denkformen, und bildet Urteile. Eine dieser Formen ist die Kausalität (die Beziehung von Ursache und Wirkung). Der Mensch ist auf Grund der Beschaffenheit seines Verstandes gezwungen, kausal zu denken: Alles, was ist, muss eine Ursache haben. Wir können aber nicht sagen, ob diese Kausalität auch außerhalb des menschlichen Denkens Gültigkeit hat. Wir wissen nur, dass es unsere Art und Weise ist, die Vorgänge in der Welt zu verknüpfen. (Es ist ein Wesen vorstellbar, das mit anderen Denkformen die Welt erfasst, mit Denkformen, denen zum Beispiel die Kausalität fehlt.)

Wenn aber Raum und Zeit und die Kategorien nur Formen unserer Anschauung und unseres Denkens sind und nichts absolut Gegebenes, dann sind die Gegenstände und Vorgänge in der Welt nicht der Art, wie wir sie erleben. Die Gesetze, die wir bisher aus der Natur abzulesen geglaubt haben, sind in Wahrheit die Gesetze unseres Denkens. Wir haben sie in die Natur hineingedeutet, um sie dann aus ihr wieder herauszulesen. Die Natur diktiert also nicht uns die Gesetze, sondern wir schreiben sie der Natur sozusagen vor. Dies ist ein entscheidender Punkt der Kantschen Philosophie. Wie Kopernikus das Weltsystem umgekehrt hat (nicht die Sonne kreist um die Erde, sondern die Erde um die Sonne), so stellt nun Kant das bisherige Denken auf den Kopf, und er nennt sich deshalb selbst „Kopernikus der Philosophie". Was man bisher als Wirklichkeit angesprochen hat, sind nicht die Dinge an sich, sondern lediglich deren Erscheinungen (Phainomena). Das Ding an sich (in seinem An-sich-Sein, unabhängig von unserem Denken) ist für uns unerkennbar; immer nur haben wir es mit der Erscheinung der Gegenstände zu tun, immer können wir nur sagen, wie uns etwas erscheint.

Die Kardinalfrage, deretwegen Kant die „Kritik der reinen Vernunft" geschrieben hat, lautet: Sind Mathematik, die Naturwissenschaften und die Metaphysik als exakte Wissenschaften begründbar? Für die Mathematik und die Naturwissenschaften wird die Frage bejaht, denn sie gründen auf synthetischen Urteilen a priori, sie fußen auf der apriorischen Anschauungsform des Raumes (Geometrie), der Zeit (Arithmetik als Methode abgekürzten Zählens) und auf den apriorischen Denkformen (Naturwissenschaften). Die Gegenstände der Metaphysik aber, zum Beispiel die Unsterblichkeit der Seele, die Freiheit des menschlichen Willens und die Existenz Gottes, werden durch keine Erfahrung mehr bestätigt. Sie sind leere Ideen. Metaphysik ist deshalb als Wissenschaft nicht möglich. Unsterblichkeit, Willensfreiheit und Gott sind nach Kant notwendige Forderungen (Postulate) der praktischen Vernunft (Sittlichkeit), aber keine Gegenstände des Denkens. Sobald man sie rational, mit Hilfe des Denkens, zu begründen sucht, verstrickt man sich in eine Reihe von Widersprüchen (Antinomien).

Gott ist also ein Gegenstand des Glaubens, aber nicht der Wissenschaft. Ich muss an Gott glauben; was ich rational beweisen kann, glaube ich nicht, das weiß ich.

Skeptizismus

Von Skeptizismus spricht man dann, wenn der Zweifel zurm Prinzip des Denkens erhoben wird. War der Zweifel bei Descartes rein methodischer Art und wurde er nur so lange angewendet, bis eben jener Fixpunkt, jenes „cogito ergo sum" gefunden war, bleiben andere im Zweifel stecken: Es gibt keine allgemeine Wahrheit; der Mensch hat keine Möglichkeit, eine objektiv richtige und sichere Erkenntnis zu finden. Solche Gedanken tauchen schon in der Antike bei Pyrrhon (†270 v.Chr.) auf. Nichts ist in Wirklichkeit wahr oder falsch, schön oder hässlich, gerecht oder ungerecht. Im Grunde ist alles unentscheidbar und gleichgültig. Was als feststehend, sicher und allgemeingültig bezeichnet wird, ist eine willkürliche menschliche Setzung, ist Sitte und Übereinkommen. Die Wirklichkeit ist unserer Erkenntnis völlig unzugänglich, und die Haltung des Weisen liegt im Verzicht auf jegliche Entscheidung, jegliches Urteil. Als praktisch-sittliches Ideal folgen daraus die Unerschütterlichkeit, der Gleichmut. Da keiner einzigen Aussage objektive Wahrheit zukommt, begnügt sich Pyrrhon damit, zu schweigen und lediglich mit dem Finger auf die Erscheinungen zu weisen.

Schon die griechischen Sophisten, als deren Hauptvertreter Protagoras, Gorgias und Hippias gelten, waren zu einem dem Skeptizismus verwandten Relativismus gekommen. Sie beherrschten das Denken im Griechenland des 5. und 4. Jahrhunderts v.Chr. (griechische Aufklärung). Ihnen voraus gingen die „monischen Naturphilosophen" (Thales von Milet, Anaximenes, Anaximander), deren Anliegen es war, mit Hilfe einer deduktiv-spekulativen Methode den Urstoff zu finden, aus dem sich alles Vorhandene (Seiende) aufbaut.

Die entscheidende philosophiegeschichtliche Leistung der Sophisten, die sie mit Sokrates teilen, liegt in der Abwendung der Weltentstehungstheorien der lonier und in der Hinwendung zum Menschen und seiner Problematik sowie in der induktiv-empirischen Methode.

Es gibt für sie keine objektive Wahrheit, die zu finden der Mensch ausziehen könnte; die Dinge sind für jeden so, wie sie ihm erscheinen. Alles ist relativ. So wird der „Mensch zum Maß aller Dinge“ („Homomensura-Satz“). „Von den Göttern weiß ich nichts“, soll Protagoras gesagt haben, „weder dass es solche gibt, noch dass es keine gibt. Denn viele Hindernisse versperren uns die Erkenntnis: die Unklarheit der Sache und die Kürze des menschlichen Lebens.“ Gorgias (†375 v.Chr.), noch radikaler, erklärt: „Es existiert nichts; und wenn etwas existiert, so wäre es für den Menschen unbegreiflich; wäre es aber auch begreiflich, so könnte man es doch einem anderen nicht mitteilen oder erklären.“ Dies bedeutet den durch das Denken erklärten, bewussten Bankrott allen menschlichen Denkens.

Pragmatismus

In gewissem Sinn mit sophistischen Gedankengängen verwandt ist der amerikanische Pragmatismus, der im Handeln (griech. pragma: Praxis) des Menschen sein Wesen ausgedrückt findet. Wert oder Unwert des Denkens muss danach beurteilt werden, ob es sich praktisch verwerten lässt, der Bewährung im Leben dient (Philosophie des Erfolgs). Der markanteste Vertreter des Pragmatismus ist William James (1842–1910). Auch für ihn gibt es keine Wahrheit an sich, absolut und bestimmbar. Die Wahrheit ist keine Entdeckung, sondern eine Erfindung des Menschen. Wahr ist all das, was sich praktisch bewährt. Diejenige Religion ist wahr, die zu trösten vermag. „Wahr ist das, was für unser Denken vorteilhaft ist“, schreibt James; und an einer anderen Stelle seines „Pragmatism“: „Die richtigen Gedanken haben heißt: das richtige Werkzeug zum Handeln besitzen. Wichtig ist, in einer Idee einen Wegweiser zu haben, um sich in der Wirklichkeit zurechtzufinden.“

Irrationalismus

Im Gegensatz zu all den bisher geschilderten Systemen steht der Irrationalismus. Die Erfahrung und auch die Ratio (das reine Denken) erfassen lediglich das Natur-Wirkliche. Wesentlicher und wirklicher aber sind die übernatürlichen Mächte und Kräfte, die allerdings nicht mehr mit dem logischen Denken zu erreichen sind, sondern nur intuitiv.

Die Mystiker des Mittelalters (etwa Meister Eckhart, Johann Tauler oder Nikolaus Cusanus) drücken sich ganz bewusst in logischen Widersprüchen aus; im irrationalen Bereich, also jenseits der Logik, fallen die Gegensätze zusammen (Coincidentio oppositorum), und es beginnt die überwirkliche Einheit (Unio mystica), die Einheit von Mensch und Gott. Aber nicht nur die Theologie im umfassenden Sinn, weil ihr Erkenntnisgegenstand eben das Ungegenständliche ist, sondern auch alle religiös fundierten Philosophien stehen dem Rationalismus und Empirismus mit großen Vorbehalten gegenüber, weil sie den übertriebenen Glauben an die Macht der menschlichen Vernunft ablehnen. So auch der geniale Mathematiker Blaise Pascal (1623–1662), mit dessen Namen u.a. die Entdeckung der nach ihm benannten Gesetze über den Aufbau der Binome und die Theorie der Wahrscheinlichkeitsrechnung verknüpft ist. Pascal unterscheidet zwei Typen von Erkenntnismethoden: 1. den mathematisch-naturwissenschaftlichen, 2. die „Logik des Herzens" (raison du cœur, sentir Dieu). Das von Pascal erstrebte Ideal ist die Vereinigung der beiden Methoden, eine vollkommene Zusammenfassung allen Wissens auf wissenschaftlicher und auf religiös motivierter Grundlage.

Auch die Philosophie des 19. und 20. Jahrhunderts versucht vielfach, über Erfahrung und Ratio hinausgehende Erkenntnisquellen aufzuspüren und auszuwerten. U.a. von Pascal beeinflusst, glaubt z.B. die Phänomenologie Edmund Husserls (1859-1938), einen Weg zur absoluten Wirklichkeit jenseits der Erfahrung gefunden zu haben. Husserl, dessen Hauptwerke („Logische Untersuchungen", 1900; „Idee zu einer reinen Phänomenologie", 1913; „Erfahrung und Urteil", 1939; u.a.) schwer zu lesen sind, wurde zum Begründer einer bedeutenden philosophischen Schule. Husserl wendet sich zunächst gegen die Psychologisierung der Logik, d.h. gegen die Auffassung, die logischen Gesetze hätten keine Gültigkeit an sich, sondern seien psychologisch zu erklären und aufzufassen; sie bestünden nur, wenn sie jemand denkt. Für Husserl sind die Gesetze der Logik (und auch der Ethik) ideale Wesenheiten; sie gelten absolut, sind unabhängig vom Menschen und bestehen auch dann, wenn sie von niemandem gedacht (oder verwirklicht) werden. Diese idealen Wesenheiten liegen allerdings jenseits aller sinnlich wahrnehmbaren Dinge. Wir können zu ihnen daher nicht mit Hilfe der Erfahrung oder des rationalen Denkens vorstoßen, sondern nur durch die phänomenologische Methode, die „Wesensschau". Nicht das Dasein und nicht das Sosein sind für das Wesen eines Gegenstandes entscheidend, sondern sein An-sich-Sein, das uns erst durch die intuitive Schau offenbar wird.

Ethik

Gegenstand der Ethik ist das menschliche Verhalten, wie es sein soll, und zwar das auf das Ich bezogene, das auf andere bezogene und (in gläubiger Sicht) das auf Gott bezogene Verhalten. Die Ethik ist eine normative Lehre, die Werturteile fällt, ähnlich wie die Logik und die Ästhetik. Während die Logik das Wahre vom Falschen trennt, die Ästhetik das Schöne vom Hässlichen, scheidet die Ethik das Gute vom Schlechten. Jede Wertethik hat die positive Lösung zweier entscheidender Fragen zur Voraussetzung: 1. Gibt es eine Freiheit des Willens? 2. Gibt es objektive Werte, und wie sind sie zu erkennen und zu verwirklichen? Bei der vieldiskutierten Frage der Willensfreiheit muss man unterscheiden zwischen der Freiheit wovon und der Freiheit wofür. Freiheit im ethischen Sinn kann niemals bedeuten: ein Freisein von jeglicher Verpflichtung, jeglicher Rücksicht, jeglicher sozialer Bindung. Es kann sich nur um eine Freiheit in bestimmten Grenzen handeln, Grenzen, die von der Vernunft, vom Freiheitsanspruch der anderen Menschen gesteckt werden. Eine menschliche

Gemeinschaft ist nur dann möglich, wenn bestimmte Gesetze oder Normen beachtet werden. Sie sind gegeben. Ich kann mich dafür entscheiden oder dagegen. Ich kann aber nicht so handeln, als ob sie nicht vorhanden wären. Meine Freiheit besteht in der Möglichkeit, das Gesollte aus eigenem Entschluss und eigener Einsicht (also ohne dass ich von außen dazu gezwungen werde) zu tun. Dieser Umstand veranlasst Sartre zu der Formulierung: Der Mensch ist zur Freiheit verdammt. Man kann zwar gegen diese oder jene sittliche Forderung rebellieren, man kann sich sogar einem völlig anderen System verschreiben, niemals aber gelangt der Mensch in einen Raum „Jenseits von Gut und Böse".

Wenn man die Lehren der großen Ethiker (z.B. Buddha, Konfuzius, Sokrates, Christus) miteinander vergleicht, entdeckt man ganz erstaunliche Ähnlichkeiten: Sie alle sprechen von Gerechtigkeit, Treue, Nächstenliebe, Mäßigung. Sie gehen über das positive Recht, über die von der Gesellschaft geformten Gesetze, Gewohnheiten, Gebräuche hinaus und greifen auf das natürliche Recht zurück, auf die unveräußerlichen Menschenrechte, die man achten soll.

Allerdings ist jedes System, das für die Befolgung der Gebote Belohnung, für ihre Missachtung Strafe verheißt, im strengen Sinn keine Ethik; denn es fehlt die freie Entscheidung, die das Hauptkriterium einer sittlichen Handlungsweise ausmacht. Man spricht dann von einer „heteronomen Ethik". Die philosophische Ethik hingegen gründet das Sittengesetz auf sich selbst, fordert das Gute des Guten wegen; sie kennt zwar eine Rangordnung der Werte und analysiert sie eingehend, stellt aber weder Belohnung noch Bestrafung in Aussicht. Sie ist eine autonome Ethik; die sittliche Tat erwächst im Idealfall aus der vernünftigen Einsicht in das Wesen des Sittlichen.

Griechische Sittenlehre

Eines der einfachsten und ältesten Systeme der um die Ethik sehr bemühten griechischen Philosophie ist der **Hedonismus** (hedoné: Lust, Genuss), den Aristipp (um 435, bis 355 v.Chr.) vertreten hat. Das einzige Gut des Menschen ist das Lustgefühl, das höchste Glück der Genuss. Da wir nicht in die Zukunft schauen können, muss die Devise lauten: Carpe diem (Horaz, „Nütze den Tag!"); ergreife jede Gelegenheit, die dir Lust und Genuss verspricht. Es handelt sich also um eine ausschließlich auf das Ich, egoistisch auf das eigene Wohl beschränkte Sittenlehre.

Die Schwäche dieses Prinzips liegt auf der Hand: Der Genuss ist vom flüchtigen Augenblick abhängig; auf einen Zustand der Lust kann ein viel längerer der Unlust folgen. Diese unvollkommene Lehre hat denn auch bald Epikur (341–270 v.Chr.) zum **Eudämonismus** (Glückseligkeitslehre) weiterentwickelt. Auch für Epikur besteht das Gute im Lustgefühl; aber er sieht weiter, über die augenblickliche Situation hinaus, und erkennt, dass starke, leidenschaftliche Lustgefühle nur neue Wünsche wecken, die, wenn sie nicht oder nicht sogleich erfüllbar sind, Unlustzustände hervorrufen. Für ihn besteht die Lust darin, dass der Körper nicht leidet, die Seele nicht beunruhigt ist. Die Freuden des Lebens müssen also klug ausgewählt werden. Die höchste Tugend stellt die Klugheit dar, die uns zu Mäßigkeit, Mut und Gerechtigkeit führt. Nicht derjenige meistert das Leben, der von einer Lust zur anderen jagt, von seinen immer neu erwachenden Wünschen getrieben, sondern gerade der, welcher möglichst frei von Wünschen ist (Ataraxia). Die Gedanken Epikurs tauchen im **Utilitarismus** (Nützlichkeitsethik) des 19. Jahrhunderts wieder auf: bei Jeremias Bentham und bei John Stuart Mill. Hier geht es allerdings nicht mehr um mein persönliches Glück, sondern um das Allgemeinwohl. Denn: Ich bin nicht allein in der Welt, mein Wohlbefinden hängt von dem der anderen ab. Vermehre ich das Glück der anderen, nütze ich damit auch mir selber. Freilich ist bisweilen die Freude des einen das Leid des anderen. Es ist also kein genereller Glückszustand zu erreichen, wohl aber ein Maximalwert: das größtmögliche Glück der größtmöglichen Zahl („the greatest happiness of the greatest number"). Mill ist der Ansicht, dass alle großen Ethiker (auch Christus) einen Utilitarismus lehrten; denn es geht den Utilitaristen nicht um das Glück des Einzelnen, sondern um das aller.

Mit dem Eudämonismus des Epikur, der in der Antike viele Anhänger fand, rivalisierte die **Stoa**, welche die Antike etwa fünf Jahrhunderte hindurch beeinflusste. Ihr Begründer war Zenon aus Kition († um 264 v.Chr.), der bedeutendste Vertreter der älteren Stoa Chrysippos (ca. 280–205 v.Chr.). Panaitios (†110 v.Chr.) verpflanzte die stoischen Morallehren nach Rom, wo sie Cicero aufnahm. Die neuere Stoa, ausgehend von dem Griechen Epiktet (†138), formte die Lebensanschauung der wirren und unsicheren römischen Kaiserzeit und bildete die Grundlage des römischen Rechts. Seneca und besonders Marc Aurel, der Philosoph auf dem Kaiserthron (†180), sind die Hauptvertreter der neuen Schule.

Die Sittenlehre der Stoiker ruht auf ihrer metaphysischen Grundkonzeption: Die menschliche Vernunft ist ein Teil der göttlichen Vernunft, die im gesamten All waltet. Der Mensch hat sich dem Sein harmonisch einzufügen, und das gelingt, wenn er naturgemäß lebt und sich von seiner Vernunft, dem göttlichen Funken in ihm, leiten lässt. Die Vernunft hat die Aufgabe, unsere Wünsche und Leidenschaften zu zügeln. Das größte Übel ist, Sklave seiner Leidenschaften zu sein. Der Stoiker übt sich in der so schweren Kunst der Selbstbeherrschung und des Verzichts. Er nimmt die Dinge hin, wie sie sind, er klagt nicht, bäumt sich nicht dagegen auf. Die Stoa lehrt aber nicht nur eine Ethik des Verzichts, sondern auch eine Ethik der Leistung: Die menschliche Persönlichkeit bewährt sich am sichtbarsten in den Tätigkeiten, in der unbeirrbaren Verfolgung des ethischen Ziels, allen wirren und widrigen Umständen zum Trotz.

Einer der größten Ethiker war Sokrates, von dessen Denken wir allerdings nur durch seine Schüler Platon und Xenophon wissen, denn er selber hat keine einzige Zeile geschrieben. Er hat aber wie kaum ein anderer seine Philosophie gelebt. Sokrates wurde 469 v.Chr. in Athen geboren, war Bildhauer wie sein Vater, hat sich jedoch, ganz seiner „inneren Stimme" folgend, der Aufgabe gewidmet, seine Mitmenschen zum Denken und zum einsichtsvollen sittlichen Handeln zu erziehen. Seine geschichtliche Bedeutung liegt darin, dass er die kosmologische Naturphilosophie der Ionier durch eine anthropologische Ethik ersetzte; wie bei den gleichzeitig wirkenden Sophisten rückt also auch bei Sokrates der Mensch in den Mittelpunkt der Betrachtung. Was ihn aber von den Sophisten deutlich abhebt, ist eine positive Ethik; er macht den Relativismus der Sophisten nicht mit, ja widerlegt ihn sogar. Sokrates hatte viele Anhänger und Schüler, aber auch viele Feinde, die er sich durch seine Unbestechlichkeit und Offenheit zuzog. 399 wurde er von einer Clique der Gotteslästerung und Verführung der Jugend angeklagt, und da er nicht bereit war, diese Beschuldigungen hinzunehmen, ja ganz im Gegenteil der Meinung war, öffentliches Lob für seine Tätigkeit zu verdienen, wurde er zum Tod durch Gift verurteilt. Obwohl er mit Hilfe seiner Freunde hätte fliehen können, unterwarf er sich dem Spruch des Gerichts aus Achtung vor dem Gesetz und in der Überzeugung von der Unsterblichkeit seiner Seele. Er wusste, dass die Nachwelt nicht ihn, sondern seine Richter schuldig sprechen werde. Platon hat in seiner „Apologie“ die Verteidigungsrede des Meisters der Nachwelt überliefert und in seinem Dialog „Phaidon“ einen erschütternden Bericht von den Vorgängen unmittelbar vor dem Tod des Sokrates, seines Lehrers, gegeben.

Der Grundgedanke der sokratischen Ethik liegt in der Überzeugung, dass das Wahre, das sittlich Gute, deutbar und erkennbar ist. Aus dem Wissen um die Sittlichkeit erfolgt das sittliche Handeln.

Die Bedingung für die Bewährung im Leben ist die Selbsterkenntnis, die bei den Griechen eine große Rolle spielte. Weiß ich, wer ich bin, dann weiß ich auch, was ich soll. Richtig und gut ist eine Handlungsweise dann, wenn sie dem Menschen wahren Nutzen und Glückseligkeit bringt. Es sind also im Grunde immer dieselben Gedanken, um welche die griechische Ethik kreist: Die Heiterkeit und Ruhe der Seele, das innere Glück, das am ehesten durch die Bedürfnislosigkeit zu erreichen ist.

Christliche und antichristliche Ethik

Das Christentum schuf eine Ethik, die sich vor allem auf das Handeln den Mitmenschen gegenüber bezieht, ein Handeln, das durch die Gebote Gottes bestimmt ist. Im Mittelpunkt der christlichen Ethik steht die Liebe, die Nächstenliebe, die unbedingt und uneingeschränkt gilt, woraus auch der Grundsatz „Liebe deine Feinde“ zu erklären ist. Die Nächstenliebe hat vor allem dem Hilfsbedürftigen, dem Kranken und Schwachen, dem Armen zu gelten. Die Barmherzigkeit, das Mitleid mit anderen werden reinster Ausdruck dieser auf das Du orientierten Sittlichkeit. Aber auch hinsichtlich der Selbsterziehung hat die christliche Ethik die Haltung des abendländischen Menschen geprägt: Unterordnung des Leibes unter den Geist, Beherrschung der Begierden, das geduldige Ertragen körperlichen und seelischen Schmerzes als von Gott auferlegte Prüfungen, das Verzeihen werden zu bleibenden Werten.

Mehr aus einer anti- als aus einer achristlichen Einstellung entwickelte Friedrich Nietzsche (1844–1900) eine Ethik, deren oberstes Prinzip die ungehemmte Entfaltung des Lebens ist. Seiner Meinung nach bietet das Christentum eine Ethik der Schwäche und Mittelmäßigkeit, eine „Sklavenmoral“ mit dem Zweck, die Starken zu überrumpeln. Und er stellt ihr die in einem brillanten Stil geschriebene und wie keine andere Philosophie mit Dynamit geladene „Herrenmoral“ entgegen. Ziel der Menschheitsentwicklung ist der „Übermensch“, wie ihn Zarathustra lehrt: „Der Mensch ist etwas, das überwunden

werden soll. Was habt ihr getan, ihn zu überwinden? ... Einst wart ihr Affen, und auch jetzt noch ist der Mensch mehr Affe als irgendein Affe. Seht, ich lehre euch den Übermenschen! Der Übermensch ist der Sinn der Erde ... Ich beschwöre euch, meine Brüder, bleibt der Erde treu und glaubt denen nicht, welche euch von überirdischen Hoffnungen reden!" (Aus der Vorrede von „Also sprach Zarathustra") Der höchste sittliche Wert, den Nietzsche kennt, ist also das (irdische) Leben selbst und alles, was seiner selbstbewussten Entfaltung dient (**Vitalismus**); im Christentum wähnt er eine mit schönen Worten und sittlichen Forderungen ummäntelte Philosophie der Lebensverneinung und entsprechender Todesbejahung, die sich schon im Sinnbild des Gekreuzigten ausdrückt.
Ihm hielt er den griechischen Gott der Fruchtbarkeit, Dionysos entgegen. Den Wagemut zum Leben, den Nietzsche forderte, hat er in seinem Denken bis zur letzten Konsequenz vollzogen: Auf einem Zettel der Zeit seines beginnenden Wahnsinns unterschreibt er als „gekreuzigter Dionysos".

Rationale und intentionale Ethik

Den Prototyp einer formalen Ethik schuf Immanuel Kant in seinem 1788 erschienenen Werk „Kritik der praktischen Vernunft". Unabhängig von jeder Metaphysik baut diese Sittenlehre auf der a priori gegebenen „praktischen" Vernunft auf. Alles, was wir aus Neigung tun, was wir tun, um unsere Wünsche, Strebungen und Gefühlsimpulse zu verwirklichen, muss notwendigerweise den ethischen Charakter einbüßen. Sittlich wertvoll sind allein Handlungen, die uns die Pflicht diktiert. Wenn ich einem Menschen die Treue halte, weil ich ihn liebe, ohne ihn gar nicht auskomme, liegt darin kein ethisches Verdienst. Wahre ich aber die Treue, weil ich dazu verpflichtet bin, ist dies ein sittlicher Wert. Dieser ethische Rigorismus hat selbst bei Kants Verehrern und Bewunderern Widerspruch ausgelöst. Nach Kants Auffassung ist es nicht möglich, spezielle Werte und eine Wertskala festzuhalten; es genügt auch, einen allgemeinen Grundsatz aufzustellen, der unbedingte Gültigkeit hat, und dieser Grundsatz ist der kategorische Imperativ, der lautet: „Handle so, dass die Maxime deines Willens jederzeit zugleich als Prinzip einer allgemeinen Gesetzgebung gelten könnte."
Das „ungeschriebene Gesetz in uns" (Sittengesetz), das Kant mit solcher Ehrfurcht erfüllte wie „der gestirnte Himmel über uns", ist eine apriorische Gegebenheit der praktischen Vernunft. Gegenpositionen zu Kant haben philosophiegeschichtlich wirksam Scheler und Hartmann bezogen. Max Scheler (1874–1928) zeigt sich stark von Husserls Phänomenologie beeinflusst, vermag aber dessen Gedanken auf Grund seines lebhaften und phantasiebegabten Geistes selbständig zu verwerten. In seinem Hauptwerk „Der Formalismus in der Ethik und die materiale Wertethik" (1913) nimmt er scharf gegen Kant Stellung, der durch seinen Glauben an die Vernunft das entscheidende Moment in der Ethik übersehen hat: das Gemüthafte, die Liebe. Scheler will nicht mit dem Verstand philosophieren, sondern mit dem Gefühl. Nicht das rationale Denken weist uns auf die Probleme der Ethik, sondern das unmittelbare Leben, für das Scheler voll Leiden-

schaftlichkeit eintritt. Er will die gemüthaften Kräfte für die Philosophie fruchtbar machen, die durch die positiven Naturwissenschaften und den Rationalismus aller möglichen Schattierungen verdunkelt wurden. Wie wir nicht durch das Erkennen, sondern durch das „intentionale" (auf das Objekt bezogene, zielgerichtete) Fühlen zur Außenwelt kommen, so sind auch die sittlichen Werte nur zu erfühlen. Sittliche Werte sind „ideale Wesenheiten" im Sinne Husserls, die sich nicht definieren, wohl aber erleben lassen.

Nicolai Hartmann (1882–1950) hat neben seiner „Ethik" (1925) vor allem ontologische Arbeiten von großer Bedeutung geschrieben. Hartmanns Sittenlehre ist eine absolute Götterethik: Es gibt ein ewiges, unwandelbares Reich sittlicher Werte, ähnlich den platonischen Ideen. Der Mensch als „Bürger zweier Welten" (Kant), mit seinem Körper dem Materiellen verbunden, mit seinem Wertfühlen aber fähig, bis zu den „Fixsternen" sittlicher Werte vorzustoßen, hat die Aufgabe, die idealen Wertwesenheiten auf die Erde herunterzuholen und hier zu verwirklichen. Die sittlich gute Tat ist an zwei Bedingungen geknüpft: 1. an die Freiheit. Die Handlung muss aus innerer Freiheit geschehen, was allerdings die Möglichkeit zum Bösen in sich schließt. Eine Determiniertheit wie die Kausalität gibt es nur im physikalischen Bereich, nicht aber im geistigen. 2. Die sittliche Tat ist nur gut, wenn sie den höheren Wert dem niederen vorzieht. Kein Wert darf für sich allein betrachtet werden, sondern nur in seiner Relation zu anderen Werten. Der Mensch ist aufgefordert, sich stets für das Bessere zu entscheiden.

Religion und Ethik sind unvereinbar. Zwischen ihnen liegt eine Reihe von Antinomien (Widersprüchen), so dass das eine das andere ausschließt: Der religiöse Mensch ist nach dem Jenseits orientiert; er verlegt die wahren Werte dorthin. Der sittliche Mensch aber ist diesseitszugewandt; er verwirklicht die sittlichen Werte in dieser Welt. Gott und der sittliche Mensch schließen einander aus; Gott entwertet den sittlichen Menschen, er degradiert ihn zur Unfreiheit: Seine Vorsehung, sein Wille, der immer geschieht, zerstören die Freiheit des Handelns. Nicht als göttliches Gebot kann die sittliche Tat verwirklicht werden, sondern nur aus der inneren Einsicht des Guten. Die Religion behandelt den Menschen wie ein unerfahrenes Kind, wenn sie ihm seine Schuld abnimmt, ihn „erlöst". Der Erlösungsgedanke ist deswegen für Hartmann „wirklich ein moralisches Übel".

Kant und Nicolai Hartmann haben dasselbe ethische Grundanliegen: die Sittlichkeit von aller Relativierung zu befreien. Aber während Kant die Existenz Gottes im Namen der Sittlichkeit unabdingbar fordert, muss Hartmann Gott „beiseiteschaffen", damit sittliches Handeln möglich wird.

Metaphysik

Mit dem Namen Metaphysik bezeichnet man eine philosophische Disziplin, die behandelt, was jenseits und „hinter" der Natur (der Physis) liegt, aber deren eigentliches Wesen und Prinzip ausmacht. Die Metaphysik befasst sich mit einer Fülle von Problemen, deren wichtigste die Fragen nach dem Sein als solchem (Ontologie), nach der Stellung, dem Sinn und Zweck des Menschen in der Welt (philosophische Anthropologie) und nach der Existenz und dem Wesen Gottes sind (Theologie). Metaphysik zu betreiben ist erst möglich nach einer positiven Antwort auf die erkenntnistheoretische Frage. Der Skeptizismus und der Relativismus kennen keine Metaphysik, aber auch Kant lehnte, wie wir wissen, die Metaphysik als Wissenschaft ab. Die wichtigste Disziplin der Metaphysik ist die Ontologie. In der Ontologie geht es um den Urgrund des Seins, um das Wesen dessen, was ist. Je nachdem, ob es sich um die Annahme eines Prinzips, zweier oder mehrerer Seinsweisen handelt, unterscheidet man monistische, dualistische und pluralistische Ontologien. Ein Beispiel für den Dualismus ist die Ontologie des Christentums mit ihrer Trennung von Diesseits und Jenseits, Körper und Seele, Welt und Gott, Gott und Teufel (als das Böse).

Aristotelismus

Von ungeheurer Wirkung auf das Christentum war Aristoteles (380–321 v.Chr.). Der Erbe Platons, des Gründers einer zweiten Philosophenschule (Lykeion) zu Athen, steht an der Schwelle zum Hellenismus. Er hält als erster große Zyklen wissenschaftlich-philosophischer Schulvorträge über alle Probleme der Natur von Physik bis Zoologie und Botanik und über alle Probleme des Menschen, von allgemeiner Ethik bis zu Rhetorik und Poetik. Insbesondere ist er der Schöpfer der Logik, der Wissenschaft von den menschlichen Denk- und Beweisformen. Von größter Bedeutung ist Aristoteles' logisches Prinzip des „Tertium non datur" – ein Drittes gibt es nicht. Dieses Prinzip bietet sich für die mittelalterlichen Scholastiker zur Untermauerung ihres dualistischen Weltbildes geradezu an. Im Zeitalter des Investiturstreites, also des Streites zwischen Papst und Kaiser um die Einsetzung neuer Bischöfe (um 1050) erwacht das Bedürfnis, die christlichen Lehren rational durchzuarbeiten, um ihr Verständnis zu festigen und zu vertiefen; Anselm von Canterbury (1033–1109) hebt den Rang der Vernunft, die, vom Schöpfer selber eingehaucht, bei richtigem Vorgehen unmöglich auf anderes kommen kann, als was der Schöpfer im Glauben offenbart hat, auf eine theologische Stufe und regt ebenso wie später Peter Abälard zu methodischer philosophischer Untermauerung der Glaubenslehre an.

Um 1150–1250 werden Schriften des Aristoteles sowie der führenden arabischen und jüdischen Philosophen durch Übersetzungen bekannt. Die Hochscholastik des 13. und beginnenden 14. Jahrhunderts entwickelt sich an der Aufgabe, das hier vorliegende außerchristliche Wissen und Denken mit dem christlichen Glauben in Einklang zu bringen. Die ältere Franziskanerschule baut den Aristoteles in eine platonisch-augustinische Theologie ein, sieht aber unvereinbare Gegensätze zwischen außerchristlichem und christlichem Wissen. Ihr Meister Bonaventura (Johannes Fidanza aus der Toscana, 1221–1274) lehrt in Paris zugleich mit dem dominikanischen Meister Thomas von Aquino (aus neapolitanischem Hochadel, 1225/26–1274), der als Schüler des deutschen Theologen und Polyhistors Albertus Magnus (Graf von Bollstädt, †1280) den eigentlichen Aristotelismus ausbildet: Natur und Übernatur oder Mensch und Gott oder Vernunft und Offenbarung sind zwar zweierlei, aber das Niedere ist organisch auf das Höhere hin geordnet und bildet philosophisch seinen Unterbau; das aristotelische Wissen ist so auszulegen, dass es die christliche Glaubenslehre fundiert. In seiner „Summa Theologica" führt Thomas diese Harmonisierung in universalem, vergeistigtem System durch.

Im Laufe der Philosophiegeschichte sind verschiedene Monismen aufgetreten, die sich wesentlich voneinander unterscheiden. Systeme, die ein materielles Prinzip annehmen, nennt man Materialismus; solche, die ein geistiges Prinzip an den Anfang allen Seins setzen, Idealismus oder Spiritualismus.

Materialismus

Der Materialismus sieht in der Materie den Grund und die Substanz aller Wirklichkeit, nicht nur der stofflichen, sondern auch der seelischen und geistigen. Es existiert nichts als Materie. Alle Materie unterliegt einer determinierten Gesetzmäßigkeit, die erkennbar ist. Die Materie ist nicht tot. Ihr kommen nicht nur Ausdehnung und Bewegung zu, sondern auch Energie und Geist. Das Geistige ist ein Produkt der Materie. Sie ist so beschaffen, dass sie einmal Energie ausstrahlt, ein andermal (als Nervenzellen) Bewusstsein hervorbringt. Diese Grundzüge des Materialismus tauchen in ziemlicher Gleichförmigkeit bei allen materialistischen Denkern auf.

Eine materialistische Philosophie finden wir schon bei dem Griechen Demokrit von Abdera (etwa 460, bis371 v.Chr.), der einen Atomismus lehrte und in genialer Weise den Grundgedanken der modernen Atomphysik vorwegnahm. Für Demokrit beruht alles Geschehen in der Welt auf der Mechanik der Atome. Auch die menschliche Seele besteht aus solchen Atomen. Die Empfindungen kommen dadurch zustande, dass sich von den Gegenständen „Abbilder" loslösen, die durch die Sinnesorgane eindringen und die Seelenatome in Bewegung setzen. Die Gedankengänge Demokrits werden aber von Platon, vom Neuplatonismus und dem Christentum verdrängt, und wir finden viele Jahrhunderte lang kein bedeutendes materialistisches System. Erst in der französischen Aufklärung begegnen uns wieder materialistische Philosophen: Diderot, de Lammetrie, Holbach. Bedeutenden Einfluss auf die Philosophie und das gesamte Geistesleben gewann der Materialismus durch einige deutsche Denker des 19. Jahrhunderts, wie David Friedrich Strauß, Carl Vogt, Ludwig Feuerbach und Ludwig Büchner, der sich in „Kraft und Stoff" auch mit dem Problem des Zusammenwirkens von Körperhaftem und Geistigem beschäftigt: „Die einfachste Lösung des Rätsels besteht darin, dass dem Stoff oder der Materie nicht bloß physikalische, sondern auch geistige Kräfte innewohnen, und dass diese überall dort in Erscheinung treten, wo sich die dazu notwendigen Bedingungen zusammenfinden, oder wo die im Gehirn oder Nervensystem ... bewegte Materie in gleicher Weise die Erscheinungen von Empfindungen und Denken hervorbringt wie unter anderen Umständen die der Anziehung und Abstoßung." Vogt erklärte, „dass die Gedanken etwa in demselben Verhältnis zum Gehirn stehen wie die Galle zu der Leber und der Urin zu den Nieren."

Von großer Wirkung auf die materialistische Philosophie waren im 19. Jahrhundert die naturwissenschaftlichen Theorien von Jean Lamarck und Charles Darwin mit ihren kausal-mechanischen Erklärungen des Zweckmäßigen in der Natur; der bedeutendste Vertreter des älteren **biologischen Materialismus** ist der Zoologe Ernst Haeckel (1834–1919), der den Darwinismus in Deutschland populär machte und dessen Hauptwerk „Die Welträtsel. Gemeinverständliche Studien über biologische Philosophie“ (1899) weiteste Verbreitung fand. Haeckel nennt seine Lehre „Monismus“: Organische und anorganische Natur bilden eine Einheit. Alles, auch das Organische, ist im Grunde nichts anderes als Materie. Das Geistige ist ein Produkt, ein Epiphänomen der Materie („ohne Phosphor kein Gedanke“). Ein Anfang der Materie und ihrer Bewegungserscheinungen ist ebenso wenig denkbar wie ein schließliches Ende. Die Frage nach dem Woher der Materie ist ebenso unsinnig wie die nach dem Zweck. Das gesamte Sein unterliegt dem Gesetz von den mechanisch wirkenden Ursachen. Die Annahme eines das Weltgeschehen lenkenden Gottes wird abgelehnt. Unsterblichkeit, Freiheit des Willens, die Sinnfrage sind Scheinprobleme.

Die größte Wirkung zeitigte der **dialektische Materialismus** (Diamat), der mit dem historischen Materialismus eng verbunden ist. Beide wurden zur theoretischen Grundlage des Marxismus-Leninismus und für viele Jahrzehnte zur Grundlage aller Wissenschaften der kommunistischen Welt. Um den dialektischen Materialismus zu verstehen, muss man bei dem einflussreichen Denker Hegel beginnen. Nach Hegel vollzieht sich die Entwicklung des an sich widerspruchsvollen Seins auf dialektische Weise: Gott als reiner Geist (Idee an sich) entäußert sich in die materielle Welt (Idee außer sich), die in absolutem Widerspruch zu ihm steht. Dieser spannungsgeladene Gegensatz führt zu einer Bewegung, welche die Rückkehr der Welt zu Gott mit sich bringt, vollzogen im menschlichen Geist. Aber nicht nur die Entwicklung des Seins vollzieht sich dialektisch, sondern auch das menschliche Denken unterliegt dieser Gesetzmäßigkeit; es ist ein dialektisches Denken: Jede These, jedes Sosein erzeugt eine Antithese, ein Anderssein; dass das Sosein erkennbar wird, dazu ist das Anderssein erforderlich. These und Antithese sind vollkommene Gegensätze, zwischen denen eine Spannung herrscht, die zu ihrer Aufhebung in der Synthese drängt (dialektischer Dreiklang). Dabei geht nichts verloren; denn in der Synthese wird alles vereinigt, was These und Antithese enthalten. Dieses in der gesamten Natur wie im menschlichen Denken liegende Gesetz vom dialektischen Fortschreiten übernimmt nun Karl Marx (1818–1883; Hauptwerk: „Das Kapital“, 1867/1894, 3 Bde.) und überträgt es auf die Geschichte, um, wie er selber sagt, diese Philosophie des absoluten Geistes auf die Erde zu holen und wieder auf die Beine zu stellen: Nach Marx wird der Gang der Geschichte nicht etwa durch geistige Prozesse (Ideen) bestimmt, sondern durch die Art und Weise der Güterproduktion (etwa Sklaven- und Feudalwirtschaft, kapitalistische und sozialistische Wirtschaftsform). Er schreibt im Vorwort zur „Kritik der politischen Ökonomie“: „Die Produktionsweise des materiellen Lebens bedingt den sozialen, politischen und geistigen Lebensprozess überhaupt. Es ist nicht das Bewusstsein der Menschen (also ihre Ideen, ihr Denken), das ihr Sein, sondern umgekehrt ihr gesellschaftliches Sein, das ihr Bewusstsein bestimmt.“

Idealismus

Der metaphysische Idealismus, oft auch Spiritualismus genannt, ist der Gegenpol zum Materialismus. (Man muss hier den Begriff „Idealismus“ im ursprünglichen Sinn, abgeleitet von dem griechischen Wort Idee für Gedankliches, verstehen, nicht im Sinn eines Ideals.) Idealistischen Denkern zufolge ist alles, was ist, geistiger Natur. Das Materielle stellt nur eine Ausdrucks- und Erscheinungsform des Geistigen dar.

Zum ersten Mal begegnen wir einem solchen Idealismus bei Platon (428–348 v.Chr.), einem Schüler des Sokrates. In Platons dichterisch geschriebenen Dialogen stellt Sokrates einen der Gesprächspartner dar. Platons Ideenlehre wird im „Phaidros“ entwickelt. Der Ausgangspunkt: Mit unseren Wahrnehmungen erfassen wir nur flüchtige, wechselhafte Erscheinungen und gewinnen eine unrichtige, täuschende Meinung von der Wirklichkeit.

Wie kommt Platon zu der Annahme, dass die Ideen die eigentliche Wirklichkeit sind? Wir denken in Begriffen, die, wenn sie richtig gebildet sind, unveränderlich bleiben, also vom speziellen Sosein eines Wahrnehmungsinhaltes absehen. Sie allein vermitteln uns gesichertes Wissen. Diese Begriffe beziehen sich aber auf etwas, dem keine Sinneswahrnehmung entspricht (der Begriff „Baum“ z.B. meint nicht die alte Kastanie vor meinem Fenster, der Begriff „Tier“ nicht meinen Hund Tasso). Das Objekt liegt hinter den vielen Ausdrucksformen, es ist übersinnlicher Natur, ist die Idee „Baum“, die Idee „Hund“. Die Begriffe sind also Abbilder der Ideen; mit ihrer Hilfe erkennen wir eine übersinnliche Wirklichkeit. Der Mensch erfasst (in einer intuitiven Schau) die Welt der Ideen, weil er einst selbst ein Teil dieser Welt war, in die er nach seinem Tod wieder zurückkehrt (Platons Unsterblichkeitslehre). Die Begriffsbildung stellt also eine Art Erinnerungsakt dar. Dieser „Platonismus“ hat stark auf die hellenistische Philosophie (Plotin, etwa 205–270; Begründer des Neuplatonismus) und auf das frühe Christentum eingewirkt, Die mittelalterliche Philosophie der Scholastik hingegen stützt sich fast ausschließlich auf Aristoteles. Der erste Kritiker Platons war schon sein berühmter Schüler, der erklärte, Platon habe lediglich den Begriff noch einmal gedacht und sei so zu den Ideen gekommen.

Einen faszinierenden Versuch, die Welt monistisch (einheitlich) zu deuten, stellt die Metaphysik Baruch Spinozas (1632–1677) dar. Spinoza übernimmt die beiden cartesianischen Attribute, Denken und Ausdehnung, heftet sie aber einer einzigen Substanz an, die er „Gott oder Natur“ nennt. Die Attribute Gottes treten in verschiedenen Modifikationen auf. Seelen sind die Modifikation göttlichen Denkens, Körper die Modifikation göttlicher Ausdehnung. Man könnte das cartesianisch so ausdrücken: Gott hat zwei Dimensionen – Denken und Ausdehnung; jede Modifikation in Gott hat eine Koordinate in der Dimension des Denkens und eine in der Ausdehnung. Zu diesem vereinfachten Aspekt Gottes tritt ein zu wenig beachteter: Gott ist unendlich vieles auf unendlich viele Weise möglich und wirklich. Denken und Ausdehnung sind also nur die zwei Aspekte Gottes, die durch den menschlichen Geist hindurchgehen. Aber Gott mit seinen unendlich vielen Attributen ist unendlich transzendent dem menschlichen Denken gegenüber.

Einen monistischen Spiritualismus reiner Prägung schuf auch Gottfried Wilhelm Leibniz (1646–1716), vielleicht das universalste Genie, das je gelebt hat. Mit 11 Jahren beherrschte Leibniz die lateinische, mit 13 Jahren die griechische Sprache, mit 15 Jahren studierte er Jurisprudenz, Mathematik und Philosophie, war mit 20 Jahren Doktor juris, wurde Sekretär des Kurfürsten von Mainz, dann, 26 jährig, ging er als Diplomat in besonderer Mission zu Ludwig XIV. nach Paris und fand dort die Differential- und Integralrechnung, zu gleicher Zeit, aber auf anderem, einfacherem Weg als sein großer Rivale Newton.

Besonders eingewirkt hat Leibniz auf die Mathematik, Physik, Logik, Philosophie und Psychologie. Bei der Fülle seiner Interessen, Beschäftigungen und gesellschaftlichen Verpflichtungen kann man nicht erwarten, dass er Zeit hatte für umfangreiche Werke. Seine Schriften (in lateinischer und französischer Sprache abgefasst) entstanden meist auf Anregung hochgestellter Persönlichkeiten und tragen vielfach den Charakter umfangreicher Briefe. So verfasste er seine „Monadologie“ (1714) für den Prinzen Eugen, seine „Theodizee“ (eine Rechtfertigung Gottes angesichts des Übels in der Welt) auf Wunsch der Königin von Preußen.

Auch Leibniz ging von René Descartes aus, der alles Sein in res extenso (Ausdehnung) und res cogitans (Denken) teilt. Er meint, diese Konzeption des Franzosen sei unzureichend, weil sie in keiner Weise die Bewegung und Phänomene wie die Anziehung und Abstoßung, die Wärme, das Licht zu erklären vermag. Was hinter dem Körperlichen, aber auch hinter dem Geistigen steht, ist die Kraft. Sie ist die grundlegende Wirklichkeit, die wir suchen. Und so stellt Leibniz Descartes' Mechanismus seinen Dynamismus entgegen. Was aber ist die Kraft? Leibniz bezeichnet sie als Monade, eine Art psychodynamischen Atoms. Das Weltall wird von einer Unzahl von Kraftzentren gebildet. Die Monaden sind ohne Ausdehnung, einfach und unteilbar, in sich abgeschlossen („fensterlos“) und eigengesetzlich; sie stellen einen vollkommenen Mikrokosmos dar.

Die höchste Monade ist Gott. Er hat die voneinander völlig unabhängigen Monaden, die Individualitäten im radikalen Sinn darstellen, miteinander übereingestimmt, dass sie alle zusammen einen Makrokosmos bilden. Er ist der Schöpfer der „prästabilierten Harmonie“ (im Vorhinein festgesetzte Übereinstimmung). Deswegen stimmen die Monaden, die den Körper bilden, immer mit der führenden Seelenmonade überein (psychophysischer Parallelismus).

Der große Kritiker Kant hatte keine Möglichkeit für eine wissenschaftliche Metaphysik gesehen. Aber die nach ihm folgenden Philosophen, die man unter dem Begriff **deutscher Idealismus** zusammenfasst, gehen zum Großteil andere Wege. Noch stark von Kant beeinflusst ist Johann Gottlieb Fichte (1762–1814). Seine erste Schrift, „Versuch einer Kritik aller Offenbarung“, die anonym erschien und die man zuerst Kant zuschrieb, machte ihn mit einem Schlag berühmt. Seine wichtigsten Werke sind die „Grundlage der gesamten Wissenschaftslehre“ und das „System der Sittenlehre“.

Fichtes Lehre wird als subjektiver Idealismus bezeichnet. Drei Überlegungen bilden die Grundlage: 1. Wir können nicht denken, ohne das Ich mitzudenken. 2. Es ist unmöglich, zu denken, ohne etwas zu denken. Es steht also dem Ich immer ein

Nicht-Ich entgegen. 3. Daraus folgt, dass jeder Denkakt ein erkennendes Subjekt und ein erkanntes Objekt vereinigt. Aus diesen Tatsachen leitet Fichte die ersten Sätze seiner „Wissenschaftslehre" ab: Das „Ich" setzte sich selbst. Unter diesem Ich versteht er die schöpferisch-ethische Aktivität der Persönlichkeit: Geist, Wille, Sittlichkeit. Das einzig Tätige, Handelnde ist das Ich. Das Ich ist keine Tatsache, sondern eine Tathandlung. Das Ich setzt das Nicht-Ich. Die dingliche Welt außer uns ist nichts weiter als das Produkt unserer Tathandlungen. Wie Gott nicht etwa eine Welt vorfand, die er bloß geformt hätte, sondern das Sein aus dem Nichts erschuf, so erzeugt auch das Ich den Gegenstand seiner Tat. Deswegen ist Fichte von der Freiheit des menschlichen Willens zutiefst überzeugt. Nicht die Dinge bestimmen das Ich, sondern umgekehrt: Das Ich schafft und bestimmt die Dinge. In der Setzung des Nicht-Ich entsteht dem Ich eine selbst geschaffene Hemmung: Der Mensch stellt sich in die Welt, wirkt aktiv auf sie ein und wird schließlich von seiner eigenen Tathandlung begrenzt.

Der zweite Vertreter des deutschen Idealismus, Friedrich Wilhelm Joseph Schelling (1775–1854), schuf auf Grund seiner kühnen und ideenreichen spekulativen Begabung eine Naturphilosophie, die von der Romantik beeinflusst ist und wieder stark auf sie einwirkte. Seine Hauptwerke sind die „Ideen zu einer Philosophie der Natur" (1797) und das „System des transzendentalen Idealismus" (1800). Der Kontakt mit den Romantikern hat ihn zu einem tiefen Naturerlebnis geführt, durch das er die Naturentwertung Fichtes überwindet. Beim reifen Schelling ist die Natur nicht mehr ein Produkt des Geistes, sondern sie erhält ihre Eigenständigkeit und Schöpferkraft zurück. Sie steht am Anfang aller Entwicklung, ist der schöpferische Urgrund des Seins (natura naturans). Die stufenweise Entwicklung der Natur führt über die Zwischenstation der toten Dinge, Pflanzen und Tiere zum Menschen (Geistwerdung). Das Ziel der gesamten Natur ist also zunächst die Entwicklung des Geistigen; alles in der Natur strebt darauf zu. Im Menschen tritt zum ersten Mal der Geist zutage, der sich jetzt im Erkennen, Wollen und Fühlen entfaltet. Das Erkennen führt zu den einzelnen Wissenschaften, das Wollen zur Politik und Staatenbildung, zur Geschichte der Menschheit, das Fühlen zur Kunst (Geistentfaltung). Die Polarität von Natur und Geist wird im Absoluten wieder aufgehoben; Natur und Geist bilden eine Einheit.

Einer der einflussreichsten Philosophen war Georg Wilhelm Friedrich Hegel (1770–1831). Zu seinen Hauptwerken zählen die „Phänomenologie des Geistes" und die „Wissenschaft der Logik".

Philosophisch hat ihn am stärksten Aristoteles beeindruckt. Während er Fichtes gedankliche Konsequenz bewunderte, lehnte er Kants Kritizismus, die Lehre von der Unerkennbarkeit des Dinges an sich, nachdrücklich ab: Dies sei keine Philosophie, sondern eher die Verneinung jeder Philosophie. Denn „was vernünftig ist, das ist wirklich, und was wirklich ist, das ist vernünftig". Im Mittelpunkt der Hegelschen Lehre steht das Absolute, in dem Natur und Geist ein und dasselbe sind. Hierin stimmt er mit Schelling überein. Dieses Absolute ist aber nicht (wie bei Schelling) der Anfang, sondern das Ende aller Entwicklung, die sich auf dialektische Weise vollzieht (These – Anithese – Synthese). Die treibende Kraft ist der Widerspruch: Die Idee an sich (Logos,

Weltvernunft, Gott vor der Schöpfung), das einzige, ursprüngliche und wirkliche Sein, aus dem alles geworden ist, entäußert sich in die Idee außer sich (Natur), die eine radikale Entfremdung des Geistes an sich selbst darstellt. Die Idee außer sich untersucht die Mechanik, die Physik und die Organik (Biologie). Der Widerspruch zwischen der Idee an sich und der Idee außer sich drängt zur Synthese in der Idee für sich (Geist). Die Dialektik zeigt, wie sich der Geist in zunehmendem Maße aus der Umklammerung durch die Natur löst und dadurch den Tod überwindet und die Freiheit erringt. Er wird zunächst zum „subjektiven Geist", der noch dem Körper verbunden ist (von ihm handeln Anthropologie und Psychologie). Die zweite Phase, der „objektive Geist", schafft das Recht, die Moral (das Einzelgewissen) und die Sittlichkeit (Normen der Gesellschaft). Getreu dem dialektischen Dreiklang werden subjektiver und objektiver Geist zur Synthese des „absoluten Geistes", der sich in den drei Stufen Kunst, Religion und Philosophie manifestiert. Das „absolute Wissen", das heißt die mit Hegel vollendete Philosophie, ist das „Selbstbewusstsein Gottes" im Menschen, die Rückkehr Gottes aus seiner Schöpfung zu sich selbst im menschlichen Geist.

Arthur Schopenhauer (1788–1860) stand zwar zeitlebens im Schatten Hegels, aber sein Hauptwerk, „Die Welt als Wille und Vorstellung" (1819), und die Grundgedanken seiner Lehre sind heute breiteren Kreisen bekannt als die Gedankenwelt seines großen Rivalen.

Auf Wunsch des Vaters sollte Schopenhauer erst Kaufmann werden, aber er scheiterte bald. 1820 habilitierte er sich in Berlin und setzte seinen Ehrgeiz daran, Hegel zu verdrängen: Elf Semester hindurch legte er seine Vorlesungen zur selben Stunde wie Hegel fest; aber sein Hörsaal blieb stets leer. Verärgert zog er sich nach Frankfurt zurück, wo er privat Vorlesungen hielt.

Wir können Schopenhauers Philosophie als voluntaristischen Idealismus bezeichnen. Sie ist ein Idealismus deswegen, weil die Welt primär nur in der Vorstellung gegeben ist. Von einem Voluntarismus spricht man, wenn der Wille (lat. voluntas) als Grundprinzip allen Seins angesehen wird. Für die idealistische Philosophie Hegels war der Angelpunkt der Welt die Weltvernunft (logos), die „Idee an sich". Schopenhauer, der bald mit dem indischen Denken von der Welt als Schein (Maja) bekannt wird, erkennt als Weltengrund nicht ein vernünftiges Prinzip wie Hegel, sondern ein unvernünftiges; nicht den Verstand, sondern den Willen. Der Grund des Seins, der Beweger der Welt ist der Urwille.

So wie der Wille im Zentrum des Ich steht, so ist der Urwille der Ausgangspunkt der ganzen Welt. Die Welt ist Gestalt gewordener Wille. Aber dieser Urwille, dem alle Weisheit und Güte, alle Zielstrebigkeit fehlt, ist blind. Hatte Leibniz in seiner optimistischen, barocken Philosophie erklärt, diese Welt sei die beste aller möglichen Welten, kehrt Schopenhauer den Satz um: Die Welt, in der wir leben, ist die schlechteste aller möglichen Welten. Wäre sie nur um einen Grad schlechter, könnte sie überhaupt nicht existieren. Und er begründet seinen Pessimismus auch: Unser Leben ist gekennzeichnet durch ein unentwegtes Streben. Wir streben aus dem gegenwärtigen Zustand in einen anderen; wir wünschen uns stets in die Zukunft, an einen anderen Ort, in eine andere Situation, einem neuen Ziel entgegen. Wir wünschen weiter zu sein, dies und jenes zu erreichen, und sind wir dort, streben wir weiter, einem anderen Ziel zu. So wünschen wir uns unentwegt aus der Gegenwart in die Zukunft, bis unser Leben ein Ende hat. Der Grund dieses fatalen Strebens ist der Mangel, die Unzufriedenheit, das Leiden. Je höher ein Wesen organisiert ist, je bewusster es sein Dasein erlebt, um so tiefer und schmerzvoller muss es den Mangel, das Leid empfinden. Deswegen ist der Mensch das unglücklichste Geschöpf. Er weiß, dass sein Streben letztlich vergebens, dass es sinnlos ist, weil er sterben muss. Wir tragen von Anfang an den Keim des Todes in uns. Unser Leben ist „ein Geschäft, das nicht die Kosten deckt". Wollen wir das Leid überwinden, bleibt kein anderer Weg, als das Leben selbst zu überwinden, das heißt, wir müssen uns freimachen von dem dumpfen Willen zum Dasein. Erlösung finden wir erst im Nichts, im buddhistischen Nirwana. So wird schließlich der Wille zu dem Instrument, nichts zu wollen.

Indem Schopenhauer auf die Schattenseiten in der menschlichen Existenz hinwies, hat er Nietzsche, den Kulturpessimismus, die Psychoanalyse Freuds und die Existenzphilosophie entscheidend beeinflusst.

Existentialismus

Die Existenzphilosophie ist neben dem dialektischen Materialismus (im ehemaligen Ostblock), dem Pragmatismus (in Amerika) und der Phänomenologie (in Europa) die bedeutendste philosophische Strömung des 20. Jahrhunderts. Ihre wichtigsten Vertreter sind Martin Heidegger, Karl Jaspers, Gabriel Marcel und Jean-Paul Sartre.

Der Existentialismus geht auf Sören Kierkegaard (1813–1855) zurück, einen dänischen Pastor, dessen Schriften zu seinen Lebzeiten kaum Beachtung fanden und die erst in unserem Jahrhundert wiederentdeckt wurden. Kierkegaard war ein scharfer Gegner Hegels und setzte dessen „objektivem Denken" die Leidenschaftlichkeit des subjektiven Denkens entgegen. Er war ein fanatischer Antirationalist; er philosophierte nicht mit dem Verstand, diesem zur Meisterung des Lebens untauglichsten Vehikel, sondern mit dem Gefühl, der Phantasie, dem Pathos seines Herzens. Kierkegaard fasst als erster den Begriff Existenz im modernen Sinn: Existenz ist nicht denkend zu begreifen, sondern nur zu erleben, im Vorüberhuschen zu erahnen; sie ist ihrem Wesen nach irrational. Existenz ist konkretes, subjektives und waches menschliches Dasein. Sie wird uns bewusst in den Höhepunkten unseres Lebens: in der starken Gemütsbewegung, in der leidenschaftlichen Tat, der bedeutsamen Entscheidung. Der Mensch „existiert" nur dann, wenn er sich über das Durchschnittsmaß, über die Nichtigkeit erhebt, transzendiert; im Übrigen lebt er dahin, der Eintagsfliege vergleichbar. Sein Wert ist nicht nach der Zahl seiner Jahre zu messen, sondern nach der Zahl der existentiellen Augenblicke. Ferner finden wir bei dem Dänen bereits die Gedanken von der Einsamkeit des Menschen gegenüber Gott und von der Angst als der Grundbefindlichkeit des menschlichen Daseins.

Entsprechend ist die Erkenntnisquelle für die moderne existentialistische Philosophie nicht der Verstand, sondern das unmittelbare Erleben, ein Erleben, das vor allem durch die Angst bestimmt wird. Die Angst ist das Urerlebnis des Menschen, in dem er seiner Endlichkeit bewusst wird und der Brüchigkeit seiner Stellung in der Welt.

Martin Heidegger (1889–1976), einer der letzten originären Denker in der Geschichte der Philosophie, schrieb sein Hauptwerk „Sein und Zeit" 1927. Heideggers Denken geht vom Menschen aus und endet wieder bei ihm; nur er kann nach seinem Sein und dem Sinn seines Seins fragen. Er ist nicht nur Seiendes unter vielen Seienden (wie das Sandkorn oder der Regenwurm), er kann sich auch als Seiendes verstehen. Er allein ist Dasein, das sich selber begreift und sogar die Grenzen seines Seins zu überschreiten vermag (transzendiert).

Die Maßstäbe des Menschen sind die Existentiale. Ein solches Existential, eine Weise des menschlichen Seins, ist das In-der-Welt-Sein. Wir begegnen der Welt nicht durch das Erkennen, sondern durch das Tun, das Hantieren, durch das „Besorgen". Das, was wir herstellen, womit wir umgehen, ist das „Zeug". Der Tisch, auf dem wir schreiben, das Haus, in dem wir wohnen, das Auto, mit dem wir fahren, ist Zeug, das nur insofern ist, als es für uns ist. Der Mensch findet sich aber nicht nur in der Welt, er findet sich auch zugleich mit anderen Menschen im Dasein vor. Die anderen sind mit uns da, unser Sein ist also ein Mit-Sein. Die anderen sind nicht bloß Zeug, das wir für unsere Zwecke gebrauchen könnten, sondern haben Eigenwert. Unser Verhältnis zu ihnen ist charakterisiert durch die Fürsorge" (die Heidegger allerdings nicht im karitativen Sinn versteht, sondern ganz allgemein als menschliches Verhältnis, als Beziehung der Menschen untereinander). Das „Besorgen" der Welt und das „Fürsorgen" gegenüber dem Mit-Dasein sind zwei Arten der Sorge.

Irgendeine uns unbekannte Macht, ein Gott oder Dämon, hat uns ins Dasein geworfen (Geworfenheit des Daseins). Man hat uns nicht gefragt, ob wir wollen oder nicht, unser Dasein enthüllt sich als eine uns auferlegte Last. Dennoch haben wir diese Last zu tragen. Das führt uns zur Existenz. Der Mensch entwirft seinen Lebensplan, er formt die Welt. Seine Entwürfe weisen ihn stets in die Zukunft. Er existiert nur insofern, als er seine eigenen Pläne verwirklicht, seine eigenen Entwürfe in die Tat umsetzt; er verzichtet auf persönliche Lebensgestaltung, wenn er lediglich ausführt, was andere von ihm verlangen.

So wird die Freiheit zum Zentralpunkt der Philosophie Heideggers. Das Dasein wird zur Existenz, wenn der Mensch in Freiheit die Welt nach seinem Entwurf formt oder, anders ausgedrückt: aus der Immanenz in die Transzendenz vorstößt. Existenz ist also ein Vorgang, ein ständiges Transzendieren.

Die Grundbefindlichkeit unseres Daseins ist die Angst. Wir bangen um unser Dasein. Unser Sein ist ein Sein-zum-Tode, und deswegen hat der Mensch Angst. In der unbedingten, totalen Angst zerbrechen alle Absicherungen und Versicherungen des Lebens. Sie hält uns über einen Abgrund, über das Nichts. In der Angst wird das Sein zum Nichts.

Die gedankenlose Alltäglichkeit, die Zerstreuung, die ruhelose Hast und Jagd nach dem, was wir wichtig nennen, die Beschäftigungen sollen uns über die wahre Befindlichkeit unseres Daseins hinwegtäuschen. Unsere Lebenshypothesen sind die Krücken, mit deren Hilfe wir der Angst vor dem Tod zu entfliehen trachten. Nur wer den Mut hat, der Angst standzuhalten, findet gerade dann, wenn alles um ihn zu versinken droht, zu sich selber und entdeckt seinen innersten Kern, die Existenz. Der Tod ist von allen Möglichkeiten des

Daseins die eigentlichste, unbedingteste. Er ist nicht zu überspielen, nicht zu ersetzen, nicht zu überholen. Er ist uns eingepflanzt „wie der Gröps von einem schönen Apfel" (Rilke). Heidegger fasst den Tod nicht als zeitlich festlegbares Ereignis auf, das irgendwann einmal stattfindet, sondern der Tod ist mitten im Dasein, in uns, vom ersten Augenblick an da: „Der Tod ist eine Weise, zu sein, die das Dasein übernimmt, sobald es ist." Durch den Tod erhält das Leben Sinn und Begrenzung, bildet es eine Ganzheit. Ohne Tod brauchten wir gar nie anzufangen, unser Leben, die Welt zu gestalten. So aber wissen wir nicht, wann er uns auslöscht. Und gerade dadurch bekommt jede Minute unseres Daseins ihre eigentliche Bedeutung.

Karl Jaspers (1883–1969), Weggefährte und zugleich Widerstreiter Heideggers, studierte Medizin, spezialisierte sich auf Psychiatrie, wurde 1916 Professor in Heidelberg und wandte sich immer mehr philosophischen Problemen zu. 1921 erschien seine „Psychologie der Weltanschauungen". Nun wechselte er zur philosophischen Fakultät, und erst nach einem gründlichen Studium trat er 1932 mit seinem dreibändigen Hauptwerk „Philosophie" wieder an die Öffentlichkeit.

Die Psychopathologie zog ihn vor allem deswegen an, weil sich hier der ganze Jammer der menschlichen Existenz, die Brüchigkeit und Zerrissenheit des Daseins am deutlichsten zeigt. Die Welt ist eine Ruine, die keinen Halt bietet. Es gibt zwei Wege, sein Dasein zu bestehen: Entweder wir kehren zur Autorität zurück, stellen uns hinter das Dogma des Glaubens und die Offenbarung; oder wir betreiben Existenzphilosophie, und das bedeutet ein Dasein auf eigene Gefahr. Die Existenz ist (ähnlich wie bei Heidegger) nicht etwas fertig Gegebenes, sondern sie kann, sie soll sein: „Nicht mein Dasein ist Existenz, sondern der Mensch ist im Dasein mögliche Existenz." Diese Existenz kann nicht rational erforscht werden, sondern sie wird durch das Tun „erhellt". Jaspers sieht die eigentliche Aufgabe der Philosophie darin, die menschliche Existenz zu erhellen. Wir können sie auch in der Dunkelheit des Daseins belassen, werden dann aber freilich unseren menschlichen Möglichkeiten und unserem Auftrag nicht gerecht. Existenzwerdung heißt Menschwerdung.

Die Liebe stellt den positiven Weg zur Existenzerhellung dar, das Erlebnis der Grenzsituationen den negativen. Solche Grenzsituationen sind vornehmlich der Tod, das Leiden, der Kampf und die Schuld. Gäbe es nur Glück, so „bliebe mögliche Existenz im Schlummer". Das reine Glück ist leer; erst im Unglück wird der Mensch er selber. Durch die Existenzerhellung wird uns die ganze Tragik der Existenz bewusst: Der Mensch mit seinem Trieb zur Selbsterhaltung und der Sehnsucht nach Glück kommt bald darauf, dass es sich nur dann lohnt, sein Leben zu tragen, wenn es einen Sinn hat. Ein vollkommener Lebensgenuss, ein reines Glück ist aber gar nicht möglich. So wird er sich seiner Situation in der Welt bangen Herzens bewusst, und er entschließt sich zur Existenz. Da aber befällt ihn die Angst. Um ihr zu entgehen, errichtet er sichere Unterstände: eine tröstliche Religion, Vereine und Amüsierklubs. Wenn er den Selbstbetrug merkt, flieht er in die Skepsis, in den Nihilismus, den Relativismus und hofft, so einer Wertung und Verantwortung zu entkommen. Aber er wird im Leben vor Entscheidungen gestellt, die er nicht wegdisputieren kann; er verstrickt sich in Schuld, die niemand ungeschehen machen kann.

So fällt er immer wieder zu Boden, rafft sich auf, um weiterzujagen, erhellt für Augenblicke sein Dasein zur Existenz, fällt aber wieder in den Zustand des bloß vitalen Daseins zurück. Sein Scheitern ist das Ende. Alles scheitert. Das Bewusstsein des Scheiterns hat aber nur dann Passivität zur Folge, wenn man die Dauer zum Wertmaßstab erhebt. Dies jedoch bedeutet eine Verkennung der Existenz. Denn Existenz ist Geschichtlichkeit; sie hat einen Anfang, ein Ende, aber keine Vollendung. So erfährt der Mensch nur im Scheitern das wahre Sein. „Philosophieren heißt sterben lernen."

Jean-Paul Sartre (1905–1980) knüpft insbesondere an die Gedanken Husserls und Heideggers an; er schuf bedeutungsvolle Romane, Essays und besonders Dramen („Die Fliegen", „Hinter geschlossenen Türen", „Die ehrbare Dirne", „Die schmutzigen Hände"), die ihn sehr populär gemacht haben. Sein philosophisches Hauptwerk, „Das Sein und das Nichts" (1943), zeigt ihn als einen leidenschaftlichen und tiefschürfenden Denker mit präziser, streng logischer Gedankenführung. Die komprimierte Ausdrucksform macht dieses Schlüsselwerk des französischen Existentialismus schwerer zugänglich als Sartres dichterische Arbeiten.

Der Ausgangspunkt Sartres ist keine rationale Überlegung, sondern eine Grundgestimmtheit: der Ekel. Die Welt ist eine Ansammlung von Schmutz und Unrat, widerlich, stinkend, erbärmlich. Sie ist nicht harmonisch, sondern ungeordnet, chaotisch; sie ist nicht friedlich, sondern voll Hass und Streit; sie bietet nicht Ruhe und Sicherheit, sondern sie ist ruhelos, abgründig, sinnlos, absurd.

Das Sein manifestiert sich in zweifacher Weise: 1. als In-sich-Sein (zu verstehen etwa als die Welt der Dinge, Sachen). Das Seiende ist in sich, ruht in sich; es ist weder aktiv noch passiv, will nichts, erstrebt nichts, tritt nicht in Beziehung zu anderen Seienden, liegt außerhalb der Zeitlichkeit. Es ist das, was es ist: beharrend, massiv, starr. Da suchte sich dieses grundlose In-sich-Sein zu begründen, trat aus sich heraus ins Nichts, um schließlich wieder in sich selbst zurückzukehren. Dadurch entstand: 2. das Für-sich-Sein, das spezifisch menschliche Sein. Es trägt das Nichts in sich wie der Apfel den Wurm. Dieser Verlust des ruhenden In-sich-Seins ist das große Ereignis, das dem Sündenfall unserer Ahnen gleicht. Als sie das Paradies verloren, gingen ihnen die Augen auf, und sie merkten, dass sie nackt waren. So gewahrt das Für-sich-Sein, dass es das Nichts in die Welt mitgebracht hat. Und so versucht es, abermals aus sich herauszutreten, sich zu rechtfertigen. Dies geschieht durch drei Ekstasen (griech. ekstasis: aus sich gestellt sein). Die erste Ekstase ist die Tendenz zum Nichts. Der Mensch plant, er wirft sich auf die Zukunft, weil er seine Vergangenheit „nichten" will. Er strebt nach etwas, was noch nicht ist. Er ist Entwurf, eine Summe von Möglichkeiten, die er verwirklichen kann. Darin liegt seine Unbestimmtheit. Seine Taten liegen im Kommenden. Er hat die Freiheit, sie zu tun. Aber er hat vor der Zukunft Angst. Er flieht die Angst und will der Freiheit, zu der er verdammt ist, er will der Zukunft, die er in sich trägt, aus dem Weg gehen. Doch niemals kann er die Angst loswerden, denn er ist selbst diese Angst. So ist er in seiner ersten Ekstase zum Scheitern verurteilt.

Die zweite Ekstase ist die Tendenz zum Anderen. Der Mensch versucht sein Für-sich-Sein zu wandeln in ein Für-den-anderen-Sein. Wir begegnen dem anderen, aber wir versuchen aus ihm einen Gegenstand in unserer Welt zu machen, ihn zu gebrauchen, statt für ihn dazusein. So führt dieser Versuch nicht zu einem echten Wandel, nicht zur Erlösung des Für-sich-Seins, sondern nur zur Beherrschung der fremden Freiheit. Das Für-den-anderen-Sein wird so zum Konflikt, zu einem Aneinanderprallen, und damit scheitert die zweite Ekstase.

Schließlich erstreben wir in der dritten Ekstase, der Tendenz zum Sein, das In-sich-Sein, also die Rückkehr zum Ausgangspunkt. Das aber ist unmöglich. Ein In-sich-für-sich-Seiendes ist ein Widerspruch. Wir müssten Gott sein, um das zu vollbringen. Aber Gott ist unmöglich. Das Nichts grinst uns wie eine Teufelsfratze entgegen. So irrt der Mensch friedlos und hoffnungslos auf seiner Suche nach dem Sein, das nichts als ist und in sich ruht, problemlos und ohne Verantwortung. Das aber ist Verrat am eigenen Wesen, das Bewusstsein und Freiheit, Einsicht und Gestaltung heißt. Und so flüchtet der Mensch in den Selbstbetrug; das Leben zwingt ihn dazu. Er tut so, als ob ihm das Leben wirklich Spaß machte. Die Welt wird zum Theater, in dem keiner das wirklich ist, was er mimt. Deswegen verläuft sein Leben in einer absoluten Sinnlosigkeit. „Es ist sinnlos, dass wir geboren wurden, es ist sinnlos, dass wir sterben, es ist absurd, dass wir leben." Der Mensch ist eine nutzlose Passion.

Wo bleibt, im Bewusstsein dieser tiefempfundenen und durchdachten Depression, noch philosophischer Spielraum für die Begründung eines positiven Lebensgefühls, für die Hoffnung? Letztlich im Philosophieren selbst; seit der Mensch zu denken begann, ist er mit seinem Denken an kein Ende geraten. Noch nie wurde ein philosophisches Gebäude für die Ewigkeit gebaut, denn das Wesen der Philosophie besteht ja gerade darin, dass sie sich im Gegensatz zu geschlossenen Weltbildern, dogmatischen religiösen Systemen und politischen Ideologien, offenhält für neue Erfahrungen, Erkenntnisse und Einsichten. Sobald der Mensch seine Ängste zu überwinden gelernt haben wird, wird auch das Empfinden von Sinnlosigkeit nur als eine notwendige Durchgangsphase der Philosophie gewertet werden.

Der irische Dramatiker Samuel Beckett (1906–1989) stellt in seinem „Warten auf Godot", der als der Klassiker des „Absurden Theaters" gilt, zwei Vagabunden auf die Bühne, die vom Leben nichts mehr zu erwarten haben – außer, dass sie auf einen gewissen Herrn Godot warten, die abwesende Verkörperung der Erlösung. Godot bleibt abwesend – aber die Protagonisten hängen sich nicht auf, sie warten weiter. Ihr Warten wird zur positiven Aktion, die sich aus der Hoffnung speist.

Der amerikanische Physiker Steven Weinberg (*1933; Nobelpreis 1979 für seine Forschung auf dem Gebiet der Elementarteilchenphysik) lässt sein Werk „Die ersten drei Minuten", in dem er im wahrsten Sinn des Wortes minutiös die Entstehung des Weltalls beschreibt, mit einem wahrhaft philosophischen Trost ausklingen: „Was dem Menschen in seiner räumlichen Verlorenheit und zeitlichen Begrenzung einen Hauch von tragischer Würde verleiht, ist sein rastloses Streben nach der Wahrheit." Der Mensch bleibt aufgerufen, das Rätsel des Seins, vor dem er staunend steht, zu deuten und den Schöpfungsgedanken noch einmal zu denken. Er bleibt aufgerufen, Philosophie zu treiben.

MUSIK

Die Geschichte der Musik reicht weit über die Anfänge menschlicher Kultur zurück. Im Gesang der Vögel, die nicht nur die Nachahmung beherrschen, sondern auch eigene Melodien ausbilden können, lässt sich schon ein fundamentales Musikverständnis ausmachen. Der vorgeschichtliche Mensch lernte vom „Konzert der Natur", seine Ängste und Aggressionen, seine Freude und seinen Schmerz in Klänge und Töne umzusetzen. Die Musik erfüllte und begleitete alle Lebensbereiche.

Antike Musik

Durch Bild- und Schriftzeugnisse, aber auch durch Funde antiker Instrumente sind die ausgeprägten Musikkulturen der Ägypter und Assyrer, der Juden und der Griechen belegt. Die Ägypter fertigten Harfen und Flöten unterschiedlicher Größe, was den Schluss nahelegt, dass sie auf verschiedenen Tonhöhen gespielt und somit schon eine Art Mehrstimmigkeit und Harmonie gekannt haben. Mit dem um 2550 v.Chr. verstorbenen Hofmusikleiter und Notenvirtuosen Kufu-Anch stellen die Ägypter auch die erste bekannte Persönlichkeit der Musikgeschichte. Das älteste Instrument, das noch heute benutzt wird, ist das Schofar (Tierhorn), mit dem die Juden in den Synagogen zum Sabbat blasen; aus dem Alten Testament ist uns geläufig, dass sieben Schofars die Mauern von Jericho zum Einsturz brachten. Von König David ist bekannt, dass er zu selbstkomponierten Liedern die Harfe spielte; diese Lieder fanden als biblische Psalmen Eingang in die jüdischen und frühchristlichen Gottesdienste.

Ihre erste Hochblüte erlebte die Musik bei den Griechen, die ihre Bedeutung für das kulturelle Geschehen so hoch einschätzten, dass sie gleich zwei Musen für sie „verpflichteten", eine für die geistliche, eine für die weltliche Musik, und ihr einen Namen gaben, der die denkbar höchsten Ansprüche stellt – eben „Musik", abgeleitet von den Musen, den Töchtern des Zeus, denen alle Schönen Künste und auch die Wissenschaften geweiht waren. Ihre Seitenspielinstrumente Lyra und Kithara (Gitarre) fanden u.a. in ihren Freilichttheatern zur Untermalung des dramatischen Geschehens Verwendung. Doch die Musik gewann mehr und mehr an Eigengewicht; die ersten „öffentlichen Konzerte" wurden folgerichtig auch auf griechischem Boden gegeben.

Die größten Beiträge für die Musikkultur leisteten die Griechen aber auf theoretischem Gebiet: Sie erhoben die Akustik zur Wissenschaft (in der Schule des Mathematikers Pythagoras, um 500 v.Chr.), sie schenkten der Weit die Tonleitern, denen sie Stammesbezeichnungen gaben (ionisch, dorisch, lydisch), und erfanden das Notenschriftsystem. Auf diesem Fundament konnte sich das einzigartige Gebäude der abendländisch-europäischen Musik aufbauen.

Mittelalterliche Musik

Als die ersten Christen begannen, Hymnen zu schaffen, griffen sie auf jüdische Musikpraxis und griechische Musiktheorie zurück. So entwickelten sich die Gesänge der römisch-katholischen und griechisch-orthodoxen Kirche. Um 595 ordnet Papst Gregor I., dessen Regierungszeit (590–604) großenteils der Ausgestaltung der Liturgie auf römischer Grundlage und besonders ihres musikalischen Teils gilt, die Sammlung und Sichtung der Singweisen der gesamten christlichen Welt an; die so gesammelten, auf römischer Grundlage ausgewählten und umgestalteten, in der Arbeit von Jahrhunderten reich vermehrten Melodien tragen daher mit Recht den Namen „Cantus Gregorianus", ohne dass seine kompositorische Mitarbeit nachweisbar wäre. Der Gregorianische Gesang ist wie die Musik der Antike grundsätzlich einstimmig, der Chorgesang besteht in unisonem Vortrag der Weisen, etwaige Instrumentalbegleitung im Mitspielen der Melodie. Er wird durch das Aufblühen der mehrstimmigen Kirchenmusik vom 14. Jahrhundert an in ein Schattendasein gedrängt und sein Weisenschatz stark entstellt; Ausgangspunkt der künstlerischen Mehrstimmigkeit ist wohl die keltische Volksmusik Westeuropas, jener Länder, in denen auch die gotische Baukunst entwickelt wird.

So entsteht auf dem Boden des englisch-normannischen Königreiches, das auch Westfrankreich umfasst, und in den Nachbargegenden Frankreichs im 12. und 13. Jahrhundert die erste kunstmäßige Richtung der mehrstimmigen Musik, später „Ars antiqua" genannt. Ihr Hauptsitz wird der Chor der Nôtre-Dame-Kathedrale in Paris unter bedeutenden Komponisten wie Leoninus und Perotinus Magnus (um 1250). Die Stimmenzahl wächst schnell bis zur Vielstimmigkeit an, wobei auch Instrumente mit den Singstimmen oder selbständig neben ihnen gehen. Da in Italien traditionell die Herrschaft der Melodie im Vordergrund steht, übernehmen die Italiener weniger die wirklich polyphonen Stimmführungsarten, bei denen sich jede Stimme melodisch selbständig auslebt, sondern hauptsächlich jene, die eine führende Melodie mit untergeordneten Begleitstimmen stützen. Mittelpunkt dieser Bewegung, die sich stolz „Ars nova" nennt, im Gegensatz zur nun gering geschätzten „Ars antiqua", ist Florenz, seit jeher die Hauptstadt der weltlichen Kunst Italiens.

Das italienische Streben nach klarem Heraustreten der Melodie reinigt und regelt die musikalischen Zusammenklänge: Die Notenschrift wird wesentlich verfeinert, wobei der gerade Takt ebenbürtig neben den in der Ars antiqua alleinherrschenden Tripeltakt tritt. Der größte Vertreter der italienischen Ars nova ist Francesco Landino (†1397), der erste bedeutende blinde Künstler in der Musikgeschichte. Noch vor der Mitte des 14. Jahrhunderts greift diese italienische Kunst auf ihren Anreger Frankreich über und schafft hier die französische Ars nova mit ihren Hauptvertretern Philipp von Vitry und Guillaume de Machault (um 1300–1377). Machault wird von großer Bedeutung für die Musik Mitteleuropas, da er lange am Hof Kaiser Karls IV. in Prag wirkt und die heimische Ars nova hierher verpflanzt.

Um 1400 entsteht im Geiste der Ars nova auch in England eine Komponistenschule mit dem Haupt John Dunstable (1370–1453), der Englands Musikentwicklung auf einen Höhepunkt führt und eine weitere ruhmreiche Entfaltung der britischen Tonkunst erhoffen lässt. Aber der „Hundertjährige Krieg" Englands gegen Frankreich bereitet dem Aufschwung der englischen Musik ein vorzeitiges Ende, und da auch Frankreichs kulturelle Kräfte auf Jahrzehnte hinaus erschöpft sind, wird in der 2. Hälfte des 15. Jahrhunderts der Erbe der hohen französischen und englischen Tonkunst das aufstrebende Herzogtum Burgund.

Renaissance

Hier fließen alle entwicklungsfähigen, älteren Stilrichtungen zusammen und rufen eine Hochblüte der Polyphonie hervor, die fast eineinhalb Jahrhunderte lang in ganz Europa als Vorbild dient. Dies äußert sich darin, dass die Kapellen aller europäischen Höfe Burgunder als Kapellmeister, Komponisten und Sänger suchen. So kommt es zur Bildung regelrechter Schulen, deren man vier unterscheidet, wobei die letzte zugleich als 1. venezianische ihren Sitz bereits in Italien hat.

Die 1. burgundische Schule hat als Häupter Wilhelm Dufay (†1474) und Gilles Binchois (†1460). Die 2. burgundische Schule führt der Flame Jan Okeghem; er stirbt 1495 in Tours, sein großer Zeitgenosse Jakob Obrecht 1505 in Ferrara; 1477 fällt Herzog Karl der Kühne von Burgund vor Nancy, das burgundische Reich hört auf zu bestehen, und die Mitglieder der bisherigen Hofkapelle suchen in der Fremde neue Wirkungsstätten.

So leben und wirken die Schüler Okeghems, die 3. burgundische Schule, größtenteils im Ausland; die beiden größten unter ihnen, Josquin Desprez (†1521 in der Condé) und Heinrich Isaak (†1517 in Florenz), haben die burgundische Kunst nach Italien, Frankreich, Österreich und Deutschland getragen. Josquin vollendet die Tonkunst des 15. Jahrhunderts und weist dem 16. die Wege. Mit Recht legt ihm die Zeit den Ehrentitel „princeps musicae" bei. Heinrich Isaak kommt ihm an Bedeutung sehr nahe; in seiner weltlichen Musik geht er als Schöpfer auch deutscher, niederländischer und italienischer Chorsätze an Universalität sogar über Josquin hinaus. Auch Pierre de la Rue und Jean Mouton sind bedeutende Meister der selben Schule.

Moutons Schüler Adrian Willaert (†1562 in Venedig) begründet die **4. burgundische und zugleich 1. venezianische Schule**. Seit 1527 als Kapellmeister der Markuskirche ununterbrochen in Venedig ansässig, ruft er in Italien, wo das 15. Jahrhundert hindurch in der Musik nichts Nennenswertes geschaffen wurde, eine neue Schöpfergeneration ins Leben.

Die Schüler Willaerts bilden die radikale **2. venezianische Schule**, in deren Sinn auch Orlando di Lasso wirkt, während die konservativeren Meister die römische Schule Palestrinas darstellen.

Orlando di Lasso (1532–1594), schon 21-jährig Kirchenkapellmeister in Rom, seit 1560 Hofkapellmeister in München, stellt als Komponist von 50 Messen und über 500 Motetten, zahlreichen diatonischen wie chromatischen Madrigalen, Chansons und deutschen Liedbearbeitungen in der ausdrucksstarken Verwendung der Mehrchörigkeit den Höhepunkt seiner Zeit dar, dem nur Giovanni Gabrieli (†1612) und als Messenkomponist Palestrina nahe kommen.

Im Gegensatz zu Lassos weltweitem und universalem Wirken schafft Giovanni Pierluigi da Palestrina (1525-1594) in Zurückgezogenheit und vorwiegend im Dienste der Liturgie; als Kapellmeister der Peterskirche in Rom wird er als führender Meister der liturgischen Musik verehrt.

Barock

Mit dem Lebensende dieser beiden Großmeister polyphoner Chormusik tritt eine entscheidende Stilwende ein, die von der reinen Vokalmusik zur selbständigen Instrumentalmusik und von der Polyphonie zur Monodie führt. Das Zeitalter des Barock (etwa 1600 bis 1750) beginnt, eine der produktivsten Epoche der Musikgeschichte. Allmählich geht man von den Kirchentonarten zu chromatischen Tonrückungen und dem Dur-Moll-System über. Die kontrapunktische Stimmführung wird durch harmonische Akkordverbindungen verdrängt. Zwar bleibt immer noch ein einziges Thema als keimhafter Ausgangspunkt und die Imitation als wesentlichstes Kompositionsmittel bestehen; aber das komplizierte Stimmengeflecht macht einen harmonischen Zusammenhalt nötig. Auf dem Fundament eines fortlaufenden Basses, „Generalbass" oder „basso continuo" genannt, werden sowohl der polyphone Satz als auch die monodische Einzelstimme akkordisch begleitet (Monodie).

Um 1600 nahm die Oper von Italien ihren Ausgang und verbreitete sich rasch in der ganzen europäischen Kulturwelt. Man begann in der „Camerata" um den Grafen Bardi in Florenz alte griechische Dramen in musikalische Form umzuarbeiten. Das gesprochene Wort wurde im Rezitativ zum Sprechgesang, das Rezitativ zum Träger der Handlung. Der Monolog erhielt seine vorläufig endgültige musikalische Form in der Arie.

Die ersten, die sich mit Opernkompositionen beschäftigten, waren Jacopo Peri und Giulio Caccini; Ottavio Rinuccini schrieb die Texte. Mit Claudio Monteverdis „Orfeo" (1607) war der erste Höhepunkt erreicht. In Rom, Venedig und Neapel entstanden öffentliche Operntheater, die vor allem an den europäischen Höfen bald nachgeahmt wurden. Der lyrisch-dramatische Operntypus (Opera seria) wurde von Alessandro Scarlatti (1659–1725) zur Vollendung geführt; sein Schüler Giovanni Battista Pergolesi (1710–1736) begründete die „Komische Oper" (Opera buffa). In England waren Henry Purcell (1659–1695) und Georg Friedrich Händel (1685–1759), in Frankreich Jean-Baptiste Lully (1632–1687) und Jean-Philippe Rameau (1683–1764) wesentlich an der Formung des Opernstils beteiligt. Nach Deutschland gebracht wird die Oper von Heinrich Schütz (1585–1672), einem der größten Tonsetzer des 17. Jahrhunderts; 1627 schreibt er für ein Hoffest in Torgau die erste deutsche Oper „Dafne". Entsprechend der Entwicklung in der Sakral- und Opernmusik wurden Mehrchörigkeit und Monodie ins Instrumentale übertragen, die Monodie mit steigenden technischen Schwierigkeiten. Um 1650 wird dann beides vereinigt: Von zwei instrumentalen Wechselchören wird einer orchestral, der andere solistisch besetzt: Der Ursprung des Instrumentalkonzerts ist gegeben. Dem vollen Orchester (Tutti) steht also eine ganze Gruppe von Soloinstrumenten (das Concertino) gegenüber. Eine eigentliche Konzertform entstand aber erst im Solokonzert nach 1700 durch Antonio Vivaldi (1680–1743), der im Konzert die Wandlung der Kirchensonate zur dreisätzigen Sinfonia mitmachte und so den noch heute gültigen dreisätzigen Konzerttypus begründete. Die Einzelsätze baute er nach Art eines Rondos, worin das Tutti eine in Grundtonart und anderen Tonarten immer wiederkehrende Melodie hat, mit der die dazwischenliegenden Sologruppen stark kontrastieren. Vivaldis Konzerte werden die Vorbilder der ersten Hälfte des 18. Jahrhunderts der Italiener Corelli, Torelli, Veracini, Dall'Abaco, Albinoni, der Deutschen Muffat, Telemann, Graupner sowie Bach und Händel.

Die beiden Giganten des Barockzeitalters wurden 1685 geboren. Der eine wächst in engem Kreis zu tiefster Verinnerlichung heran; sein Werk gilt dem Gottesdienst und einer kleineren Schar von Schülern und verständnisvollen Kunstgenossen. Der andere tritt früh in die große Welt und kämpft um Anerkennung für sein Schaffen, das sich auf alle Kunstformen der Zeit erstreckt und daher der Verständnislosigkeit und Missgunst breite Angriffsflächen bietet. Ihrer beider Lebenswerk ergänzt sich zum künstlerischen Gesamtbild der Epoche. Johann Sebastian Bach (1685–1750), in Eisenach geboren, entstammte einer Musikerfamille, die im 17. und 18. Jahrhundert Sachsen und Thüringen mit Kirchen- und Stadtmusici versorgte. Erst Organist in thüringischen Kleinstädten (Arnstadt, Mühlhausen), dann Organist und Kapellmeister kleiner Hofhaltungen (Weimar, Koethen), war Bach 1723 bis zu seinem Tod Kantor an der Leipziger Thomasschule. Mit Ausnahme der Oper pflegte er alle Kompositionsgattungen seiner Zeit und führte sie zu höchster Vollendung, aber gedruckt wurde zu seinen Lebzeiten nur ein verschwindender Teil seines Werks. „Dem höchsten Gott allein zu Ehren, dem Nächsten, draus sich zu belehren“ war die Devise seines Schaffens. Seine Hauptwerke, die „Passionen“ sowie das „Magnificat“ und die „Hohe Messe in h-moll“, sprengen allerdings den gottesdienstlichen Rahmen und sind längst in den Konzertsaal abgewandert. Des Weiteren schuf Bach unsterbliche kammermusikalische Werke, z.B. zwei Violinkonzerte, sechs „Brandenburgische Konzerte“, ein Tripelkonzert für Flöte, Violine, Cembalo und Orchester. Seine Präludien, Tokkaten, Fugen, Choralvorspiele und Orgelchoräle sind heute noch die Fundamentalwerke der gesamten Orgelliteratur. Die Erfindung der temperierten Stimmung der Tasteninstrumente (d.h. die Einteilung der Oktave in zwölf gleichgroße Halbtonschritte, wodurch die gleichschwebende Übereinstimmung aller Oktaven erreicht war) fand bei Bach ihren künstlerischen Ausdruck im „Wohltemperierten Klavier“, einem Werk mit je einem Präludium und anschließender Fuge für jede Tonart. Die Möglichkeiten der Fugenkomposition schöpfte Bach in der „Kunst der Fuge“ aus, wo er ein d-moll-Thema zu neunzehn verschiedenen Fugen und vier Kanons verarbeitet hat. In den letzten Fugen fügte er noch ein zweites und drittes Thema hinzu. Das Werk blieb unvollendet, denn Bach starb, während er daran arbeitete, kurz nachdem er seinen Namen B-A-C-H als Thema eingefügt hatte.

Georg Friedrich Händel (1685–1759) kam in Halle/Saale als Sprössling einer Familie zur Welt, die noch keinen Musiker hervorgebracht hatte. Als Bach die Organistenstelle in Arnstadt antrat, ging der vermögende Händel nach Hamburg und schuf hier seine Erstlinge für die Bühne, der er 35 Jahre lang seine besten Kräfte widmete. Reisen in Italien und einem kurzen Aufenthalt in Hannover folgt 1712 die Übersiedlung nach England, wo Händel bis zu seinem Tod (1759) ständigen Wohnsitz nimmt. Nach dreimaligem Zusammenbruch seiner Opernunternehmungen wendet er sich endgültig dem Oratorium zu, seine Erfolge seit dem „Messias“ 1742 sichern ihm die Führerrolle im englischen Musikleben, große Instrumentalwerke erhöhen seinen Ruhm. Verglichen mit Bachs Passionen bezaubern am „Messias“ weder der geistliche Inhalt noch die kunstvollen Chor-, Solo- und Orchestersätze;

der Zauber dieser Musik liegt vielmehr in dem eigenartigen Zusammentreffen von Großartigkeit und Schlichtheit, das den Hörer in seinen Bann zieht.

Klassik

Während sich in Johann Sebastian Bach und Georg Friedrich Händel Form und Geist der Barockmusik vollendet hatten, war das Generalbass-Spiel beim Großteil der Musikanten zur gewohnheitsmäßigen Manier geworden, waren die sich wiederholenden Formen zu leerer Formelhaftigkeit herabgesunken. Auf einen Höhepunkt künstlerischen Schaffens folgt fast regelmäßig eine Wende. Diese bahnte sich schon bei den Söhnen Bachs (Carl Philipp Emanuel, Johann Christoph, Wilhelm Friedemann) deutlich an. Sie wandten sich vom strengen Lebensstil des Vaters ab und hielten auch seine Musik für überlebt. Die straffe Form und die klare Linienführung der Stimmen genügten ihnen nicht mehr; man suchte nach ausdrucksstärkeren Mitteln, die den dramatischen Auseinandersetzungen und polaren Spannungen der Gefühle größeren Raum gewährten. Die gesetzmäßige Polyphonie der Fuge und die Reihe von Tänzen in der Suite gehen verwandelt in die zyklische Form der klassischen Sonate über. Hier werden die gegensätzlichen Themen, das verschiedene Zeitmaß der aufeinanderfolgenden Sätze, die gleitende Dynamik mit ihrem An- und Abschwellen (Crescendo und Decrescendo) zu wirksamen Mitteln musikalischer Auseinandersetzung. Die „Mannheimer Schule" (Johann Stamitz, Franz Xaver Richter u.a.) begründete mit ihrem abwechslungsreichen Vortrag die Ausdrucksmöglichkeiten der klassischen Symphonik. Das Konzertleben trat aus den Adelshäusern heraus vor die breite Öffentlichkeit. Das Orchester wurde vergrößert, der Instrumentenbau verbessert, so dass die einzelnen Instrumente an Klangstärke und Klangschönheit gewannen. Die Form der Solosonate wurde auf die Kammermusik (Trio, Quartett usw.) übertragen und entwickelte sich zu den Großformen der Sinfonie und des Konzerts für Soloinstrument (Klavier, Violine, Cello usw.) und Orchester.

Um 1760 sind alle diese Vorstadien im Allgemeinen abgeschlossen, und die große klassische Zeit beginnt. Christoph Willibald Gluck (1714–1787) schreibt 1762 in Wien „Orfeo ed Euridice", die erste „klassische Oper", eine Wiedererweckung des dramatischen Ideals der Florentiner Renaissance-Oper. Glucks Reformprogramm, worin er als erster fordert, das Vorspiel einer Oper müsse auf deren Inhalt tondichterisch vorbereiten, weist schon auf Richard Wagner, der es später in seinem Musikdrama weiterführen konnte. Unmittelbare Gluck-Schüler waren Luigi Cherubini (1760–1842) und Gasparo Sponfini (1774–1851).

Der erste im„Dreigestirn" der großen „Wiener Klassiker" war Joseph Haydn (1732–1809). Als Bauernkind in Rohrau am Leitha-Gebirge, als Tanzgeiger in Wien und Umgebung, als Kapellmeister der Fürsten Esterházy in Eisenstadt und Esterháza nimmt er die Lied- und Tanzweisen der deutschen, ungarischen und slawischen Landbevölkerung des Wiener Beckens und seiner Randgebiete in sich auf und führt sie in kunstvoller Verarbeitung der Sinfonie, dem Streichquartett, der Klaviersonate zu. In der Stille kleiner Hofhaltungen Schritt für Schritt zum Großmeister herangereift, steht er im Alter von 60 Jahren auf dem Höhepunkt seiner Kunst und genießt die Gnade, im 7. Lebensjahrzehnt seine größten Meisterwerke an Sinfonien, Streichquartetten, Oratorien (Die Schöpfung, 1798; Die Jahreszeiten, 1801) und Messen schaffen zu dürfen.

Den schärfsten Gegensatz zu diesem Künstlerdasein bildet der äußere Lebenslauf von Wolfgang Amadeus Mozart (1756–1791). Geboren als Sohn der höchsten Musikautorität Salzburgs, des Vizehofkapellmeisters, Violinvirtuosen und geschätzten Komponisten Leopold Mozart, wird er bald als Wunderkind erkannt, erhält in allen Musikfächern den besten Unterricht und bezaubert zwischen seinem 7. und 20. Lebensjahr die gesamte Musikwelt bis Paris, London und Rom als Klaviervirtuose und Komponist. Aber dem strahlend aufgestiegenen Meteor ist es beschieden, ebenso jäh in Nacht und Not abzustürzen. Mit 25 Jahren zieht Mozart ohne feste Anstellung nach Wien, um dort ganz der Komposition zu leben. Da dies in einer Zeit ohne Schutz des geistigen Eigentums keine Lebensgrundlage bietet und der Ertrag von Klavierunterricht und Konzertveranstaltungen sehr bescheiden ist, schwebt der wenig lebenstüchtige Mozart in seinen letzten zehn Jahren in unausgesetzten Geldnöten. Sein Begräbnis im Dezember 1791 ist jammervoll. Mozarts Künstlerschaft haben diese zehn Elendsjahre freilich nichts anzuhaben vermocht; in Wien sind seine höchsten Meisterwerke auf allen Gebieten entstanden: die Buffo-Opern „Die Hochzeit des Figaro“ 1786, „Don Giovanni“ 1787, „Così fan tutte“ 1790, die Singspiele „Die Entführung aus dem Serail“ 1782 und „Die Zauberflöte“ 1791, die zum Ausgangspunkt der großen deutschen Oper wird, das Requiem 1791, die bedeutendsten Lieder, die größten Sinfonien, Kammermusikwerke mit und ohne Klavier, Konzerte und Klavierkompositionen. Mit seiner Musik ist Mozart auf dem Weg, den Bogen von der Klassik zum „Sturm und Drang“ und darüber hinaus zur Romantik zu schlagen. Sein früher Tod legt diese Aufgabe in die Hände Beethovens.

Ludwig van Beethoven (1770–1827), einer alten Musikerfamilie entstammend, wird in Bonn geboren, gleich Mozart früh als werdendes Genie erkannt und von den besten Musikern seiner Heimat unterrichtet. Die Hochschätzung der ersten Familien Wiens scheint ihm eine sorgenfreie Zukunft zu verbürgen. Doch ein Gehörleiden, das in vollständiger Taubheit endet, erschwert ihm vom 30. Lebensjahr an die Arbeit immer mehr. So wird Beethovens Kunst zu einem der ergreifendsten, dem Schicksal Trotz bietenden Zeugnisse eines leidenden Menschen in der Kulturgeschichte.

Sein eigenes Wort: „Die Musik muss dem Manne Feuer aus der Seele schlagen!“ kennzeichnet sein gesamtes Schaffen. In seinen 9 Sinfonien, Konzerten, Kammermusikwerken und Klaviersonaten sowie in der „Missa solemnis“ geht Beethoven über seine klassischen Vorbilder in Umfang, Ausbau der Formen und ihrer Erfüllung mit tondichterischen Zügen weit hinaus. Auch die Klangmittel der Orchesterwerke wachsen ständig, bis Beethoven in der 9. Sinfonie die Singstimme mit einbezieht. Der Zug zur Tondichtung führt ihn zu wirklicher „Programmmusik“, wenn auch die Pastoral-Sinfonie den ausdrücklichen Untertitel „Mehr Ausdruck der Empfindung als Malerei“ trägt, demnach mehr als seelische denn als realistische Schilderung gelten will. Auch als Liedkomponist weist Beethoven in die Zukunft; er schreibt den ersten Liederzyklus „Liederkreis An die ferne Geliebte“, der durch Verknüpfung der einzelnen Gesänge und die Wiederkehr des ersten Liedes als letztes formal über Schuberts spätere Liederkreise hinausgeht und an Innigkeit der Empfindung nie übertroffen wurde. Von der Oper abgesehen, ist Beethoven der Wegweiser für die Tonkunst des gesamten 19. Jahrhunderts.

Romantik

In Beethovens Lebensspanne fallen schon das Leben und Wirken der ersten Meister der Romantik: E. T. A. Hoffmann (1766–1822), Carl Maria von Weber (1786–1826) und Franz Schubert (1797–1828).
Die „Romantiker“ wenden sich im Streben nach gesteigertem, ungehemmtem Ausdruck immer mehr von der klassischen Sonate ab und einsätzigen Charakterstücken zu, in der Klaviermusik anknüpfend an Beethovens „Bagatellen“, hin zum „Impromptu“, „Moment musical“, „Lied ohne Worte“ usw., in der Orchesterkomposition zur „Konzert-Ouvertüre“, die dann zur „Sinfonischen Dichtung“ wird. Das Bedürfnis nach mehrsätzigen Formen führt zu loser Aneinanderreihung kontrastierender Charakterstücke, am besten mit Liederzyklen vergleichbar (z.B. Robert Schumanns „Faschingsschwank“, „Carneval“ und „Kreisleriana“). Wo Sonate und Sinfonie weiterleben, werden sie meist formal verändert durch Vergrößerung der Satzzahl, durch pausenlose Aufeinanderfolge und melodische Verknüpfung der Sätze und durch Anpassung an tondichterische oder tonmalerische Programme. In der Gesangsmusik herrscht neben der Oper das Lied mit stärkster Ausdrucksbetonung.
Die Musik sollte also Dienerin der Dichtung sein, „um den Ausdruck der Gefühle und das Interesse an der Situation zu verstärken“. Die deutschen Romantiker, die sich um die Schaffung einer wesensgemäßen deutschen Oper bemühten, um damit die Vorherrschaft der italienischen Oper des Ziergesangs zu brechen, führten die Gedanken Glucks weiter: Die musikalischen Mittel dienen der Darstellung des Menschen in der Natur. So schildert Weber in seinem „Freischütz“ den Wald und das Jägerleben mit seinem volkstümlichen Brauchtum und Aberglauben. Die Uraufführung dieser Oper 1821 in Berlin war ein durchschlagender Erfolg, der die Weltgeltung der deutschen romantischen Oper begründete und den Ausgangspunkt für Richard Wagners Musikdrama bildete. Zwei Jahre nach Beethoven, ein Jahr nach Schuberts Tod, schreibt Berlioz 1829 seine revolutionäre „Sinfonie Fantastique“, während der 20-jährige Mendelssohn die „Matthäuspassion“ wiedererweckt.
In Mendelssohns Instrumentalmusik verschiebt sich das Gleichgewicht schon eindeutig zugunsten der romantischen Formenwelt. 5 Sinfonien, 7 Streichquartetten, 4 Klaviersonaten steht eine weit größere Zahl einsätziger Werke gegenüber. In der Orchestermusik sind es die aus Verlegenheit so genannten Konzert-Ouvertüren („Sommernachtstraum“, „Die Hebriden“, „Meeresstille und glückliche Fahrt“, „Das Märchen von der schönen Melusine“); schnelle Sätze mit oder ohne langsame Einleitung werden mit den Mitteln der Sonatenform und des klassischen Orchesters tondichterischen Programmen gerecht, ohne aber wie eine wirkliche Ouvertüre auf ein anschließendes Drama mit

oder ohne Musik vorzubereiten. Die Nachwirkung dieser Konzert-Ouvertüren ist ebenso nachhaltig wie die der „Lieder ohne Worte“ in der Klaviermusik. Mendelssohn erscheint dieser Titel für ein lyrisches Klavierstück bezeichnender als die bisherigen Namen „Bagatelle“, „Impromptu“ und „Moment musical“. Wenn Mendelssohn in seiner Meisterzeit die mehrsätzigen Formen der Klassik verwendete, geschah es auch nicht ohne Eigenzüge in der Gestaltung. So schließen in der „Schottischen Sinfonie“ die vier Sätze pausenlos aneinander und sind überdies durch gemeinsame Themen melodisch verknüpft. Die Sinfoniekantate „Lobgesang“ hat als Finale eine geistliche Kantate mit Chören und Solosätzen, ist also ein Abkömmling von Beethovens 9. Sinfonie. Im Aufbau des Scherzo wird (in Sinfonien wie in Klavierstücken) über die Klassik hinausgegangen: Das Scherzo hat kein Trio mehr, es erhält volle Sonatenform mit kontrastierendem Seitensatz an Stelle des gegensätzlichen Trios. Besonders auffallend ist die formale Weiterbildung im Aufbau des Konzerts. Bei den Klassikern beginnt das erste Allegro fast ausnahmslos mit der sonatenmäßigen Exposition der Themen durch das Orchester, worauf erst das Soloinstrument die Führung übernimmt; Mendelssohn lässt in beiden Klavierkonzerten und dem Violinkonzert diese Orchesterexposition fallen und beginnt nach ganz kurzer Vorbereitung sofort mit dem Solo. Auch komponiert er die bisher der Improvisation der Solisten überlassenen „Kadenzen“ selbst und verhindert so die Eingriffe fremder Virtuosität in seine Werke. Einer seiner wichtigsten Eigenzüge ist das Wiederaufleben der altklassischen Formen in neuem Gewand: Der Wiedererwecker J. S. Bachs schreibt Präludien und Fugen für Klavier und Orgel, mehrsätzige Orgelsonaten mit Choralbearbeitungen und der Phantastik der alten Toccata. Auf dieser Grundlage erwächst die Orgelmusik des 19. Jahrhunderts über Brahms zu Max Reger.

Die reiche Pflege des Liedes im Zeitalter der Romantik ist kein Zufall: Komponisten, die es im Instrumentalen zum einsätzigen Charakterstück zieht, schon im Lied die ideale Ausdrucksform, deren poetischer Inhalt durch die vertonte Dichtung jedem Zweifel entrückt ist. So wird bei fast allen führenden Meistern das Liedwerk ein wesentlicher, nicht wegzudenkender Bestandteil ihres Schaffens. Dies führt natürlich zu einer Vertiefung des Liedsatzes, einer Bereicherung und künstlerischen Durchbildung der Klavierbegleitung, vor allem durch Einführung der „motivischen Arbeit“, die Haydn schon ein Menschenalter früher der Instrumentalmusik zugeführt hatte. Franz Schubert hat in seinen 600 Liedern als erster im Klavierteil das Mitspielen der Gesangsmelodie oder melodisch gleichgültige Akkordzerlegungen durch charakteristische Motive ersetzt, die ton- oder stimmungsmalerisch dem Liedtext entstammen. Die Komposition inhaltlich zusammenhängender Gedichtreihen zu Liederkreisen („Die schöne Müllerin“, „Winterreise“) gestattet, den verschiedensten Schattierungen einer Grundstimmung tondichterisch nachzugehen.

Schubert schreibt neben seinen zahlreichen Liedern, einsätzigen „Impromptus“, „Moments musicaux“ und Tänzen 9 Sinfonien und zahlreiche Kammermusikwerke und Klaviersonaten in der überkommenen Grundform. Zuerst im Banne Haydns und Mozarts, später anbetender Verehrer Beethovens, geht Schubert in Melodik,

Harmonik, Stimmführung und Klangwirkungen über Beethoven hinaus, aber ohne die Formen selbst grundsätzlich anzutasten. Seiner letzten und größten Sinfonie in C-Dur aus seinem Todesjahr war es beschieden, zur neueren romantischen Sinfonie anzuregen. Von ihrem Schöpfer nie gehört, wird sie ein Jahrzehnt nach dessen Tod von Schumann in Wien entdeckt und 1839 von Mendelssohn uraufgeführt; sie beweist den Zeitgenossen die Möglichkeit origineller Sinfonien auch nach der 9. von Beethoven und ruft die bedeutendsten sinfonischen Werke von Mendelssohn und Schumann hervor. Schuberts Fantasien zu zwei und vier Händen sind formal die Ahnherren der „Sinfonischen Dichtungen" von Liszt: vierteilige Sonaten, in einen Satz zusammengezogen und mit großer kontrapunktischer Durchführung. In der „Wanderer-Fantasie" zieht sich sogar eine Leitmelodie durch alle Sätze. Von Schuberts Tänzen geht die Entwicklung des Wiener Walzers aus.

Noch markanter als bei Schubert tritt in Frédéric Chopins (1810–1849) Klaviermusik das einsätzige Charakterstück hervor, was sich auch in der Fülle neuer Bezeichnungen dafür äußert. Neben „Impromptu" tritt „Ballade" (als erweitertes „Lied ohne Worte"), „Notturno", „Präludium" und „Scherzo". Chopin entwickelt einen neuen, nur in wenigen Klavierstücken Beethovens, Schuberts, Webers und Mendelssohns vorgebildeten Klaviersatz, der Melodie und Begleitung innig verwebt und zahllose bisher unentdeckte Klangmöglichkeiten des Hammerklaviers ausnützt. In der unendlichen Zartheit seiner Empfindung steht Chopin trotz seiner französisch-polnischen Abstammung der sensitiven deutschen Romantik ganz nahe. Robert Schumann (1810–1856) macht eine eigentümliche künstlerische Entwicklung durch. Im ersten Jahrzehnt seines Schaffens, bis zu seinem 30. Lebensjahr, entstehen fast ausschließlich Klavierwerke, und zwar hauptsächlich einsätzige Charakterstücke. Er fühlt sich bei aller Verehrung für seine Vorgänger als Revolutionär, der eine neue Zeit heraufführen will.

Aber um 1840 greift Schumann, dem Gipfel der Meisterschaft zustrebend, doch nach den größeren Formen und der Vokalmusik. Er beginnt Sonaten, Sinfonien, Kammermusik, Lieder, Oratorien und sogar eine Oper zu schreiben und erkennt darin seine eigentliche Bestimmung. Sein einsätziges Klavierstück berührt sich vielfach mit dem Chopins, doch stellt Schumann diese Charakterstücke gern zu freien Zyklen zusammen („Davidsbündler", „Kreisleriana" usw.), eine instrumentale Analogie zum romantischen Liederzyklus. Schumann, der Entdecker von Schuberts letzter und größter Sinfonie, wurde durch diese zu fünf eigenen Sinfonien angeregt, von denen die 4. in d-moll wie die „Schottische" Mendelssohns pausenlos und thematisch einheitlich dahinfließt und oft in eine Ekstase übergeht, die an Liszt oder Bruckner gemahnt.

Der Gegensatz zwischen der „konservativen deutschen" und der radikalen Romantik französischen Ursprungs tritt nirgends so scharf zutage wie bei Hector Berlioz (1803–1869). Er knüpft schon in seiner „Phantastischen Sinfonie" 1829 an alle Errungenschaften des „letzten" Beethoven an, aber im Dienst realistischer Programmmusik. Zur Durchführung der programmatischen Absichten verwendet Berlioz die „Leitmelodie" (Idée fixe), melodisches Symbol einer bestimmten Persönlichkeit durch das ganze Werk. In der Sinfonie „Harold in Italien“ tritt zur Idée fixe ein „Leitinstrument“, eine Solobratsche. Die überaus fortschrittliche Harmonik und die rein homophone Stimmführung stehen freilich Beethoven fern; dafür überschreitet der Orchesterapparat den der „Neunten“ bedeutend, am schärfsten ausgeprägt im „Requiem“ (1837) mit seiner genialen Hemmungslosigkeit der Kontraste und aufgebotenen Klangmassen.

Berlioz findet das ihm in der Heimat versagte Verständnis bei Robert Schumann und besonders bei Franz Liszt (1811–1886), der als Dirigent, Arrangeur, Ausleger und Anwalt der Werke des Franzosen auftritt und schließlich selbst in dessen Geist schafft. Doch benützt er außer in der „Faust“- und der „Dante“-Sinfonie, die beide mit Chören schließen, eine eigene, aus Schuberts Klavierfantasie hervorgegangene knappe Form, die „Sinfonische Dichtung“, welche die Sinfoniesätze in Verkürzung und beliebiger Gruppierung zu einem einzigen mehrteiligen Satz zusammenschließt. Die glänzende Instrumentation übernimmt Liszt von Berlioz, ebenso die „Leitmelodie“. Als Klavierkomponist gerät Liszt in die Bahnen der „Salonmusik“; technisch hat er Klaviersatz und Schwierigkeiten über Chopin hinaus bereichert und gesteigert.

Johannes Brahms (1833–1897) sucht knapp 30-iährig das Wien der Klassiker und Schuberts auf, wo er die zweite Hälfte seines Lebens verbringt. Der konservativen künstlerischen Gesinnung verpflichtet und an die Klassiker und Schumann anknüpfend meidet er hemmungslosen Gefühlsüberschwang und nimmt dadurch das Odium des „Klassizisten“ auf sich. 4 Sinfonien, 2 Orchesterserenaden, 2 Konzert-Ouvertüren, Orchestervariationen, 4 Konzerte und viele Kammermusik- und Klavierwerke kleiden den Geist der Romantik in die klassische Formensprache. Im ersten Konzertsatz wird die einleitende Orchester-Exposition wiederhergestellt, an ein vokales Sinfoniefinale nie gedacht. Die Versenkung in die Kunst J. S. Bachs führt zur Wiederbelebung der Passacaglia mit ihrem Basso ostinato und zu Orgelwerken alter Form, aber moderner Harmonik. Brahms' Zeitgenosse Richard Wagner (1813–1883) führt die deutsche Oper auf ihren letzten und höchsten Gipfel; er geht von Anfang an dem Kampf mit unzureichenden Textdichtern aus dem Wege, indem er sich seine Opernbücher selbst schreibt. In Paris entstanden zwischen 1839 und 1842 „Rienzi“ und „Der fliegende Holländer“. Letzterer ersetzte schon den für weitere Kreise wenig interessanten historischen Stoff im Geist der deutschen romantischen Oper durch eine Sage rein menschlicher Wirkung. Seit 1842 als Hofkapellmeister in Dresden geht er endgültig zu der tondichterischen Gestaltung der alten deutschen Sagenkreise über und vollendet 1845 den „Tannhäuser“ und 1847 den „Lohengrin“. Während des 15-jährigen unruhigen Wanderlebens entstehen Wagners wichtigste musikalische Schriften, 1859 aber auch „Tristan und Isolde“. Nach seine Berufung nach München 1864 und der Vollendung der „Meistersinger“ folgt die Durchführung der Bayreuther Festspielpläne; 1876 kann dort „Der Ring des Nibelungen“ zur ersten Vorführung gelangen. Ist Wagner stofflich von „Tannhäuser“ über „Lohengrin“ und „Tristan“ schrittweise bis in die germanische Urzeit des „Ring des Nibelungen“ und der „Götterdämmerung“ zurückgegangen, so wendet er sich nun im „Parsifal“ (1882 Erstaufführung in Bayreuth) der deutsch-christlichen Legende zu. Wagner erhebt das arios gesteigerte Rezitativ mit Orchesterbegleitung zur Grundlage der dramatischen Komposition, liedartige, geschlossene Formen werden für besondere Höhepunkte der Handlung aufgespart. Das abermals stark bereicherte Orchester webt seine Begleitung nicht aus rein musikalischen, ton- oder ausdrucksmalerischen Wendungen, sondern aus „Leitmotiven". Spielt somit das Außermusikalische eine grundlegende Rolle, so beweist sich Wagners Genie besonders dadurch, dass die Orchesterbegleitung einer Szene schon rein musikalisch überzeugt, auch wenn man sich der außermusikalischen, psychologischen Gestaltung dabei gar nicht bewusst ist. Italiens Großmeister vor Verdi, Gioacchino Rossini (1792–1868), gab sein Höchstes („Der Barbier von Sevilla", 1816) in der Buffo-Oper. Die frühromantische Oper Deutschlands beeinflusst Rossinis Zeitgenossen und Schüler Simon Mayr, Donizetti und Bellini, aber Giuseppe Verdi (1813–1901) ist es vorbehalten, so viel vom Geist der deutschen Romantik der italienischen Oper zuzuführen, als sich mit deren Melodienfreudigkeit vereinbaren lässt. Seine unangefochtene Meisterschaft beweist er mit „Rigoletto" (1851), „Der Troubadour", „La Traviata" (beide 1853), „Die sizilianische Vesper", „Simone Boccanegra", „Der Maskenball" (1859), „Die Macht des Schicksals". Mit „Don Carlos" (1867) beginnt die Periode der höchsten Vollendung (steigende Wichtigkeit des Orchesters, Leitmotivtechnik und Ausdruckssteigerung des dramatischen Rezitativs, aber ohne Verzicht auf die Arie). Im hohen Alter lässt Verdi „Aida" (1871), „Othello" (1887) und 1893 „Falstaff" folgen, letztere eine der wertvollsten Bereicherungen der Buffo-Oper.

Der „Falstaff" ist noch nicht vollendet, als in Italien der Naturalismus mit Pietro Mascagnis „Cavalleria rusticana" (1890) und Leoncavallos „Bajazzo" (1892) hervortritt. Die Anwendung der Technik des späten Verdi auf Alltagstragödien führt zu Welterfolgen. Die Führung geht auf Giacomo Puccini (1858-1924) über, der sich aber nach „La Bohème" wieder romantischen Stoffen, meist im exotischen Gewand, zuwendet: „Tosca", „Madame Butterfly", „Das Mädchen aus dem Goldenen Westen", „Turandot". Auch er hat die heitere Oper durch „Gianni Schicchi" bereichert. Puccinis Tonsprache greift im Exotisieren zu Mitteln, die in Italien neu sind und melodisch-harmonisch wie klanglich aus der französischen Kunst des Debussy-Kreises stammen.

Die romantische Oper in Frankreich wurde stark von Italien und Deutschland beeinflusst. Das Jahr 1828 bringt „Die Stumme von Portici" von Daniel F. A. Auber, 1829 den „Wilhelm Tell" von Rossini; beide Werke eröffnen eine neue Epoche der französischen großen Oper unter der Führung von Giacomo Meyerbeer (1791–1864) und Berlioz. Das romantische Schwelgen im Ungewöhnlichen äußerte sich nirgends ungehemmter als in Frankreich, wo Stoffwahl, Formsprengungen und mächtige Steigerung der klanglichen Mittel in den 1830er Jahren zu Bühnenwirkungen führen, deren Bann sich auch der junge Wagner nicht entziehen kann. Berlioz wirkt hauptsächlich als Schrankenbrecher und Wegbereiter, während Meyerbeers Hauptwerke „Robert der Teufel" (1831), „Die Hugenotten" (1836) und „Der Prophet" (1848) sowie Halévys „Die Jüdin" (1835) noch auf Jahrzehnte alle Bühnen beherrschen. Um 1860 weicht diese Hemmungslosigkeit des Schrecklichen einer Verinnerlichung nach der Gefühlsseite hin, vielleicht eine Einwirkung der deutschen Romantik, wie die Wahl Goethescher Stoffe („Faust“, „Wilhelm Meister“) nahe legt: Charles Gounod (1818–1893) in seiner „Margarethe“ (1859) und Charles Thomas in seiner „Mignon“ (1866) schaffen einen Typus, der in Arien, Rezitativen und Melodramen möglichst wahre Seelenschilderungen anstrebt. Dieser Stil beherrscht, bald sentimental verflacht, bald in Anlehnung an Wagners tief-ernstes Pathos, den Rest des Jahrhunderts; es seien nur Georges Bizet („Carmen“ 1875), Camille Saint-Saëns („Samson et Dalila“), E. F. Massenet („Manon“, „Werther“, „Le Jongleur de Nôtre Dame“ 1902) und Gustave Charpentier („Louise“, 1900) genannt. Erst Debussy bringt wieder grundsätzlich Neues („Pelléas et Mélisande“, 1902).

Mit der Hochkultur der „ernsten Musik“ des 19. Jahrhunderts ging auch eine Blütezeit der heiteren Muse einher. In Frankreich hat die Anwendung der Singspieltechnik auf ernste Stoffe dazu geführt, dass die heitere Grundform zur ausgelassenen satirischen Operette wird. Ihr Hauptmeister Jacques Offenbach (1819–1880) erobert mit „Orpheus in der Unterwelt“ (1858), „Die schöne Helena“, „Blaubart“ und anderen Operetten die Bühnen aller Länder. „Hoffmanns Erzählungen“, die Frucht seines Todesjahres 1880, strebt aber wieder der ernsten romantischen Oper zu. Die Führung übernahmen jetzt die Österreicher, vornehmlich Franz von Suppé („Boccaccio“ 1879) und die Familie Strauß. Johann Strauß d.J. (1825–1899) löst sich vom französischen Vorbild und stellt seine Tanzmelodik ganz auf den Wiener Walzer. „Fledermaus“ und „Zigeunerbaron“ haben weltweite Verbreitung gefunden und bis heute nichts von ihrer Wirkung eingebüßt. Seine bedeutendsten Nachfolger waren Karl Millöcker und Franz Lehár. Große Erfolge feiert die Familie Strauß, insbesondere Johann Strauß d.Ä. (1804–1843) und sein eben genannter Sohn, auch mit ihrer Tanzmusik; ihre Walzer-Zyklen mit Introduktion und Koda erobern die ganze Welt. Die russische Nationaloper setzt 1836 mit Glinkas „Das Leben für den Zaren“ ein; sein nächstes Werk „Ruslan und Ludmilla“ verbindet ebenso wie die Opern von Dargomschsky (z.B. „Rusalka“ 1855) nationale Melodik und Harmonik mit bewährten Mitteln der deutschen Romantik. Um die Mitte des Jahrhunderts bildet sich ein Kreis von Musikrevolutionären, deren genialster Modest Mussorgski (1835–1881) ist. Sein Hauptwerk „Boris Godunov“, 1871, zehn Jahre vor dem „Parsifal“ geschrieben, wirkt unglaublich „modern“, im Sinne des beginnenden 20. Jahrhunderts. Die meist weit später entstandenen Opern von Rimsky-Korsakov, Borodin, Serov, Rubinstein und Tschaikowski reichen an Mussorgskis Originalität nicht heran, bieten aber immer wieder wertvolle und wirksame Vereinigungen zeitgenössischer romantischer Operntypen mit russisch-nationalen Zügen, so besonders Tschaikowskis Opern „Eugen Onegin“ (1881) und „Pique-Dame“ (1890).

Tschaikowskis Musik verdankt ihre Beliebtheit den großen Spannungen und schroffen Gegensätzen des Ausdrucks. Diese Eigenart führte ihn unter dem Einfluss von Berlioz und Liszt zur Programmmusik („Nußknacker-Suite“; die Ouvertüren „Romeo und Julia“ und „1812“; „Hamlet“). Sein musikalisches Lebensbekenntnis legte er in der 6. Sinfonie in h-moll („Pathétique“) nieder.

Von den noch unerwähnten Meistern der Romantik seien noch der Norweger

Edvard Grieg (1843–1907) und die Tschechen Bédrich Smetana (1824–1884) und Anton Dvorák (1841–1904) genannt; sie alle verschmelzen den Formenschatz der deutschen Romantik mit bodenständiger Melodik und Harmonik und handhaben meisterhaft die Instrumentation. Als genialer „Neutöner“ ragt unter ihnen der Russe Mussorgski empor, der auch in seinen Instrumentalwerken harmonisch und melodisch die Musik der Jahrhundertwende ahnen lässt.

Ihren mächtigsten Ausklang nahm die Musik der Romantik mit der Sinfonik Anton Bruckners (1824–1896). Bruckners 9 Sinfonien entstehen aus einer Stilsynthese: Die überlieferten Formen füllt eine Melodik, die sich zwischen österreichische Volksweisen, Choralklänge und Wagnersche Urmotive über Tremolobegleitung teilt, eine Harmonik, der auch nichts Wagnersches fremd ist, eine kontrapunktisch gesättigte Stimmführung und eine Klangwelt, die über Wagners gesamte Farbenskala verfügt. Hat sich Beethoven auf philosophischem Wege über das Schicksal hinweggesetzt, so ist Bruckners Stütze der Glaube. Innerlichste, religiöse Ekstase ist für sein ganzes Schaffen bezeichnend. Das spätromantische Liedschaffen findet seine höchste Vollendung durch Hugo Wolf (1860–1903), dessen geniale Lieder Wagners Anforderungen einer mustergültigen Textvertonung so restlos entsprechen, wie es der kammermusikalischen Gattung des Liedes nur möglich ist.

Das 20. Jahrhundert

Noch schaffen es Brahms, Bruckner und Wolf, als jüngere Talente dem Ausdruckswillen der Romantik neue harmonische, rhythmische und klangliche Mittel zuzuführen. An ihrer Spitze stehen auf deutschem Boden Gustav Mahler, Richard Strauss, Hans Pfitzner, Max Reger, Franz Schmidt (1874–1939) und Arnold Schönberg (1874–1951). Mahler hat den Ersten Weltkrieg nicht mehr erlebt, Reger hat ihn nicht überlebt; für Strauss und Pfitzner aber bedeutet das frühe 20. Jahrhundert die Zeit des Reifens und der erreichten Meisterschaft, für Schönberg eine erste Schaffensperiode im Banne der Romantik und den Beginn einer zweiten „gegenromantischen“.

Gustav Mahlers (1860–1911) Bedeutung liegt neben dem Lied auf dem Gebiet der Sinfonie (9 vollendete; eine 10. als Bruchstück hinterlassen). Es sind echte Sinfonien mit seelischen, nie außermusikalischen Programmen, die oft die Heranziehung der Singstimme, solistisch und chorisch, veranlassen. Die 8. Sinfonie ist ganz zum Chorwerk mit Orchesterbegleitung geworden, ohne damit die überlieferten Typen der Sinfoniesätze ganz zu sprengen. Auch Mahlers instrumentale Melodik steht meist auf liedmäßiger Grundlage, verbunden mit sehr fortschrittlicher Harmonik und blendender Instrumentation.

Max Reger (1873–1916) kommt unmittelbar von Brahms und J. S. Bach her. Seine Orchesterwerke beginnen im Banne von Brahms, nur harmonisch und kontrapunktisch weit komplizierter (Sinfonietta, Serenade), und führen über die Variationenwerke nach Themen von Hiller und Mozart zu den Suiten nach Eichendorff und Böcklin, mit Klangmischungen, die von Debussy zu stammen scheinen. In Regers Kammer- und Klavierwerken, noch viel stärker aber in seinen Orgelkompositionen, herrscht der Geist J. S. Bachs;

Präludien und Fugen, Fantasien, Passacaglien, Choralvorspiele aller Typen weisen schon durch ihre Namen auf ihren geistigen Ahnherrn hin.

Das Schaffen von Hans Pfitzner (1869–1949) gilt bis 1920 neben Oper und Lied vorwiegend der Kammermusik; Schmidt schuf bis zu diesem Zeitpunkt seine 1. und 2. Sinfonie, deren tiefe Innerlichkeit und Musizierfreude an Bruckner und Mahler gemahnt, nur weit moderner in den harmonischen und kontrapunktischen Mitteln ist. Die ganze Entwicklung der Tonkunst um die Jahrhundertwende spiegelt sich in der Instrumentalmusik von Richard Strauss (1864–1949) wider, der Liszts „Sinfonische Dichtung“ aufnimmt und zur Vollendung bringt. Auf vielversprechende Kammer- und Orchesterwerke moderneren Schumann-Gepräges folgen „Macbeth“ 1888, „Don Juan“ (nach Lenau, 1889), „Tod und Verklärung“ 1890, „Eulenspiegels lustige Streiche“ 1895, „Also sprach Zarathustra“ 1896, „Don Quixote“ 1898, „Ein Heldenleben“ 1899, „Sinfonia domestica“ 1905 und die „Alpensinfonie“ 1915. Die beiden letzten Werke sind wieder mehrsätzige Sinfonien, aber auch in den sinfonischen Dichtungen werden reine Instrumentalformen tondichterisch ausgemünzt, so im „Eulenspiegel“ das Rondo und im „Don Quixote“ die Variation. Eine geniale Instrumentationskunst entlockt dem bald ungeahnt vergrößerten, bald kammermusikalisch bescheidenen Orchester bis dahin ungehörte Klänge.

Während in der zweiten Hälfte des 19. Jahrhunderts die deutsche Tonkunst führt und sich auch die größten romanischen und slawischen Talente ihr anzugleichen suchen, beginnen um die Jahrhundertwende außerdeutsche Meister richtunggebend zu wirken. In Frankreich sind es Claude Debussy (1862–1918) und seine Schule. Von französischen Schülern der deutschen Hochromantik erzogen, wendet er sich als Tondichter den überzarten, geheimnisvollsten Regionen des Seelenlebens zu. Man hat seine Musik Frankreichs impressionistischer Malerei und Poesie gleichgestellt. Die sinfonische Dichtung „Prèlude à l’après-midi d’un faune“ (1892) zeigt Debussy schon in seiner ganzen Eigenart und verrät seine Neigung zur Programmmusik, der ein Großteil seiner Instrumentalwerke zugehört. Debussys bedeutendste Schüler in Frankreich sind Paul Dukas (1865–1935) und Maurice Ravel (1875–1937).

In Italien schaffen Ottorino Respighi (1879–1936) und Alfredo Casella (1883–1947) als Führer einer ganzen Generation eine neue italienische Instrumentalmusik, die bei großer Gestaltungskraft wesentliche Züge der deutschen, französischen und russischen Tonkunst um 1900 mit Stilelementen der großen italienischen Streichermusik um 1700 verbindet. Heimische und exotische Melodik erscheint in hochmoderner Harmonisierung, alle Formen der Orchester-, Kammer-, Klavier- und Orgelmusik werden gepflegt. Aber wirklich neue Triebkräfte empfängt die Tonkunst dieser Zeit außer durch die alten Musikkulturländer Deutschland, Österreich und Frankreich von Osteuropa her, von Russland und Ungarn. Igor Strawinsky (1882–1973) geht wie alle russischen Musiker von der heimischen Volksmusik aus. Gleichzeitig mit Arnold Schönberg bricht er dann mit der Romantik, wendet sich aber nicht polyphonen Konstruktionen zu, sondern einer illustrierenden Musik stärkster rhythmischer und klanglicher Wirkungen. Von ähnlicher Entwicklung und Bedeutung sind die Ungarn Béla

Bartók (1881–1945) und Zoltán Kodály (1882–1967), nur dass sie von der magyarischen Volksmusik kommen und sich nie ganz deren Ausdruckswillen entfremden.

Auch in West-, Süd- und Nordeuropa wird zu Beginn des 20. Jahrhunderts großartige Musik geschrieben, meist unter Benützung bodenständiger Melodik, ohne die Zusammenhänge mit der führenden deutschen Tonkunst zu verleugnen. Genannt seien der Engländer Edward Elgar (1857–1934), der Spanier Isaac Albéniz (1860–1909) und der Finne Jean Sibelius (1865–1957), der als Schüler der deutschen Hochromantik deren Ideale auf heimisch-nationaler Grundlage festhält.

Der Erste Weltkrieg, der mit dem Zusammenbruch alter politischer Ordnungen endet, schafft auch für künstlerische Umwälzungen den geeigneten Nährboden. Revolutionäre Stilrichtungen, die bisher mühsam um ihre Daseinsberechtigung gerungen haben, erhalten starken Auftrieb. Zu diesen Umbruchfaktoren tritt die Tätigkeit des Rundfunks, der Sprache und Musik mühelos über den ganzen Erdball verbreitet. Die Tür zur „Moderne“ ist aufgeschlagen.

Der in der Romantik beginnende Auflösungsprozess setzt sich sowohl in formaler als auch in tonaler Hinsicht nun systematisch fort und führt zu verschiedenen Strömungen.

Die radikalste Methode, dem traditionellen Material noch eine neue Seite abzugewinnen, stellt die von Arnold Schönberg (1874–1951) geschaffene und von seinen Schülern Alban Berg (1885–1935) und Anton von Webern (1883–1945) weiterentwickelte atonale Zwölftontechnik (Dodekaphonie) dar. Nach deren Regeln wird eine für ein Tonstück maßgebende „Reihe“ aus 12 aufeinanderfolgenden Halbtönen, die einander qualitativ gleichgesetzt sind, aufgestellt, die polyphon zu variieren ist; kein Ton der Grundreihe darf vor Ablauf aller ihrer Töne wiederholt werden. Andere Bahnbrecher der Moderne fanden unter Wahrung des Tonalitätsprinzips zu eigenen, originellen Tonsprachen, wie die Deutschen Paul Hindemith (1895–1963), Carl Orff (1895–1982) und Karl Amadeus Hartmann (1905–1963), der Schweizer Arthur Honegger (1892–1955), der Franzose Darius Milhaud (1892–1974), der Engländer Benjamin Britten (1913–1976), der Spanier Manuel de Falla (1876–1946) und die Russen Aram Khatschaturian (1903–1978) und Dimitri Schostakowitsch (1906–1975). Zur Musikproduktion moderner Richtung hat auch Amerika Wertvolles beigesteuert, so in Nordamerika u.a. George Gershwin (1898–1937), der als Jazzkomponist begann, sich aber später der ernsten Kunst zuwendete, und in Lateinamerika der Brasilianer Heitor Villa-Lobos.

Eine spezifisch amerikanische, musikalische Ausdrucksform stellt das „Musical“ dar, das im 20. Jahrhundert im „Wettstreit der musikalischen Lustspiele“ der Operette den Rang ablief. Stationen auf diesem Weg waren Irving Berlins „Annie get your gun“ (1946), Cole Porters „Kiss me, Kate“ (1948), Frederic Loewes „My fair Lady“ (1956) und Leonard Bernsteins „West Side Story“ (1957). Zu den erfolgreichsten europäischen Musicals zählen zweifellos die stark von der Rock-Musik beeinflussten Werke des Engländers Andrew Lloyd Webber (geb. 1948), wie „Jesus Christ Superstar“ (1971), „Evita“ (1978) und „Cats“ (1981).

Nach 1945 kommt es unter dem Eindruck der neuen technischen Möglichkeiten zu einer weiteren großen Stilrevolution in der

Musik. In Anlehnung an Schönberg und von Webern entwickelten junge Meister der Moderne wie Ernst Krenek, Olivier Messiaen, Wolfgang Fortner, Luigi Nono den „seriellen“ Kompositionsstil („serielle Musik“), der die Reihentechnik der Dodekaphonie auch auf Tonfarbe, Tonstärke, Tondauer usw. überträgt, damit freilich das musikalische Material in ein hochkompliziertes, strenges Regelwerk einbindet.

Mit der Erfindung der „elektronischen Musik“ und der „Aleatorik“ (John Cage, Pierre Boulez, Karlheinz Stockhausen) schlägt das Pendel wieder zur Gegenseite aus: Die experimentellen und improvisatorischen Elemente und die Kreativität des Interpreten kommen wieder zur Geltung. Die Fülle der Klangfarben, welche die elektronische Musik („Geräuschmusik“) ermöglicht, wird von einigen Komponisten auch auf die Instrumental- und Vokalmusik übertragen (Witold Lutoslawski, Krzysztof Penderecki, György Ligeti, Mauricio Kagel, Hans Werner Henze).

Kennzeichnend für die Lebendigkeit der zeitgenössischen Musik ist auch die starke wechselseitige Beeinflussung von „E-Musik“ (ernster Musik), „U-Musik“ (Unterhaltungsmusik) und Jazz. Der **Jazz** war Ende des 19. Jahrhunderts in den Südstaaten der USA (New Orleans) entstanden. Rhythmik und Tonbildung sowie bestimmte Elemente der Blues-Harmonik und der Spirituals sind afrikanischen Ursprungs, Melodik und Harmonik wurden der abendländischen Musik entlehnt. Ursprünglich von kleinen Laienorchestern in freier Improvisation gespielt, entwickelte sich der Jazz zum „klassischen Jazz“ (New-Orleans-Stil und Dixieland, seit 1920 Chicago-Stil). Mit dem Swing der 30er und 40er Jahre (Duke Ellington, Glenn Miller, Benny Goodman) wurde der Jazz gewissermaßen „salonfähig“ (Eroberung der großen Konzerthäuser) und fand weltweit Verbreitung. Im Modern Jazz (etwa 1940 bis 1960, Bebop, Cool Jazz, Hard Bop usw.) wurden wieder kleinere Orchester (Bands) und erstmals durchkomponierte Formen bevorzugt, was die lebendige Wechselwirkung des Jazz mit der modernen „E-Musik“ verstärkte, die sich insbesondere ab etwa 1960 im „Free Jazz“ niederschlug (Aufhebung aller musikalischen Regeln und Formen zugunsten von Freitonalität, Freirhythmik und ungehemmter Improvisation bei Einbeziehung klangloser Geräuscheffekte mittels ausgereifter elektronischer Tontechnik).

Eine bedeutende Rolle in der Musikgeschichte der 2. Hälfte des 20. Jahrhunderts spielt die in den 50er Jahren in den USA entstandene **Rock-Musik**, die das Aufkommen einer weltweiten, stark musikalisch bedingten Jungendkultur zur Folge hatte und die mit Sicherheit auch die künftige Entwicklung der Musik in allen ihren Ausdrucksformen stark beeinflussen wird. Am Anfang der Rock-Musik steht der von afroamerikanischen Elementen durchdrungene, aufrührerische „Rock ‘n’ Roll“ (etwa 1954–1962), als dessen wichtigste Vertreter Chuck Berry, Elvis Presley und Little Richard gelten.

Vermischt mit amerikanischer Volksmusik („Folk Rock“), mündet der „Rock ‘n’ Roll“ in die Protestsänger-Bewegung der „wilden Sechziger“ ein (Joan Baez, Bob Dylan). Mit den „Beatles“ und den „Rolling Stones“ übernahmen dann britische Bands, sowohl was die musikalische Gestaltung als auch was die Prägung des Zeitgeists betrifft, die Führung in der Rock-Musik („Beat“, etwa 1963–1969), bis u.a. durch Jimi Hendrix und Frank Zappa auch in den USA wieder stilprägende Musik gemacht wird. Die 70er Jahre sind gekennzeichnet durch eine zunehmende Verschmelzung von Rock, Country und Jazz („Jazz Rock“, „Country Rock“, „Hard Rock“) und dem „Gleichziehen“ kontinentaleuropäischer Rock-Musiker mit den angloamerikanischen Vorreitern.

Ab etwa 1976 wird in Großbritannien mit dem „Punk Rock“ mit seiner provokanten sozialen Anklage und extrem harten Musikalität wieder eine neue Richtung eingeschlagen, die sich später in der „New Wave“ verfeinert. Mit der „Disco-Musik“ wird zur gleichen Zeit ein stark verwässerter Rock für den breiten musikalischen Massenkonsum produziert.

In den 80er Jahren wird die Entwicklung in der Rock-Musik von meist namenlosen, experimentierfreudigen Pionieren weiter vorangetrieben. Größte Publikumswirksamkeit erzielen u.a. Prince, Madonna und Michael Jackson.

In den Ghettos amerikanischer Großstädte klagen meist junge Schwarze und Latinos die drückenden sozialen Verhältnisse mit aggressivem Sprechgesang („Rap“, „Hip-Hop“) an. Aus dem Disco-Stil entsteht in den stilprägenden Musikszenen an der US-Ostküste die „House“-Musik. Diese, später auch als „Soul der 90er Jahre“ bezeichnete Stilfamilie trieb ebenfalls vielschichtige Blüten. Fast ausschließlich synthetische Instrumente (Synthesizer, Drum-Computer) prägen diese in den Diskotheken und Clubs gespielte Musik. Den Grundstein dafür legten die Musikgruppe „Kraftwerk“.

Der „Techno“ als zunächst rein deutsche Abart von „House“ verselbstständigt sich in der ersten Hälfte der 1990er Jahre zu einer der größten Jugendbewegungen des 20. Jahrhunderts. DJs wie Westbam oder Sven Väth werden zu lebenden Ikonen der „Techno-Kultur“, in der Musiksoziologen ein ähnlich bedeutendes Politikum erblicken wie in der „68er-Bewegung“. Im Gegensatz zur „Hippie-“ und „Protest-Bewegung“ steht allerdings bei „Techno“ das Ausleben reiner Lebensfreude („Love Parade“ in Berlin) und nicht die gesellschaftspolitische Anklage im Vordergrund.

Immer bedeutender in der Klassik- wie in der Pop-Musikszene wird die das akustische Erlebnis begleitende visuelle Darstellung der künstlerischen Inhalte, d.h. die publikumswirksame Präsentation. Wichtige Elemente hierbei sind eine gekonnte Choreographie, ausgeklügelte, regelrecht inszenierte Lichteffekte („Lightshow“, Pyrotechnik), video-technische Effekte, die Ausstattung der Künstler (Kostüm, Maske) sowie das zunehmend wieder eine zentrale Bedeutung erhaltende Bühnenbild.